Christian August von Bertram

Annalen des Theaters

Christian August von Bertram

Annalen des Theaters

ISBN/EAN: 9783742893116

Hergestellt in Europa, USA, Kanada, Australien, Japan

Cover: Foto ©ninafisch / pixelio.de

Manufactured and distributed by brebook publishing software (www.brebook.com)

Christian August von Bertram

Annalen des Theaters

Annalen des Theaters.

Erstes Heft.

Berlin,
bei Friedrich Maurer. 1788.

I.
Gedichte.

1.
Epilog am Karlstag

(28ten Jenner 1788.) aufgeführt auf dem Badischen Hoftheater. In Musik gesetzt von J. A. Schmidtbauer, Bad. Kapellmeister.

Ganzes Chor:

Im Jubel nennen unsre Lieder
  Den Namen Karl an diesem schönen Tag;
Und Badens Hügel schallen wieder,
Und rufen laut den lieben Namen nach
Die Väter nennen ihn den Söhnen
In dem Gebet des Danks;
Die Mädchen singen ihn in allen Tönen
Des festlichen Gesangs.

Eine Stimme:

  Welcher Fürst mit starken Händen
Seiner Staaten Ruder lenkt;
Edle Thaten zu vollenden,
Selber wirkt und selber denkt;
Ueber dessen Scheitel schwebet
Hoch der Weisheit Genius,
Und sein treuer Bürger lebet
Unter ihm in Ueberfluß.

Halbes Chor:

Ueber dessen 2c.

Ganzes Chor:

Lebe, Karl von Baden! Lebe!
Ueber Deinem Scheitel schwebe
Stets der Weisheit Genius!

Eine Stimme:

Welcher Fürst der Schwachen schonet,
Mitleidsvoll den Armen liebt,
Jegliches Verdienst belohnet,
Selten straft und oft vergiebt;
Ueber dessen Scheitel schwebet
Reiner Liebe Genius,
Und sein treuer Bürger lebet
Unter ihm in Ueberfluß.

Halbes Chor:

Ueber dessen 2c.

Ganzes Chor:

Lebe, Karl von Baden! Lebe!
Ueber Deinem Scheitel schwebe
Reiner Liebe Genius!

Eine Stimme:

Welcher Fürst auf dem Gesetze
Alter deutscher Freyheit ruht,
Und für sie nicht seine Schätze,
Und für sie nicht spart sein Blut;
Ueber dessen Scheitel schwebet
Deutscher Freyheit Genius,
Und sein treuer Bürger lebet
Unter ihm in Ueberfluß.

Halbes Chor:

Ueber dessen 2c.

Ganzes Chor:

Lebe, Karl von Baden! Lebe!
Ueber Deinem Scheitel schwebe
Deutscher Freyheit Genius!

Eine Stimme:

Welcher Fürst das Wort der Rechte
Heilig hält in dem Gericht; —
Ewig dauert sein Geschlechte
Und sein Stamm verblühet nicht.
Denn auf Gottes ew'ger Veste
Steht unwandelbar sein Fuß,
Und im Schatten seiner Aeste
Lebt sein Volk im Ueberfluß.

Halbes Chor:

Denn auf Gottes 2c.

Ganzes Chor:

Badens Stamm auf Gottes Veste!
In dem Schatten Deiner Aeste
Lebt Dein Volk im Ueberfluß.

Eine Stimme:

Welche Fürsten Menschen waren,
Deren Namen währet lang;
Noch nach tausend, tausend Jahren
Nennet sie der Lobgesang!
Freudig schreiben sie die Musen
In das Tagebuch der Zeit,
Und in ihrer Bürger Busen
Liest sie noch die Ewigkeit.

Halbes Chor:

Freudig schreiben Dich die Musen,
Karl, in's Tagebuch der Zeit;
Und in Deiner Bürger Busen
Liest Dich noch die Ewigkeit.

Ganzes Chor.

Liebe! Liebe!
Ewig bleibt,
Was die Hand der Liebe
In die Herzen schreibt.

Schlosser.

2.

Empfindungen eines Landmannes,

als er der Vorstellung einer ländlichen Oper
beiwohnte.

Sieh, Hans! das soll die Sonne seyn,
und das der Himmel, — ach!
geht mir mit euerm Sonnenschein
und blaugemaltem Dach!
Wer unter diesem Himmel lebt,
der wird gewiß nicht froh! —
Das Haus, dort, ist wie hingeklebt,
und ach! so sieht kein Stroh!

Sieh doch, das soll ein Bauer seyn,
Hat seidne Strümpfe an,
's ist alles an ihm knapp und fein,
so geht kein Bauersmann!
Und wenn das dort mein Mädchen wär,
die schlüg ich flugs halb lahm,
wie unverschämt tritt sie einher,
und das heißt tugendsam!

Sie guckt sich allenthalben um,
hu! wie die Augen gehn!
ei! ist ihr Bräutigam nicht bumm,
so was mit anzusehn!
Sie ist geschmückt und aufgeputzt,
wie's Junkers Schlittenroß,
verschnippt, und rund h'rum abgestutzt
wie's Gartenwerk im Schloß.

Horch! horch! das soll die Nachtigall
mit ihrem Triller seyn,
und das dort, heißt ein Wasserfall,
der Pappenkram, ein Hain.
Geht mir mit euerm närrschen Zeug,
und kommt zu uns auf's Land,
es sieht sich hier fast gar nichts gleich,
bald hätt' ich nichts gekannt.

Ganz anders singt die Nachtigall
in unserm grünen Hain,
wir haben bessern Wasserfall,
und schönern Sonnenschein.
Und unsre Mädchen schielen nicht
nach einem andern hin,
sie sehn den Bräutgam in's Gesicht,
und lachen nur mit ihn.

Natürlich sind die Backen roth,
sie haben Scheu und Scham,
und dafür steh ich mit dem Tod,
sie sind auch tugendsam;
Und singen sie ihr Morgenlied,
so ist kein Triller drinn,
wohl aber, wie's nicht hier geschieht,
Verstand doch wohl, und Sinn.

C. A. Vulpius.

A 4   3. Neu

3.
Neujahrswunsch an eine Schauspielerinn.

Weimar, den 1sten Januar 1788.

S**, was Du warst im vor'gen Jahre,
im neuen, doppelt. — Sey verehrt,
geliebt, bewundert, und erfahre,
daß stets Dein Beifall sich vermehrt.
Erring' den Preis, erreich das Ziel,
entzücke jeden durch Dein Spiel,
der Kunstgefühl im Busen trägt,
dem klopfend Dir sein Herz entgegen schlägt;
treib Wahnsinn, Liebe, Zorn, Koketterie
zur höchsten Täuschung — doch zur Wahrheit nie.

C. A. Vulpius.

4.
An Madam Bachmann, geb. Schuch, am Neujahrstage 1788.

Vernim die Stimme Deines Freundes, der
nicht seinen Pegasus besteigt, als wär
es seine Sache so, zu Zeiten
der Wiegenweihe, einzureuten.

Der

Der Honigseim, den ich Dir bringe, floß
auf dem Hymettus nicht! Kein stolzer Troß
von Göttern, Grazien und Musen,
erhitzt zum Hochgesang' den Busen!
Kein Lorbeer, den Apoll nur spenden kann,
fliegt Deinem Gratulanten keck voran.

Mein Opferheerd, ist — Deiner Mutter Grab.
Dahin begleite mich, in's Thal hinab,
wo Schmeichler nicht, mit süßen Tönen
Dein Herz und Deinen Geist verwöhnen.
Nackt liegt der Hügel im Cypressenhain!
Kein Epitaphium, kein Leichenstein,
bekundet, daß ihr Künstlerwesen,
mehr als gemeiner Stoff gewesen;
und unsre Blumen, ihr auf's Grab gestreut,
frißt schon der Mehlthau der Vergessenheit.

Doch droben, bei der Sternen Fackeltanz,
wird, um ihr nacktes Haupt, der Sonnenkranz
gewunden; werden Lorbeerkronen,
Natur und Kunst in ihr zu lohnen,
im Heiligthume der Unsterblichkeit,
ihr vom vergeltenden Apoll geweiht —
Mir aber sandt, vom Himmel nieder,
der Gott der Saiten und der Lieder,
für Dich die mütterliche Blumengurt
zum Eingebind' am Tage der Geburt.

John.

5.

Auf die Verbindung des Herrn Ignaz Walter mit der Demoiselle Julie Robberts. *) Riga, den 8ten Februar 1786.

So oft beim Spielen oder Singen
Zwei Töne in einander klingen
Wird nach Kirnberger ein Accord:
Du, lieber Freund, und Deine Schöne,
Seyd Ihr nicht auch zwei solche Töne? —
Tönt denn harmonisch ewig fort! —

Doch ew'ge Harmonie hienieden
Ist schwer, und dürfte leicht ermüden:
Drum wünschen wir, an Wünschen reich,
Wenn Ihr des Einklangs satt geworden,
Zu unvollkommenen Accorden
Die angenehme Sexte Euch.

Auch soll es ja im Ehstandsleben
Zuweilen Dissonanzen geben.
Wird nun bei Euch der Fall entstehn:
So müßt Ihr, um bei manchen Dingen
Den Ton gehörig umzuschwingen,
Durch aufgelöste Septen gehn.

Dann

---

*) Herr und Mad. Walter, beide durch ihren Gesang bekannt, stehen anjetzt beim Taborschen Theater in Frankfurt am Mayn.

d. Herausg.

Dann wird in sanften Melodieen
Euch die Concertzeit froh entfliehen
In dolce und adagio.
Gehts auch zuweilen capricioso.
Mancando, oder Mestuoso: —
Nur muthig volti subito! —

Wie seelig, wenn nach frohen Tänzen
Ihr in den süßesten Cadenzen
Perdendo si ein duo spielt,
Und in staccato, rinforzato
(Doch rathen wir, hübsch moderato!)
Der — — Tonkunst höchste Wonne fühlt.

Wie seelig, wenn einst Eure Kleinen
Hier mezza voce schrein und weinen,
Dort allegretto um Euch her
Nach Euren Symphonieen springen,
Piano Eure Weisen singen —
Ein ächt Familien-Concert!

Kurz! ein Allegro sey Eu'r Leben,
Und Eure Kunst und Ruhm daneben
Crescendo sonder Unterlaß,
Und Eure Liebe sanfte Flöten,
Eu'r Wohlstand Pauken und Trompeten
Und Euer Wandel reiner Baß.

Und seyd Ihr einst nach funfzig Jahren
Da capo zu der Trau gefahren:
So werden, falls Ihr dann in Ruh
In jener Welt wollt debütiren,
Die Sphären all accompagniren,
Und rufen Euch ein Bravo zu.

6.
Natur und Kunst.
An meinen Freund, Herrn Schauspiel-Direktor Koch. Am 15ten Februar 1788.

Lange harretest du
in Melpomenens Tempel
deines Rächers, Mutter Natur!
von des Aftergeschmacks
käuflichen Sklaven verdrängt,
die, der schmeichlenden Menge feil,
nicht dem Kunstgefühl sind.

In deine Rechte gesetzt
bläht sich der Götze, geschnitzt
nach Modellen der Schöpfungskraft
glühender Phantasey;
ein kolossalisches Ungeheur!
der Gaukler zahllose Brut
„„ auch deine Schänder Natur!
die edle Einfalt und freyen Wurf
in Plumpheit kehren „„ räucherte ihm;
verschwendete Unsinn und Wuth,
in Gesten und Zetergeschrei.

Durch des Eichenhains
stolze Wipfel verbraust
der zügellose Orkan,
der, mit niederm Gesträuche, sein Spiel
zum Zephyr entkräftet, muthwillig treibt —

Künstler

Künstler, begünstigt von dir
mit hohem Genius, Mutter Natur!
verneigten dem Götzen sich,
und im Taumel des Rausches entstieg
des Weihrauchs köstlicher Duft
dem goldnen Rauchfaß, zum Götzenaltar:

Da winktest Mutter Natur!
in Melpomenens Tempel du,
die kühnen Rächer; zu uns,
deinen Geweiheten — Koch!
und mein Saitenspiel tönt;
wie er am Götzen dich rächt.

Süßer wie Honig und Flötengesang
sey dem Sieger der glühende Kuß,
den deine Tochter, die Kunst,
im Sokkus und hohen Kothurn,
auf die Rosenwange des
holden Bräutigams drückt,
zu lohnen seinen Triumph!

II.
Der Tempel der Wahrheit
Ein Vorspiel
mit Gesang und Tanz.

Aufgeführt zu Berlin am Geburtsfeste S. K. H. des Prinzen von Preussen (des jetzt regierenden Königs Majestät) den 25ten September 1780. *)

Personen.

Der Priester der Wahrheit.
Ein alter Mann.
Hannchen } seine Töchter.
Jettchen
Ein junger Bauer.
Zwei Jünglinge.
Zwei Jungfrauen.
Volksmenge.

Die Scene ist ein Eichenhain. Im Grunde ein offner Tempel auf Säulen gestützt. An beiden Seiten des Einganges zwei Altäre. Einer der Natur, mit ihrer Bildsäule. Ein anderer der Wahrheit, über den ein Schleier hängt. Hinten ein weisser Vorhang, mit goldner Innschrift: Der Zukunft.

*) Wenn Gelegenheitsstücke sich von dem gewöhnlichen Schlage solcher Produkte auszeichnen, so verdienen sie einen Platz in diesem Journale, vorausgesetzt, daß sie noch nie, wie dies der Fall bei gegenwärtigem ist, gedruckt waren. Der Verfasser ist der Hr Prof. Meyer in Göttingen, der sich damals in Berlin aufhielt. d. Herausg.

Erster Auftritt.
Die Diener des Altars. Der Opferpriester.

Zwei Jünglinge und zwei Jungfrauen, Diener des Altars, liegen betend auf seinen Stufen. Sie erheben sich, und umwinden tanzend die Säulen des Tempels mit Blumenketten. Der Priester der Wahrheit tritt auf.

Priester.

So recht! Heute ist der Tag, an dem er geboren ward, heute wird sich die ganze umliegende Gegend versammeln, um hier für ihn zu beten. Ich weiß sicher, daß viele noch vor dem Morgen aufgebrochen sind. Dort geht schon einer.

Zweiter Auftritt.
Ein alter Mann. Vorige.

Der Alte. Ist dies der Tempel der Wahrheit?

Priest. *(zeigt ihm die Innschrift.)* Du siehst es.

Der Alte. Ihren Namen! Wo sieht man den nicht? Aber sie selbst? —

Priest. Ist über uns. Giebt dieser Erde Licht und Leben. Sie wohnt in dem Herzen des Rechtschaffenen. Aber ihren Glanz können die schwachen Augen des Sterblichen nicht ertragen. Selbst der Geweihte, zu dem sie sich herab ließ, sah sie nur in jenem siebenfachen Schleier, der dort ihren Altar überschwebt, und verehret sie in ihrer Tochter der Natur. Folge dieser hienieden, und du wirst jene jenseits des Grabes erblicken.

Der

Der Alte (mit gefalteten Händen). Bald also! — Ich glaube euch gern, weil ihr mir sagt, was ich gern höre. (will hin.)

Priest. Halt! Ich muß wissen, ob die Göttinn Dir den Beruf gab, ihrem Altar zu nahen. Warum willst Du für ihn beten?

Der Alte. Weil ich ihn kenne.

Priest. Wie kennst Du ihn?

Der Alte. Ihr erinnert euch jenes Krieges, der noch nicht lange vorbei ist? *)

Priest. (der ihn ansieht.) So sehr als Du.

Der Alte. Leider nicht weniger; denn diese Gebeine waren schon zum Dienen zu morsch. Aber heraus mußt' ich, um die glücklichen Leute zu sehen, die für ihr Vaterland fochten, und da fand ich ihn, dessen Namen hier (auf sein Herz zeigend) nimmer erlöschen soll. Er hat alle Pflichten der Natur erfüllt. Mehr erfüllte sie keiner! Er half dem Armen, erquickte den Matten, ging neben seinem Heer, und theilte alle Gefahren des Krieges mit ihm. Darum will ich dem Schicksal danken, daß es uns einen solchen König bestimmt, und in dem Tempel der Wahrheit beten, daß es ihn uns lange lassen möge.

Priest. Geh, Du darfst es.

Der Alte (wieder umkehrend). Aber Priester — aber Mann, der des Altars wartet — ich komme mit leeren Händen, ich habe nichts mitgebracht. Zwar Mangel leid' ich nicht, aber was mir Ueberfluß ist, würde der Gottheit Dürftigkeit scheinen, ich wußte kein würdiges Opfer für sie.

Priest. Und hast ihr das Größte gebracht!

Der Alte. Das Größte? (lächelnd) Was hab' ich je Großes gehabt?

Priest.

---

*) Der Bayersche Erbfolgekrieg.

Priest. Dein Herz. Es ist unverdorben und lauter, und der Gottheit werth, die nicht Gefallen hat, an erkünstelten Gefühlen, oder an wissenschaftlichen Prunk. Laß Dich umarmen.

Der Alte (schüchtern.). Hier? So nahe der heiligen Stäte? Der vor Augen, die über uns schwebt?

Priest. Wo schwebt sie minder? Und was wär' es um den Menschen, wenn wir uns schämen müßten, uns vor ihren Augen zu umarmen? Was kann sie heiligers lehren wollen, als Liebe? Geh jetzt! (zu den Jünglingen und Mädchen) Entfernt euch! Fromme Ergießungen des Herzens wollen keiner Zuhörer.

(Der Alte kniet erst vor dem Altar der Natur, und wendet sich darauf an den Altar der Wahrheit.)

Ein Jüngling (zum Priester). Herr! schon lange seh' ich hier herum ein Mädchen, bald näher, bald entfernter. Es scheint, als hätte sie nicht das Herz hinzu zu treten.

Priest. Macht ihr Muth, und bringt sie her.

(Die Jünglinge und Jungfrauen gehen ab.)

Dritter Auftritt.

Hannchen. Diener des Altars. Vorige.

(Tanz der Jünglinge und Jungfrauen, die mit Hannchen zurück kommen, welche sich scheut hinzuzukommen, aber doch mehr und mehr Herz gewinnt.)

Priest. Wofür scheust Du Dich, Mädchen? Warum bist Du so furchtsam?

Hannch. Ich fürcht' mich nicht. Denn, dacht' ich, thun werden sie dir nichts, sind heilige Leut? Ich schäme mich nur.

Prieſt. Weswegen?

Hannch. Sieht er, ich bin ein ſchlechtes gemeines Mädchen — was ich anhabe, iſt freilich mein Feſttagskleid — und da glaubt' ich, Sie würden mich zurückweiſen.

Prieſt. Kennſt Du die? (auf die Natur zeigend.)

Hannch. Nein. Hab' ſie mein Tag nicht geſehen.

Prieſt. Du biſt es vielmehr ſelbſt. Aber was willſt Du hier?

Hannch. Was ich darf, wenn er mir's erlauben wird.

Prieſt. Wenn es recht iſt.

Hannch. Beten.

Prieſt. Für wen?

Hannch. Für einen — der meines Gebets ſicher nicht bedarf. Aber ich thue, was ich kann. Und nun, leb' er wohl. (will auf den Altar zugehn.)

Prieſt. Du biſt ſo haſtig, daß man denken ſollte: Du hätteſt gar keinen andern Wunſch.

Hannch. Keinen eifrigern. — Wär' es denn Sünde, wenn ich noch einen hätte?

Prieſt. Sünde? Beſteht nicht unſer ganzes Leben aus Wünſchen und Hoffen? Tugend wär' es ſogar, für das Wohl Deiner Eltern zu beten.

Hannch. Meines Vaters! — Meines lieben Vaters! denn meine gute Mutter haben ſie lange begraben. Der, ſagen ſie, wäre nun wohl ohne dies, die hätte nun für andre zu wünſchen und zu beten. Wenn ich weinte, thät ich es um mich, und nicht um ſie. Und das glaub' ich denn auch, wenn ich's thue. Denn ich verſteh' mich nicht darauf. Für meinen Vater! Nicht auch für meine Schweſter?

Prieſt.

Prieſt. Allerdings.

Hannch. Nicht auch — Thu er mir doch den Gefallen, und ſeh er einmal weg, daß ſich unſre Augen nicht begegnen — nicht auch für ſonſt Jemand?

Prieſt. Du kannſt beten, für wen Du willſt, und ſicher ſeyn, den Lohn dafür in Dir ſelbſt zu finden. Bete auch für mich, wenn Du Zeit haſt.

Hannch. Er iſt ja ſo heilig?

Prieſt. Ich bin ein Menſch.

Hannch. Je nun, ich bete für die ganze Welt.

Prieſt. In der ich freilich lebe. Aber wie, wenn ich für den Jemand Deinen Vater bäte?

Hannch. Ach für den iſt gebetet. — Meint er, daß ſo was Wichtiges mein Vater nicht weiß?

Prieſt. Deſto beſſer.

Hannch. (kehrt ſich um, und wird ihren Vater gewahr.) Ach, das iſt er!

Der Alte (der ſchon eine Zeitlang im Hintergrunde geſtanden). Ich habe Dich gehört, Mädchen, und dich immer fort reden laſſen; denn es freute mich, daß Du einer Pflicht zuvorgekommen warſt, an die ich Dich nicht erinnert hatte. Ich will hier auf Dich warten, bis Du fertig biſt.

Prieſt. Ihr ſollt beide verziehn, um Theil an dem Feſt zu nehmen, das die ganze umliegende Gegend Eurem Herrn bringen wird.

Hannch. Ja, das wollen wir thun. (geht ein paar Schritte, kehrt wieder um.) Vater! Vater!

Der Alte. Was iſt's?

Hannch. So ſeht doch, Vater, wer dort kömmt?

Der Alte. Dein Bräutigam, denk' ich.

H 2   Prieſt.

Priest. Ein junger rascher Bursche. Du hast gut gewählt!

Der Alte. Nun? Hast' ihn nicht oft genung gesehn? Geh zum Tempel!

Hannch. Vater — ich hab'n Einfall.

Der Alte. Du?

Hannch. Hört nur! (spricht leise mit ihm.)

Der Alte. Kindereien — Daraus wird nichts.
(Hannchen steht betrübt da.)

Priest. Sie will mit ihm zugleich dem Altar sich nähern?

Der Alte. Nehmts ihr nicht übel.

Priest. Thut's doch die Gottheit nicht! Ihr Wunsch sey gewährt.

Hannch. Vater, nun darf ich. (zum Priester.) Jetzt bet' ich auch für ihn besonders.

Vierter Auftritt.

Ein junger Bauer. Vorige.

Bauer. Sieh da, Hannchen, guten Morgen! — Guten Morgen, Vater! — Ehrwürdiger Mann.

Priest. Ich weiß Dein Anliegen. Du kannst Deine Geliebte zum Altar begleiten.

Bauer (freudig). Sie?

Hannch. Das hörst Du ja.
(Festlicher Tanz der Beiden, der sich mit einem Gebet schließt. Der Priester und der Alte stehen vor, und sehen ihnen zu.)

Priest. Du bist ein glücklicher Mann.

Der Alte. Ich habe nicht zu klagen. Oft war mir's freilich nur halb recht, daß ich nicht ein paar Jungen statt der Mädchen hätte; aber da giebt mir die Zuneigung und nicht die Nothwendigkeit einen, der mir, denk' ich, diesen Verlust reichlich ersetzen soll.

Priest.

Priest. Ein Paar? Du hast noch eine Tochter?
Der Alte. Eine Jüngere, ja.
Priest. Und hast sie nicht mitgebracht?
Der Alte. Zur Arbeit halt' ich meine Kinder an. Denn die, weiß ich, geht dem Menschen sauer ein. Aber was aus dem Herzen kommt, Gutes thun und wünschen, das muß ihnen auch ihr Herz sagen. Und noch bin ich immer gut dabei gefahren.
Priest. (verwundert) Wer lehrte Dich das?
Der Alte. Die mich alles gelehrt hat; Erfahrung. Und seht ihr, daß sie nicht trügt? Seht ihr, da ist die Kleine. Mir war doch schon ganz bange für sie.

Fünfter Auftritt.

Jettchen (außer Athem). **Vorige.**

Jettchen. Vater! Vater!
Der Alte. Endlich, Du Schläferinn!
Jettchen. Ich? Die ganze Nacht hab' ich kein Auge zugethan.
Der Alte. Und bist nun erst da?
Jettchen. Wißt Ihr wohl, wie Ihr Euch das lange Jahr darauf gefreut habt? Das hatt' ich nicht vergessen. Ich lauerte und lauerte, Ihr sollt mir was sagen! Nichts. Meine Schwester legte gestern Abend ihr bestes Zeug zurechte. Die wird dich doch mitnehmen? Auch nicht. Nun gut, so geh' ich allein. Wer mich nicht haben will, den brauch' ich auch nicht.
Der Alte. Trotzkopf.
Jettch. Aber unterweges hat mir's wohl hundertmal leid gethan. Denn wenn man so in die weite Welt hinauskommt —

Der Alte. In die weite Welt?

Jettchen. Da wird's einem ganz wunderlich. Das ist wahr, es ist allenthalben grade so, wie zu Hause, Bäume und Brücken und Häuser. Aber 's sieht einem doch so fremd aus. Es ist doch alles anders gestellt. Man kennt's doch nicht.

Der Alte. Und Du standst wohl alle Augenblicke still, und sahst umher?

Jettchen. Im Anfange, Vater. Nachher ward ich das Ding gewohnt. Aber da macht' ich, daß ich fortkam. Sind eine Menge Leute hinter mir, alle größer, als ich. Sie haben Musik bei sich, und singen drein. Gute Leute gewiß; aber ich bin doch lieber bei Euch. Und da muß ich machen. Denn wenn ich auch laufe, und die großen Leute gehen nur so eben weg, kommen sie doch fast so weit als ich. Da sind sie schon.

(Marsch in der Ferne. Der Alte, seine beiden Töchter, und der Bauer eilen ihnen entgegen. Der Priester und seine Diener ziehen sich an die Stufen zurück.)

Sechster Auftritt.

Volksmenge. Vorige.

Chor.

Den besten König hat uns der,
Der alles gab, verlieh'n,
Das danken wir ihm viel und sehr,
Und segnen jauchzend ihn.

Und der ihm folgt ist seiner werth,
Werth unser Herr zu seyn;
Des soll sich wer ihm angehört,
Das ganze Land erfreun.

Denn schöner stralt der ihn gebar
Der Tag den andern vor,
Und an der Wahrheit Hochaltar
Steig unser Dank empor.

Priest. Ihr thatet, was ihr solltet, und ich will hoffen, wie ihr es solltet. Wer reines Herzens ist, wer aufheben darf heilige Hände, der hat in seiner Pflicht sein Vergnügen gefunden, dem ist dieser Dank, dieses Gebet nicht der Anfang seines Glücks, sondern die Folge. Wer nicht so sich fühlt, der fühlt einen Richter an ihm selbst, von dem ich hoffen darf, daß er seine Warnungen vernehmen, und sich die rechte Bahn leiten lassen wird. Gleichviel, wie lang er die andre betreten. Der Tag, der heute heißt, ist der schicklichste, wieder umzukehren, und mit kindlichem Vertrauen den guten Weg zu beginnen. Auf dem graden Pfade des Lebens wachsen keine Dornen, jeder bringt sie von seinen Nebengängen sich mit. Und nun, meine Freunde insgesamt, erheitert eure Blicke. Auf zur Bezeugung der Freude und der Feier. Durch nichts bessers könnt ihr beweisen, daß ihr Unterthanen eines guten Königes, und Bürger eines glücklichen Staats seyd.

(Alle bleiben still und reden unter sich.)

Bauer (zu Hannchen). Sag' Du's ihm, Du hast schon vorher mit ihm gesprochen.

Einer aus der Menge. Ja sie kennt ihn, sie muß es ihm vorbringen.

Der Alte. Immerhin, Hannchen, Dir wird er's am wenigsten übelnehmen.

Priest. Nun, guten Leute, was ist euch?

Bauer. Siehst Du, er merkt schon was, nun muß es heraus.

Einer. Ja ja, muß heraus, er könnte sonst was schlimmers argwohnen.

Hannchen (sieht auf den Priester zu). Wir sollen uns freuen, sagt er?

Priest. Warum nicht?

Hannch. Das weiß er besser. Er ist ja nicht hier, um den wir uns freuen sollen, ist nicht bei uns, weit weg. Warum eben heut an seinem Geburtstage? Warum ist er da lieber bei einem fremden Volk, als bei uns? *)

Priest. Weil es sein dringendstes Anliegen ist, euch ruhige Tage zu bereiten, weil er euch mit jenem guten Volke immer näher verbinden, und der Zukunft Glück befestigen will.

Hannch. (zum Alten.) Ist das wahr, Vater?

Der Alte (kommt näher) Ja wohl! Es paßt so gut zu allem, was er gethan hat, daß keiner von uns daran zweifelt.

Alle untereinander. Keiner! kein einziger.

Der Alte (zum Priester). Aber, lieber Herr, ihr seyd schon so sehr gut gewesen, daß ihr uns eine Gefälligkeit mehr nicht abschlagen werdet. Ihr sagt uns: Er will! Versichert uns doch auch: Daß Er wird!

Priest. Er wird.

Der Alte. Das sagt ihr — nehmt mir's nicht übel — ich glaub's auch. Aber es wäre doch besser, wenn wir's sähen.

Priest. Was wollt ihr? Ist nicht alles jetzt schon ruhig und einträchtig?

Der Alte. Ihr wollt mich nicht verstehn. Grade heraus denn — Laßt uns hinter den Vorhang schauen.

Priester. Das werd' ich der Hand nicht wehren, die allein ihn herunter zu rollen vermag. Keine
der

---

*) Des jetzt regierenden Königs Majestät waren damals in Petersburg.

der unsrigen kann es. Bei der Göttinn steht es allein, und sie wird es thun, wenn's euch frommt.

Der Alte. Wir dürfen ihr also diesen Wunsch vortragen?

Priester. Ihr dürft.

Der Alte. Durch wen?

Priester. Durch den Beßten von euch. — (Dank) Ihr stutzt — ihr steht niedergeschlagen da? Meine Absicht war nicht, Saamen des Mißtrauens oder des Neides zwischen euch auszustreuen. Steht ihr an, öffentlich zu erklären, wer von euch am meisten Gutes, so nehmt, die sicherlich am wenigsten Uebels that.
(Zeigt auf Jettchen.)

Alle untereinander. Das ist wahr. — Das ist gut — das wollen wir.

Priester. Komm, Kleine, ich will Dich unterrichten, was Du zu thun hast. Und ihr (zu den Dienern des Altars) bereitet das Opfer.

(Die Jünglinge bringen tanzend jeder eine rothe, die Jungfrauen jede eine weiße Rose, und legen sie auf die Altäre. Das kleine Mädchen stellt sich auf die oberste Stufe des Tempels. Der Priester, seine Diener und das Volk, sind zu beiden Seiten vertheilt.)

Jettchen.

Holde Göttinn! laß o laß uns
Deiner Zukunft Freuden sehn!
 An dem Festlichsten der Tage
 Tret' ich kühnlich hin, und wage
 Unsre Bitte zu gestehn.

Holde Göttinn! ꝛc.
 Zwar wir werden stets dich ehren,
 Solltest du den Wunsch auch wehren,
 Denn dein Wille muß geschehn.
 Aber darfst du ihn erhören:

Holde Göttinn! ꝛc.

(Aus beiden Altären fährt eine Flamme, die die Rosen verzehrt. Die Decke der Zukunft fällt. Hinter einem Silberschleier steht man die Büste des Prinzen, an deren Gestelle sich die Genien Preußens und Rußlands umarmen. Sie tragen große Schilder mit dem Wappen ihres Landes am Arm, die eine Lorbeerkette, welche sich von der Büste des Prinzen heruntersenkt, verbindet.)

Pantomimische Freude des Volks und Divertissement macht den Schluß.

III.
Hempel's Testament.*)

Der Tag scheint mir sehr nahe zu seyn, der meine Hülle wieder in Staub verwandeln soll, und meinen unsterblichen Theil seiner künftigen Bestimmung nähern wird.

Ich muß eilen, denn schon zuckt der Tod in jeder Nerve, schon fühl' ich tödtliche Mattigkeit in meinen Gliedern, und kaum vermag ich die Feder noch zu führen. — Morgen vielleicht bin ich nicht mehr, denn schon Wochen lang glaub' ich jeden Tag als den letzten meines Lebens anbrechen zu sehen. Viele werden sich wun-

---

*) Dies ist der Aufsatz, dessen in No. 35. der Ephemeriden der Litteratur und des Theaters von 1786, bei Gelegenheit der Anzeige von Hempel's Tode, erwähnt wird. Der Herausgeber dieses Journals bekam das Original davon in der vorjährigen Michaelsmesse zu Leipzig aus den Händen des nunmehr gleichfalls verstorbenen Schauspielers Reinecke, und ist also von seiner Aechtheit, da er auch die Hand des seel. Hempel's kennt, völlig überzeugt. Hempel starb übrigens zu Prag als Mitglied der Bondinischen Gesellschaft den 23ten Julii 1786.

wundern, daß sie mich in diesen Tagen in jeder Gesellschaft noch munter, und ohne viel zu klagen, gesehn haben, daß ich selbst meine theatralischen Arbeiten noch ohne Murren verrichte; aber Gott weiß auch, wie viel es mich kostet! Meine Arbeiten kann ich nur halb vollenden, jedermann hält dies für Nachläßigkeit, aber hier ist der Schlüssel dazu — und nun gönne mir der sein Mitleid, der ein fühlbares Herz hat, und mein ganzes Unglück einsehen kann.

Aber jetzt will ich auch die Ursachen anführen, welche mich zwingen, bei der größten Schwäche den Starken zu spielen: Ich habe noch eine Menge Schulden (traurig ist's für mich, daß ich auf meinem Sterbebette gestehn muß, durch meine Nachläßigkeit und Leichtsinn in gesunden Tagen, gemach*e Schulden); sogern ich sie bezahlen will, so fürchte ich doch, daß mein nahes Ziel mir nicht erlauben wird, meinen einzigen Wunsch auf der Welt noch zu erfüllen; ich habe jetzt in den Tagen meiner Schwachheit oft nicht soviel, mir die geringste Labung zu geben, leide oft an dem Nothwendigsten Mangel, aber ich murre nicht, und würde gern mehr dulden, könnte ich dadurch alle meine Gläubiger befriedigen, aber leider glauben dies die Menschen nicht, denken vielmehr, es ist Schelmerei, daß ich sie nicht befriedige; sähen nun diese Menschen vollends mein Ende so nahe, als ich es gewiß erblicke, sie würden mir gewiß ohne Nutzen meine letzten Tage noch quaalvoller machen, und mir die wenige Ruhe vollends rauben, welche ich bei den Schmerzen noch haben kann, als ein unwillkürlicher Betrüger aus der Welt zu gehen. Ich beklage diejenigen von meinen Gläubigern, die redlich mit mir umgegangen sind, und bitte sie um Verzeihung, hätte ich länger gelebt, so wären sie, so wie Alle, ehrlich bezahlt worden; die Unmöglichkeit zu zahlen verbittert mir ganz allein kin den Tod, da ich sonst mit frohem Herzen sterben würde. — Nochmals bitte ich um ihre Verzeihung, und um die Gnade, meiner im Grabe nicht zu fluchen. — Die jüdischen Wucherer aber, die mich in mein ganzes Unglück gebracht haben, können ihren Verlust leicht vergessen, denn sie sind schon zehnfach bezahlt. Gott bewahre künftig jede schwache Seele vor ihren Betrügereien! Ich verzeihe ihnen.

Herrn Bondini sage ich am Ende meiner Tage noch lebhaften Dank für die mir erzeigten Freundschaftsdienste, besonders für den letzten, da er sich Michaeli 1785 für mein Kreditwesen verwendete; besonders aber dafür, daß er (nur um mir wieder aufzuhelfen,) einen abermaligen dreijährigen Kontrakt mit mir schloß, da ich nunmehro klar sahe, daß er mich nicht brauchte, denn er hat so viele neue gute Leute engagirt, daß ich eine sehr überflüßige Meuble bin; auf gewisse Art freu't es mich, daß der Tod diese Verbindung hebt, und den würdigen Mann von einem Verlust rettet, den er durch mich gehabt hätte. — Auf der andern Seite thut es mir wehe, daß ich noch als sein Schuldner sterbe; diesem Verlust einigermaßen abzuhelfen, bleibt mir nur folgender Vorschlag übrig: ich hinterlasse noch einige fertige Manuscripte, die ich auch alle in Ordnung gebracht habe, welches man finden wird; diese können nach meinem Tode vortheilhafter verkauft werden, als bei meinem Leben, und wie ich hoffe, einen großen Theil meiner Schuld tilgen. Dies letzte sage ich auch von meiner Schuld an meinen Freund Reinecke, dem ich mit klopfendem Herzen jetzt Lebewohl zurufe. Ich weiß sehr gut, lieber Reinecke, wieviel ich Dir in meinen letzten Tagen zu danken habe, und ich verdanke Dir es gewiß mit warmem Herzen. — So nahe an der Pforte der Ewigkeit sagt man gewiß Wahrheit, also wirst Du mir

glau-

glauben, wenn ich sage: daß, wenn ich noch lange Jahre zu leben hätte, ich sie mit Vergnügen hingeben würde, wenn ich dadurch für Dich ein Glück erkaufen könnte; jemehr ich Dich aber jetzt liebe, desto weher thut es mir, daß ich nicht immer so dachte, sondern Jahrelang Dich verkannte. — Dies verzeihe Deinem sterbenden Freunde! Ich weiß, Du thust es, und bleibst auch nach meinem Tode mein Freund — Und so Gott mit Dir und mir!

Denen meiner Mitbrüder, welche ihre Freude über meine verworrenen Umstände, oft selbst in meiner Gegenwart, nicht bergen konnten, sondern mich oft durch thörigten Stolz und seichte Spötterei kränkten, denen verzeihe ich, und wünsche Ihnen, daß sie nie in meine Umstände kommen mögen. Aber zugleich wünschte ich, daß ich der Letzte wäre, dem sie solche Proben Ihrer Denkungsart geben möchten, denn sie wissen nicht, wie weh' es einem ohnedies schon gekränkten Manne thut, wenn seine ehmaligen anscheinende Freunde bei seinem Unglück hohnlächeln, mir hat es viele trübe Stunden gemacht, und ich glaube, es trägt auch nicht wenig zu meinem frühern Sterben bei, denn mein Gefühl, welches mir sagt, daß ich nicht unschuldig leide, wird doppelt rege bei diesem Betragen.

Obiges kann ich auch von einer Menge anderer Menschen sagen, die mich in meinen glücklichen Umständen durch unverschämte Heuchelei und Schmeichelei ehrten; jetzt hohnlächeln fast alle über mich, und verfolgen mich, wenn es in ihren Kräften steht. Freilich bin ich ein Thor, daß ich mich darüber kränke, da ich den Lauf der Welt so gut kenne, und oft erfahren habe, daß es auf der Welt nicht anders geht; aber die Veränderung kam zu schnell, und fällt daher desto stärker auf. — Gehabt euch wohl, ihr schwachen Seelen!

Aber

Aber auch Ihr wenigen Freunde, die Ihr mir übrig bliebt, lebt wohl! Freude und Glück sey Euer Theil! Ich hoffe, wir finden uns in einem bessern Zustande wieder; aber wenn? wie? wo? — Daß weiß der Gott, der uns aus dem Staube zur schwindelnden Höhe der Menschheit erhob.

Dresden, den 16ten März 1786.

Hempel.

IV.
Gallerie der K. K. National-Hofschauspieler in Wien.

Seine Majestät der Kaiser haben der dramatischen Kunst ein Denkmal errichtet, das einzig in seiner Art, und der redendste Beweis von dem glühenden Eifer ist, mit welchem Dieselben Talente aufzumuntern, Künste zu unterstützen, und den Namen verdienstvoller Männer zu verewigen bemüht sind. Der Monarch hat die würdigsten Künstler und Künstlerinnen der National-Schaubühne, Jeden in einer selbstgewählten Lieblingsrolle von dem berühmten Maler Joseph Hickel malen, dieser Sammlung eigene, mit Geschmack und Wahl zubereitete, Zimmer in dem Hofschauspielhause anweisen, und Sie darin als Monumente Ihrer Verdienste um die Schauspielkunst aufstellen lassen. Diese Gnade erstreckt sich nicht allein auf die gegenwärtig lebenden vorzüglichsten Schauspieler und Schauspielerinnen, sie schließt auch einige bereits verstorbene ein, unter denen sich Prehauser, Weiskern, Steigentesch, und Katharina Jaquet befinden. Hr. Lange der ältere, der

Bruder

Bruder des jetzt lebenden, soll auch eine Stelle in diesem Tempel der Ehre einnehmen, sobald ein gutes Portrait von diesem zu frühe verstorbenen Künstler aufgefunden wird. Hier ist eine kurze Beschreibung der bereits fertigen Gemälde:

1. **Gottfried Prehauser**, den 8ten Nov. 1699 zu Wien geboren, widmete sich in seinem achtzehnten Jahre der Schaubühne, spielte anfangs bei verschiedenen kleinen Gesellschaften in den hiesigen Ländern. 1725 kam er auf das Wiener Theater, übernahm 1727 die Rolle des Hanswursts, spielte solche mit dem größten Beifall, so wie in seinen letzten Jahren einige komische Alten in regelmäßigen Stücken, und zeigte in letztern, daß er auch außer dem Hanswurstkleide einer der größten komischen Schauspieler sey. Er starb den 29ten Januar 1769. Er ist hier in keiner Rolle vorgestellt, sein Portrait hat, wie Männer versichern, die ihn gekannt haben, ungemein viel Aehnlichkeit mit dem Original. Sein Gesicht ist voll Ausdruck, man darf kein Lavater seyn, um den aufgeweckten, launigten Geist darin zu entdecken.

2. **Friedrich Wilhelm Weiskern**, den 29ten May zu Eisleben in Sachsen geboren, betrat 1734 das hiesige Theater als Anfänger, übernahm in der Folge die Väterrollen, schuf sich in der Burleske einen eigenen Vatercharakter: Odoardo, worin er vorzüglich glänzte, verfertigte über hundert Burlesken, führte viele Jahre die Regie, starb den 29ten Dezember, und hinterließ im Manuscript die Topographie von Niederösterreich. Auch dieser Kopf macht Herrn Hickel Ehre, er ist rein mit Kraft und geistvoller Miene, mit einem heitern tiefsehenden Blick, wie der große Mann im Fleische war, zu sehen.

3. Ka-

3. **Katharina Jaquet**, geboren zu Gräz den 29ten Februar 1760, spielte auf der Wiener Bühne von ihren Kinderjahren an, wurde 1773 ordentlich engagirt, gründete ihren Ruhm als große Schauspielerinn 1779 im Trauerspiel Perci als Elmine, war in den wichtigsten Rollen des hohen Trauer = und Lustspiels gleich stark. Starb den 31sten Januar 1786, und ward allgemein bedauert. Diese unvergeßliche Künstlerinn ist als Ariadne auf Naxos gemalt, in dem Augenblick, da sie ausruft: Jetzt steigt die Sonne herauf, mit welcher Pracht! Dieses Gemälde hat in Betracht der Aehnlichkeit und der Stellung viel Verdienst. - Es ist ein rein gemaltes Bild, die Drapperie ist verschwenderisch schön. Nur sollte in dem Gesichte mehr Heiterkeit verbreitet, und das Schiff des Theseus nicht so sichtbar seyn, denn es veranlaßt mit dem Motto einen Widerspruch. *)

4. **Johanna Sacco, geb. Richard, als Medea.** Sie ist in dem Moment nach Ermordung ihrer Kinder

---

*) Herr Arnstein in Wien hat in dem ersten Bändchen seiner im vorigen Jahre herausgekommenen dramatischen Versuche den seltsamen Einfall gehabt, durch eine Farce, dieser berühmten Schauspielerinn ein ehrenvolles Andenken stiften zu wollen. In dieser Posse kommen zwischen heidnischen Gottheiten, le Kain, Garrick, Shakespear, Diderot und Lessing, zum Vorscheine, und Dem. Jaquet wird, nachdem sie ihnen ihre Hauptrollen vorgespielt hat, beklatscht. Juno, Melpomene und Thalia, vor Verwunderung außer sich, rufen in ihrer Begeisterung zum Schatten des französischen Schauspielers le Kain S. 66. „Nach ihnen glauben wir schier, daß sie die größte „Schauspielerinn sey,“ worauf Jupiter sich auf den Bauch klopfend einfällt: „Das find ich ebenfalls.“ — Hr. Schink hat dieser Schauspielerinn ein ihr würdiges Denkmal durch seine Piece: Katharina Jaquet, eine dramaturgische Skize, Wien, 1786, gestiftet, und darin die Verdienste derselben sehr gut auseinander-gesetzt.

d. Herausg.

der zu sehen, als sie ihren Schmerz über die begangene That zu unterdrücken sucht, und ausruft: „O Juno! ich war einen Augenblick ihre Mutter, sey du es nun ewig." Es ist ein schön gemaltes Bild für ungeübte Augen, aber Kenner der Malerei vermissen Aehnlichkeit, den Ausdruck der herrschenden Leidenschaft, malerische Stellung, und die einem Physiognomen unentbehrliche Gabe mit wenigen Strichen viel und auffallenden Charakter darzustellen.

5. **Christiana Weidnerin**, geb. Lorenzin, als Königinn Elisabeth in der Gunst der Fürsten. Sie spricht eben zu den Ministern, da sie Essex des Hochverraths anklagen: „Ja, Verräther, setzt Euch an meine Stelle." Der Ausdruck im Gesicht ist voll Würde und Majestät, die Aehnlichkeit mit dem Originale frappant, die Stellung voll Adel und Hoheit, besonders die die Würkungen der Liebe und des gereizten Zorns in den Augen und in dem Umrisse des Mundes sehr glücklich ausgedruckt.

6. **Maria Anna Adamberger**, geb. Jaquet, als Rosine im Jurist und Bauer. Sie bringt in dem Augenblick dem Advokaten ein Körbchen mit Eier und einem Schinken, und spricht: „Unsere Hühner legen sie nicht größer." Ein vortrefliches Gemälde, aber treffende Aehnlichkeit mangelt. Sonst ist die Grazie und Naivität, mit welcher die Künstlerinn diese Rolle spielt, durchaus sehr glücklich von dem Maler kopirt.

7. **Joseph Lange**, als Hamlet. Ich bin mit diesem Bilde unter allen am meisten zufrieden. Es ist im Betref der Aehnlichkeit, und des passenden Ausdrucks mit dem Motto: „Ihr Engel! und himm-

himmlischen Mächte schützt uns!" ganz unvergleichlich. Der hochgespannte Affekt des Schreckens und der Furcht ist auf eine seltne Art mit allen seinen Kennzeichen ohne Verzerrung und Grimasse sehr treffend dargestellt. Man sieht beim Anblicke dieses Bildes kein Bild mehr, man sieht den großen Künstler — man wähnt Hamlet selbst zu sehen.

8. Franz Brokmann, als Montalban in der Lanassa. Der Maler zeigt ihn uns in dem Moment, als er das Schwerdt zuckt, und zu dem Priester spricht: „Ich schwöre bei Gott und diesem Schwerdt." Die Stellung in diesem Gemälde ist sehr charakteristisch, nur ist zu wünschen, daß der Ausdruck der Leidenschaft im Gesichte stärker und heftiger wäre, die Miene ist zu ruhig und zu gelassen, ob schon die Stirne etwas von dem Muth und der Entschlossenheit des Helden zeigt. Sonst hat es richtige Zeichnung und ist vortreflich ausgeführt.

9. Joseph Weidmann, als Johann im Kobold. Ein vollkommenes Bild, sowohl von Seiten der Aehnlichkeit, als auch des malerischen Verdienstes. Man sieht ihn, wie er sich über die Metamorphose seines Geldes verwundert und ausruft: „In Haselnüsse hat der Teufel mein Geld verwandelt!" Hr. Weidmann ist in dieser Rolle mit pikanten Zügen der Wahrheit kopirt. Sein Gesicht hat die bestimmtesten Lineamente des Schmerzes und einer unmännlichen Verzagtheit. Selbst das Entnervte seines zusammengesunkenen Körpers zeigt von der Größe seines Unglücks und dem Verluste seines Geldes. Er ist nebst dem Hamlet eines der beßten Stücke.

10. Ma-

10. Maria Nouseul, geb. le Fever, als Königinn Elisabeth im Richard dem Dritten. Ihr Motto ist: „Wo du ein Grabmal siehst, tönt der Erschlagnen Stimme, sie tönt, schreit auf zu Gott, und Gott, Gott höret sie, spannt seine Donner an, und kömmt spät oder früh." Ewig Schade! daß sich dieses herrliche Stück zu sehr zum Profil neigt. Die Stärke und Heftigkeit des Affekts ist dieserwegen auch nicht so sichtbar, als sie es seyn sollte. Man findet wenig Züge des Charakteristischen, nur das geübteste Auge des Kenners wird einige schwache Striche von Adel, Hoheit und Majestät in dem Gesichte entdecken. Uebrigens ist es im Betref der malerischen Stellung und Aehnlichkeit unverfälschte Wahrheit und Natur.

11. Anna Stephanie, geb. Mika, als Azora in der indianischen Wittwe. Sie hebt ihren Schleier empor, und spricht: „Muß denn nicht alles das heute noch zu Staub und Asche werden." Ein schönes reizendes Gemälde, mit aller Pracht und dem höchst möglichen Prunk der Malerei ausgerüstet, wäre der Affekt im Gesichte bestimmter, hätte es mehr Sehnsucht und Erwartendes, wären die Züge stiller, reiner, himmlische Sanftheit und Liebe nicht so zweideutig untereinander vermischt, so hätte Hr. Hickel ein Meisterstück in Guido Reni's Geschmack geliefert. Ach! und ähnelte es dem schönen — reizenden Originale nur um ein Haar breit mehr, welch ein Werk! Die Stellung ist unerreichbar malerisch, der Kontur voll Wärme und Leben, und die Drapperie des Gewands bis zur höchsten Täuschung mit allem Reichthum der Kunst verschwenderisch ausgeführt.

12. Maria Henriette Stierle, geb. Mirk, als Franziska in Minna von Barnhelm. Die Stellung und

und der Ausdruck im Gesichte ist dem Motto: „Husch ist er am Finger, Herr Wachtmeister," ganz angemessen. Sie ist ihr ähnlich, und in dieser Rolle meisterhaft mit einer lächelnden, schalkhaften Miene bis auf den Abgang der Sprache kopirt. Unter allen weiblichen Gemälden verdient dieses in Betracht der Wahrheit den meisten Beifall.

13. **Konrad Steigentisch**, geb. zu Konstanz am Bodensee 1746. Betrat in Wien zum erstenmal das Theater 1769. Spielte Liebhaber sowohl der lächerlichen als edlen Gattung, und starb 1779. — Friede der Asche dieses verdienstvollen Mannes! Er ist der Ehre werth, welcher ihn der gütige Monarch würdigte, ihm in diesem Heiligthum der Kunst eine Stelle zu gönnen.

14. **Johann Heinrich Friedrich Müller**, geboren 1738 zu Aderstedt im Fürstenthum Halberstadt. Widmete sich 1755 dem Theater, wurde im Jahr 1763 nach Wien verschrieben. Anfangs waren junge Helden und muntere Liebhaber seine Rollen, spielt gegenwärtig alte Stutzer, launigte Väter, Pedanten und andere komische Charaktere. — Sein Porträt ist zum Reden getroffen. Der Kopf ist ein gut und rein ausgemalter Kopf, voll Bedeutung, innerer Geisteskraft, und wahren Ausdrucks des komischen Schauspielers.

Diese eben angeführte Künstler und Künstlerinnen sind bereits in der Gallerie zu ihrem immerwährenden Ruhme aufgestellt, die übrigen verdienstvollen Glieder der Nationalschaubühne haben sich der Gnade des Monarchen noch zu gewärtigen.

V. Ei-

V.

Einige Bemerkungen über theatralische Vorstellung.

Unter diesem Titel hat Hr. Dyk dem sechsten Bande seines Nebentheaters *), der so eben erschienen ist, und von dem in einem der folgenden Hefte ausführlicher gesprochen werden soll, einen sehr interessanten Aufsatz von 53 Seiten angehängt. Der Herausgeber dieser Annalen theilet daraus die praktischen Bemerkungen über das Theater hier mit, welche gewiß jeden Schauspieler und Theaterfreund reizen werden, den ganzen Aufsatz zu lesen. Er ist an einen Schauspieler gerichtet, gegen den Hr. Dyk äußerte, wie er wünschte, die Vorstellungen seiner Stücke auf dem Leipziger Theater selbst anordnen zu können, und der dagegen erwiederte, daß, wenn er Direkteur wäre, er das beßte Stück, welches ihm in Manuscript angeboten würde, sogleich zurückgeben würde, sofern sich der Verfasser ausbedinge, die Rollen zu vertheilen; denn kein Dichter verstünde, was zum Theater gehörte. Mit Recht erstaunt Hr. Dyk über diese sonderbare Behauptung, und sagt dagegen: „Ich sehe nicht ein, wie man nur erträglich dialogiren kann, ohne den ganzen Menschen, den man sprechen läßt,

*) Er enthält ein ganz neues Trauerspiel von fünf Aufzügen, Roms Bannstrahl im eilften Jahrhunderte, eine komische Oper von drei Aufzügen, der neue Gutsherr, oder die Huldigung, und ein Lustspiel von drei Aufzügen, Liebeszunder, oder das Mädchen und der Jüngling.

gleichsam vor Augen zu haben. Wenn nun der Schauspieler diese Miene und diesen Ton nicht trift, so erweckt er auch nicht diejenige Empfindung, die ich beabsichtigte.

„Jede Rede soll sich aber auf sehr verschiedene Weise, und immer gleich richtig, sagen lassen, und die Stellung dabei wäre meistens willkührlich, wie Sie behaupten. Besonders erklärten Sie sich sehr heftig gegen die vorher abgeredten Stellungen der Schauspieler gegen einander, und alles, was die Franzosen Tableaux nennen; dies gäbe dem Spiel ein ängstliches gezwungenes Wesen. Mich dünkt doch Diderot, der auch wußte, was zum Theater gehörte, habe nicht unrecht, diese Tableaux, und die äußerste Sorgfalt bei der Execution derselben, zu empfehlen. Ich will Ihnen gleich ein Beispiel anführen, wo der Mangel an Sorgfalt aus einem drolligen Gemälde ein abgeschmacktes macht. In der Verheiratung des Figaro soll, nach Beaumarchais Anordnung, die Gräfinn neben ihrem Gemal stehen, wenn er sich das Patent für den Edelknaben ansieht, neben ihr Susanne, und Figaro dem Grafen gegen über. Auf diese Weise kann der Graf nicht begreifen, woher Figaros so richtige Antworten kommen, weil er, indem er in das Patent hinein sieht, nicht bemerkt, daß auch seine Gemahlinn mit hinein guckt, diese der Susanne, und Susanne dem Figaro etwas zuflüstert. Bei der hiesigen Vorstellung hat man das Lauffeuer abgekürzt, Figaro tritt dicht neben dem Grafen, und durch diese falsche Stellung ist mit einmal aller Reiz, alles Komische des Gemäldes verschwunden. Und was tritt an deren Stelle? Aerger! Aerger über die Dummheit des Grafen, der sich so sichtlich vom Figaro aufführen läßt, wie Pantalon in der extemporirten italienischen Komödie vom Harlekin.

„In

„In dem niedlichen Stücke des Herrn von Göthe, die Geschwister, sitzt Wilhelm, in der ersten Scene, an seinem Schreibtische: von dem guten Fortgange seiner Geschäfte fliegt seine Einbildung auf das Verhältniß hinüber, in der er mit Marianen steht, und die er glücklich zu machen wünscht; entzückt ruft er auf: Mariane! Mariane! Diese ist nebenbei in der Küche, glaubt sich gerufen, und kommt herein. Die Lage, in die Wilhelm dadurch geräth, ist drollicht, und um daraus zu entkommen, begegnet er der, die er so inbrünstig liebt, beinah unfreundlich. Wie fein ist hier alles angelegt! Bei der Vorstellung, die ich sah, ging Wilhelm im Zimmer auf und ab, und überlegte sich seine Lage, ungefähr wie Hamlet, ob er sich selbst umbringen soll oder nicht. Schon vermöge des Herumgehens, konnte er das „Mariane! Mariane!" nicht ausrufen, er mußte es in sich hinein sagen. Was entstand daraus? Die Absurdität, daß Mariane sich gerufen glaubt. Ist es also gleichgültig, ob Wilhelm in der ersten Scene sitzt oder steht?

„Um auch aus meinen eignen Stücken Beispiele anzuführen, da ich von ihnen noch mit größerer Zuversicht reden kann, als von fremden; so war meine Idee in der Posse Mann und Frau als Wittwer und Wittwe, daß der Gerichtshalter in der Scene, wo ihn die gräflichen Domestiken verhindern, das Theater zu verlassen, beständig auf der Seite stehen sollte, wo das Cabinet ist, in dem er versteckt gewesen war: die Domestiken füllen die Mitte des Saals; der Eine geht gegen den Gerichtshalter und bringt ihm einen Stuhl, ein Anderer ein Glas Wein, ein Kammermädchen bietet ihm Gebackenes an u. s. w., auf welche Weise sie ihn verhindern, von der Stelle zu kommen. Man sieht, zu welcher Reihe von komischen Gemälden diese Stellung

lung der Schauspieler Gelegenheit giebt. Wie wurde die Scene aber bei der hiesigen Vorstellung ausgeführt? Der Gerichtsdiener ging in die Mitte des Saals, die Domestiken traten um ihn herum. Eine Reihe von Gemälden konnte auf diese Art unmöglich Statt finden. Ein alter Mann von Bedienten umringt, giebt entweder ein rührendes Bild, oder wenn diese auf ihn eindrängen, ihn herumzerren, so wird es ein widriges, von dem gesittete Leute die Augen wegwenden.

„Das gaben Sie mir selbst zu, daß der vortrefliche Schauspieler, welcher hier den Coriolan in vielen Scenen so meisterhaft darstellte, unrecht that, in der letzten Scene, wenn Menenius kommt, sich aufrichten zu lassen, und stehend zu sterben: wahrscheinlich um dieses Aufrichten minder auffallend zu machen, sprach er bloß von den vielen empfangenen Wunden, ließ sich aber nur Einen Stoß beibringen. Diese Abänderung suchten Sie damit zu rechtfertigen, daß der Held auf diese Weise von einem Schauspieler erstochen würde. Wenn er nur erstochen wird! ob von Statisten oder Schauspielern, mich dünkt, dies sey höchst gleichgültig, könne dem, der den Helden darstellt, weder zur Ehre noch zur Schande gereichen. Und dazu wird man vier Soldaten doch abrichten können, daß sie einen Menschen auf dem Theater umzubringen scheinen, ohne lächerliche Stellungen anzunehmen, oder man würde versucht, mit Voltaire bei der Potsdammer Vorstellung von *Rome sauvée* auszurufen: F — j'ai demandé des hommes, et on m'envoie des Allemands!

„Wir wollen das Gemälde, wie ich es angegeben habe, mit dem vergleichen, wie es ausgeführt wird, und sehen, welches das bessere ist. Nach meiner Idee dringt Priscus mit vier Verschwornen auf den unbewaffneten Coriolan ein, sie umringen ihn, reißen ihn zu Boden, und stoßen ihre
Schwerd-

Schwerdter in seine Seiten: Keiner wagt indeß einen zweiten Stoß, Keiner erkühnt sich, die Brust des Helden zu durchbohren, daher erholt er sich nach einer kurzen Ohnmacht in etwas wieder, und kann von seinen herbei kommenden Freunden noch Abschied nehmen, Roms Sieg noch erleben. Bei der Vorstellung umringen die fünf Mörder den Coriolan, und halten ihm ihre Schwerdter entgegen, vermuthlich um ihm die Wahl zu lassen, an welchem Bratspieß er anrennen will; da er dazu keine Lust bezeigt, so stößt ihm Priscus sein Schwerdt in die Seite: der Held taumelt ein wenig herum und fällt. Weder dies Taumeln, noch die vorgehaltenen Schwerdter macht ein gutes Bild; dagegen bin ich versichert, daß ein Maler sowohl aus dem zu Toden reißen des Coriolans, als aus der Art, wie ich ihn verwunden lasse, ein gutes Bild machen könnte.

„Auf die Maler berufe ich mich auch in Ansehung der Verschiedenheit unserer Meinung, über die Art, wie Tullus die Verschwornen zurückweisen, wie er sich bei dem Blitzstrahle, welcher die Volcische Fahne zerschmettert, benehmen muß. Ich behaupte, er müsse jenes mit der rechten Hand thun, und er müsse so stehen, daß er bei diesem mit der rechten Brust sich nach der Fahne umwenden, mit dem rechten Fuße zurück treten könne. Sie meinen, er könne jenes eben so wohl mit der linken Hand, dieses mit dem linken Fuße thun. Es giebt freilich Menschen genug, die mit der linken Hand Suppe essen, linksch fechten, und dergleichen; aber der Maler wird sie nur in einem satyrischen Gemälde so darstellen, der Schauspieler darf es nur in einem Possenspiele thun. Warum? Weil alles, was in Ansehung des Betragens nicht gewöhnlich ist, Lachen oder doch ein Lächeln erregt. Das letztere ist nun wohl nicht der Fall, wenn der Schauspieler als Tullus die Mörder mit der linken

Hand zurück weist, zumal wenn er den Körper so gut in seiner Gewalt hat, wie Sie; aber er schwächt doch das Gemälde, und stellt es nicht so schön dar, als der Maler es thun würde.

„Lassen Sie uns, um den Streit abzukürzen, im Allgemeinen untersuchen, ob es willkührliche Stellungen für den leidenschaftlichen Ausdruck giebt. Gewiß sahen Sie unsere Kavallerie exerziren; es kann Ihnen nicht entgangen seyn, wie das Auge der Krieger sich entflammt, wenn ein Escadron Küraffier die Bewegung macht, als ob es in den Feind einhaute: nur erst wenn das Schwerdt sinkt, das Pferd umgedreht wird, und das Escadron zurück reitet, wird das Gesicht nach und nach wieder ruhig. Glauben Sie wohl, daß diese Wuth auf dem Gesichte des Kriegers entstünde, wenn er verkehrt im Sattel säße, oder das Schwerdt auf dem Rücken hielt? Was läßt sich hieraus schliessen? Dies; eine bestimmte Stellung des Körpers erregt in der Seele eine gleichartige Empfindung. Und dies können Sie jeden Augenblick an sich selbst wahrnehmen. Machen Sie die Bewegung, als ob Sie jemanden ausprügelten, und Sie werden eine zornartige Empfindung in sich erregen. Bringen Sie Ihren Körper in eine bittende Stellung, und Ihre Seele wird dieselbe Empfindung erhalten, die Ihr Körper ausdrückt. Thun Sie, als ob Sie einschlafen wollten, und Sie werden eine schlummernde Empfindung haben. Da nun der Schauspieler auf der Bühne von seinem Mitschauspieler nicht wirklich in Leidenschaft versetzt wird; so muß er sie dadurch in sich selbst erregen, daß er die analoge Stellung annimmt. Wie kann er aber dies ohne vorher darüber nachgedacht zu haben? —

„Wenn

„Wenn ich Sie recht verstanden habe, so meinen Sie, das, was der Schauspieler sage, werde ihn in Leidenschaft setzen, und diese von selbst die analogen Stellungen hervorbringen. Belieben Sie aber zu bedenken, daß Worte nur Kennzeichen dessen sind, was in der Seele vorgeht. So wenig Sie leidenschaftliche Stellungen annehmen, wenn Sie ein Theaterstück lesen, so wenig wird auch das Hersagen einer Rolle daraus Ihren Körper zu diesen Stellungen antreiben. Fuß und Hand wird im Widerspruch seyn, mit dem, was Ihr Mund sagt, Ihr Auge wird sich höchstens erst entflammen, nachdem die Drohung Ihren Lippen entflohen ist. Und gerade sollte es umgekehrt seyn. Ihr Auge sollte früher drohen, als Ihr Mund drohende Worte ausspricht. Versetzte das Aussprechen leidenschaftlicher Worte den Körper sofort in die Analoge Stellung, wie leicht wäre die Schauspielkunst! Ein wohlgewachsener Körper und eine sonore Stimme wären die einzigen Erfodernisse. Sie werden zwar sagen, nur das richtige Aussprechen bringe diese Würkung hervor; dies erfodere Studium, aber nicht das Geberdenspiel. Um diesen Einwurf niederzuschlagen, darf ich Sie nur erinnern, daß der vortreflichste Declamator nicht immer auch ein guter, zuweilen gar ein schlechter Schauspieler ist. Und warum das? Weil er entweder seinen Körper nicht in der Gewalt, oder weil er über das Geberdenspiel nicht nachgedacht hat.

„Es giebt freilich Schauspieler, die bewundert werden und Bewunderung verdienen, bei denen alles Natur ist. Ich würde sie aber doch noch mehr bewundern, wenn alles nur Natur zu seyn schiene; alsdann würden sie dieselbe Rolle nicht das einemal vortreflich, das andremal schlecht, sondern höchstens, bei einer Indisposition des Körpers oder der Seele, etwas schwächer

cher spielen. Prüfen Sie das Spiel solcher Schauspieler auch nur genau, und Sie werden immer finden, daß sie keine einzige Rolle durchaus richtig spielen, so sehr sie auch stellenweise glänzen, daß sie nur dann gut spielen, wenn sie sich selbst spielen können, und daß zehn gegen Einmal die Geberden mit den Worten im Widerspruch sind. Von einem solchen Schauspieler pflegt man sehr richtig zu sagen: die Rolle glückt ihm. Er schaft nie das Schöne; da er keine bestimmte Idee, wie er etwas ausführen will, mit sich herum trägt. — Ein Naturalist in der Fechtkunst haut zuweilen den geschicktesten Fechter übers Ohr; deßhalb ist er aber doch kein Fechtmeister.

„Die theatralische Vorstellung ist ein fortschreitendes Gemälde einer interessanten oder belustigenden Handlung. Ob eine Person im Vor- oder Hintergrunde, auf dieser oder jener Seite sieht, kann daher so wenig gleichgültig seyn, als bei einem Gemälde auf der Leinwand. Wenn dies nicht verabredet, nicht fest bestimmt, keine Strafe darauf gesetzt ist, falls ein Schauspieler zu einer andern Scene heraustritt, als zu der er heraus treten soll, so wird derjenige, welcher auf der Bühne steht, zur Rechten hinsehen, um den Kommenden zu erwarten, wenn dieser zur Linken herein kommt, oder er wird ihm in die Arme laufen, wenn er ihm ausweichen will. Das einemal wird der Mitschauspieler ihm zu nahe auf den Leib treten, so daß sein Spiel gezwängt wird, ein andermal sich von ihm wegwenden, gerade, wenn er mit ihm zu reden hat. Sie wissen, wie häufig dergleichen Versehen vorfallen.

„Proben! Proben! meine Herren! Nur wenn Sie es sich nicht verdrießen lassen, eine schwierige Stelle so lange zu probiren, bis keine Schwierigkeit mehr Statt findet,

findet, und jedes Stück so lange, bis es wie an einem
Fädchen geht, nur dann werden Sie mit den französischen und italienischen Bühnen, die diese Sorgfalt auf
die Proben wenden, sich messen können; nur dann werden Sie das bewürken, was die Franzosen mit Recht
den Zauber des Ensemble nennen, und wovon wir noch
gar keine Idee, und deshalb auch keinen Ausdruck dafür
haben. Ohne Mühe ist nun einmal kein Ruhm zu erlangen. Was keine Mühe macht, ist Spielerei, und
worauf man keine Mühe wendet, das ist Sudelei.
Diese Mühe würde Ihnen aber nicht nur durch den
Beifall des Publikums belohnt werden; Sie würden
dadurch auch erhalten, nur ein oder höchstens zwei anstatt sechs Stücke des Monats einstudiren zu dürfen.
Ein schönes Kunstwerk sieht man gern oft, ein hingesudeltes erweckt gleich beim ersten Anblick Langeweile.
Jetzt geht man in's Theater, um sich an einem neuen
Roman zu vergnügen, dann würde man kommen, um
die Kunst der Schauspieler zu bewundern. Dies kann
nicht geschehen, wenn nur ein paar Schauspieler von
Verdienst bei der Truppe sind, und diese die Andern
machen lassen, was sie wollen. Das Ganze muß Uebereinstimmung und Schönheit haben, wenn das Ganze
vergnügen soll. Deshalb darf nicht jeder Schauspieler
ein Garrik seyn; aber das wird erfodert, daß selbst
Garrik seine Rolle nicht für sich, sondern in Beziehung
auf den Zweck des Stücks spielt, nicht mehr glänzen,
nicht mehr hervorstechen will, als zur Erreichung dieses
Zwecks nöthig ist, kurz, daß ein Jeder angewiesen und
streng angehalten wird, seine Schuldigkeit zu thun.
Wenn der erste Schauspieler seinen Mitschauspielern ihre
Rollen zur Hälfte wegstreicht, glänzende Tiraden aus
diesen in die seinige herüber nimmt, die Rollen so vertheilt, daß sie schlecht ausfallen müssen; so kann er es

wohl

wohl und gar leicht dahin bringen, daß er stark beklatscht wird: aber dahin wird er es mit aller seiner Geschicklichkeit (it. der Kunst und Cabale) nicht bringen, daß man ein so verhunztes Stück oft sehen mag.

„Die Nothwendigkeit des Studiums der Declamation gestanden Sie ein. Aber zu was dieses Studium, wenn es nicht dazu dienen soll, die Rolle in dem Sinne des Dichters zu sprechen? Auch sehen Sie wohl selbst, daß wenn die Leidenschaft ihren bestimmten Ausdruck der Gebehrde hat, der Ton, mit welchem sie die Worte heraus stößt, eben so bestimmt seyn muß. „Dieselbe Rolle wird von zehn Acteurs, von jedem verschieden, gespielt, und jeder wird beklatscht?" Deshalb auch gleich wahr? gleich richtig gespielt? Wird das Spiel des Acteurs, oder werden witzige Einfälle des Dichters, glänzende Tiraden, hinreißende Situationen beklatscht? Doch lassen Sie sich dienen! Es giebt freilich genug Rollen, die auf verschiedene Weise gleich richtig gespielt werden können. Hat der Dichter dem Charakter keine bestimmte Physiognomie gegeben, so kann der Schauspieler diese Physiognomie näher und zum Theil nach seiner Willkühr bestimmen. Aber ein Odoardo, Marinelli, Tellheim, Just und Werner wird nur dann richtig gespielt, wenn der Schauspieler ganz in den Geist des Dichters eingedrungen ist. Um ihm diesen Geist leichter einzuhauchen, behauptete ich gegen Sie, sey auch dem größten Schauspieler der Rath des Dichters nicht unnütz. „Dann wär er nur die Maschine des Dichters. Auch einem Anfänger könne man lehren, wie er etwas hersagen, was für Gesten er dazu machen solle. Der Dichter sey selten Schauspieler, und könne daher diesem keinen Rath geben. Der Schauspieler von Kopf müsse Freiheit haben, einen

nen Charakter seinem Temperamente gemäß umzustimmen." Ich erwiedere hierauf, was ich Ihnen schon mündlich sagte: Sie scherzen! Zwar wollten Sie das nicht an sich kommen lassen; aber es kann gar nicht anders seyn: Sie scherzen! Nehmen Sie an, ein Componist, der auf der Violine nur stümpere, aber die Setzkunst versteht, schreibe ein Violinconcert; würde er dem Executor desselben, mag er immerhin der größte Violinist seiner Zeit seyn, über die Bewegung, das Abstoßen oder Schleifen dieser und jener Note nicht seine Meinung sagen dürfen? Und würden Sie den Violinisten nicht einen eitlen Thoren nennen, der diesen Rath mit Stolz zurück wiese? Sollte Naumann der Mara und Todi deshalb über den Vortrag seiner Compositionen keine Erinnerung machen dürfen, weil er nicht wie die Mara und Todi singt? Gewiß verschmähen diese vortreflichen Sängerinnen auch die Erinnerung eines Naumanns nicht! Warum wollen unsere Schauspieler denn durchaus von keinem Rathe etwas hören? Hat die Mimik und Declamation etwa keine bestimmte Regeln? Nun, meine Herren, so müssen Sie auch auf den Künstlernamen Verzicht thun. So treiben Sie keine Kunst. Regeln gehören so unumgänglich zum Begriffe des Wortes Kunst, als Gesetze zur bürgerlichen Einrichtung. Warum sagen wir die Bauart, und nicht die Baukunst der Wilden? Warum anders, als weil der Wilde dabei nicht nach Regeln verfährt. Selbst eigensinnige Regeln sind immer besser als gar keine. Der Mann nach der Uhr ist ein besseres Mitglied der Gesellschaft, als der Wüstling. Unter den Gesetzen des Despotismus lebt es sich freilich nicht gut, aber man lebt doch immer noch glücklicher, als in einem Staate, wo Anarchie herrscht. Vor dreißig Jahren stand unsere Bühne unter den eigensinnigen Gesetzen des französischen

Theaters:

Theaters: wir fühlten den Druck der Sklaverei, und wollten frei seyn, geriethen aber, gleich den Holländern, in die schrecklichste Anarchie. Möchte doch ein litterarischer **Friedrich Wilhelm** und **Karl von Braunschweig** uns zu einer fest bestimmten Regierung auch bald verhelfen! Oder es ist um die deutsche Schauspielkunst gethan.

„Hätte ich dem wahrhaft großen Schauspieler, der hier den Coriolan spielte, eine freundschaftliche Erinnerung machen dürfen; so würde ich ihm gesagt haben: Ihr Spiel im zweiten und dritten Akte ist ziemlich richtig, stellenweise schön; Ihr Spiel im vierten ist vortreflich! Die Scene zwischen Coriolan und Tullus kann nicht mit mehr Wahrheit, Schönheit und Kraft ausgeführt werden, als Sie und Ihr Mitschauspieler solche ausführen. Aber im ersten Akte sagen Sie nicht ein Wort, so wie ich mir es gedacht habe. Hätte Coriolan seinen Stolz mit so viel Mäßigung und Würde gezeigt, wie Sie, die Römer hätten ihn nie verbannt. Das Pikante in diesem Charakter liegt darin, daß insultirender Stolz mit kindlicher Ehrfurcht gepaart ist. Bei den Griechen und Römern hatten die Aeltern weit mehr Gewalt über ihre Kinder, als Aeltern in den jetzigen Zeiten über ihre Kinder haben; Veturia, eine Frau von großem Geiste, hatte sich ganz der Erziehung ihres Sohnes geweiht, da sie im zweiten Jahre ihrer Verheiratung Wittwe ward: kein Wunder also, daß sie über ihren Sohn, ob er gleich das männliche Alter erreicht hat und verheiratet ist, so viel Gewalt besitzt; aber interessant ist es immer, zu sehen, mit welcher Geschicklichkeit sie dem unbändigsten Rosse, das außer ihr niemand bändigen kann, Zügel anlegt, und wie es so sanft unter ihren Händen einher geht. Dieses Interesse haben Sie ganz durch Ihr Spiel, und durch das, was Sie in der

Rolle der Veturia weggestrichen haben, vertilgt. Ihr Coriolan bedarf keiner Zügel: aber wie auffallend wird dadurch seine nachherige Unbesonnenheit, zu den Volscern überzugehen; sie erregt nicht Theilnehmung, sondern Verachtung und Widerwillen. Denn einem weisen Manne verzeiht man nicht das, was man einem Tollkopfe verzeiht. Und warum in aller Welt ziehen Sie die kurzen Reden, in der ersten Scene, zusammen? Diese Kürze ist ja durchaus nöthig, um die Ungeduld und das Ungestüme in seinem Charakter zu bezeichnen. Wenn er hernach mit seiner Mutter spricht, so trägt er seine Meinung vollständig vor, denn in dieser Scene ist er ruhig. Welche Einförmigkeit entsteht daraus, wenn Coriolan erst seinem Freunde und dann seiner Mutter mit aller Ruhe, in wohl gesetzten Perioden, seine Meinung vorträgt! Aber wenn er jenem mit Hitze, dieser mit Sanftmuth begegnet, so entwickelt sich dadurch der Charakter. — Was ich an Ihrem Spiel im zweiten, dritten und fünften Akte auszusetzen habe, werden Sie nun schon ahnden. Spielen Sie den ersten Akt anders, und Sie werden auch in der Folge vieles anders spielen. In der Hauptscene des letzten Akts vergessen Sie ja die Würde des Feldherrn, und zeigen uns einzig den Menschen und Sohn, den Kampf zwischen Rachsucht und kindlicher Liebe. In dieser Scene kann der Schauspieler seine ganze Geschicklichkeit in der Mimik zeigen, und sie wird frostig und unausstehlich, wenn sein Geberdenspiel die Zuschauer nicht mehr beschäftigt, als das, was er sagt. Veturia und Volumnia sprechen in dieser Scene, jene mit Nachdruck und Würde, diese mit Wehmuth und Zärtlichkeit; Coriolan handelt.

Auch in Kleinigkeiten könnte der Dichter dem Schauspieler zuweilen eine nützliche Warnung geben. Im alten bösen General würde er erinnern, daß ein

Steuercopist, der einem Feldmarschall die Aufwartung macht, um sich eine Gnade auszubitten, nicht mit einem Stocke in der Hand in's Zimmer kommt, und daß dieser Copist, wenn er hernach bei der Armee angestellt ist, und Gelder bei dem Stadtrathe in Empfang nimmt, einen Degen mit einem Portd'epee, und ein Feldzeichen am Hute haben muß. Ein andermal würde er erinnern, daß es nicht Sitte ist, in fremden Zimmern, auch wenn man darin allein sich befindet, den Hut aufzusetzen, oder dieses zu thun, während man nach der Thüre geht, indem gesittete Leute dies erst vor der Thüre thun, ihn da abnehmen und aufsetzen. Daß Bediente, wenn sie ihrer Herrschaft etwas melden, oder von ihr einen Auftrag erhalten, sich nicht gegen sie zu beugen pflegen. Daß es unschicklich sey, wenn im öffentlichen Geheimniß die Königinn des Nachts en Robe spazieren geht. Daß Mariane, in den Geschwistern, nicht mit einem Brustbukett und einer Flohrschürze auftreten könne, weil sie aus der Küche kommt, wo sie Tauben gerupft hat, und dahin abgeht, um solche zu braten. Daß in Viktorine die Scene heller Tag ist, das Licht nur gebracht wird, damit der Oberste seine Pfeife anzünden kann, und man also nicht zu dem Lichte, sondern davon hinweg treten müsse, um Briefe zu lesen.

„Das Trauerspiel hat mit den Sitten wenig oder nichts zu thun. Der tragische Dichter verfehlt seinen Zweck, wenn er auf sie besonders Rücksicht nimmt, und erregt dadurch meistens Gelächter. Aus diesem Grunde hat man verschiedene Ausdrücke in Götz von Berlichingen mit Recht getadelt, so charakteristisch sie auch für die Zeiten sind, worin das Stück spielt. In dem Trauerspiel Liebe und Kabale ist der Jargon und das Benehmen eines Höflings, in der Rolle des Hofmarschalls von Kalb, sehr gut, der Wahrheit gemäß, geschildert:

schildert: aber diese Schilderung gehört nicht für's Trauerspiel, sondern für's Lustspiel; sie stört daher die Würkung, und nur ein junger Mann, dessen Geschmack noch nicht ausgebildet war, konnte sie so am unrechten Orte anbringen. Er zeigt zu viel Genie, als daß er dies nicht vielleicht schon jetzt selbst empfände. Eine Spielerei, wie die mit dem Namen von Kalb, wird er sich künftig gewiß auch nur im Possenspiele erlauben.

„Was für den Dichter Gesetz ist, ist es auch für den Schauspieler. Auch er würde Gelächter erregen, wenn er, um die Sitten der Völker getreu nachzuahmen, als Coriolan mit einem langen Barte, als Cherusker Fürst mit einer Wolfshaut, und als Anführer der Wilden halb nackend, das Gesicht olivenfarb gefärbt, oder die Arme punktirt, aufträte. Wo es nur immer geht, thut er sogar am beßten, wenn er in der Kleidung seines Landes auftritt. Garrick und Eckhoff spielten den König Richard III. in französischer Kleidung, und behaupteten mit gutem Fuge, daß sie in antiker Kleidung weniger Eindruck auf's Herz machen würden. Bei allen deutschen Bühnen, auf die ich einigen Einfluß hatte, hab' ich es dahin zu bringen gesucht, trotz der gegenwärtigen Costume-Pedanterei, den Grafen Essex in französischer Kleidung zu spielen; und ich billige es vollkommen, daß Herr Borchers, auf den österreichischen Bühnen, den Thomas More in solcher Kleidung gespielt hat. Immerhin mögen die Schauspieler, in Romeo und Julie, sich modern kleiden, wir nehmen um so mehr Antheil an ihrem Schicksale; nur erscheine Capellet nicht in einem schwarz sammtnen, und der Arzt in einem roth sammtnen Kleide, da beide von der großen Hitze sprechen, wegen welcher Juliens Leichnam sofort in eine Gruft müsse beigesetzt werden. Dies beleidigt alle verständige Leute; jenes gewiß nur einen Pedanten. In der

der Operette Romeo und Julie wünschte ich jedoch, daß man, dem italienischen Costume gemäßer, die schwarzen mit weißen Mänteln bei dem Leichenzuge vertauschte. Die schwarzen Mäntel machen einen zu widrigen Eindruck. Ueberhaupt thäte man vielleicht wohl, das Trauerspiel in modernen, und die Operette in antiker Kleidung zu spielen, da eine Oper nicht zur Absicht hat, das Mitleid so stark aufzuregen, als die Tragödie. Die alte Tracht gewährte zudem mehr Reiz, machte die Unwahrscheinlichkeit der Abwechselung des Singens und Sprechens minder auffallend.

„Es war ein glücklicher Gedanke von Madam **Brandes**, die lächerliche Tracht abzuschaffen, in der ehmals Griechen und Römer auf unsern Bühnen einher traten. Aber nicht deshalb finde ich die neue Tracht besser, weil sie, wie der Theaterkalender berichtet, ganz so ist, wie man sich ehmals in Griechenland und Rom trug: auch ohne antiquarische Kenntnisse, wird ein Jeder, bei ein wenig Ueberlegung, sehen, daß Ariadne gewiß eben so wenig so gekleidet war, wie sie auf der deutschen, als wie sie auf der französischen Bühne auftritt, wo sie noch mit einem Reifrocke erscheint: sondern deswegen finde ich sie besser, weil sie weit geschmackvoller und malerischer ist.

„Alles auf der Bühne muß malerisch seyn, Körper, Kleidung und Stellung des Schauspielers. Ich weiß, daß man dies letztere, seit einiger Zeit, durch den Beinamen Tanzmeisterbewegungen lächerlich zu machen sucht. Wenn die Stellung diesen Spottnamen verdient, so ist sie gewiß nichts weniger als malerisch. Das Geständelte und Affektirte macht einen unangenehmen Eindruck; aber das Rohe und Plumpe nicht minder. Um jenes zu vermeiden, lernen manche Schauspieler jetzt gar nicht tanzen, fallen aber eben dadurch in den entgegenzengesetzten Fehler. Wie kann man seine Glieder gebrauchen, wenn man keine Gewalt über sie hat? Gewalt über alle Theile unsers Körpers verschaft die Tanzkunst. Mit ihr muß der junge Schauspieler daher sein Studium anfangen; aber er muß sich nicht einbilden, Schauspieler zu seyn, wenn er tanzen kann. Dies ist bloß Vorbereitung, um die Mimik erlernen zu können. Zum praktischen Studium derselben empfehle ich Allen und Jedem, die Sammlung von charakteristischen Figuren des Herrn von Götz. Diese sollte der junge Schauspieler, wie der Christ den Katechismus, auswendig wissen. Kann er alle diese Stellungen nachmachen, mit derselben Wahrheit bis auf das kleinste Glied seines Körpers; so versuche er's, sie abzuändern. Er denke sich den Stutzer, den Zornigen, den Verliebten, den Pflegmatiker u. s. w. als Jüngling, als Mann, als Greis, und dann wieder in den verschiednen Ständen vom Bauer bis zum König. So vorbereitet fange er an, in der extemporirten Komödie zu spielen. Das Eindringen in einen Charakter wird ihm hier leichter, als bei einstudirten Rollen; zugleich lernt er das, was er vom Geberdenspiel im Allgemeinen weiß, auf einzele Fälle anwenden. Es ist ewig zu bedauern, daß die extemporirte Komödie gänzlich von unserm Theater verbannt worden; sie war die beßte Schule für angehende Schauspieler. Eben dies gilt von der Pantomime.

„Studirten junge Schauspieler ihre Kunst, anstatt sich auf Routine, Inspiration und Nachahmen zu verlassen; so würde ein jeder sich eine eigne Manier bilden, die seinem Körper und seinem Organ angemessen wäre. Ich fragte einst einen Schauspieler, der die ersten Liebhaber spielte: was für ein Temperament derjenige habe, den er diesen Abend vorstelle? „Darum pflege ich mich nicht zu bekümmern, war seine Antwort. Wenn ich nur meine Rolle auswendig weiß; das Uebrige findet sich, so bald ich aus der Kulisse heraus trete." Viel Glück! erwiederte ich. Aber es ist eine mißliche Sache heutiges Tages um die Inspiration. — Ich hatte sehr richtig prophezeiht; denn was sich fand, war ein unbedeutendes Geberdenspiel, und in Absicht der Declamation, ein Herumpfuschen in allen Tönen.

„Nichts ist unerträglicher, als wenn Mehrere auf derselben Bühne einen berühmten Schauspieler kopiren, oft sogar seine Fehler, z. B. mit der Hand in die Haare sich zu fahren, im Aerger jeden Augenblick an der Weste zu zupfen, mit der rechten Hand auf die Beinkleider zu schlagen, daß es im Hause wiederschallt, u. dergl. Diese Spielart gleicht vollkommen der von Marionetten; sie kann unmöglich mimische Kunst heißen.

„Ich thue große Foderungen an den Schauspieler; aber ich kann nicht helfen! Er muß so, wie der Student, sein Triennium aushalten, um, wenn er in der Zeit was Rechtes gelernt hat, als Meister in der Mimik begrüßt werden zu können. Im ersten Jahr erlerne er die Tanzkunst, im zweiten die Mimik, im dritten die Declamation, und versuche sich dabei in der extemporirten Komödie, wie der nunmehrige Candidat in den Disputirübungen. Der Grundsatz bleibt ewig wahr: Will ein Schauspieler auf den Künstlernamen Anspruch machen, so muß er auch künstlich spielen."

VI. Be

VI.
Bemerkungen über die Theatertrachten.*)

Die wahreste Nachahmung unter allen ist unstreitig die theatralische. Sie zeigt den Menschen, den der Maler nur malen kann, selbst; setzt ihn an den Ort, wo er sich zeigen soll, hin; läßt ihn selbst reden, handeln, und den Zauber der Illusion, die sie bewirken will, verbreiten. Sollte man nicht glauben, daß es daher die erste Sorge der Schauspieler gewesen wäre, die Menschen, die sie darstellen wollten, in Tracht und Kostume wenigstens auf's genaueste nachzuahmen? — Und doch ist kein Theil der dramatischen Kunst länger uncultivirt geblieben, geschmackloser und verkehrter behandelt worden, als gerade dieser. Wer nur ein wenig Theaterkenntniß hat, kann leicht einen ganzen Band voll der lächerlichsten Fehler und Verstoße gegen das Theaterkostume sammeln. Ich will Thaliens und Melpomenens Garderobe in Deutschland gar nicht citiren; denn über diese läßt sich auch heutiges Tages nicht viel sagen; allein selbst Frankreich und Paris hatte noch nicht einmal vor dreißig Jahren ein vernünftiges und geschmackvolles Kleid auf seinen drei großen Theatern, die man doch für die ersten in der Welt ausgiebt. Einer ihrer neuesten Schriftsteller zeichnet folgende meisterhafte Skizze von dem damaligen Kostume.

„Noch

*) Aus der Pandora oder dem Kalender des Luxus und der Moden für das Jahr 1788.

„Noch vor ungefähr dreißig Jahren wurden unsere dramatischen Meisterstücke, wie in ganz Frankreich, in einem Ballhause aufgeführt, dem man noch seine völlige erste Bestimmung ansahe. Hier waren die Zuschauer in bretterne Logen eingesperrt, die beinahe wie die Käfige der wilden Thiere in den Menagerien aussahen. Auf beiden Seiten des Theaters waren überdies noch vier Reihen Stufen, wo sich auch Zuschauer hinsetzten. Zwölf Kronleuchter, die über dem Theater an der Decke hingen, wenn sie auch Luft und freien Himmel vorstellte, kamen zwischen jedem Akte regelmäßig herab, und tanzten, nachdem der Lichterputzer seine Fertigkeit und Kunst dran gezeigt hatte, nach dem Takte etlicher elender Geigen, wieder in die Höhe. Auf dieser Bühne erschienen nun unsere tragischen Schauspieler in einer Art von Panzerhemde, das sich unten in einem ziemlich großen Reifrock endigte, über den ein dreifacher Schurz mit drei Reihen goldner und silberner Frangen besetzt, gespannt war. Gab's eine griechische Rolle, so hatte der Akteur ein Casquet auf dem Kopfe; bei einer römischen aber einen hohen Federhuth. Dazu gehörte auch wesentlich noch eine dreifache Knotenperrüke, von der man, um die Aktion zu beleben, die Knoten pathetisch auf den Rücken werfen konnte; und Nero that gewiß immer höflich seinen Hut vor Agrippinen ab, wenn er mit ihr erschien. Eben so wurden damals auch die Rollen von Lusignan und Chatillon in der Zaire, und von Gußmann und d'Alvarez in der Alzire nicht anders, als in dem neuesten französischen Modekleide gespielt. Alzire und Roxane erschienen nie anders, als in großen Versailler Courroben, und Dem. Dangeville, die sonst vortrefliche, und vom Publikum außerordentlich geliebte Aktrize, spielte alle Soubretten-Rollen nicht anders, als in einem vierelligten Reifrocke, und zeichnete
sich

sich also von ihrer Gebieterinn durch nichts, als durch ein kleines, sehr elegantes Schürzgen aus, auf dem noch überdies gewöhnlich eine goldene Uhr und ein Breloque hing. Bäuerinnen hatten gewöhnlich Schmuck an sich, und die Bauern erschienen nie anders, als in rothen Absätzen auf dem Theater.

So sah' es also noch vor kurzem auf den weltberühmten drei Theatern in Paris aus, bis le Kain auftrat, und von der Clairon unterstützt, zuerst wahren Geschmack im Theaterkostume dort zeigte und einführte. Diese beiden vortreflichen Schauspieler hatten sich, so zu sagen, einander das Wort gegeben, und beobachteten mehrere Jahre hindurch allein, und ohne daß sie Nachfolger gehabt hätten, Wahrheit und Natur in den Kleidungen ihrer Rollen, und standen freilich da, wie wahre Menschen unter Marionetten. Le Kain, der sein ganzes Leben auf seine Kunst wandte, wandte fast eben so sein ganzes Vermögen auf seine Theatergarderobe. Er zeichnete jedes Stück seiner Kleidung selbst, half seinem Schneider oft sogar an besondern Stücken arbeiten, und im Anfange, da sein Gehalt noch nicht sonderlich war, brach er sich sogar an den Nothwendigkeiten des Lebens ab, um es an seine Charakterkleidung zu wenden. Kurz, le Kain war unstreitig der Erste, der einen natürlichen und besseren Geschmack in den Theatertrachten auf den französischen Bühnen einführte, der sich nach und nach verbreitete, und anjetzt wirklich zu einem Grade von Vollkommenheit gediehen ist. Ein Schauspieler, der fühlt, wie viel bei der Würkung seiner Rolle auf seine Kleidung, und daß er sie recht studire, ankommt, kann also dermalen gewiß nicht besser thun, als daß er sich mit dem jetzigen Kostume der drei großen Pariser Theater, nämlich der Opera, des Theatre françois, und des Theatre Italien bekannt mache, und sehe, wie man

sich

sich in gewissen Rollen dort kleide *). Dies wird seinen Geschmack bilden, und sein eignes Gefühl wird ihn dann schon ziemlich sicher führen. Ein Schauspieler sollte überhaupt Länder- und Völkerkunde zu einem seiner Lieblingsstudien machen **).

Es giebt gewisse Grundregeln für das Theaterkostume, die man, bei aller Nachahmung der Natur, dennoch nie verletzen darf. Dergleichen sind z. E.
1) Nie die Nachahmung der Natur auf dem Theater so weit zu treiben, daß sie die guten Sitten beleidigt;
2) nie eine Kleidung so einzurichten, daß sie dem Zuschauer Ekel erweckt;
3) so viel als möglich auf dem Theater Nacktheiten zu vermeiden; u. s. w.

Freilich muß den Schauspieler auch hierbei guter Geschmack und Weltkenntniß leiten, sonst begeht er auch bei allem Studiren seiner Kunst, und seinem guten Willen, Natur nachzuahmen, sehr wesentliche Fehler.

So sehr auch die **Theaterkleidung** in das ganz Individuelle der Rollen eindringt, so theilt sich das Theater-

---

*) Auch der Herausgeber dieses Journals, der das vortrefliche periodische Werk: Costumes des Grands Theatres de Paris, welches die größten jetzigen französischen Schauspieler in ihren Rollen und Trachten darstellt, selbst besitzt, kann solches als ein Studium des Theaterkostums für junge Schauspieler und Schauspielerinnen empfehlen.

**) Der Herausgeber dieses Journals muß hier gelegentlich anführen, was der Hr. Professor Engel im 1sten Theil S. 41. seiner Mimik sagt: „Es wäre eine Wohlthat, die dem Schauspieler noch fehlt, wenn jemand eine Notiz von den Sitten und Gebräuchen verschiedner Zeiten und Nationen für ihn aufsetzen wollte. Je räsonnirter sie wäre; je tiefer sie ihn in den allgemeinen Geist der Zeiten und Völker hineinführte: desto leichter und vollständiger würde sich seine Einbildungskraft die Bilder entwerfen; desto treffender sein Spiel sie darstellen können."

Theaterkoſtume doch überhaupt genommen in gewiſſe Hauptklaſſen ab, an die ſich ein Schauſpieler, als an einen ungefähren Leiſten, halten kann, und auf die ein Theaterprinzipal bei Anlage ſeiner Garderobe gewöhnlich minder oder mehr Rückſicht nimmt. Es ſind ſo genannte Scharwenzel, die ſich zu jedem Stücke, das ungefähr in das Koſtume fällt, müſſen brauchen laſſen. Dergleichen ſind z. E. folgende:

1) Idealiſche Tracht. 2) Römiſche Tracht. 3) Romantiſche Kleidung. 4) Rittertracht. 5) Tracht aus dem mittleren Zeitalter. 6) Moderne Charakterkleidung. 7) Aſiatiſche oder Türkiſche Tracht. 9) Moderne Converſationskleidung.

VII.
Nachrichten von den Königlichen Theatern in Berlin.

I.
Italieniſche Oper.

Vor allen Dingen muß hier der ſchönen und zweckmäſſigeren Einrichtung im Innern des berühmten Opernhauſes erwähnt werden, indem ſolche zum Vergnügen und zur Bequemlichkeit des Publikums gar ſehr gereicht. Se. jetztregierende Majeſt. der König haben dieſe Veränderung auf den Vorſchlag des Geh. Oberfinanzraths und Chefs des Königl. Ober-Hofbauamts Herrn von **Wöllner**, nach dem Plane des nunmehrigen Geh. Kriegesraths und

Direktors

Direktors des Ober=Hofbauamts, Hrn. Langhans, der aus mehrern öffentlichen und Privatgebäuden in Breslau, desgleichen durch Schriften als einer der vorzüglichsten jetzigen Architekten bekannt ist, ausführen lassen. Durch eine bessere Eintheilung und Disposition der Logen ist, theils die Zahl derselben vermehrt, theils jedem einzelnen Zuschauer dadurch mehr Bequemlichkeit verschaft worden, daß die Säulen, welche die Logen tragen, auf fünf Fuß zurückgezogen und letztere frei vorgebauet sind, daß das Innere aller Logen eine gegen das Theater hingewendete schräge Richtung bekommen, und daß der oberste vierte Rang Logen eine verhältnißmäßige Höhe erhalten hat. Was die Verzierungen betrift, so ist zuerst die große Loge für das Königl. Haus, der Mitte des Theaters gegen über, in Form eines ovalen Saals gebauet, durch eine Kuppel verziert, die von acht gereifelten, reich vergoldeten Säulen, von korinthischer Ordnung, getragen wird, und auf welcher die Königl. Krone ruhet. Unter dieser letztern ist der mit Hermelin verbrämte Purpurmantel in Form eines großen Vorhanges angebracht, die Brüstung dieser Loge aber ebenfalls mit einer dergleichen herabhängenden Decke versehen. Der erste Rang Logen, der sich mit vorgedachter Königl. Loge in gleicher Höhe befindet, wird von einer rings umherlaufenden Reihe Cariathiden von weißem Gipsmarmor getragen, welches einen vortreflichen Effekt macht; der zweite und dritte Rang Logen ist von reich verzierten Consolen unterstützt. Die Brüstungen des ersten und zweiten Ranges Logen sind mit goldenen gemalten antiken Rosen, die vom obersten Range hingegen mit einer rings umhergehenden Gallerie verziert. Das Proscenium (der Zwischenraum vom Orchester bis zur ersten Coulisse der eigentlichen Schaubühne) bestehet aus vier korinthischen gereifelten Säulen mit ihrem Gebälke, und ist durchgängig reich vergoldet; zwischen diesen Säulen sind auf jeder Seite drei Logen angebracht, wovon die unterste mit einem geschnitzten und vergoldeten Gitterwerke versehen ist, die zweite einen Balcon, welcher mit rothen Vorhängen geziert ist, die oberste aber eine ovale Oeffnung formirt. Auch auf dem Parterre ist für mehr Ordnung und Bequemlichkeit gesorgt. Dieser Platz, welcher sonst bloß für den Militairstand war, hat anjetzt verschiedene Abtheilungen bekommen, worunter denn auch eine für den nicht in Königl. Diensten stehenden Bürgerstand und für Fremde sich befindet. Bei dieser schönern und zweckmäßigern Einrichtung muß anzumerken nicht vergessen werden, daß der Baumeister, um der Stimme und der Musik ihre völlige Würkung zu geben, nach seiner vorausgesetzten Theorie, in dem hintern Theile des Amphitheaters zwei Zugröhren angebracht hat, vermöge welcher er die Bewegung der Luft gegen das Amphitheater nicht allein glücklich bewürkt, sondern auch vermittelst der in diesen Röhren angebrachten Schieber über den Grad und die Stärke dieser Bewegung völlig disponiren kann. Auch einen neuen Vorhang hat das Theater bei der inneren Verschönerung dieses prächtigen Opernhauses bekommen, welcher dem Königl. Theatermaler Hrn. Verona, und dem Hrn. Rosenberg, von welchem letztern die allegorischen Vorstellungen darauf nach der Angabe und Zeichnung des Hrn. Direktors Rode gemalt worden sind, viele Ehre macht. Dieser Vorhang stellt das Inwendige eines runden offenen Tempels vor. Oben in den Wolken erscheinen zwei Musen, welche sich umarmen: Melpomene, die Muse des Trauerspiels, und Euterpe, die Muse der Tonkunst. Bei ihnen sind einige Genien, welche sich mit den Werkzeugen der Tragödie und Musik beschäftigen. Vor den beiden Musen liegen

liegen und stehen auf den Wolken die Genien der Tanzkunst, Malerkunst, Architektur und Mechanik. Tiefer
unterwärts sind Genien, welche das Zeichen der lyri-
schen Dichtkunst, nämlich die Leier tragen, zu welcher
die Alten ihre Lieder oder Arien zu singen pflegten. Unten im Tempel wird dem Apollo, dessen Bildsäule in der
Mitte steht, ein großes Opfer gebracht. In der Run-
dung des Tempels, zwischen den Säulen desselben, sind
verschiedene Theaterdichter zu sehen; als: Sophocles,
Euripides, Seneca, Shakespeare, Metastasio
und Graun, der Componist der Opern. Auf diesem
also verschönerten Operntheater wurde den 11ten Jan.
d. J. zum erstenmal gespielt, und zwar ein Schauspiel
gegeben, dergleichen man im Ganzen noch nie in Berlin gesehen hatte. Es war die neue Oper: Andro-
meda, von dem Königl. Hofpoeten, Hrn. Filistri
de' Caramondani, und in Musik gesetzt von dem Königl. Kapellmeister Hrn. Reichardt. Man kann mit
Recht sagen, daß bei dieser Oper alle Künste mit einander wetteiferten. Die Menge der glänzenden Decorationen von dem Pinsel eines Verona, die vortrefliche
Musik, der bezaubernde Gesang eines Concialini und
einer Todi, und die mit der Geschichte des Stücks selbst
verwebten Ballets und Chöre, die vermehrte Anzahl der
Tänzer, die Mannigfaltigkeit und das Fremde so vieler
neuen Kleidungen — dies alles mußte bei der ersten
Vorstellung eine so große Sensation hervorbringen, als
hier noch keine italiänische Oper bewürkt hatte. Des
Königs Majestät selbst waren mit der Komposition des
Hrn. Reichardt's so wohl zufrieden, daß Sie ihm nicht
nur durch die gnädigsten persönlichen Aeußerungen, sondern auch durch eine Gehaltszulage von 800 Rthlrn. Ihren Beifall bezeigten. Sechsmal ward dieses Schauspiel, wozu jeder, wie bekannt, freien Eintritt hatte,
bei

bei der größten Versammlung von Zuschauern vorgestellt, und dann noch zum Beschluß des diesjährigen Carnevals die Oper, Orpheus, dreimal gegeben. Der italiänische Text der letztern ist von Hrn. Calsiabigi in Neapel mit einigen nach der jetzigen Aufführung gemachten Einschaltungen, und die Musik dazu von Hrn. Kapellmeister Bertoni in Venedig mit einigen eingeschalteten Stükken vom Hrn. Reichardt. — Am Schluß dieser Nachrichten muß noch angemerkt werden, wie das Opernballet durch die Annahme des Hrn. Lauchery, jetzigen Königl. Balletmeisters, ungemein gewonnen hat. Auch verdient ein neuer Tänzer, Herr Fiorillo, und eine Demois. Lauchery bei dieser Gelegenheit genannt zu werden. Da übrigens für das verflossene Carneval noch ein Tänzer fehlte, so erlaubten Se. Königl. Hoheit der Herr Markgraf zu Schwedt, Die, wie bekannt, ein sehr schönes Ballet bei Ihrem Hoftheater unterhalten, Ihren Balletmeister und ersten Tänzer, Hrn. Schubert, in den beiden gedachten Opern zu tanzen, wofür Herr Schubert Königlich belohnt ward. Dies alles und die größere Anzahl der Figuranten, wozu das Nationaltheater seine Tänzer gab, machte die diesmaligen Opernballets sehr brillant.

2.

Nationaltheater.

Des jetzt regierenden Königs Majestät, von jeher Liebhaber und Kenner der deutschen Schauspielkunst, ließen dem deutschen Theater zu Berlin, sobald als Sie zur Regierung kamen, Ihren Schutz und Ihre Unterstützung angedeihen. Der Monarch geruhte 6000 Rtlr. als einen jährlichen Zuschuß zu der öffentlichen Einnahme auf die Hofstaatskasse anzuweisen, und befahlen, das bis dahin zu französischen Vorstellungen bestimmte Königl. Komödienhaus den deutschen Schauspielern einzuräumen, auch, daß von der Zeit an, dieses Theater das **Nationaltheater** genannt werden solle. Se. Majestät fügten noch die Erlaubniß hinzu, bei großen Stücken die Statistenkleider aus der Garderobe des Operntheaters entlehnen zu dürfen, und versprachen die nöthigen Dekorationen jederzeit auf Ihre Kosten durch den Operndekorateur Verona malen zu lassen. Der gnädige Monarch, der die Verbesserung und Vervollkommenung der deutschen Schaubühne zum Augenmerk hatte, blieb hierbei nicht stehen. Se. Majestät setzten im Monat Mai vorigen Jahres, nachdem Sie dem Hrn. Professor Engel in einer mündlichen Unterredung Ihre Absicht mit dem deutschen Theater huldreichst zu erkennen gegeben hatten, eine eigene Generaldirektion, bestehend aus Dero Geh. Ober-Finanzrath Hrn. von Beyer, dem Herrn Prof. Ramler und dem Herrn Prof. Engel, zur Verwaltung desselben nieder, und versahen dieselbe mit der nöthigen Instruktion. Diese neue Einrichtung hatte zum Zweck, Verbesserung der Gesellschaft, Vermehrung und angemessenere Richtung der Thätigkeit, vorzüglich auch bessere Verwaltung der Oekonomie. Die sämmtlichen Geschäfte der eigentlichen Theaterdirektion wurden unter Mehrere vertheilt, deren einige von des Königs Majestät Höchstselbst, andere von der Generaldirektion ihre Anweisungen erhielten. So ist dem Hrn. Prof. Engel, als Oberdirektor des Theaters, die Wahl der Stücke, die Rollenvertheilung, die Abhaltung der Proben, die Sorge für die Güte der Vorstellungen u. s. w. überlassen, und assistirt ihm in einigen Stücken der Hr. Direktor Döbbelin als Königl. Theaterregisseur. Von dem Theaterinspektor Hrn. Lanz

hängt

hängt zunächst alles ab, was Maschinerien, Beleuchtung, Garderobe, Requisiten u. dgl. betrift. Als nun von der Generaldirektion die nöthigen Einrichtungen, wobei sie einzig das Beßte der Kunst, die Erleichterung des Künstlers, die größere Ordnung und Ruhe, und die größere Exactitüde in sämmtlichen das Theater betreffenden Angelegenheiten, zur Absicht hatte, getroffen waren, fing die neue Verwaltung des Theaters mit dem 1sten August vor. J. an. Verschiedenen Mitgliedern wurde aufgesagt, und an ihre Stelle neue engagirt. So machte das Theater gleich eine sehr gute Acquisition an Mlle. Göbel, jetzige Mad. Diestler, die ihren Ruf als Sängerinn in den Berlinschen Conzerten schon gegründet hatte, und demselben durch ihre erste Erscheinung auf der Schaubühne als Blanka im Irrwisch vollkommen entsprach. Hr. Czechtitzky, ein Schauspieler von Einsicht, der schon vor einigen Jahren hier mit Beifall gespielt hatte, ward wieder angestellt, und Hr. Kaselitz, ein guter Bassist — dessen Debüt als Schauspieler und als Sänger in der Rolle des Martin Rousset in den beiden Geizigen sehr vortheilhaft war, und der sich kürzlich als Dorimon im Zauberspiegel von beiden Seiten eben so vortheilhaft gezeigt hat — bald darauf angenommen. Auch kam zu Anfang dieses Jahrs die rühmlich bekannte Sängerinn, Mad. Böhm (ehmalige Mad. Cartellieri) wieder zum Nationaltheater, und legte neue Proben ihres fertigen Gesangs bei ihrem ersten Auftritte als Sophie im Walder ab, worauf kürzlich die Oper durch einen vorzüglichen Tenoristen, Hrn. Lippert, vom K. K. Nationaltheater in Wien, verstärkt wurde, welcher mit dem Deserteur debütirte, und sowohl wegen seines Spiels als Gesanges den Beifall des Publikums erhielt. Verschiedene Mitglieder werden noch erwartet, wovon der Verf. dieses Artikels nur Herrn und Madam Un-

Annal. d. Theat. 1. Heft. E zelmann

zelmann anführen will. Erstern kennt man in Berlin schon als einen guten Schauspieler, und da er in den Jahren seiner Abwesenheit von hier Fortschritte in seiner Kunst gemacht hat, so wird ihn das Berliner Publikum, das Fleiß und Talente zu belohnen weiß, gewiß gern wiedersehen. Seine Frau, eine Stieftochter des berühmten Schauspieldirektor Großmann's, hat einen guten Ruf als Sängerinn und Spielerinn vor sich, und ist allenthalben, wo sie zeither war, mit Beifall aufgenommen worden.

Nur derjenige, der die innere Verfassung eines Theaters kennt, und dabei die mancherlei Schwierigkeiten erwägen will, die sich jeder neuen Einrichtung in den Weg zu setzen pflegen, und hier aus verschiedenen Ursachen nicht ausbleiben konnten, kann richtig beurtheilen, was bereits während der neuen Verwaltung gethan worden ist. Der plötzliche Abgang des Schauspielers Müller, der in allen Schau- und Singspielen einstudirt war, würde jeden Direkteur in die äußerste Verlegenheit gebracht, und bei manchem Theater einen gänzlichen Stillstand verursacht haben; die neue Direktion aber ward durch diesen unerwarteten Vorfall, der am zweiten Tage ihrer Verwaltung sich ereignete, nur in ihren Bemühungen etwas aufgehalten, indem sie mehr auf geschwinde Besetzung der Müllerschen Rollen als auf Einstudirung neuer Stücke denken konnte. Zu dem, was zeither gethan ist, muß man, wenn man billig seyn will, auch die Fortschritte rechnen, welche einige von den alten Mitgliedern gemacht haben. Madam Bötticher, die bis dahin nur in chargirten Rollen mit Beifall aufgetreten war, versuchte es mit der Königinn Katharina in Thomas Moore so glücklich, daß dadurch ihr Talent auch für Mütter edler Gattung außer Zweifel gesetzt wurde. Mad. Baranius, eine angenehme, liebens-

liebenswürdige Schauspielerinn, hat in kurzer Zeit im Spiel und Gesang sehr merkliche Progressen gemacht, und kann, wenn sie so fortfährt, eine vorzügliche Künstlerinn werden. Hr. Diestler bewieß durch die Rolle des St. Albin im Hausvater, daß er einer unsrer beßten Liebhaber werden könne, und hat sich nur noch neuerlich in der offenen Fehde als Baron Seeburg sehr vortheilhaft gezeigt. Die Natur vernachläßigte ihn zu diesem Fache gewiß nicht. Hr. Benda der ältere verbesserte sich im Gesang und Aktion, und wenn er noch nicht auf dem Punkt ist, wohin man ihn zu sehen wünscht, so muß man bedenken, daß das Streben dahin zu gelangen, auch schon viel Verdienstliches hat. Wir übergehen hier die lobenswürdigen Bemühungen andrer Schauspieler in verschiedenen Rollen, und erwähnen nur noch, daß Hr. Fleck den Makbeth und den Otto von Wittelsbach so gespielt hat, als man von ihm zu erwarten berechtigt war, und daß Se. Majestät der König aus eigener Bewegung die erste Vorstellung des Trauerspiels Othello zur Benefice für diesen Schauspieler zu bestimmen und die Einnahme an diesem Tage mit 60 Friedrichsd'or zu vermehren geruhten. Unter den Stücken, welche die Direktion einstudiren lassen, hat Makbeth nach Bürgers Uebersetzung den meisten Zulauf gehabt. Schwerlich wird auch dieses Trauerspiel auf irgend einer Bühne besser und mit mehrerm Pomp vorgestellt werden können. Alles — Aktion der Schauspieler, die Hexenchöre, welche vom Hrn. Kapellmeister Reichardt fürchterlich schön in Musik gesetzt sind, Dekoration und Pracht der Kleider trug zu der großen Sensation bei, die Makbeth im Publikum hervorbrachte. Hr. Fleck spielt, wie schon gesagt, diese Rolle. Die Lady macht Mlle Döbbelin, und sie verdient den Beifall, den sie damit eingeerndtet hat. Von prunklosen Stücken

Stücken müssen, Thomas Moore, von Dyk; der Hausvater, von Diderot; die offene Fehde, aus dem Französischen; und der Stammbaum, L. in einem Aufz. von Anton-Wall, eine Fortsetzung des kleinen niedlichen Stücks: die beiden Billets *), als solche genannt werden, mit welchen das Publikum außerordentlich zufrieden gewesen ist, und deren sehr gute Vorstellungen dem hiesigen Theater Ehre machen. — Abgegangen sind kürzlich: Mad. Gödel, die einige Kammermädchen spielte, und im Ballet sehr gut zu gebrauchen war; Hr. Spangler, der meist stumme Rollen machte, und im Ballet figurirte; Hr. Wiesener, ein Anfänger; und Hr. Carl Döbbelin, den Se. Majestät mit einem Privilegium auf die Provinzen begnadigt haben, und der also nunmehr seinem eigenen Theater vorstehet. Wie man hört, hat er seine Schaubühne bereits den 29ten März, mit Verbrechen aus Ehrsucht, in Magdeburg eröfnet.

VIII.

Nachrichten vom Hamburger Theater.

Zu Anfang des jetzigen 1788sten Jahres bestand die Schrödersche Gesellschaft aus folgenden Mitgliedern: Akteurs. Hr. Borchers, unbedeutende Rollen, Hr.

---

*) Hr. Anton-Wall hat den Stammbaum und die Jubelhochzeit, L. in 3 A., welches eine Fortsetzung der guten Ehe ist, und nächstens auf die Bühne wird gebracht werden, dem Nationaltheater im Manuscript zur Vorstellung überlassen.

Hr. Brandes, einige Alte. Hr. Brökelmann, alte Soldaten und Notarien. Hr. Dengel, ernsthafte und launigte Alte, singt auch zuweilen. Hr. Eule, komische und polternde Alte, komische Bediente. Hr. Klingmann, erste junge feurige Liebhaber. Hr. Langerhanns, ernsthafte Alte, Offiziere, Soldaten. Hr. Löhrs, ernsthafte Alte, die ersten Bösewichter, junge Männer. Hr. Michaelis, Chevoliers, zweite Liebhaber. Hr. Michaud, komische Bediente. Hr. Nätsch, unbedeutende Rollen. Hr. Normann, Liebhaber, Bediente. Hr. Schmidt (hat im Schauspiele noch kein Fach). Hr. Schröder, erste edle und komische Alte, Generale, Charakterrollen. Hr. Zuccarini, erste Liebhaber, Helden, Anstand erfordernde Rollen.

Aktrizen. Mad. Brunian, komische Mütter, Wirthinnen. Mad. Eule, erste zärtliche und unschuldige Liebhaberinnen. Mad. Kalmes, komische Mütter. Mad. Klingmann, unbedeutende Rollen, singt auch. Mad. Langerhanns, zweite Liebhaberinnen. Mad. Löhrs, Kammermädchen, singt auch. Mad. Michaelis, Mütterrollen. Mlle. Mirbitz, Anfängerinn. Mlle. Pauly, kleine Liebhaberinnen, singt. Mad. Schröder, erste Liebhaberinnen, Heldinnen, Charakterrollen. Mad. Stark, erste zärtliche und hochkomische Mütter. Mlle. Schwarzenfeld, Kammermädchen.

Singspiel:

Mlle. Brandes,
  = Kalmes,   } erster Sopran.

Mad. Langerhanns,
  = Ambrosch,   } zweiter Sopran.

Mlle. Weber, dritter Sopran.

Hr. Ambrosch, erster Tenor.

= Normann,
= Schmidt, } zweiter Tenor.

= Eule, erster Baß.
= Langerhanns, zweiter Baß.
= Petersen, dritter Baß.

Den 2ten Januar d. J. wurde die Bühne eröffnet mit dem Ring, L. 5 A., von Schröder. Den 3ten gab man Otto von Wittelsbach, T. 5 A. Es ist unmöglich, alle Schönheiten zu detailliren, welche Herr Schröder in die Rolle des Otto legte; sein Name bürgt für sein Meisterspiel. Den 4ten war Ball en Masque im Schauspielhause. Den 7ten der Magnetismus, L. 1 A. von Ifland. Hr. Langerhanns spielt den Cantor Sandbach sehr gut. Hierauf folgte: die Höhle des Trophonio, O. 2 A. Diese Oper hat nicht allgemein gefallen, ungeachtet die Musik von Salieri, eine der meisterhaftesten Arbeiten dieses Künstlers ist. Den 8ten die Verführung, L. 5 A. Die Heirath durch ein Wochenblatt, L. 1 A. Den 9ten zum erstenmal: Lilla, oder: Schönheit und Tugend, O. 2 A., ist die so oft von Wien aus in den Zeitungen gepriesene Cosa rara, von Martini, und wurde auch hier mit großem Beifall aufgeführt. Mlle. Weber sang als Königinn Isabelle sehr zu ihrem Vortheile, nur schade, daß ihr Anstand und ihre Gesten gar zu hölzern sind. Hr. Ambrosch, der seit vorigen Sommer hier erster Tenorist ist, und mit einer reinen angenehmen Stimme den beßten musikalischen Geschmack verbindet, machte den Infanten. Oberjägermeister Corrado, war Hr. Schmidt. Lilla wurde von Mlle. Kalmes gesungen. Diese Sängerinn trat zuerst im November vor. J. als Constanze in der Entführung aus dem Serail, von Mozard, auf, und erhielt

hielt allgemeinen Beifall. Lubino, Lilla's Liebhaber, Hr. Normann. Titta, Lilla's Bruder, Hr. Eule Er gefiel sonderlich mit der Arie: Als ich noch ein kleiner Knabe ꝛc. sehr, welche bei jeder Vorstellung wiederholt werden mußte. Bertha, Titta's Braut, Mad. Langerhanns. Der Amtsvogt, Hr. Petersen.

(Hr. Schröder hat seit Weihnachten noch zwei Baßisten, zwei Tenoristen und zwei Sopranisten zu den Chören engagirt, welche in Lilla zum erstenmale sangen.)

Den 10ten Lilla wiederholt. Den 11ten Ball en Masque. Den 14ten Lilla wiederholt. Den 15ten zum erstenmale: Hoffnung der Ruhe, S. 5 A., von Iffland. Es ist der dritte Theil von Verbrechen aus Ehrsucht. Wenn ich dies Stück mehrere mal werde gesehen haben, werde ich vielleicht im Stande seyn, Ihnen das Sujet mitzutheilen, bei den erstern Vorstellungen war das nicht möglich. Es hat nicht gefallen, Personen waren: Walsing, ein Fabrikant, (Hr. Langerhanns). Wilhelm, Karoline und Marie, seine Kinder, (Herr Michaelis, Mad. Schröder, Mlle. Kalmes). Mad. Ruhberg, (Mad. Stark). Eduard Ruhberg, (Herr Ringmann). Christian, (Hr. Dengel). Sophie von Wartenfels, (Mad. Eule). Major Randau, (Hr. Zuccarini). Kaufdiener, (Hr. Brökelmann). Bediente. Den 16ten Lilla, O. 2 A. Den 17ten Hoffnung der Ruhe wiederholt. Den 18ten das Räuschgen, L. 5 A. (Mad. Kalmes zeigte sich darinnen als Mad. Bernhard). Den 21ten Otto von Wittelsbach. Den 22ten Hoffnung der Ruhe. Den 23. die Entführung aus dem Serail, O. 3 A., von Mozard. Herr Schmidt, welcher mit der Kalmesschen Familie hierher gekommen ist, debutirte im November vor. J. in dieser Oper als Pedrillo, ohne sonderlichen Beifall; man wollte finden, daß er zu sehr outrirte. Den 24ten der Eßighändler, L. 3 A. Hierauf nach einer Pause von mehr als sechs Jahren: der Faschingstreich, oder: der weibliche Hauptmann, Posse, 5 A. gefiel wie sonst. Martin Schwarz war Hr. Dengel; Mad. Schwarz, Mad. Eule; Charlotte, Mad. Schröder ꝛc. Den 25ten Ball en Masque. Den 28ten die Liebe unter den Handwerkern, O. 3 A. von Gasmann. Herr Schmidt macht den Friseur François recht gut, auch zeigt er sich im zweiten Akte als geschickten Violinspieler. Die Gallerie hat in dieser Oper häufig Gelegenheit, sich gütlich zu thun, besonders beim ersten Finale, worinn ganz fürchterlich gepudert und mit Puderquasten bombardiret wird; oder auch, wenn die Handwerksleute dem Friseur die Haare (versteht sich, falsche) aus dem Kopfe reißen, und sie in alle Lüfte zerstreuen. Den 29ten der Apotheker und der Doktor, O. 2 A. von Dittersdorf. Stößel ist, nach dem Urtheile aller Kenner, eine Forcerolle von Hrn. Eule. Den 30sten die eifersüchtige Ehefrau, L. 5 A. Den 31sten die unglückliche Heirath, T. 3 A. Pedro, den sonst Hr. Schröder spielte, wurde diesmal von Hrn. Klingmann vorgestellt. Z. Beschl. der Spleen, L. 2 A.

Hr. Grüner, der seit April v. J. hier engagirt war, hat bereits im November unsre Bühne wieder verlassen; auch Mad. Seyler ist von uns und zu ihrem Manne nach Schleswig gegangen, woselbst er Regisseur der Prinzl. Hoftruppe ist. An ihre Stelle ist Mad. Stark getreten, welche bisher in Leipzig privatisirte.

Den 4ten Februar der Faschingsstreich, L. 5 A. Das Automat, O. 1 A. Den 5ten der seltne Freier, L. 3 A. Durch das vortrefliche Spiel des Hrn. Schröders als Karlstein, und der Mad. Schröder als Rosalie, bleibt dieses Lustspiel immer neu. Hierauf: die Eifersüchtigen, L. 4 A. u. d. Engl. von Schröder.

Den

Den 6ten das Irrlicht, O. 2 A. Wir haben den Beifall dieses Singspiels hauptsächlich der meisterhaften Musik des Kapellmeisters Umlauf zu danken, denn nach der anderen Musik, mit welcher es ehedem hier aufgeführt wurde, machte es kein Aufsehn. Von ganz besondrer Würkung ist die Romanze des Fischers im zweiten Akte: Zu Stephen sprach ꝛc. Hr. Eule exekutirt sie sehr brav. Eben so schön ist die Arie der Rosa (Mad. Langerhanns): Wenn in finstrer Nacht u. s. w. Den 7ten blieb die Bühne wegen Beerdigung des verstorbenen Bürgermeisters Louis verschlossen. Den 8ten Minna von Barnhelm, L. 5 A. Die ungewöhnlich große Menge der Zuschauer bei dieser Vorstellung war ein sicherer Beweiß, daß Lessings Stücke nie veralten. Minna wird von Mad. Schröder mit aller der Feinheit und Energie gespielt, welche der Dichter in diese Rolle gelegt hat; so wie der Major von Hrn. Zuccarini. Minder gut macht Mad. Löhrs die Franziska, sie nimmt sie zu sehr nach dem gewöhnlichen Kammermädchenschlage. Den 11ten das Räuschgen, L. 4 A. Die Heirath durch ein Wochenblatt, L. 1 A. Den 12ten Bewußtseyn, S. 5 A. Den 13ten zum erstenmale: Der Dienst wider Willen, L. 3 A. n. d. Franz. des Florian, von einem Ungenannten. Herr von Feldhausen hat Emilien und die Frau von Wollmar, seine Nichten und Wittwen zu sich aufs Land genommen, unter der Bedingung: nicht wieder zu heiraten. Emilie hat sich indessen heimlich mit dem Grafen Helimuth vermält, den Frau v. W. sehr geschickt in's Haus zu bringen weiß, indem sie seinen Kutscher besticht, ein Rad zu zerbrechen, da der Graf das Landgut passirt. Unterdessen haben sich zwei andre Liebhaber von Emilien, der lustige Baron Flint und der ernsthafte Weldern eingeschlichen; jeder von diesen glaubt, die Aufwartungen des Grafen gelten der Frau v. W., und nöthigen dem Onkel seine Einwilligung ab; hieraus entsteht der Titel des Stücks. Endlich löst sich der Knoten durch Ueberraschung des Alten während Emilie und der Graf allein sind. Das Stück ist mager an Situation und Handlung, und mißfiel deswegen sehr. Hr. von Feldhausen, ein ganz gewöhnlicher Alter, war Hr. Langerhanns. Frau von Wollmar, Mad. Eule. Emilie, Mlle Pauly. Graf von Hellmuth, Hr. Klingmann. Baron Flint, Hr. Zuccarini. Hr. von Weldern, Hr. Löhrs. Zum Beschluß das Mündel, L. 1 A. Den 14ten Otto von Wittelsbach, T. 5 A. Den 15ten die heimliche Heirath, L. 5 A. Zwei Onkels für einen, L. 1 A. Den 18ten das Blatt hat sich gewendet, L. 5 A. Die Heirath durch Irrthum, L. 1 A. Den 19ten Lanassa, T. 5 A. zum Debüt des Hrn. Reinecke, Sohn des verstorbenen Schauspielers gleiches Namens. Seine Rolle war der junge Bramin. Er verrieth viel Empfindung und richtiges Gefühl, und macht uns die gerechte Hoffnung, ihn bald, zumal wenn er Schröders Lehren und Beispiel gehörig nützt, als einen der beßten Liebhaber zu sehn. Mad. Eule, die hier seit mehreren Jahren den Ruhm einer guten Schauspielerinn behauptet, war Lanassa; sie zeigte deutlich, welche große Fortschritte sie in der Kunst gemacht hat, seitdem sie unter Schröders Anleitung steht. Die Erkennung zwischen Lanassa und dem jungen Bramin im zweiten Akte gelang Mad. E. und Hrn. R. besonders gut. Montalban gehört unstreitig zu Zuccarini's ersten Rollen. Den Oberbramin spielte Hr. Löhrs. Hr. Schröder hatte übrigens an neuen Kleidungen und Dekorationen nichts gespart, was zur Verschönerung dieses Trauerspiels beitragen konnte, und es gefiel dadurch um so viel mehr. — Den 20ten der Ring, L. 5 A. Den 21ten Lanassa wieder-

wiederholt. Den 22. die Jäger, von Ifland, sind nicht durchgängig gut besetzt. Oberförster, Hr. Schröder, unsre würdige Mad. Stark, Oberförsterinn, welche in dieser Rolle ihre Vorgängerinn weit hinter sich läßt, sind über mein Lob; aber der Amtmann von Zeck ist durchaus keine Rolle für Hrn. Eule. So passend auch seine Figur und Kleidung seyn mag, und so viel Mühe er sich auch zu geben scheint, den gefühllosen, heimtückischen Mann darzustellen, so sehr guckt doch der komische Akteur durch; die achte und neunte Scene des fünften Akts leidet dadurch sehr. Eben so wenig ist Kordelchen für Mad. Löhrs, welche aus dieser Rolle gar nichts macht. Hr. Langerhanns ist als Pastor ganz der rechtschaffne, biedre Menschenfreund, nur im fünften Akte verfällt er in einen unangenehmen Predigerton, welches mit der Schröderschen Declamation einen auffallenden Contrast macht. Den 25. der Barbier von Sevilla. L. 4. A. Hr. Stegmann, der dem hiesigen Publikum schon von ehedem rühmlichst bekannt ist, spielte den Figaro als Gastrolle. Wie er heraustrat, wurde er mit Händeklatschen empfangen; er unterbrach die Musik, trat hervor und sagte: Ich fühl's — fühl's unaussprechlich! — (Viele Zuschauer verstanden diese hieroglyphische Worte nicht) dann ging er wieder zurück in die Coulisse und begann seine Arie von neuem. Den 26ten Heinrich der vierte, S. 5 A. 'n. Skspr. Sie haben Schrödern als Fallstaf in Berlin gesehen. — Den 27ten Heinrich der vierte wiederholt. Den 28ten General Schlenzheim und seine Familie, S. 4 A. Herr Stegmann hat sich während seiner Abwesenheit von hier auch dem ernsthaften Schauspiele gewidmet, ein Beweiß davon war sein Schlenzheim. Seit Schröders Uebergange zur Tragödie haben viele Schauspieler gewagt, ein gleiches zu thun; ohne zu bedenken, daß,

um

um auf diesem Wege mit Glück zu wandeln, ein Schröderſches Talent erfordert wird. Hr. Stegmann dient zum Beiſpiel: ſo vortreflich er auch im Luſt- und Singſpiele iſt, ſo zweifle ich doch ſehr, daß er im Trauerſpiele, beſonders hier, Progreſſen machen dürfte. Den 29ten Richard Löwenherz, O. 3 A. Hr. Stegmann ſpielte den Blondell. Die Dekorationen in dieſer Oper ſind ſchön, und alle neu verfertigt, denungeachtet bleibt ſie ohne Würkung, weil unſer Publikum nur komiſche Opern ſehn mag. Das geſangliebende Publikum hat in dieſem Monate nur wenig Unterhaltung bekommen; weil durch die ſchnelle Krankheit der Hrn. Ambroſch und Normann das Singſpiel ganz unterbrochen worden iſt.

Folgende Mitglieder der hieſigen Geſellſchaft haben zu Ende dieſes Monats unſre Bühne verlaſſen: Hr. und Mlle. Brandes, Hr. Brökelmann, Mad. Brunian, Mlle. Mirbitz. Minna Brandes hat wegen ſchwächlicher Geſundheitsumſtände das Theater ganz verlaſſen, und wird ſo lange auf dem Lande privatiſiren, bis ſie wieder hergeſtellt iſt. Der Verluſt dieſer wahren Künſtlerinn iſt für die deutſche Bühne ſehr groß.

Ich weiß nicht, ob Ihnen ſchon bekannt iſt, daß bei hieſiger Bühne ſeit zwei Jahren eine Penſionsanſtalt etablirt iſt, welche ſehr guten Fortgang hat. Jeder Schauſpieler zahlt (verſteht ſich, freiwillig) von jedem Thaler ſeines monatlichen Gehalts einen Schilling zur Kaſſe, wozu die etwanigen Strafgelder kommen. Von dieſer Einnahme werden alte, unvermögende Schauſpieler unterſtützt. Gegenwärtige Penſioniſten ſind: Herr Martini in Leipzig und Hr. Jüngling in Hamburg.

Den 3ten März der Apotheker und der Doktor, O. 2 A. Wenn Hr. Stegmann in einer Rolle ungetheilten Beifall verdient, ſo iſt's in der Rolle des Feldſcheer Sichel; ohne Uebertreibung behielt er bis zu Ende

Ende sein gutes natürliches Spiel bei, und gefiel dadurch um so mehr, da wir vorher diesen Charakter in eine abscheuliche Carrikatur verwandelt zu sehen gewohnt waren. Den 4ten Lanassa. Der vernünftige Narr, L. 1 A. Den 5ten Lilla, oder Schönheit und Tugend, O. 2 A. Hr. Stegmann war Lubino. Den 6ten Stille Wasser sind tief, L. 4 A. Der Schulgelehrte, L. 2 A. Den 7ten die drei Töchter, L. 2 A. Der Magnetismus, L. 1 A. Im ersten Stücke spielte Herr Stegmann den General Mülben, und im letztern den Soldat Ehrmann zum letztenmale. — Den 10ten Heinrich der vierte, S. 5 A. Den 11ten zum erstenmale: Incle und Jarico, S. 3 A. a. d. E. des jungen Collmann. Das Sujet ist bekannt; die Katastrophe weicht hier von dem bekannten Trauerspiele gleiches Namens darin ab, daß Incle zuletzt in sich geht, und Jarico heiratet. Einheit des Orts und der Handlung ist nicht beobachtet; denn der erste Akt spielt auf einer ungenannten Insel, auf welche Incle und seine Gefährten verschlagen werden; der zweite und dritte aber im Zimmer des Gouverneurs und auf öffentlichem Marktplatze zu Barbados. In der Handlung ist manches unwahrscheinlich. Incle ist mit Narzissen, der Tochter des Gouverneurs zu Barbados, aus England gesegelt, um am ersten Orte mit ihr vermält zu werden. Auf dem nämlichen Schiffe ist zugleich Medium, sein Onkel, Trudge, sein Bedienter und Kapitain Cowley, der eigentliche Geliebte von Narzissen. Während ihrer Reise sind sie an obbenannte Insel gekommen. Incle, Medium, Trudge und einiges Schiffsvolk steigen an's Land. Die Matrosen erblicken von ferne einige Wilden, überlassen die drei Herren ihrem Schicksale und segeln in größter Geschwindigkeit nach Barbados, wo sie auch zwischen

schen dem ersten und zweiten Akte wohlbehalten ankommen. Unterdessen laufen Incle und Trudge in eine Höhle, worinnen sie Jarico und ihre Gespielinn Wawsky kennen lernen. Das übrige des ersten Akts ist eine ermüdende Szene zwischen Trudge und Wawsky. Ich muß hierbei einen auffallenden Fehler anmerken: Wawsky spricht durch das ganze Stück gebrochen Deutsch (in der Grundsprache gebrochen Englisch), welches sie, wie sie dem Trudge erzählt, von einem gestrandeten Matrosen gelernt hat; Jarico hingegen spricht von Anfange bis zu Ende gut und richtig — ohne einen Lehrmeister gehabt zu haben — Der zweite Akt ist anfänglich matt: einige Pflanzer machen Reflexionen über den Sklavenhandel, womit der Verfasser wahrscheinlich auf die vielen pro und contra's, die jetzt in England über diesen Artikel vorfallen, angespielt hat, welche aber das deutsche Publikum wenig interessiren. Aber ehe wir es uns versehen, kommt Incle, Jarico, Trudge und Wawsky zum Vorschein; ob sie in einem Luftballon gereist sind, oder ob a tempo ein Schiff ankommen mußte, welches sie in kurzem Zeitraume nach Barbados übersetzte, getrauen wir uns nicht auszumachen. Zu Ende dieses Akts wird die Handlung interessanter. Capitain Cowley (ein armer Offizier) läßt sich beim Gouverneur melden, um die Hand seiner schönen Tochter von ihm zu erbitten. (Wir wissen nicht, ob er bloß zu diesem Behuf in Compagnie mit Narcisse und Incle nach Barbados gereist ist.) Der Gouverneur hält Cowley für den erwarteten Incle, schlägt zu, und bereuet auch nachher seinen Irrthum nicht, weil er Incle schwarzen Charakter kennen lernt. Dieses Mißverständniß des Gouverneurs ist nicht neu, aber doch hier von guter Würkung. Im dritten Akte bietet Incle dem G. (den er nicht kennt, weil er äusserst simpel gekleidet ist) seine Jarico zum Verkauf an, sein Onkel Medium kommt dazu, und Incle erschrickt nicht wenig, als er in dem vermeinten Sklavenkäufer den Gouverneur kennen lernt. Man liest ihm nun tüchtig den Text, woraus denn die anfangserwähnte Würkung entsteht. Eine schöne Sensation bewürkt die kontrastirende Denkungsart des Trudge: sein Herr besiehlt ihm bei Verlust seines Dienstes, seine geliebte Wawsky auch zu verkaufen; dieser aber will lieber seinen Dienst missen, als an einem Mädchen undankbar handeln, daß ihm sein Leben gerettet hat.

Die Uebersetzung ist nicht schlecht, der Dialog leicht und fließend, und hat mit Beihülfe des guten Spiels der mehresten Schauspieler ziemlich gefallen. Aus der undankbaren Rolle des Incle machte Herr **Zuccarini**, was er konnte. Jarico war Mamsell **Kalmes**. Als Anfängerinn, im Schauspiele betrachtet, spielte sie recht gut, nur wünschten wir in ihrer Sprache mehr Empfindung und Leben, und in ihren Geberden mehr Gewandheit. Sir Christopher, Herr **Schröder**, dessen Tochter Narzisse, Mad. **Eule**. Mad. **Langerhanns** dehnte als Wawsky die durch das corrumpirte Deutsch ohnedem langweilige Rolle zu sehr, und machte sie dadurch noch langweiliger. Beide Indianerinnen hatten sich mit einer häßlichen braunen Farbe angestrichen, wodurch sie wie ein Paar Orang-Utangs aussahen. Den phlegmatischen Medium spielt Hr. **Dengel** gut; er ist in solchen Rollen ganz auf seinem Platze. Trudge ist der auffallendste Charakter in diesem Schauspiele, und ward von Hrn. **Langerhanns** gut ausgeführt, nur brachte er das bon mot: Wau wau, welches er anstatt Wawsky sagte, zu oft an. Cowley, Hr. Klingmann. Steuermann, Hr. Eule. Pflanzer, die H. H. Normann, Schmitt, Michaelis ꝛc. Bei der Rolle des Trudge ist noch zu erinnern, daß Hr. L. durchgängig als Matrose gekleidet war. Auf der Reise läßt sich so was entschuldigen, denn wer wollte gern auf dem Schiffe seine Kleider mit Theer besudeln; aber daß sich der Londner Handlungsdiener in Barbados nicht umkleidete, ist nicht zu entschuldigen. — Zum Beschluß: Die große Batterie, L. 1 A., paßt nicht mehr in diese Dekade, schlechter Dialog und äusserst langweilige Handlung haben dies Nachspiel längst von der Bühne verbannt. Mich wundert, daß man eine auffallende Zweideutigkeit nicht weggelassen hat. Die mannssüchtige Nanette frägt die Gräfin von der Luft: warum kann denn ein Fähndrich nicht heirathen? Die Gräfin antwortet: vom können ist nicht die Rede ꝛc. Das Stück ward überdem schlecht gespielt, besonders vergriff Hr. Reinecke die Rolle des Fähndrichs ganz, er nahm sie ernsthaft. Den 12ten Dom Carlos, Infant von Spanien, T. 5 A. Der Verfasser des Theaterartikels im Journale aller Journale hat im Novemberstücke des vorigen Jahres, welches erst in diesem Monate erschienen ist, seiner Gewohnheit gemäß, die hiesigen Schauspieler mit scharfer Lauge gewaschen. Daß seine Absicht nicht ist, durch billigen Tadel Besserung zu bewürken, leuchtet unter andern daraus hervor, daß er Personen tadelt und lächerlich zu machen sucht, die hierinnen keines von beiden und in keiner Rücksicht verdienen. Er sagt zum Beispiel von Mlle. Pauly als Marquise Montefar: „man hätte ihr den geschenkten Gürtel gern gegönt, weil man ihrer dadurch los geworden wäre." Mlle. P. ist bei der Schröderschen Gesellschaft keine Schauspielerinn von Erheblichkeit; aber wenn auch die erste Aktrize dieß unbedeutende Rolle

(in

(in welcher nur ein Paar Worte zu sprechen sind) spielte, ich glaube nicht, daß sie mehr daraus machen würde. Eben so verführt er mit Mad. Michaelis als Oberhofmeisterin, an welcher er, wegen ihrer etwas langen Figur und eines sie damals befallenen Catharrs, Aergerniß nimmt. Es ist wahr, daß die Prinzessin Eboli keine Rolle für Mad. Eule ist; allein der Verf. scheint nicht zu wissen, daß unsre Schauspieler jede zugetheilte Parthie ungeweigert spielen müssen, und daß sie also dafür nicht verantwortlich seyn können. Weil an Hrn. Zuccarini, der den Marquis von Posa vortreflich spielt, nichts wirkliches zu tadeln war, so verlangt der Verf. eine andre Gesichtsbildung — andre Blicke von ihm — Herr Klingmann hat als Karlos ausgezeichnete Proben seines Fleißes gegeben, in einigen Stellen ausgenommen, die er nicht ganz zu verstehen scheint; demohngeachtet ist mehrbemeldeter Verfasser unzufrieden, daß er nicht nahe genug zu seinen Mitspielern trat, wenn er mit ihnen sprach. Dies zur Probe, und nun schließen Sie, wie er überhaupt gekritifet habe. Die Schauspieler können sich indessen trösten, daß er nicht allein die Vorstellung, sondern auch das ganze Stück verwirft, welches er nur das Stelzentrauerspiel nennt. — Den 13. wurde Incle und Jarico wiederholt, und hiernächst der schwarze Mann gegeben. — Den 14. wurde die Bühne vor Ostern mit Otto von Wittelsbach geschlossen, und den 26. mit Emilia Galotti wieder geöffnet. Den 27. hatte man den poetischen Landjunker wieder aus seinem Grabe geholt, von dem man geglaubt hätte, er sei längst verweset. — Den 28. Minna von Barnhelm. — Den 31. der poetische Landjunker, und zum Beschluß: die Versuchung, L. 1. A. ohne Werth.

IX.
Von der Schuchschen Gesellschaft.

Königsberg, den 10. Jenner 1788.

Endlich bin ich im Stande, Ihnen von unsrer neuen Theaterdirektion Nachrichten zu ertheilen, die zuverläßig sind. Ich mußte den Zeitpunkt der allgemeinen Gährung abwarten, den der Sterbefall der Madam Schuch veranlaßte. Er ist vorüber; und was ich jetzt einschenk' ist reiner Wein. Vorher überliefere ich Ihnen eine Nachlese von Begebenheiten und Vorfällen, die Ihnen nicht ganz gleichgültig sein werden, theils, weil der Gegenstand, der sie hervorbrachte, eine nicht alltägliche Frau und Künstlerin war; theils, weil es interessant ist, die Sensation zu wissen, die ihr Tod erregte.

Madam Schuch war den 17. April 1755 geboren und starb am 8. Oktob. 1787. Vielleicht gelingt es mir, Nachrichten genug zu einer Biographie dieser Frau von männlichem Geiste und fräulichem Herzen zu sammeln. Bis dahin schränk' ich mich auf ihre letzte Stunden und ihr Begräbniß ein. Sie setzte ihrer langen und schmerzhaften Krankheit eine unbezwingliche Geduld und Gelassenheit entgegen. Ihr Geist blieb bis auf den letzten Augenblick ungeschwächt. Sie fühlte ihr annäherndes Ende mit Gleichmuth — sorgte für ihre Kinder so viel sie konnte — empfing die Kommunion aus den Händen eines lutherischen Geistlichen, und starb als eine protestantische Christin, wie sie gelebt hatte — weder irreligieuse noch bigott.

In der nehmlichen Nacht ging, nach ihrer hinterbliebenen Disposition, die Staffette in's Kabinet und an den Landesminister, mit den Suppliken für ihre Kinder ab, die sie so gut wie diktirt und eigenhändig unterschrieben hatte. Sie bat darin, das Privilegium den Ihrigen zu ertheilen; den Töchtern, Friderike, verehlichte Bachmann, der Charlotte Schuch, und ihrem eheleiblichen Sohn Carl Steinberg.

Am 12. wurde sie auf dem deutschreformirten Kirchhofe, bei Tagesanbruch beerdigt. Ihr Begräbniß war feierlich; nicht prächtig. Die Begleitung bestand, ausser dem männlichen Theil der Gesellschaft, aus ihren Aerzten, dem Dokt. und Prof. Oelsner und dem Regimentschirurgus Hartwich. Die Hautboisten des gräflich Henkelschen Regiments hatten sich aus freiem Willen am Kirchhofe postirt; empfingen die Leiche mit einer Trauermusik, und begleiteten die Einsenkung mit einem Kirchenliede.

Bis dahin war die Bühne geschlossen, und nun wurde sie wieder geöfnet. Es entstand ein interimistisches Schauspiel, unter der Direktion eines engern Ausschußes einiger Mitglieder, dessen Einnahmen lediglich für die Gesellschaft bestimmt waren, die bei der Kriegs- und Domainenkammer einmüthig supplizirte, daß den Schuchschen Kindern das Privilegium ertheilt werden möchte.

Indessen traf am 18. schon das Kabinetsschreiben an die Erben ein, welches sie ins vakante Privilegium einsetzte. Die neue Direktion übernahm am nehmlichen Tage die Gesellschaft und die Einnahme.

Auf Verlangen des Publikums und der Gesellschaft hatten die Erben in ein Castrum doloris gewilligt, welches der Theatermeister Herr Batt, das älteste Mitglied dieser Gesellschaft, angeordnet hatte. Es war geschmackvoll, weder karg noch verschwenderisch, und erfolgte am 19. Oktob. Die Handlung wurde mit einer Trauermusik vom Korrepetitor Herrn Mühle eröfnet und geschlossen. Die Arien und Recitative sangen Herr und Madam Ackermann. Herr Strödel hielt die Gedächtnißrede. Ich habe vergessen anzumerken, daß Herr Strödel am Begräbnißtage eine Standrede am Sarge hielt, und die Gesellschaft ein Gedicht austheilte. Auf das Castrum doloris folgte Elfride. Madam Bachmann trat in diesem Charakter zum erstenmal als Direktrize, mit dem lautesten Beifall, und — mit dem verdientesten auf. Auf Verlangen des Publikums wurde das Castrum doloris den 20 und 21., an jedem Tage mit der Oda wieder gegeben. Für den 21. war Elfride gerufen, und Madam Bachmann beim Heraustreten aus dem Schloß, mit dem lautesten Beifall des ganzen Hauses empfangen. Alle drei Tage durch war das Haus stark besetzt.

Gleich nach dieser Gedächtnißfeier erfolgten wesentliche und formelle Veränderungen. Die Gesellschaft behielt den Namen der Schuchschen, und bestimmte die Firma: An die Schuchschen Kinder. Die Direktion entsagte dem Namen der Erben, weil sie der Erbesantretung gerichtlich renuntiirt hatte. Bald darauf erfolgten einige Abdankungen. Die wichtigste ist die des Ballets, welches sehr kostbar und eben so mangelhaft war. Von Mitgliedern gingen, ausser den Tänzern, Herr Czicky und Madam Möller ab; jener weil Herr Grüner bereits von der vorigen Direktion engagirt war. Ausserdem wurde die Maskopie mit Herrn Ackermann, aus gegenseitiger Ueberlegung und freiem Willen, aufgehoben. Indessen geht sein Engagement fort, und das Ballet besteht bis zum Ablaufe der Kontrakte der Tänzer.

Ueberhaupt sind die Direktionsgeschäfte getheilt und für jeden Theil bestimmt. Madam Bachmann — die, nebenbei gesagt, vom Herzoge von Curland privative das Privilegium erhalten hat — behält die Wahl der Stücke und die Vertheilung der Rollen ausschlüßungsweise. Sie hat seit dem Oktober dies Geschäfte zur Zufriedenheit des Publikums allein betrieben, und aus dem anliegenden Jahresverzeichniß der Stücke ergiebt sich's, wie solches geschehen ist. Sie wurde von ihrer Mutter, die ihre Gesellschaft und ihre Publikums kannte, ausdrücklich zu diesem Geschäfte bestimmt und darin unterrichtet. Die Oekonomie des Theaters übernahmen Hr. Steinberg und Hr. Bachmann. Ihre Fähigkeit und ihre Betreibsamkeit bedürfen keines Zeugnisses. Sie zeigen sich in Thatsachen. Ihren Ersparungen und Einrichtungen verdanken die Schauspieler die promte Zahlung der wöchentlichen Gagen, und das Publikum, die Vermehrung und Verbesserung der Garderobe und der verschiedenen Theater. Beide sind die wärmsten Freunde, und es scheint überhaupt, daß die neue Direktion viel auf Verträglichkeit hält. Bald wird auch Mamsell Schuch aus Schlesien eintreffen. Sie erhielt eine gute Erziehung, und soll ein hofnungsvolles blühendes Mädchen von 17 Jahren seyn.

Wenn die Direktion so fortfährt, wie sie angefangen hat, so wird die Schuchische Bühne des Vorzuges immer werth bleiben, daß sie manchen gebildeten oder gebesserten Schauspieler, und — von allen nur Einen zu nennen — einen Eckhoff lieferte, der zwar nicht Königsberg doch Danzig als ein Mitglied dieser Gesellschaft besuchte. Und da die neue Direktion, freigebig und pünktlich in Rücksicht der Gage — gerecht, billig und freundschaftlich gegen die Mitglieder — in sich selbst, auseinandergesetzt und übereinstimmend — überdem thätig und von ihrem wahren Vortheil überzeugt ist, so wird kein Künstler weder seinen Ruf noch sein Wohl aufs Spiel setzen, wenn er gelegentlich mit ihr unterhandelt, und auf die Nachrede nicht achtet, die auf's Abschrecken ausgeht, und eine ausgemachte Lüge ist, sie komme von wem sie wolle.

X.

Vom Schauspieler Eckart genannt Koch.

Königsberg, den 16. Febr. 1788.

Am 7. d. M. traf Hr. Eckart, genannt Koch, vormaliges Mitglied der Schuchschen Bühne, bei seiner Durchreise nach Frankfurt am Mayn, wo er die Direktion des dortigen Theaters übernehmen wird, zur Freude des Publikums und der Kunstkenner ein. Ueberzeugt von der Achtung und Zuneigung, die ihn hier erwartete, hielt er es seiner Seits für Pflicht, sich bei der hiesigen Theaterdirektion wegen einiger Gastrollen vor seiner Ankunft zu melden. Er ließ dazu den Fallstaff in Heinrich IV. von Shakespear, den Marquis Posa im Carlos, von Schiller, und den Otto im Otto von Wittelsbach in Vorschlag bringen; erhielt aber eine abschlägige Antwort, indem die gegenwärtige Direktion, um den Zudringlichkeiten reisender theatralischer Stümper sich und das Publikum nicht weiter auszusetzen, überhaupt festgesetzt hat, keinen fremden Künstler auftreten zu lassen, der nicht entweder vom Publikum ausdrücklich verlangt wird, oder, bei seinem sonstigen guten Ruf, sich in der Lage befindet, ein Engagement einzugehen.

Herr

Herr Koch hatte daher den Gedanken ganz aufgegeben, sich auf der hiesigen Bühne zu zeigen. Indessen wurde am 9. d. M., wo er zum erstenmal das Schauspielhaus besuchte, bei der Ankündigung des nächsten Stücks, vom ganzen Hause, Otto von Hrn. Koch gefodert, und von der Direktion dem Publikum zugesichert, daß Herr Koch spielen würde.

Da es nun zutraf, daß dieser Künstler den Otto nach einer andern Ausgabe als die hiesigen Schauspieler einstudirt hatte, und die Verschiedenheit der Ausgaben, auch in Rüksicht der Dekorationen, Schwierigkeiten veranlaßte: so trat Herr Koch am 10. d. M. im Charakter des Capacelli, in Natur und Liebe im Streit, mit dem allgemeinsten und verdientesten Beifall auf. Bei der Ankündigung des Stücks für den 11. dieses wurde abermals Otto von Hrn. Koch verlangt. Die hiesige Direktion zeigte zwar die Gründe an, woher Otto nicht gegeben werden könnte; dies beruhigte aber das Publikum nicht. Herr Koch wurde herausgebeten, und auf seine wiederholte Entschuldigungen wegen des Otto, verknüpft mit der Versichrung, sich noch in ein Paar Rollen zu zeigen, bezeugte das volle Haus seine Zufriedenheit durch Bravo und lautes Applaudissement. Am 12. zeigte sich Mamsell Betty Koch, ein eilfjähriges Mädchen, voller Anlagen für die Bühne, als Julchen im Räuschchen. Es ist nicht zu zweifeln, daß sie, von der Natur begünstigt, bei der Erziehung und dem Unterricht ihres Vaters die große Erwartung erreichen wird, die sie erregte. Den 13. dieses Ignez de Castro. Herr Koch spielte den Infanten mit großem Beifall. Den 14. der Vetter von Lissabon, wo Herr Koch im Charakter des Vetter Sievers, und den 15. die väterliche Rache, wo er den Schiffskapitän Siegismund, mit einer Feinheit, Natur und Wahrheit darstellte, die ihn nern vorzüglich als einen Künstler zeigten, der seine Abwesenheit und Reisen mit vielem Glück auf's Studium der Kunst und großer Meister verwandt hatte. Am 16. Agnes Bernauerin, zur Benefiz für Hrn. Koch, die er verschiedentlich ausgeschlagen, und nur auf vieles Andringen angenommen hatte. Ohngeachtet der an diesem Tage zusammentreffenden verschiedenen Lustbarkeiten an Concerten, Ressourcen ꝛc. konnte das Haus die ankommenden Zuschauer nicht fassen. Herr Koch, der ohnedem an einer Erkältung kränkelte, und eine stark belegte Brust hatte, auch wegen der Abreise pressant war, empfahl sich dem Publikum durch nachstehende Abschiedsrede:

Hier – wo mich einst Verehrungswürdigste!
Als Mitglied Eurer Bühne, oft und viel,
Für meinen Wandel, für mein Spiel,
Des Beifalls hoher Werth gelüstete,
Der mehr als Schmeichelei und Gold,
Dem Künstler ist, wenn Geist und Herz ihn zollt –
hier laßt den Gastfreund, laßt den Pilger, ach! den süßen
Lohn für Kunst und Herz – mich Eure Huld genießen.

Und, wohl mir! wenn nicht bloß
Die Rechenschaft, die ich von meinem Spiel
Euch gab, Verehrungswürdigste! gefiel.
Denn macht die Kunst allein, den Künstler groß?
Und sind es nicht der Menschheit unerfüllte Pflichten,
Die jedes Denkmal bloßer Kunst vernichten?

Wohl mir! wenn meinem Leichenstein einst eingeätzt
Von Euch das Zeugniß wird – – daß fromm und gut
Der Künstler war, der sichrer für Verläumdung ruht,
Wenn seinem Grabeshügel Ihr dies Denkmahl setzt.

Und diesen Trost versagt dem Pilger nicht,
Dem schon der Trost der Wiederkehr gebricht;
Daß, wenn er einst von hinnen scheid't,
Ihr seinem fernsten Grabe Rosen streut.

Sein Herzog Albert war aber zu gut ausgefallen, als daß es dem Publikum gleichgültig seyn konnte, sich von seinem Liebling zu trennen. Bei der Ankündigung des Stücks für den 17. wurde, Hamlet von Hrn. Koch, Otto und Herzog Albrecht vom ganzen Hause gerufen, und Herr Koch war gefällig genug den Hamlet für den 17. dieses zuzusagen.

Es ist für den Kenner und Freund der Bühne ein Schauspiel sonder Gleichen, endlich wieder einen Mann auftreten zu sehen, in dem sich Natur und Kunst so traulich vereinigen, und ohne Nebenzweck blos dahin gemeinschaftlich streben, die Darstellung des Künstlers zu einer Vollkommenheit zu erheben, die desto sicherer Geschmacks- und Sittenverfeinerung wirkt, wenn der Künstler selbst dem Publikum, wie Herr Koch dem hiesigen, auch als Mensch und Mitbürger ein achtungswerther Mann ist.

XI.

Ueber das Rigaische Theater.

Riga, den 20. Febr. 1788.

Bei meiner Durchreise durch Berlin, wo ich das Vergnügen hatte, Ihre Bekanntschaft zu machen, versprach ich Ihnen einige Nachricht vom hiesigen Theater mitzutheilen. Ich glaube, daß sie Ihnen um so willkommner seyn wird, da ich von einem durchreisenden Theaterfreund höre, daß im diesjährigen Theaterkalender (denn hier haben wir ihn noch nicht) nichts vom hiesigen Theater enthalten seyn soll.

Wir haben unsern Koch verlohren, den wie als Künstler und Mensch schätzten, und dessen Verlust allgemein bedauert wird, ich will nichts weiter zu seinem Lobe sagen, er hat auf seiner letzten theatralischen Reise den Ruf bestätigt, den er hatte, und dies hat ihn uns auch entrissen. Auch in Berlin hat er sich gezeigt, und man hat ihn auch dort Gerechtigkeit wiederfahren lassen. Sie kennen ihn also. Als Direktor wurde er von seiner Gesellschaft geliebt, dies beweist ein Abschiedsgedicht sämmtlicher Mitglieder an ihn. Er brachte es dahin, daß unter der Gesellschaft musterhafte Ruhe, Eintracht und Sittlichkeit herrschte. Es wurden ihm von Seiten des Publikums die annehmlichsten Vorschläge gemacht, die er aber alle ausschlug, weil er dem Hofr. Tabor sein Wort gegeben hatte. Er spielte am 14. Jan. alten Stiels den Herzog Norfolck, und hielt am Ende eine Abschiedsrede. Das volle Haus und das laute Schluchzen, welches seinem Abschied begleitete, mag ihm Beweis seyn, daß wir fühlen, was wir an ihm verlohren, und daß wir ihn mit offnen Armen gern wieder aufnehmen.

Sein ehemaliger Compagnon Hr. Meyrer hat die Gesellschaft allein übernommen, und diese bestehet nun noch aus folgenden Mitgliedern:

Herrn Christ, Porsch, Reinbeck, Gantner, Reiner, Wirsing, Hundeberg, Mende, Loof, Porsch jun., Schulz, Schmelka, Dittmarsch, Mstr. Dittmarsch, Herr Laß. Mad. Meyrer, Schmelka, Loof, Wirsing, Reiner, Mende, Mlle. Mende, die ältere und jüngere, Mlle. Gantner, Mad. Dittmarsch.

Hier weiß man im ganzen genommen von der Güte des Flachses und des Getraides mit weit sicherm Geschmack zu urtheilen, als von der Güte der Stücke und des Spiels, und ist in der Litteratur des Hanfs und der Masten weit bewanderter, als in der Litteratur des Theaters. — Glückliche Menschen!

Aber

Aber weil diese Litteratur weit einträglicher ist, als die unsrige, so weiß man auch alle Urtheile mit dem Gewichte des Geldes zu beschweren. — Manches elendes Stück macht hier großes Glück, manches Gute wird verworfen, zuweilen geschieht aber auch jedem sein Recht, nachdem man bei Laune ist, oder nachdem der Tonangeber, der sich just in der Comödie befand, gesunde oder verschleimte Theatereinsichten hat. So gehts auch mit dem Spiel, doch ist man hierin seltner in dem Fall, das richtige und vortrefliche zu verkennen, als in dem, das falsche und schlechte schön zu finden. Kurz, da man den Totaleindruck, den das ganze macht, zwar fühlen, aber das warum ich nicht erklären und unterschreiben kann, so ist das Spiel fast immer recht, aber nicht immer das Stück. Auch hat das hiesige Comödienhaus nur immer Ein Publikum; wer gestern in der Comödie war und heute nicht wieder kommt, den vermißt die Casse. Es ist den hiesigen Zuschauern also am meisten um neue Stücke zu thun, und sie sehen ein Stück, wenn's ihnen auch noch so gefällt, nicht öfter als ein Paarmal, dann nicht mehr, bis sie's ganz wieder vergessen haben. Das beste aufgenommene Stück kann daher im ersten Jahr nicht öfter als fünf höchstens sechsmal, alsdann in jedem Jahre nur einmal gegeben werden, und das übel aufgenommene geht nur einmal, und das kalt aufgenommene entschläft gewöhnlich in der zweiten Vorstellung.

Nun noch ein Paar Worte über die Rollenfächer, und den Werth der Mitglieder unsrer Gesellschaft.

Herr Meyrer spielt halbtrunckene, Handwerker, Bauern, und andere Rollen aus den niedrigen Classen sehr glücklich und richtig. Wenn er sich aber in's tragische Fach versteigt, so ist er nicht am rechten Orte. Zur Operette hat er einen guten angenehmen Baß, und

besitzt

besitzt die Kunst, den Text sehr gut — wieder zu finden, wenn er ihn verlohren hat, was ihm ziemlich oft paßirt. Er spielt in den Italiänischen Opern mehrentheils die Buffons, aber da werden fast immer Pajazos daraus. Ausserdem besitzt er in einem hohen Grade die dem mechanischen Theil einer Theaterdirektion so nothwendige Thätigkeit und Dexterität. Nur Schade, daß man sie mehr an seiner Person als im Werk gewahr wird.

Seine Gattin spielt die ersten Liebhaberinnen im Lust= und Trauerspiele. Sie hat ein hübsches Gesichtchen, viel Kenntniß und Einsicht in ihre Rollen, und wird nie oder sehr selten ihre Rolle verderben; nur werden diese löbliche Eigenschaften durch einige Fehler verdunkelt, wovon ich nur den anführen will, daß ihr Sprachorgan so schwach und eintönig, daß es ihr ganz unmöglich wird, die mancherlei Abwechselungen gehörig zu zeichnen. Dieses und daß sie eine sehr gelassene Frau ist, mag auch wohl Schuld daran seyn, daß sie dem Zuschauer immer so kalt läßt, und ihre Empfindung nie zu der Wärme und Innigkeit schwingen kann, welche sich mittheilt und hinreißt.

Ihr Vater, Herr Gantner, der sich in den Annalen der Teutschen Litteratur unter den vormals berühmten Schauspielern eine Stelle erworben hat, spielt zärtliche und komische Väter. Entweder waren unsre Alten genügsamer als wir, oder der Mann hat sich sehr abgestumpft, denn für die jetzige Zeit ist er nicht mehr. Ungerechnet, daß er von Diderots Wand zwischen Theater und Parterre nichts weiß, und seine besten Sachen immer dem Publikum in's Ohr sagt, ungerechnet, daß ein Stück, in dem er zu thun hat, seinentwegen immer eine halbe Stunde länger als nöthig ist spielt, hat er auch noch ganz die Declamation unsrer alten Prediger, zeichnet nicht die Leidenschaft, sondern den Perioden und

das

das Characteristische, wodurch er seine komischen Väter von den zärtlichen unterscheidet, besteht nur in der verschiedenen Drehung des Hintern. Doch kann ich nicht läugnen, daß er den Tartüffe im Ganzen mit vielem Geschmack und Einsicht gespielt, und mich in einigen andern Rollen sogar gerührt hat.

Seine jüngere Tochter von etwa 14 Jahren sagt auch einige Rollen her, aber nicht geschwinde genug, um nach dem Wunsch des Auditoriums baldmöglichst abgehen zu können.

Herr Christ steht, wie billig, an der Spitze dieser Gesellschaft, seine Characterrollen spielt er mit so großer Mannichfaltigkeit und Einsicht, daß man täglich einen andern Schauspieler zu sehen glaubt. Wie sehr das Publicum ihn schäzt, ist daraus zu sehen, daß, da er willens war diese Fasten abzugehen, Niemand aboniren wollte, wenn er nicht geblieben wäre.

Der erste Liebhaber Hr. Porsch, hat sich fast ganz nach Koch gebildet, und behauptet den ersten Platz nach Christ. Er ist gut gebildet, spielt mit mittheilender Empfindung und Laune, und gewinnt immer mehr Einsicht. Doch gelingen ihm die Libertins und komischen Liebhaber besser als die zärtlichen und heftigen.

Herr Hündeberg spielt Tyrannen, heftige Alte, und andere dergleichen Characterrollen, und ist fast in allen Stücken das Widerspiel des Hrn. Gantner. Wenn dieser zu langsam spricht, so spricht Hr. H — zu geschwinde, wenn Hr. G — zu wenig Pantomime macht, so grimaßirt Hr. H — unleidlich, trommelt mit Händen und Füßen, springt und taumelt, kurz ist auf dem Theater ein wahres perpetuum mobile. Die starke Declamation haben beide mit einander gemein, nur accentuirt H — ungleich schärfer als G —, er sagt zum Beispiel nicht anders, als:

ich habe gestern mit Ihrem Bruder zu Nacht gegessen.

Doch dieses versteht sich nur, wenn er ernsthaft oder tragisch seyn will, oder poltert, denn in den mäßigen komischen Stellen spricht er ganz konversationsmäßig, weiß sich seiner ihm zu Gebot stehenden sehr mannigfaltigen Töne zu bedienen, und unterhält durch launigtes Spiel. Doch muß sich das Publicum hüten, irgend einer seiner Grimaßen Beifall zu geben, wenn sie auch noch so sehr Beifall verdient, denn so bald er das merkt, so drischt er sie bis zum kürzesten Stroh aus. Seine Frau betritt das Theater nicht; er hat aber eine Tochter von etwa sieben Jahren, die ein Paar Kinderrollen gemacht hat und viel verspricht.

Sein Stiefsohn Hr. Mende, spielt deutsche Bediente, Bauern und Dumlinge mit Natur und Glück.

Dessen Frau, die Tochter des Hrn. Christ, nimmt wohl ziemlich die erste Stelle unter den Damen ein. Sie spielt Mädchen, Liebhaberinnen und Heldinnen sehr gut, hat auch ein niedlich Stümchen, und ist der Liebling des Publicums.

Mlle Mende, die ältere; singt die zweiten Rollen in der Operette, und spielt auch Mädchen. Als Kind versprach sie viel, desto weniger leistet sie jezt. Ihr Gesang kömmt hier, wo man an eine Brandes und Robberts gewöhnt ist, in keine Betrachtung, und im Hersagen ihrer Rolle gleicht sie dem Wecker an einer Uhr, der auch in einem fort klingelt bis er abgelaufen ist.

Ihre Schwester, von etwa 14 Jahren, wird vielleicht einmal eine brave Sängerin, wenn ihre Zunge noch zur rechten Zeit mit der Aussprache des S. fertig werden kann, zu einer braven Actrice aber wollen sich dato noch keine Anzeichen blicken lassen.

Mad. Schmelka, eine recht brave Schauspielerin, die Characterrollen mit vieler Einsicht und Anstand spielt

kere Rolle zu machen hat, martert er das Auditorium durch seine schwere Sprache, fremden Dialect, und über alle Beschreibung schlechtes Gedächtniß eben so schrecklich, als der Soufleur ihn martern mag.

Mad. Wirsing, eine junge hübsche Frau, spielt tragische Liebhaberinnen zu großem Beifall und Aufmunterung, und naive Mädchen zu eben so großem Eckel des Publicums. Sie hat viele Empfindung und Innigkeit des Spiels, aber eine äußerst schwere Sprache, die jede Naivität umbringt, einen wienerischen Dialect, und im komischen sehr abgeschmackte Gesticulationen.

Ihr Mann kömmt gar nicht in Betrachtung, ob er gleich vorher Briefträger spielte, und das Publicum ihn auch darin nicht sehen wollte, so wird er uns doch jezt gar als erster Pedant aufgetischt.

Schließlich befinden sich hier noch eine Madame Dittmarsch, die einige Rollen schlecht genug macht, und mit viel glücklicherm Erfolg eine gute Putzmacherin ist.

Ihr Mann, der seine Stimme verlohren, und kaum so viel davon übrig behalten hat, in den Operetten soufliren zu können. Hr. Laß, der Soufleur in den Komödien ist, und Hr. Schüler, der Korporale und Kerkermeister donnert.

Abgegangen sind in diesem Jahre Herr Bauser mit seiner Familie. Er ist bei Sr. Durchlaucht dem Herrn Herzog von Curland engagiret. Er ist ein sehr brauchbarer Schauspieler, spielte was man ihm gab, und verdarb nie eine Rolle. Alte und Characterrollen im Singspiel gelangen ihm vorzüglich, er spielte sie mit vieler Laune, und man kann sagen originel.

Gestorben ist im vorigen Jahre Hr. Wecke, er war ein ganz vorzüglicher Garderoben-Inspector.

XII.

XII.
Nachrichten von der Bondinischen Schaubühne in Dresden.

(Diese Nachrichten werden ununterbrochen fortgesetzt, wo auch die Geseuschaft sich aufhalten mag.)

Ich fange diese Nachrichten von einer Epoche an, die für die hiesige Bühne eine der wichtigsten und traurigsten war, die verschiedene Veränderungen vielleicht noch in der Folge zuwegebringen könnte, und die in den Jahrbüchern der Geschichte der Bühne allerdings angemerket zu werden verdient, vom Tode des Künstlers Reineke. *)

Dieser

---

*) Aus Achtung für Reineken's Verdienste um die Schauspielkunst erbietet sich der Herausgeber dieser Annalen hierdurch öffentlich, diejenigen Beiträge zu sammeln und an die Behörde zu befördern, die man ihm von hier und aus hiesiger Gegend zu dem Denkmal, das dem Verstorbenen in Dresden gesetzt werden soll, will zukommen lassen. Man hat ihn dazu zu wählen für gut gefunden, und er wird sich diesem Geschäfte mit Vergnügen unterziehen. Reineke verdient gewiß so sehr ein Epitaphium als einer seines Standes, dem diese Ehre bisher wiederfuhr. Wenn man aber jetzt anfängt, fast bei dem Tode jedes Schauspielers von Denkmälern zu sprechen, und besonders unsere jungen Dichter ihren Freunden gleich Monumente gesetzt wissen wollen, so muß das Lächerliche eines solchen Beginnens auffallen: denn jede Ehrenbesteigung verliert ihren Werth, wenn sie zu oft wiederholt wird, und nicht selten an Gegenstände verschwendet wird, die man eher der Vergessenheit übergeben, als ihr Andenken zu erhalten suchen sollte. Die Absicht, die man dabei bezielte, als man seit ungefähr 16 Jahren in Deutschland anfing, mehrern Schauspielern Epitaphia zu setzen, wovon Berlin selbst eins aufzuweisen hat, war löblich und ging mehr auf die Lebendigen als auf die Todten; man wollte nemlich dem Schauspielerstand dadurch diejenige Achtung allgemein verschaffen, die ihm hie und da noch entzogen ward, und zugleich Frankreich

Dieser Mann, dessen Biographie in der Folge dieser Blätter erscheinen wird, hatte nicht allein allgemeine Achtung des Publicums, sondern auch, welches so äusserst selten ist, er besaß die Liebe seiner Mitgefährten, deren Oberhaupt er war. Wenigstens läßt sich in Ansehung dessen, bei der Lage, in welcher die Gesellschaft bei seinem Tode war, kein bestätigter Widerspruch machen.

Er starb am 1. Novbr. vorigen Jahres, bedauert von Hohen und Niedrigen, nachdem er zulezt als Minister in Schwazhaftigkeit und Ehrsucht die Bühne betreten hatte. Wenn man es mir nicht verübelt, so will ich einen an sich unwichtigen aber doch sonderbaren Zufall anführen. Er kündigte selbst an seinem lezten Spiel-

reich beschämen, das bei dem Tode seiner Schauspieler noch immer ungerecht zu seyn fortfährt.

Unsere jungen Dichter übertreiben es überhaupt in ihren Lobeserhebungen der Schauspieler, sie wissen nie Ziel und Maaß zu halten. Nichts ist billiger, als daß man dem Schauspieler, der Künstler ist, die ihm als solchem gebührende Achtung und Ehre wiederfahren läßt; wenn man ihn aber fast in jeder Zeile einen Gott nennt, Königen gleich stellt, und bei seinem Tode ein Geschrei erhebt, als wenn derselbe ein für das ganze Land unersezlicher Verlust wäre, so sieht der Vernünftige so etwas für das an, was es gewöhnlich ist, für Explosion einer zu dichterischen Einbildungskraft. Wie mancher Mann, dem der Staat vielleicht seine Erhaltung, oder doch einen großen Theil davon zu verdanken hatte, der dem Staate einen Regenten oder nüzlichen Bürger erzog und bildete, der für den Staat mit dem Degen in der Hand sein Leben ließ, wie mancher solcher Männer stirbt dahin, ohne daß bei seinem Tode in die Posaune gestoßen wird. Glaubt man der Kunst dadurch zu nuzen, so dürfte man sich vielleicht irren. Denen die dahin sind, frommt dergleichen Posaunenschall zu nichts, und manche der hinterbliebenen Kunstgefährten blähen sich nur darob auf, und werden dadurch in ihr gefälliges Ich so eingewiegt, daß sie entweder keine Schritte mehr vorwärts thun, oder sich wohl gar vernachläßigen und ihr Publikum en Bagatelle traktiren. Denn seit der Zeit, (sagt ein Schriftsteller) daß die Schauspieler Künstler heißen, halten sie sich so etwas für erlaubt.

Spieltage, am 25. Octbr. ab, und sollte Verbrechen aus Ehrsucht anzeigen. Er brachte aber aus Zerstreuung das nemlich gegebene Stück, Schwazhaftigkeit und Ehrsucht wieder vor, gerade als ob dies das Ziel seiner theatralischen Laufbahn wäre, wozu jedoch nicht sowohl Ahndung als Gleichheit der Wörter in beiden Titeln Anlaß gegeben haben mag.

Seine theatralischen Verdienste werden von seinem Biographen beleuchtet werden, und man wird sich in diesen Nachrichten nie auf Vergleichungen andrer Künstler einlassen, weil es wider den Zweck derselben wäre.

An seine Stelle ist die Regie dem Hrn. Thering, dem ältesten Mitgliede der Gesellschaft, mit Genehmigung und Einwilligung aller Glieder derselben, aufgetragen worden, dessen Verdienste sowohl von Seiten seines Talents als seines Herzens bekannt genug sind.

Den 5. Novbr. wurde nach Reinek's Tode zum erstenmale gespielt, und gegeben: Der Landphilosoph, ein Lustspiel. Ein Wiener Produkt, von nicht sehr großem Werth, doch in einigen Scenen leidlich. Hierauf die beiden Billets. Man sahe es den Spielenden ziemlich an, daß wenigstens der größere Theil von ihnen mehr Lust zum Weinen als Lachen hatte. Der unvergeßliche Reineke konnte hier wegen der Konvenienz mit keinem öffentlichen Kranze betrauert werden, welches so voll und reichlich geschehen seyn würde, wenn die Gesellschaft sich an einem andern Orte eben aufgehalten.

Der Landphilosoph gefiel nicht sonderlich.

Den 6. die Mündel. Dies beliebte Stück ging vortreflich. Herr Schirmer zeichnet sich darin besonders als Philipp Brook aus.

Den 12. Verbrechen aus Ehrsucht, und den 13. zum erstenmal Bewußtseyn, die Fortsetzung dieses Stücks. Es gefiel außerordentlich. Viel davon hat der Verfasser aber sicher auf die Rechnung der Schauspieler zu schreiben. Es hat weder den einfachen Gang des erstern, noch ist es ihm an Situationen gleich. Ruhberg winselt viel zu sehr, und ermüdet dadurch. Da der Verfasser eine dritte Fortsetzung desselben im Sinn hat, so kann es ihm nicht zum Fehler angerechnet werden, daß der Ausgang des Stücks nicht befriedigend ist, denn wäre er es gewesen, so wäre kein Wunsch für die Folge nachgeblieben. Uebrigens hat Herr Iffland hier aufs neue gezeigt, daß er sehr wichtige Blicke in das Karakteristische der Individuen thun kann.

Den 15. das Findelkind von Brühl.

Den 19. Hamlet. Der junge Reinecke trat hier zum erstenmal als Hamlet auf. Es würde nicht zu vergeben seyn, wenn man da Tadel hervorsuchen wollte, wo sich Kunst zum erstenmale zeigt, und folglich der Unvollkommenheit noch immer unterworfen ist. Der junge Mann spielte natürlich diese Rolle nicht, wie sein ruhmvoller Vater sie spielte, allein er eiferte ihm nach allen seinen Kräften nach. Auch war er glücklich genug, in manchen Stellen ihm so nachzuahmen, daß er den lauten Beifall des Publikums und den Ausruf vieler davon trug, man würde den Vater in ihm aufleben sehen. Indessen ist zu wünschen, daß er sich von dieser Aufmunterung, die hier so gerecht war, nicht verleiten lasse, auf seine Verdienste den Schluß zu machen, welches so viele Schauspieler vor ihm, aus talentvollen, zu äußerst mittelmäßigen herabgesezt hat. / Er hat ziemlich richtige Deklamation vor sich, allein auf Modulation der Stimme hat er besonders Acht zu geben, und widrige Monotonie zu vermeiden. / Die Unterredung mit der Mutter im 4ten Akt gelang ihm besonders gut.

Den 20. der Todte ein Freyer, und der Magnetismus. Dieses leztere Stück ist von Herrn Iffland

Es hatte nicht das Glück hier zu gefallen, und ich glaube mit Recht. Die Duritäten, die darin gesagt werden, sind in der That über die Grenzen des Schauspiels, wenigstens der Bühne ausgedehnt. Auch treffen sie einen Stand, der gerade aus vielen Gründen geschont werden muß. Wenn wir hierzu noch einige Bemühungen der Schauspieler nehmen, wenigstens einiger, es zu übertreiben, so kann man sich den Begriff von der Wirkung machen. Ich wollte den Leser gern mit dem Inhalt bekannt machen, allein bei einem Stücke, das gedruckt ist, und nicht ganz besondere Aufmerksamkeit verlangt, werde ich mich nie ins weitläuftige verlieren, weil es wider den Zweck dieser Nachrichten ist.

Den 22. **Montesquieu, und die Heurath durchs Wochenblatt.** Das erstere ist ein von Hrn. v. Dalberg in Jamben verfertigtes Schauspiel, welches von dem größten Theile unserer Schauspieler sehr richtig deklamirt wurde, und dennoch nicht gefiel. Daß Jamben, sie mögen so fließend gearbeitet werden, wie sie wollen, allemal der Sprache einen Schwung geben, ist eine festgesezte Sache. Ob aber dieser Schwung gerade der Bühne angemessen ist, ob er zu einer Zeit wieder hervorgesucht werden sollte, wo wir nach so vieler angewandten Mühe endlich die Natur so ziemlich eingeführt, und alles Gezwungene vertrieben haben, darüber ließe sich vieles sagen. Traurig wäre es gewiß, wenn diese Epoche überhand nehmen und herrschend werden sollte. Man erlaube mir einen kleinen prophezeyenden Blick in die Zukunft. Wenn unsere Bühnendichter, die die Natur bisher so ungeschminkt dargestellt, und dadurch so reichlichen Beifall geerndtet, aufhören zu schreiben, oder sich verleiten lassen, mit ihren Talenten den Jambenverehrern zuzufliegen, und ihre schöne Natur in diesen Sprachstrudel zu verwirren, so steht uns allerdings eine wichtige Epoche für die Bühne bevor, nemlich der Uebergang vom Bessern zum Schlechtern.

Wenn aber der Darsteller der Natur einer schreienden Epoche nur aus Politik den Lauf läßt, weil er dem Strome doch nicht entgegen schwimmen kann, so haben wir nichts von der Jambensucht zu befürchten. Es darf nur ein Stück mit dem Stempel der Wahrheit gezeichnet, auftreten, und alle sind zu Boden geschlagen. Wider sie würkt keine Illusion.

Der Plan des Montesquieu hat mir, aufrichtig gesagt, eben so wenig gefallen, als die Jamben selbst. Im Mönch von Karmel, von dem wir bald reden werden, sind sie schicklicher und besser.

Die Heurath durchs Wochenblatt ist eine besondre Art von Lustspiel, welches deswegen Aufmerksamkeit verdient, weil jede Scene so zu sagen einzeln spielt, und andre Gegenstände darstellt. Nur ist der Versuch mit Individuen gemacht worden, die zu wenig Interesse haben, und auf wichtigere geleitet, könnte dieses für einen Schauspieldichter eine reichhaltige Bahn werden.

Den 26. der Ehemann aus Irthum. Ein Stück, das sehr mittelmäßig ist. Ein Vater begegnet seiner Tochter darin äußerst unanständig, ob sie gleich schon als Wittwe von sich selbst abhängt. Ein Gewebe von Ungereimtheiten.

Den 21. Für seine Gebieterin sterben. Eine Bearbeitung des Essek von Seip nach dem Spanischen. Der Held des Stücks selbst ist gar nicht mehr der er war. Auch wundre ich mich, wie es möglich ist, daß der den edlen Karakter des Essek darstellt, sich diesen weibischen, unbestimmten, an kindische Unbesonnenheit grenzenden Mann zu spielen gefallen lassen kann. Die Königin Elisabeth hat sicher gewonnen, und Madame Koch spielte sie nicht allein mit Würde, sondern auch mit Gefühl.

Ma-

Madame Albrecht zeigte sich in der Gräfin Blanka ganz als Künstlerin. Der Karakter wurde unter ihren Händen, was er seyn sollte, rachvolle, nicht boshafte Wuth. Alles was Blanka thut, geschieht aus Rache für unvergeßliche Beleidigungen. Allein diese sind im Stücke so wenig ausgeführt, daß ihr Karakter in einem weit häßlichern Lichte erscheint, als er ist, und so sehr sich Madame Albrecht als Blanka um die Kunst verdient macht, so wollen wir sie doch lieber als Rutland sehen, wo sie uns Thränen entlockt.

Den 29. Das 16jährige Mädchen, und die Heurath aus Irrthum. Das erste ist ein Wiener Produkt von keinem Werthe. Demoiselle Warm spielte in diesem Stücke sehr artig, und erneuerte die Hofnung, daß sie sich durch Fleiß zu einer braven Schauspielerin bilden werde, wozu die Natur ihr weder Anlage noch Aeußerliches versagt. Madame Albrecht erndtete wieder in der Heurath aus Irrthum, in der kleinen Scene als verkleidetes Bauermädchen, die sie so allerliebst naiv spielt, allgemeinen Beifall ein.

Den 3. Decbr. Der ofne Briefwechsel von Jünger. Obgleich dieses Stück schon oft hier gegeben, so hat es doch diesmal noch weit mehr als vorher gefallen. Herr Bösenberg spielte den alten Goldbach sehr gut, und man würde sein Spiel meisterhaft haben nennen können, wenn er ihn nicht manchmal etwas zu sehr ins niedrige hätte fallen lassen. Auch die Kleidung im kurzen Schlafrock war widrig. Goldbach soll geizig seyn, aber immer mit einem gewissen Anstand. Madame Albrecht als seine Mündel, und Demoiselle Bösenberg als ihre Freundin, spielten ihre Scenen nun wohl so, daß der strengste Tadler nichts dagegen einzuwenden vermocht hätte. Die liebenswürdige Lebhaftigkeit der leztern macht sie zu einer der vorzüglichsten Soubretten der deutschen Bühnen.

spielt. Herr Koch hat sie auf seiner Reise in Schwedt engagiret.

Hr. Schmelka ist wohl einer der ersten Decorateur und Theatermaler, die beim deutschen Theater existiren, er hat uns davon im Mönch vom Carmel und Ignes de Castro Beweise gegeben.

Hr. Reinbeck spielt zweite Liebhaber und Helden, er ist nicht ganz schlecht, aber das Publicum kann ihn nun einmal nicht leiden, und demohngeachtet muß es ihn alle Tage sehen.

Mad. Loof spielt Liebhaberinnen, Koketten und Beinkleiderrollen, ist nicht vorzüglich aber brauchbar, und weiß sich von den hiesigen Damen am besten und zweckmäßigsten zu kleiden. Schwere Rollen gehörig zu durchbringen und auszuarbeiten, geht über ihre Talente, aber wenn sie leichtere Rollen mit mehr Herzlichkeit spielte, wenn sie ihre Rollen nicht immer zu gut könnte, und eine weniger heisere Stimme hätte, würde sie sehr viel leisten.

Ihr Mann, der einer der Lieblinge des hiesigen Publicums ist, und Wirthe, Pedanten, französische Bedienten u. d. gl. spielt, hat zwar einen guten Verstand und Geschmack, sein Organ und sein Spiel haben aber eine solche Eintönigkeit, daß man alle Tage immer denselben Hrn. Loof sieht, und diesen Hrn. Loof in allen nur möglichen leidenschaftlichen Situationen immer in derselben Behaglichkeit und Zufriedenheit mit sich und der ganzen Welt.

Mad. Reiner, der körperlichen Bildung nach die ansehnlichste unter den hiesigen Theaterdamen, spielt ed'e Mütter und hochcomische Characterrollen, hat mehr Empfindung als Einsicht.

Ihr Mann spielt und singt allerhand, als Sänger ist er schäzbar, auch spielt er einige kleine niedrigkomische Rollen nicht übel, wenn er aber eine irgend stärkere

Den 4. Der Mönch von Karmel, oder nach dem hiesigen Zettel: Der Pilger von Karmel, weil das Wort Mönch die Zensur nicht erlaubte. Wenn freilich Jamben so deklamirt werden, wie es in diesem Stücke von den Spielenden geschah, so gewinnen sie ohnstreitig. Aber würde das Interesse des Stücks nicht noch mehr gewonnen haben, wenn der gezwungene Schwung der Sprache die Illusion des Zuschauers, daß sich das wirklich so zutrage, nicht störte, und oft ganz hinwegnähme? Die fünf darin befindlichen Hauptrollen waren folgendermaßen besezt. Der Mönch, Herr Brükl, Matilde, Madame Albrecht, Montgomeri, Herr Reineke, Hildebrand, Herr Schouwärt, Dekursi, Herr Schirmer. Reineken war diese Rolle weit mehr angemessen, als der Hamlet. Jugend und Natur standen ihm zur Seite, und die glückliche Unterstützung der Madame Albrecht, die man freilich sich nur als seine Mutter denken muste, denn sie stand als jüngere Schwester neben ihm, trug nicht wenig zur Erhebung seines Spiels bei. Sie selbst sprach so vortreflich, so warm und gefühlvoll, daß ich glaubte, Herr von Dalberg selbst würde dem Werthe seines Stücks etwas zugesezt gefunden haben. Sie drang so richtig in den oft so schweren Sinn ihrer Rolle, und trug ihn so faßlich vor, daß kein Zuschauer unbefriedigt hinweg gieng. Herr Schouwärt als Hildebrand spielte meisterhaft, und Herr Brükl gefiel als Mönch nicht minder. Kurz alles trug bei, das Stück vortreflich zu machen.

Den 16. Der Undankbare, ein würklich sehr undankbares Stück, von dem die Leser mir eine weitläuftigere Beschreibung schlechten Dank wissen würden. Denn die große Batterie, worin Herr Reineke den Fähnrich spielte, aber eben nicht glücklich. Im Lustspiele wird er überhaupt Mühe anwenden müssen, fortzukommen.

Den 10. **Wind für Wind, und die Rache.** Die erste Posse mißfiel allen Feindenkenden. Sie ist so voll ungereimten Witzes, daß sie nur für die Gallerie spielen kann.

Den 11. **Der Burgemeister von Brühl,** in dem Herr Brükl als Burgermeister das Publikum befriedigte.

Den 15. wurde im 87sten Jahre der Beschluß mit einer Uebersetzung der englischen Seduction unter dem Titel: **Die Verführung,** gemacht, welches Stück dem Leser bei der nächsten Fortsetzung bekannt gemacht werden soll.

XIII.

Tagebuch der Mannheimer Schaubühne.

Den 1. Januar. **Der alte böse General,** L. 3 A. von Kretschmann, Zum 4ten mal. **Der Englische Kaper,** L. 1 A. Zum 10ten mal.

Den 3. **Die neue Emma,** L. 3. A. Zum 8ten mal. Die Geschichte Eginhards und der Tochter des Kaisers Karl des Großen ist die Grundlage zu diesem Stücke. Die Handlung ist in die neuere Zeiten versetzt, vielleicht zum Nutzen und Frommen unserer heutigen Damen; ich wenigstens fand in den Jahrbüchern von einigen hundert Jahren kein Beispiel, daß ein Mädchen ihren Geliebten durch den Schnee getragen hätte. In der Handlung ist noch eine Episode eingeflochten, die sich mit einem Bauer an einem teutschen Fürstenhofe in diesem Jahrhundert zugetragen hat. Diese Episode gehört freilich nicht zum Ganzen; allein sie ist unterhaltend. Der Gang der Handlung übrigens ist einfach und interessant;

essant; der Dialog schön, und feiner Witz durch das ganze Stück verbreitet. Die Charaktere sind gut angelegt und ausgeführet. Der Fürst ist ein Mann, den die schimmernde Aussenseite seines Standes nicht blendet, der über dem Fürsten den Menschen nicht vergißt, dessen Glück in häuslicher Zufriedenheit und dem Wohl seiner Unterthanen bestehet. Er ist Vater einer liebenswürdigen Tochter, und verdient es zu seyn. Die warme Scene des Fürsten und seiner Tochter im zweiten Akte ist sehr rührend und äusserst interessant. — Emma ist die würdige Tochter eines vortreflichen Vaters, ein liebevolles Geschöpf, das nur für seinen Grafen Hochberg lebt, und deßhalb die Hand eines Prinzen ausschlägt. Bei der sanften Weiblichkeit hat sie männlichen Muth und Entschlossenheit, so spielte auch Mademoiselle Witthöfft diese Rolle. Anstand, Feinheit und Delikatesse erhöhten ihr Spiel, besonders in der Scene, wo der Prinz von ..., der als Kammerherr Waller sich am Hofe ihres Vaters befindet, sich ihr zu erkennen giebt. Edel waren die Aeusserungen ihres Unwillens über das Betragen des Prinzen, und bei aller ihrer Bestürzung, in dem Kammerherrn den Prinzen selbst zu sehen, sah man Zorn über die Zudringlichkeit des Prinzen, und die beleidigte Delikatesse einer Fürstin, die doch noch Fassung genug behält, den Auftritt mit Anstand zu endigen. So kritisch die Lage der Prinzessin in diesem Auftritte ist, so angenehm ist die Scene mit dem Grafen von Hochberg, ihrem Geliebten. Da sah man nun das liebende Mädchen, das alle Gefahren verachtet, über Berge wegfliegt, die ihrer Liebe im Wege stehen, nur glücklich im Besitze ihres Hochbergs seyn kann. — Herr Böck spielte den Grafen von Hochberg mit allem dem Anstande, mit der Bescheidenheit eines rechtschaffenen Mannes, den der Gedanke, von einer

Fürstin

Fürstin geliebt zu seyn, nicht seine Pflichten vergessen machen kann: und mit diesen vereinte Herr Böck so herzliche Aeusserungen seiner Liebe, die aber der Prinzessin schuldige Ehrfurcht nie in Heftigkeit ausarten ließ, daß dieser Auftritt allgemein auf das Publikum wirkte. — Herr Beck als Landjunker Lohr spielt diese Rolle meisterhaft, und erwirbt sich immer damit den vorzüglichsten Beifall. Munterkeit, Laune und Muthwillen machen ihn uns schätzbar, und die Gefühle der Dankbarkeit und eines guten Herzens, als die Rede von dem Grafen Hochberg ist, machen ihn uns liebenswürdig. — Fräulein Rixleben ist eine am Hofe grau gewordene Jungfer, die, da die Zeit vorüber ist, wo ihre Reize noch geltend waren, nun sich mit Empfehlungen und Intriguen abgiebt, und durch Geld das Vergnügen von Kanzeleiboten u. dgl. zu erkaufen sucht, welches eine Dame in ihren Jahren selten unbezahlt erhält. Der Verdruß darüber und das gewöhnliche Hofleben haben sie zänkisch, zudringlich, neugierig, lästernd gemacht. Von jeder Sache sucht sie die schwache Seite fein auf, um sie mit einer gewissen Scheinheiligkeit in ein gehässiges Licht zu stellen. Leute von edlen Grundsätzen, von Kopf und Herz sind ihr zuwider, und bei allen dem plagt sie der böse Geist der Ehe so sehr, daß das adeliche Fräulein so weit herabsinkt, einen Kanzleiboten heurathen zu wollen. — Es wäre sehr zu wünschen, daß die teutsche Bühne mit mehrern solcher Stücken bereichert würde, der Geschmack des teutschen Publikums würde dadurch verfeinert und mehr bestimmet werden, und also das Lustspiel einen höhern Grad der Vollkommenheit erreichen. Die buchstäbliche Auslegung. Ein Lustspiel in einem Aufzuge. Zum 9ten mal.

Den 6. Der Einsiedler von Carmel, T. 5 A. in Versen. Zum 7ten mal. Die heutige Vorstellung war
sehr

sehr gut, nichts blieb mir zu wünschen übrig; wenn nur verschiedene Stellen, die Herr Jfland als Graf Wallori so äusserst schön gesagt und so fein nüanciret, mehr beobachtet und beherziget worden. Oft ist das Schauspielhaus bei der ersten Vorstellung eines Trauerspiels angefüllet. Vom Parterre und aus Logen wird Beifall zugeklatschet: und was lauten Beifall unendlich übertrift aufmerksame Stille herrscht im ganzen Raume des Schauspielhauses. Warum versagen aber so viele Zuschauer den folgenden Vorstellungen ihre Aufmerksamkeit? Glaubt man, daß Trauerspiele für Eine Vorstellung geschrieben werden? Warum wird man nicht müde ein Singspiel zehenmal hintereinander zu sehen? — Das Vergnügen des Ohres ist ein sinnliches Vergnügen: die Rührung des Trauerspiels ist ein Vergnügen des Geistes. Sollte darin die Ursache liegen, o so mag der Geschmack wohl auf ewig Urlaub nehmen.

Den 8. Die väterliche Rache, L. 4 A. Zum 8ten mal. — Herr Jfland als Baron Walborg spielte heute unnachahmlich schön. Jede feinste Nüance des Charakters stellte er in's hellste Licht; er verband durch Kunst die unersättliche Rache des Vaters gegen seinen zweiten Sohn mit der Liebe zum ersten, und mit der edlen Denkungsart dieses sonderbaren Mannes; sein ganzes Spiel war nicht mehr Spiel, sondern Natur. Herr Beil als Siegmund war ein getreues Gemälde eines guten aber rauhen Seemannes, der Unrecht nicht duldet, und selbst seinen Vater nicht schonet, wenn er glaubt, daß dieser fehle; und mit der natürlichsten Offenherzigkeit einem Mädchen sagt, daß er es nicht liebe.

Den 10. Der Gläubiger, Sch. 3 A. von Herrn Richter. Zum 9ten mal. — Dieses Drama ist eines der besten, die wir auf der Bühne haben. Die Handlung ist einfach und der Gang natürlich; die Charaktere sind

sind gut geschildert, und ihr Kontrast in Betracht der Wirkung auf's Ganze erhält und erhöht das Interesse. — Der Wechsler Blum ist ein reicher, wohlthätiger Mann, der aber schon so oft von denen ist betrogen worden, die er unterstützte, daß er nun alles Mitleiden aus seinem Herzen verbannet hat, und einen andern Kaufmann, der durch Unglück und Betrug außer Stand ist, Blumen 10000 Thaler zu bezahlen, in's Gefängniß werfen ließ. Hr. Beil spielte diese Rolle sehr gut. — Der junge Freudenheim ist eine vortrefliche Rolle, die äußerst interessirt. Wer wird einen feurigen edlen Jüngling ohne Theilnahme sehen, der mit aller Stärke der kindlichen Liebe handelt, um seinen Vater zu retten? der selbsten zu den Füßen seines unerbittlichen Feindes sich wirft, um das Schicksal seines Vaters zu erleichtern? wer wird ihn nicht höher schätzen, da der Mensch wieder aufwacht, als seine Bitten kein Gehör finden, und mit allem Gefühle seines Werthes den Unmenschen verachtet, der seiner spottet? — Madame Ritter (ehemalige Mlle Baumann) als Blums Tochter gefiel. Sie traf den Charakter, und man konnte das gute, liebende Mädchen nicht verkennen. — Hr. Fränk als Jude David gefällt in solchen Rollen immer, und er verdiente auch heute mit allem Recht den gehabten Beifall. — Die Adelsucht, L. 2 A., von Herrn Schröder zum 3ten mal.

Den 13. Der Essigmann mit seinem Schubkarrn. Drama 3 A., von Hrn. Mercier, a. d. F. Zum 2ten mal. — Das Stück gefiel heute wieder ausserordentlich; und da Herr Beil die Rolle des Vaters Dominique noch in einem größern Grade der Vollkommenheit als das erstemal gespielet hatte, so wurde er nach der Vorstellung abermals herausgerufen, und mit ausserordentlichem Beifall von dem Publikum beehret. — Der Bettelstudent oder das Donnerwetter, L. 2 A. mit Musik von Hrn. Winter. J. 3tenmal.

Den

Den 15. **Mittelweg ist Tugendprobe**, Sch. 5 A. von Jfland. Z. 1sten mal. Das Verdienst der Originalität, durch welches der Hr. Verf. sich in allen seinen Produkten auszeichnet, findet in dieser zweiten Fortsetzung von Verbrechen aus Ehrsucht abermals und vorzüglich statt. Dies ist einer der Hauptgründe, warum Hr. Jfland ein Lieblingsschriftsteller der Nation geworden ist; der andere Hauptgrund ist: weil er unmittelbar aus dem Herzen für das Herz schreibt. — Die Geschichte Ruhbergs ist nun geendigt; sie ist ein Meisterstück von Charakterzeichnung! Von **Verbrechen aus Ehrsucht** bis zum Schluß dieses Stücks, bleibt der Held sich völlig gleich; Kraft und Feuer belebt alle seine Handlungen, falscher Ehrgeiz, schiefe Erziehung und ungestümes Jugendfeuer trieben ihn zum Verbrechen. — Im zweiten Theile brachte ihn **Bewußtseyn** seiner großen Schuld, durch eine Reihe von Leiden bis an Verzweiflung. Hier findet ihn der praktische Philosoph Wallfing; lehrt ihn von seinen Naturgaben die beste Anwendung machen, damit gelangt er auf den glücklichen **Mittelweg** — zwischen überspanntem Ehrgeiz — und völligem Zweifel an Werth und Glück — dies zeigt den Titel zu diesem Stücke. — Mit vieler Kühnheit hat der Herr Verfasser gleich in dem ersten Akt so viel Stoff gelegt, als mancher Schriftsteller braucht, um ein ganzes Stück zu machen. Doch verliert der Hauptplan nichts durch diese Episode; denn Ruhberg erscheint hier schon so sehr im Vortheil, daß er sich gerechten Anspruch auf Aussöhnung mit der Menschheit erwirbt. Dies führet er durch mehrere vorzügliche Scenen durch, von welchem sich besonders die Scene mit Wilhelm im dritten Akte auszeichnet. — Ueberhaupt hat das Stück einen sehr sanften rührenden Gang, und ist voll von schönen Situationen; z. B. die Scene —

wo Wallsing dem Major seine Tochter giebt — wo der Vater seinen Kindern Rechenschaft von seinem Verfahren ablegt, und das gut macht, was er in der Heftigkeit fehlte — die — wo Ruhberg den Wilhelm zu seiner Pflicht zurückführet — die Erscheinung der Mutter ꝛc. Es hat aber auch seine Fehler, die bei der Schilderung der Charaktere angegeben werden sollen. — Ruhberg. Nachdem er in dem vorigen Stücke gelitten, gebüßt, erscheint er hier thätig, nützlich für die Menschheit, besonders nöthig der Familie die ihn aufnahm. Das Wiedersehen der Mutter giebt ihm (seit seinem Falle) die erste Freude wieder; auch wird er am Ende mit seiner Sophie vereinigt. Hier sorgt aber der Dichter für die Forderung der strengsten Moral. Die Vereinigung hat nicht lachende Hochzeitsfeier eines nie Gefallenen — es ist ein sanfter Vorhang über das Vergangene — der bedecken aber nicht vertilgen soll. — Wallsing ist ein biederer Mann von ganz gesundem Kopf und Herzen; von Erfahrung und Weltkenntniß. Liebreicher Vater, guter Herr gegen seine Untergebene, und treuer Freund. — Wilhelm. Ein rascher feuriger Jüngling, mit Empfindlichkeiten und phantastischen Begriffen von den Vorzügen der weiten Welt. In seinem Charakter liegt Vorwurf; nicht sowohl die Entwendung des Geldes an sich — denn er anticipirte nur so viel aus Nothwendigkeit von seinem reichen Vater, als ihm dieser wahrscheinlich gegeben haben würde, wenn er ihn nicht heimlich verlassen wollte — sondern der Vorsatz noch fort zu gehen, nachdem sich der Vater erklärt hatte. Indeß ersetzt seine Offenheit gegen Ruhberg, dies wieder, und verschafft dem Zuschauer eine schöne Scene. — Karoline. Ein gutdenkendes, fühlendes Mädchen, die den künftigen Gatten seiner innern Vorzüge wegen zu schätzen weiß. — Marie. Ein sanftes,

tes, holdes, naives Geschöpf. Das Ideal der ersten Liebe in einem unverdorbenen Herzen. — Major **Randau**. Ein tapferer offener Mann; empfindlich im Punkte der Ehre, und vorzüglich streng beharrend, auf ungetheilte Liebe seiner künftigen Gattin; daher seine Eifersucht gegen Ruhberg — welche durch Bedientengeschwätz, und Stichelreden seiner Kameraden, sich weit über die Grenzen erhebt. Doch schien mir sein nochmaliges Aufbrausen nach Ruhbergs Erklärung zu viel; auch ward dieser Fehler bei der Vorstellung dadurch in ein doppeltes Licht gesetzt, daß der Affekt zu sehr verstärkt wurde. — **Madame Ruhberg** wird äusserst interessant durch die Art wie sie der Dichter erscheinen läßt. Im 5ten Akte klagt sie sich an, daß sie Schuld an Ruhbergs Unglück sei, durch ihre fehlerhafte Erziehung; die Scene wäre gut — sie wird aber entstellt durch Länge — und besonders durch den empörenden Zug — daß die Mutter dem Sohne zu Füßen fällt. — **Sophie** ist die einzige Person, gegen welche der Herr Verfasser ungerecht verfährt. Sie liebt den liebenswürdigen Verbrecher heftig — kommt nach langem Sehnen — um im Augenblicke des Wiedersehens überzeuget zu werden, daß sie nie glücklich seyn soll. Ihre Lage bleibt zu lange traurig — die nachherige Vereinigung kann nicht so lachend seyn, um Sophien für so viele Leiden zu entschädigen. Auch dünkt mich, der Herr Verfasser hätte triftigere Gründe sie mit dem reuigen, abgebüßten Ruhberg zu vereinigen, als die Nachricht von ihrer ehemaligen Flucht um seinetwillen. — Nicht mit der Schlußformel allzeit fertiger Kritiker: „fern sei es dem Verfasser sein Verdienst abzusprechen," sondern mit wahrer Achtung für dessen, durch ganz Teutschland anerkanntes Verdienst, erkenne ich dies lezte Produkt, seiner übrigen vollkommen würdig. — Das Stück

Stück wurde gut gespielt. Hr. Böck als Major, Hr. Iſland als Wallſing, Hr. Beck als Ruhberg, Hr. Leonhard als Wilhelm, Hr. Richter als Chriſtian; Mad. Richter als Karoline, Mad. Renſchüb als Ruhbergs Mutter, Mlle. Witthöfft als Sophie und Mlle. Boudet als Marie ſpielten mit vieler Anſtrengung, Wahrheit, Empfindung und Natur. Der Verf. wurde am Ende herausgerufen, und mit lautem Beifall beehret.

Den 18. Der Barbier von Sevilla, Op. 4 A. mit Muſik von Paiſiello. Zum 5ten mal.

Den 20. das Räuſchchen. L. in 4 A. von Bretzner, z. 6ten mal. — Die Tabacksdoſe. Sch. in 1 A. z. 1ten mal. — Eine ſehr bekannte Anekdote gab Gelegenheit zu dieſem kleinen Stück. St. Oreil, Oberſt eines franzöſiſchen Regiments war mit dem alten Plaincour bei Bergen. Dieſer blieb in der Schlacht; St. Oreil erhielt zur Belohnung ſeiner Tapferkeit vom Marſchall Broglio eine goldene Doſe mit Diamanten eingefaßt. Nachher ward er Oberſt. Plaincours Sohn war Lieutenant unter ſeinem Regimente. Der Oberſt liebte den Jüngling; man nahm ihn gern in allen Geſellſchaften auf, denn er war beſcheiden, munter, kein Verſchwender, lebte blos von ſeinem Gehälte, ſparte noch davon, und gab das übrige ſeiner Mutter und ſeinen Geſchwiſtern. Plaincour liebte die Tochter ſeines Oberſten, und dieſe ihn wieder. Plaincour war aber arm. Seine Mutter hatte zwar 600 Livres Penſion; allein ſie gab 300 davon jährlich an die Gläubiger ihres Mannes, und lebte von den übrigen karg. Plaincour war einſt bei ſeiner Mutter; ſie wollte, er ſollte bei ihnen zu Tiſche bleiben; allein er gab vor, er habe ſeinem Oberſten nöthigen Rapport zu machen, und ſei ſchon zu Tiſche gebeten. Er gab ſeinem kleinen Bruder Geld, um bei einem Traiteur zwei Butterbrode zu holen; davon nahm er eins, das andere behielt der Kleine. Wie er zum Obersten kam, bat ihn dieser zu Tische. Plaincour blieb; es kam Gesellschaft, man sprach von verschiedenem; endlich kam das Gespräch auf die Dose des Obersten. Die Dose ging in der Gesellschaft herum; Plaincour erhielt sie zulezt. Kurz nachher verlangte einer die Dose noch einmal zu sehen; der Oberste griff in die Tasche, und fand die Dose nicht. Jedermann war bestürzt, die Gesellschaft erbot sich, sich visitiren zu lassen. Man fieng an, und als die Reihe an Plaincour kam, widersezte er sich. Der Verdacht fiel also ganz auf ihn. Plaincour verließ das Haus in Verzweiflung. Noch denselben Tag fand der Oberst die Dose in einer Tasche seines Kleides, in die er nur Papiere zu thun pflegte. Der Oberst also gieng mit der ganzen Gesellschaft zu Plaincour, erzählte den Fall, bat ihn um Vergebung und gab ihm seine Tochter. Und Plaincour sagt nun die Ursache, warum er sich der Durchsuchung widersezt habe, nämlich: er habe sein Mittagmal, ein Butterbrod, in der Tasche gehabt, weil er nicht vermuthet von dem Obersten zu Tische gebeten zu werden. — Das Stück an sich ist sehr mittelmäßig. Man begreift nicht ganz, warum Plaincour sich nicht will durchsuchen lassen. Das eingewickelte Butterbrod konnte nicht wie die Dose aussehen, und Niemand würde errathen haben, was es sei, wenn er auch wirklich es gezeigt hätte, und keiner würde vermuthet haben, daß dies die Dose seyn könnte. — Interessanter ist jene Geschichte, die sich bei dem vorigen Markgrafen in Bayreuth mit einer Dose zutrug. Ein französischer Officier hielt sich zu Bayreuth auf, und ward wegen seiner Artigkeit und guten Sitten oft zur Tafel des Fürsten geladen. Der Markgraf zeigte einst eine kostbare Dose. Jeder bewunderte sie. Einige Zeit darauf fand der Fürst die Dose nicht mehr; es kam auch zum Durchsuchen, welches der

Mark-

Markgraf nicht wollte geschehen lassen. Der Officier widersezte sich ebenfalls, und der Markgraf entschuldigte sich sehr bei ihm, indem er es nicht hatte wollen geschehen lassen. Indessen wurde der Officier nicht mehr zur Tafel geladen, und jeder glaubte, er habe die Dose. Sechs Wochen nachher fand der Kammerdiener die Dose in dem Futter des Kleides, das der Markgraf damals anhatte; sie war durch den Sack gefallen, der ein Loch hatte. Der Markgraf ließ den Officier und die damalige Gesellschaft wieder einladen, und machte in ihrer Gegenwart dem Officier eine schmeichelhafte Ehrenerklärung. Dem Markgrafen war doch die Widersetzlichkeit des Officiers ein Räthsel; er nahm ihn in sein Kabinet, und bat, ihm dies zu erklären. „Gnädigster Herr, sagte der Officier, „ich hatte damals kein Hemd an. Unvermuthet ward ich „zur Tafel Eurer Durchlaucht geladen; in der Verle= „genheit heftete ich ein Paar Manschetten an meine Uni= „form, weil mein einziges Hemd bei der Wäscherin war, „und dies hätte bekannt werden müssen, wenn ich mich „hätte durchsuchen lassen." Der Markgraf ward ge= rührt, und hundert Louisd'or bewiesen dem Officier, daß der Markgraf eben so mitleidig als gerecht war.

Den 22. der Ring, L. in 5 A. von Schröder, z. 3ten mal. Hr. Iffland als von Holm der ältere, spielte heute mit allgemeinem Beifall. Er sezte den reichgewor= denen und geadelten Bauer ins hellste Licht. Die Scene mit der Baronin Schönhelm war äußerst interessant.

Den 24. der Todte ein Freyer, L. in 2 A. u. d. F. des Sedaine, z. 8ten mal. Die Kolonie, O. in 2 A. z. 7ten mal.

Den 27. Oroonoko. T. in 5 A. a. d. E. nach Sothern, z. 5ten mal. Madam Ritter als Irwinda, spielte heute diese Rolle äußerst schön. Im übrigen war die Vorstellung etwas schläfrig und kalt.

Den 29. die Holländer, L. 3 A. von Bock, n. d. J. des Goldoni, z. 16ten mal. Dieses schöne Stück wurde heute durchaus sehr gut gespielt.

Den 31. Montesquieu, oder die unbekannte Wohlthat, Sch. in 3 A. z. 4ten mal.

Die Mannheimer Schaubühne.

Hier wo die Wahrheit mit Geschmack und Würde
  Im Grazien Gewand verschwistert thront —
Wo Sprache und Gesang — des Verses sanfte Bürde,
  Im reinsten Ebenmaaß jedwedem Künstler lohnt;
Hier drängt kein Neid sich ein, Verdienst wird tief erkannt
Und was das Herz nicht rührt bleibt der Vernunft verbannt.

Zum Beschluß: Die Tobacksdose, Sch. in 1 A. z. 2ten mal.

Den 3. Febr. Helena und Paris. Ein musikalisch-heroisches Schausp. in 3 A. mit Musik von Winter, z. 8ten mal. Madame Beck, (ehemalige Mlle Scheeffer) erhielt heute den lautesten Beifall von der außerordentlich zahlreichen Versammlung im Schauspielhause, und laute Glückwünsche zu ihrem neuen Stande. Madame Müller (ehemalige Dem. Bouder, ält.) erschien nach ihrer Krankheit heute zum erstenmale wieder als Amor auf der Bühne; und das Publikum bezeigte ihr seine Freude darüber durch allgemeines Klatschen. Ihr Spiel verdiente ungetheilten Beifall. Herr Epp als Paris sang vortreflich; und Herr Gern als Hirtau erhöhete durch seinen schönen Gesang das Vergnügen der Zuschauer.

Den 7. Hamlet, T. in 5 A. z. 10ten mal.

Den 10. Der Apotheker und der Doktor. O. 4 A., von Stephani dem jüngern. Die Musik ist von Hrn. Diters. Zum 4ten mal. Hr. Leonhard erschien nach einer Unpäßlichkeit heute zum erstenmal wieder als Feldscher Sigel auf der Bühne, und das Publikum bezeigte ihm seine Freude darüber durch lautes Klatschen.

Sein Spiel verdiente allgemeinen Beifall. — Die Opera Buffa bleibt hier immer ein fürchterlicher Nebenbuhler des recitirenden Schauspiels. Der größte Theil unserer Stadt, ja selbst der artigere Theil davon, hat sich bis jetzt fast allgemein für die erstere Gattung erkläret. Was verschlägt es mir, daß es der Zimmermann nur von ungehobelten Klötzen befestiget hat! ich sehe die Klötze nicht, ich sehe nur die Kunst des Bibiena und Servandoni. Was liegt mir an der albernen Erdichtung des Buffaschreibers! merke ich doch auf seine Worte gar nicht, sondern blos auf die Geschicklichkeit des Tonkünstlers. Denn hier ist es nicht, wie bei dem ernsthaften Singspiele, wo die Dichtkunst und Musik mit einander in einem freundschaftlichen Bunde stehen, mit vereinbarten Kräften nach dem Beifalle streben, und sich dann auch in demselben gleich theilen. Der Buffaschreiber thut weiter nichts, als das Pult halten, wo ein Galuppi, Piccini, Salieri, Sarti u. a. m. ihre Musikalien auflegen: oder ohne Gleichniß, aber von allen Seiten vielleicht richtiger gesprochen: der Dichter der Buffa legt nur die verschiedenen Anlässe an, nach welchen der Musiksetzer unserm Gehöre Vergnügen verschaffen soll.

XIV.
Briefauszüge.

I.

Coblenz, den 24. Jan. 88.

Daß der Hofrath Schmitz aus eigenem Antrieb, auf eigene Kosten uns ein recht schönes Komödienhaus gebauet

bauet hat, hab ich Ihnen gemeldet. Nun waren wir auf die Eröfnung nicht wenig begierig. Bald hieß es die Böhmische, bald die Doblersche Gesellschaft würde diesen neuen Musentempel einweihen. Dem Hofrath war hauptsächlich an dem Singspiel gelegen; er hielt es für das einzige Mittel, den Churfürsten, als einen erklärten Beschützer und Liebhaber der Musik, zum Besuch des teutschen Schauspiels geneigt zu machen. Man schrieb deswegen an den Direkteur Großmann, den weite Entfernung und getroffene Verbindung zu Hannover aber abhielten. Weit näher befand sich Böhm mit seiner Gesellschaft zu Wezlar, dem man Vorschläge that: von Dobler war man überzeugt, daß er kein Singspiel geben konnte. Man wurde mit Böhm einig und den 25. Nov. v. J. sollte die Eröfnung der Bühne geschehen. Unterdessen traf Dobler mit seiner Gesellschaft ein, stützte sich auf vorherige Privilegien u. dgl., und bestand darauf das Theater zu eröfnen. Allein Herr Hofrath Schmitz wankte von seinem Vorsatz nicht, den einzigen Weg einzuschlagen, einen teutschen Fürsten den teutschen Musen zuzuwenden. Böhm erschien am 22. und gab den 23. die Entführung aus dem Serail. Herr Hofrath Schmitz hatte ihm sehr annehmliche Bedingungen gemacht. Er ließ die Gesellschaft nebst Bagage auf seine Kosten von Wezlar kommen, zalte wöchentlich, eine Reisegage mitbegriffen, 280 Fl. Gage. Böhm hatte sich zwei Einnahmen mitbedungen, er erhielt dafür vom Hofrath Schmitz 500 Fl.; und die Gesellschaft wurde frei nach Hessenkassel geliefert. Dobler blieb drei Wochen in den elendesten Umständen hier, fieng einen Prozeß mit dem Hofrath Schmitz an, der noch nicht geendigt ist. Hätte er sich zu einer gütlichen Abfindung verstanden, so hätte er den Hofrath Schmitz vermuthlich geneigt dazu gefunden. Nach langem

gem Harren gieng er nach Hanau, wo er noch seyn soll. Ausser den Vortheilen, welche Böhm erhielt, waren freies Theater, Musik und Beleuchtung noch begriffen.

Anfänglich war der Churfürst noch nicht entschlossen, das Schauspiel zu besuchen: Die Ankunft seines Herrn Bruders des Prinzen Albert, und der Gouvernantin von Brüssel, bewogen ihn dazu. Er begehrte das Singspiel: der Doktor und der Apotheker. Das Haus war gedrängt voll; die Freude des Publikums über die Gegenwart ihres Landesherrn, das laute Jubelgeschrey rührte den Churfürsten ungemein; er schien zu empfinden, wie gern das Volk seinen Fürsten in öffentlichen Versammlungen, theilnehmend an ihren Vergnügungen sieht. Nach dem Schauspiel befahl er sogleich die mittlere Loge für ihn zu tapezieren. Er ließ der Schauspielergesellschft 20 Karolinen und für seinen Eingang 10 Karolinen zahlen. Er besuchte nachher noch die beiden Singspiele: Felix und König Theodor. Er versprach die patriotische Unternehmung des Hofraths Schmitz zu unterstützen, und wie man sagt, wird er künftig Orchester und Beleuchtung frey, 200 Dukaten jährlich zur Unterhaltung der Dekorationen, und zu jedem Abonnement 600 Fl. geben. Das hiesige Publikum ist darüber sehr vergnügt; die Zahl der Einnahme hat durch den hieher gezogenen Hofstaat, durch den Einfluß einer günstigen Toleranz zugenommen; auch der Geistlichkeit ist der Besuch der Schauspiele vergönnt. Schon jetzt faßten 36 Logen die Anzahl angesehner Zuschauer nicht. Das Haus ist sehr schön gebauet; ein junger Künstler, Namens Peter Krahe, der eben erst von seiner Reise aus Rom zurück gekommen ist, hat es gebauet, und verdient alles Lob. Es hat beinahe die Größe des Frankfurther Theaters: Die erste Kulisse hat 21 Schuh; die Oefnung des Theaters vorn 38

Schuh Breite. Nächstens schick ich Ihnen eine Zeichnung davon, auch Briefe über das hiesige Theater — denn, wo entstünde eins, das nicht gleich seine Rezensenten hätte.

2.

Stralsund, den 21. März 1788.

Seit langer Zeit meldete ich Ihnen nichts von unserm Theater. Allein was sollte ich berichten? In dem Zeitraum von mehr als zwei Jahren sahen wir niemand, als einen gewissen Lorenz, einen Haupt- und Staatsacteur, der uns aus Ratzeburg ein Trüpplein zubrachte, erschrecklich groß that, und — mit einem Bankerout beschloß. Aus seinen und den Trümmern eines ähnlichen Häusleins, das in Güstrow strandete, erkaperten ein gewisser Fendler und Hostovsky sich die Principalschaft in Compagnie. Ersterer spielt nicht übel; lezterer hat weiter kein Verdienst, als daß seine Frau, eine ehemalige Mamsell Mehl, unsere Landesmännin ist. Madame Clodius und Hrn. Hagemann wünschte ich ein besseres Engagement. Der Rest der Gesellschaft ist unter aller Critik, und den Directeurs scheint vorzüglich der Beifall der Gallerie zu behagen. Inzwischen halten diese Zugvögel sich hier nicht mehr ganze Jahre auf, weil sie finden, daß in dem benachbarten Mecklenburg leichter Pfeiffen zu schneiden sind; und dies entschädigt unser Publikum für seine Langmuth dennoch einigermaßen. Unser Winter- oder, wie man es jezo nennt, Liebhaberconcert, das sie aus mehrern öffentlichen Blättern kennen, besteht unter der Anführung unsers Kahlow immer noch, und besonders gut fiel es diesmal aus. Die erste Violin spielten, außer dem Hrn. Kahlow und Riedel, lauter Dilettanten, von denen ich Ihnen die Herren

Herren Secretair Fabricius, Lieutenant Feltmann, Baron Armfeld, einen schätzbaren jungen Officier, der unter Crillon auf Minorca und Gibraltar diente, Türck und Hagemeister, als fertige, geschmackvolle Spieler zu nennen, nicht unterlassen kann. Sängerinnen und Sänger waren das Fräulein Mariane von Pollett, Mademoiselle Thomas, beide ungefähr 14 Jahre alt, und Hr. Candidat Kühl. Die Flügelpartien wechselten zwischen Madame Fabricius, einer passionirten Musikliebhaberin, und zwei Demoisellen Hercules. Diese nebst dem jüngern Hrn. Kalow, der sich auf dem Clarinetto immer mehr bildet, waren die Hauptpersonen, und vorzüglich brav executirten sie am 19. dieses das Schlußconcert. Gegeben wurden lauter Meisterstücke, als Gluks berühmte Ouvertüre und die Iphigenie, das berühmte Pleyelsche Concert aus D dur, welches der ältere Hr. Kahlow mit verdientem Beifall vortrug, das schöne Rondo von Sarti, „Ah, non lasciarmi" mit dem voran gehenden Recitativ, Schweitzers herrliche Bravourarie „O der ist nicht vom Schicksal ganz verlassen," erstere vom Fräulein Pollett, leztere von Mamsell Thomas, mit einem Ausdruck, einem Feuer gesungen, das manche Sängerin vom Handwerk sich wünschen möchte, und denn des großen Haydn sieben lezten Worte des Erlösers. Die Empfindungen, welche dies über alles Lob erhabene Stück mir erregte, kann ich Ihnen unmöglich beschreiben. Nur einmal in meinem Leben fühlt' ich das nämliche, als ich vor 30 Jahren des verewigten Grauns Tod Jesu unter Bach zum erstenmal in Halle hörte. Aber von der Würkung, die Haydn auf das Ganze machte, worunter doch Kenner und Personen waren, die geistlicher Musik in Rom, Neapel, Paris und Mannheim beiwohnten, urtheilen Sie aus

dem

dem Umstande, daß Hr. Kahlow einhellig ersucht ward, die sieben Worte am Charfreytage zu wiederholen, welches heut geschehen ist, und unstreitig eine reinere Gottesverehrung war, als manche Predigt, die anderwärts den Frömmler labte.

3.

Hannover, den 18. Januar 88.

Den 14. dieses Monats war vom Hrn. Großmann die Operette, Im Trüben ist gut fischen, bestimmt. Der Schauspieler Gödel, der sich schon zu Berlin durch sein schlechtes Betragen bekannt gemacht hat, allein auf Fürsprache einiger seiner alten Gönner und nach der feierlichsten Angelobung von Reue und Besserung, in Hannover angenommen wurde, zeichnete sich auch hier durch unschickliches Betragen, Vernachläßigung der Proben, Grobheiten gegen seine Gefährten aus. Er war ganz gewöhnlich der lezte, der sich zur Stunde der Vorstellung einfand, also hatte man auch heute kein Arges daraus, und ließ die zur Oper gehörige Simfonie anfangen, allein diese gieng zu Ende, wurde wiederholt, und Gödel erschien nicht. Das Publikum wurde ungeduldig; man sah sich also genöthigt, ihm den Vorgang zu erzählen, und auf den zu befürchtenden Fall einer Entweichung ein anderes Stück anzukündigen. Das Publikum war so gütig, die Vorstellung des Räuschgens mit lautem Beifall aufzunehmen. Die zum Umkleiden erforderliche Zeit wurde durch ein Paar Arien von Madam Großmann und Demoiselle Kneisel ausgefüllt. Es zeigte sich in der That, daß Gödel entwichen sei, und ein ganzes ansehnliches Publikum bis auf die lezte Minute geäfft habe; welches um so mehr von seiner Bosheit zeugt, da es, wenn er einen schlechten Streich vorhatte, ihn des Mor=

Morgens vor der Probe ausführen konnte, wo es noch Zeit genug war, dem Publikum ein anderes Stück anzukündigen. Seine hinterlassene Effekten haben die Gerichte in Verwahrsam genommen.

4.

Cölln, den 1o. März 1788.

Es heißt, daß die Kloßsche Gesellschaft Cölln auf immer verlassen, und der Kurfürst sie an sich nehmen und in Bonn behalten werde. Dann heißt es wieder, daß sie wöchentlich einmal von Bonn aus hieher reisen und spielen soll. Binnen vierzehn Tagen muß das Wahre entschieden seyn. Genug, daß sie auf alle Fälle die nächsten vier Wochen in Bonn spielen wird. Der Kurfürst soll geneigt seyn, eine Summe dazu herzugeben. Anstatt mehrern Nachrichten erhalten Sie heute noch folgendes Gedicht:

Der Knabe.
An Demoiselle Keilholz, die jüngere.

Laß dir erzählen liebes Mädchen,
Was ich hier seltenes gesehn;
Ich sah vor kurzem einen Knaben
Von außerordentlichen Gaben,
Bald war es um mein Herz geschehn!

„Sie meinen, ich versteh Sie schon,
„Den kleinen Schelm, Cytherens Sohn.
Ich meine nicht Cytherens Sohn!

Er that ja selbst, der Knab', als wäre
Sein Herz vom Liebespfeil verletzt;
Auch fühlt er würklich Glut für Eine,
Doch hat sich nebenher der Kleine
An andern Schönen auch ergözt.

„Des

„Des Liebes Ende insgemein,
„Ein Traum wird es gewesen seyn!"
Gewiß nicht, liebes Mädchen, nein!

Es war ein lieber, loser Knabe,
So jugendlich, naiv, so frei!
Sein trauter, freundlicher Gefährte,
Das rühmende Gewand erklärte
Durchaus, wie schön der Knabe sei!

„Nun, Herr Poet, begreif' ich Sie,
„Es war ein Kind der Phantasie."
Gewiß kein Kind der Phantasie!

Er schenkte nicht allein dem Auge
Der süßen Unterhaltung viel;
Er sang auch, dieser schlanke Knabe,
Und was ich da vernommen habe,
War Silberton und ganz Gefühl!

„O Schade, daß ich ihn nicht sah!
„Kenn' ich ihn denn den Knaben da?"
Du kennst ihn, liebes Mädchen, ja!

Und daß ich seine Welt dir nenne,
Auf einer Bühne sah ich ihn!
Schon thront die Kunst in seinem Busen;
Bald werden seines Tempels Musen
Sich einen Liebling aus ihm ziehn!

„Sehr wohl! doch Fremdling ist er mir,
„und nicht in unserm Tempel hier!"
Er ist in unserm Tempel hier!

Erinnerst du dich feines Knaben
Mit blauem Auge, blondem Haar? —
Kurz, daß ich Dir ihn näher bringe,
So wisse, daß er, den ich singe,
Nicht Knabe — daß er Mädchen war!

„Ach

„Ah darum rühmten Sie ihn so! —
„Wer war das Mädchen denn und wo?"
Du selbst, als Pas' im Figaro!

5.

München, im Februar 1788.

Am 9. Januar d. J. nahm Madame Fröhno als Blanka im Julius von Tarent vom hiesigen Theater Abschied. Eine schöne Figur, ein edler Anstand, ein rührender Ton bestimmen sie für zärtliche Liebhaberinnen, welche sie auch mit vieler Einsicht und Delikatesse spielt. Muntere Rollen hingegen kleiden ihr nicht, und zu komischen Heldinnen kann sie sich nicht erheben. Sie reiste den 13. mit ihrem jetzigen Mann nach Wien, der, wie man sagt, als Resident eines Fürsten dort angestellt worden. Ob sie daselbst zum Theater gehen wird, ist noch unentschieden. Von den im vorigen Jahre neu aufgeführten Stücken, haben: Armuth und Liebe, das Bewußtseyn, das Kind aus Lyon, Veit von Solingen, Wind für Wind, der Apotheker und der Dokter, Nina, Nacht und Ohngefähr besonders gefallen. Hingegen mißfielen gänzlich: Kleopatra, der Ehemann aus Irrthum, der Kolerische, das Spielerglück, Piramus und Thisbe, der Instinkt, der eiserne Mann und der Wittwer. — Seit dem 28. Oct. 1787. spielt in München auch, auf dem kleinen Theater bei dem Faberbräu eine Teichmannische Schauspielerfamilie, die aus Vater, Mutter und vier Kindern besteht, auch sind einige Nothhelfer dabei. Die beiden ältesten Stieftöchter, die Demoiselles Grünberg verrathen Anlagen, und verdienten sowohl deshalb als auch ihrer guten Aufführung wegen ein besseres Schicksal, die übrigen, vom Hrn. Direktor an, bis auf den
Licht-

Lichtputzer, verdienen das nennen nicht, und mancher armer Autor wurde von ihnen an den Pranger gestellt.

XV.
Nachricht des Herausgebers.

Dem geehrten Publikum übergebe ich hier das erste Heft der am Schlusse meiner Ephemeriden der Litteratur und des Theaters angekündigten Annalen des Theaters, mit innigem Dankgefühl für den gütigen Beifall, womit zwölf Jahre lang die von mir herausgegebenen, zum Theil dem Theater gewidmeten, periodischen Schriften sind aufgenommen worden. Darf sich dieses neue Journal einer eben so günstigen Aufnahme erfreuen, so bin ich für die Arbeit, die mir die Herausgabe desselben verursacht, hinlänglich belohnt, und ich werde mich durch kein Geschrei, es komme woher es wolle, in meinen Bemühungen — das Publikum von dem Vorwärtsgehen oder Zurückschreiten der dramatischen Kunst zu benachrichtigen, und dadurch der Kunst und dem Künstler selbst nützlich zu seyn — irre machen lassen. Diejenigen, welche in meinen vorigen Blättern dem Theater zu wenig Raum gewidmet fanden, werden von dieser Seite mit den Annalen, die sich ausschließungsweise damit beschäftigen, zufrieden seyn, und an meinem Bestreben, dieses Journal auch durch eine gute Auswahl der Aufsätze interessant zu machen, soll es gewiß nicht fehlen da von dem Beifall allein die frühere oder spätere Folge der Hefte abhangen wird, bei deren Herausgabe man nie an eine gewisse Zeit gebunden ist.

ist. Außer meinen Freunden und bisherigen Korrespondenten muß ich alle diejenigen, welche zum Behuf dieser Annalen Aufsätze einzusenden gedenken, hierdurch nochmals ersuchen, mir ihren Namen dabei melden zu wollen, wenn derselbe auch nicht mitgedruckt werden soll, und ihre Briefe, so weit es angeht, jedesmal zu frankiren. Anonymische Beiträge und Briefe werde ich jederzeit zurücklegen, ohne öffentlichen Gebrauch davon zu machen. Unter der Addresse: An den Kriegesrath Bertram in Berlin wird alles, was für die Annalen bestimmt ist, richtig einlaufen. Berlin, im April 1788.

Bertram.

Inhalt.

Inhalt.

		Seite.
I.	Gedichte	3
II.	Der Tempel der Wahrheit, ein Vorspiel	14
III.	Hempel's Testament	26
IV.	Gallerie der K. K. National-Hoffschauspieler in Wien	30
V.	Einige Bemerkungen über theatralische Vorstellung.	37
VI.	Bemerkungen über die Theatertrachten	55
VII.	Nachrichten von den Königl. Theatern in Berlin	59
VIII.	Nachrichten vom Hamburger Theater	68
IX.	Von der Schuchschen Gesellschaft	82
X.	Vom Schauspieler Eckart genannt Koch	86
XI.	Ueber das Rigaische Theater	89
XII.	Nachrichten von der Bondinischen Schaubühne in Dresden	97
XIII.	Tagebuch der Mannheimer Schaubühne	105
XIV.	Briefauszüge	117
XV.	Nachricht des Herausgebers	126

Annalen des Theaters.

Zweites Heft.

Berlin,
bei Friedrich Maurer. 1788.

I.
Gedichte.

1.
Prolog
zu dem Kaufmann von Venedig, gesprochen von Hrn. Fleck, der die Rolle des Juden spielte.

Berlin den 16ten August 1788.

Nun das kluge Berlin die Glaubensgenossen des weisen
  Mendelssohn höher zu schätzen anfängt, nun wir bey
    diesem
Volke (dessen Propheten und ersten Gesetze wir ehren,)
Männer sehn, gleich groß in Wissenschaften und Künsten;
Wollen wir nun dieß Volk durch Spott betrüben? dem alten
Ungerechten Haß mehr Nahrung geben? und Röthe
Denen ins Antlitz jagen, die menschenfreundlich gesinnet,
Gegen arme Christen und Juden gleich gütig sich zeigen? —
Nein, dieß wollen wir nicht. Wir schildern auch bübische
    Christen,
Schildern (mit Abscheu) verfolgende Christen; wir tadeln
    der Klöster
Zwang und Grausamkeit an den eigenen Glaubensverwand-
    ten.

Unser Schauspiel zeigt das Lächerliche, das Laster
An dem entarteten Adel und an den Tyrannen der Erde,
Höhnet den schlechten Arzt, beschimpft den bestochenen Richter,
Straft den geizigen Diener des Altars. — In Nathan dem Weisen
Spielen die Christen die schlechtere Rolle; im Kaufmann Venedigs
Thun es die Juden. — Nur wen es jücket, der kratze sich!
so sagt
Unser Hamlet. Wir sagen: Wer heile Haut hat, — der lache
Ramler.

2.

Prolog

bei Eröfnung der Bühne in Leipzig, den 25sten März 1788, gesprochen von Mad. Koch.

Dem nahen oder fernen Ziele
Eilt alles zu, was wir rund um uns sehn —
Wir selbst nicht minder — Jugendliche Spiele
Verdrängt von Thätigkeit — Bald im Gefühle
Der vollen Mannskraft stolz einherzugehn,
Und dann den Stamm vom Sturm zerknickt zu sehn,
So will es das Geschick — so unveränderlich
Ist der Natur Gesetz — Wie einer Kette Glieder
Reiht Wesen stets an Wesen sich —
Was eine Stunde baut, reißt oft die zweite nieder.

Mit

Mit welcher Wonne blickt mein Auge
Jetzt wieder in den lieben Cirkel hin!
O Freunde! — Nicht nach hergebrachtem Brauche,
Im Complimententon — nein — mit deutschem Biedersinn,
Der Schmeicheleien haßt — mit innigem Gefühle
Sag' ich Euch jetzt: Seid alle uns gegrüßt! —
Nur wenig Worte — doch, wo sich das Herz ergießt,
Da stockt der Mund — Ihr wißt — o ja, Ihr wisset, was
     ich fühle. —
So lange wir Euch, meine Theuern, kannten,
So lange wir bei Euch Schutz, Unterstützung fanden,
Wie wohl war uns! — Zwar manche bange Zeit
Und öftrer Trennung Bitterkeit
Erlebten wir — doch glücklich überstanden
Wir alles   denn der Erde größtes Gut,
Die Hofnung stärkte unsern Muth.
Auch jetzt täuscht sie uns nicht — Doch seit wir Euch ver-
     ließen,
Traf uns ein herbes Loos —
Verzeiht, wenn meine Zähren fließen —
Nur Euer Mitgefühl kann uns den Kelch versüßen,
Der über uns so plötzlich sich ergoß.
Auch das Verdienst, das selbst nach Myriaden
Noch glänzet, schützt für Moder nicht —
Es reifen ihm schon der Zerstörung Saaten —
Es sinkt dahin, wenn es die Natter sticht.
Auch er *) sank früh dahin, der schon so manche Thräne,
Durch seine Kunst entlockt, Euch fließen hieß,
Der durch der Wahrheit Donnertöne
Den lautsten Beifall Euch entriß.
Er ruhe sanft — in Euern Herzen

*) Reinefe.

Bleib' ihm ein würd'ges Monument —
Schon wallt sein Geist in Sphären, wo man Schmerzen
Und Erdenleiden nicht mehr kennt. —
　　Doch werdet Ihr auch jetzt uns jene Gunst gewähren,
Die Ihr uns nie versagt?
Ist's wohl zu viel gewagt,
Wenn wir die Hofnung nähren,
Daß Ihr uns nicht verschmäht?
Uns gern empfangt und wiederseht?
Ein inneres Gefühl — ich kann's nicht nennen —
Ein guter Genius vielleicht — raunt mir ins Ohr!
Dein Wunsch ist dir gewährt. — Sollt' er mich täuschen
　　　　　　　　　　können?
O nein — Nicht wahr? Ihr liebt uns wie zuvor?
　　　　　　　　　　　Büschel.

3.

Epilog

beim Abschied der Großmannschen Gesellschaft von
Hannover, gesprochen von Madam Charlotte
Amalia Neuhaus, am 25sten Jänner
1788.

Hier stand ich oft im seligen Gefühle
In meiner Freunde Kreis, wenn freundlich Ihr
Mit gütevoller Nachsicht zu uns kamt;
Wenn Ihr so manchen Abend mit uns lachtet,
Wenn Euer Herz — o laßt mir wenigstens

Den süssen Wahn! — beim Leiden frommer Tugend
In mitleidsvollen Thränen sich ergoß;
Wenn Ihr oft lieben Freunden opfertet,
Um unsrer Kunst durch Beifall Muth zu geben. —
    Wie glücklich fühlten wir uns dann! — Doch ach,
Sie sind dahin, die schönsten unsrer Stunden!
Gleich einem Traum der Morgendämmerung
Verschwanden sie! —
              O Ihr, die Ihr so oft
Empfindungen des Schmerzes habt mit uns getheilt,
O möchtet Ihr auch jetzt sie mit uns theilen!
    Ihr glaubtet einst — Dank sei es unsrer Kunst —
Doch mehr noch Eurem feineren Gefühl —
Ihr glaubtet einst, Don Pedro's Gattinn sei
Lanassa sei beweinenswerth; —
                      Sie war
Es nicht. Doch, wenn Ihr jetzt mir Eure Gunst,
Der Trennung theures Lebewohl versagt,
O dann, dann fühl ich mich beweinenswerth!
    Wie wolltet Ihr, wie könnt Ihr es versagen!
    Einsam, verlassen, steh ich jetzt auf der
Verwaisten Bühne. Heftig klopft mein Herz!
Es schlägt bei dem Gedanken ängstlicher,
Daß ich allein die Wünsche aller andern,
Die, auszudrücken, Worte viel zu schwach,
Selbst Thränen noch zu wenig sind — in Worte
Zusammenfassen soll. Zwar trennen wir
Uns mit des Wiedersehns Erwartung nur;
Allein — wer weis es nicht? — Das Schicksal webt
Oft Labyrinthe da, wo Sterbliche
Mit leichter Müh zu gehn sich unterwanden.

Die Hofnung nur, sie ists allein, die uns
Der Trennung Bitterkeit vermindern hilft!
  So lebt denn wohl. Erwartet unsern Dank
So, wie er jetzt in meinem Busen brennt,
Auch dann, wenn künftig Ihr der Beßrung Wunsch
An unserm Eifer nicht verloren gebt.
  So sei es dann. Lebt wohl! Vergeßt uns nicht!
                                        Wedekind.

4.
Als Madam Unzelmann nach Berlin kam.

Sie kömmt — in Ihrer Morgenröthe Glanz
von Thaliens Hand den Lorbeerkranz
in Ihr gelocktes Haar geschlungen;
Sie kömmt — der Grazie höchstes Ideal —
und vor Ihr eilt auf tausend Zungen
ihr schöner Ruf so ehrenvoll errungen!
Wie er, enteilt des Lichtes kühnster Strahl
dem Schoß der Dämmerungen,
und Feuerströhme begleiten ihn.
So drang dein Nahm' in dieses Heiligthum —
nun kömmst Du selbst — geliebte Priesterinn,
und — größer noch — als selbst dein Ruhm!

II. Re=

II.
Recensentenkitzel.
Lustspiel in einem Aufzuge,

von Veit Weber. *)

Personen.

Justizrath Schleehoff.
Amalie, seine Tochter.
Freywald, Secretair.
Julius, des Justizrath's Bedienter.
Kanzeleybothe.

Scene: Gartensaal im Garten am Hause des Justizrath's.

Erster Auftritt.

Freywald (sitzt am Tische und mahlt), Julius (kommt).

Julius.

Herr Secretair, ein neues Heft von den litterärischen Beyträgen.

Frey=

---

*) Der Verfasser dieses Nachspiels arbeitet jetzt an einem Handbuche für Schauspieler: Ueber Costume und Decorum, besonders in Rücksicht des Mittelalters. Von seiner Bekanntschaft mit diesem merkwürdigen Zeitraum können hoffentlich zeugen seine Sagen der Vorzeit und die Aufsätze: Ueber das Gute und Böse des Mittelalters; im Journal aller Journale vom Jahr 1787. Zeichnungen werden das erläutern, wobei bloße Beschreibungen nicht zureichend seyn würden.

Freywald (ohne aufzusehen). Leg' es nur hin (nach einer Pause richtet er sich auf, betrachtet das Gemählde): Vortreflich gerathen! Bis zum Sprechen ähnlich. Wohl dem Künstler dessen Lehrerinn die Liebe ist, seine Kunst macht ihn unsterblich. Liebes, süsses Mädchen! (er küsst das Bild). Welches Weib verdiente es mehr als Du, daß diese Worte unter ihrem Bilde stünden: Induitur, formosa est; exuitur, ipsa forma!

Julius. Zu deutsch. Angekleidet ist sie schön, unangekleidet die Schönheit selbst.

Freywald. Julius, Du noch hier? Wie kommst Du zu der Uebersetzung.

Julius. In aller Form Rechtens; ich hab sie jetzt gemacht.

Freywald. Du?

Julius. Ja, Herr Secretair. Wundern sie sich deswegen nicht — zeichnen sie nur gütigst in ihren Collectaneen an: Phisiognomick ist gar trüglich; ein Beweis davon ist Julius; Kein Lavater sieht es dem an; daß er ehmals ein Gelehrter war, und vom hölzernen Thron herab den Knaben die Elementa graecae & latinae linguae einprägte.

Freywald. Du? — Oder vielmehr, wie ich jetzt sagen sollte, Sie?

Julius. Nicht das, Herr Secretär, bringen sie ihre Höflichkeit nicht zu unnützen Ausgaben. Das Schicksal großer Männer hat mich betroffen — ich bin vertrieben. — Als Kosmopolit hielt ichs für Pflicht, mein Schärflein zur Aufklärung der Welt beizutragen, und begann damit, daß ich es praktisch zu beweisen suchte, des Priesters Einsegnung trage nichts zur gesegneten Ehe bey — und so ward ich Vater, ohne daß meines Kindes Mutter mich Mann nannte. Ein weises Collegium scholarchale schien diese Anticipation

tion nicht recht zu goutiren, glaubte Aufklärung von einem so kleinen Lichte würde nicht viel zur Erhaltung beitragen — und setzte mich ab. Was war zu thun? Die Practica gefielen mir so wohl, daß ich mir in jedem andern Verhältnisse dadurch würde Ungelegenheiten zugezogen haben, ich ward also Bedienter.

Freywald. Und sagtest mir nichts davon.

Julius. Weil ich die güldnen Regel in fünf Sprachen weiß, die Perlen nicht den Säuen vorzuwerfen. Vorher mußt' ich wissen, ob auch ihnen Apoll ein Gott wäre, eh' ich mich als dessen Verehrer zu erkennen gab. Bald aber merkte ich, daß sie und auch der Herr Justizrath Carmina dulcia machten — und hiemit also geb' ich mich ihnen zu erkennen. Auch schien mir jetzt die Gelegenheit bequem, mich dadurch zugleich ihres Vertrauens würdiger zu machen. Gewohnheit, Herr Secretair, ist der Syntax des Lebens — werden sie's mir verargen, wenn ich meiner Neugier Worte gebe, und frage, was sie eigentlich mit diesem Gemählde vorzunehmen denken? Das: Dic mihi Musa! war von jeher meine Lieblingsfloskel; wenn also —

Freywald. Genug! Du sollst alles erfahren. Du wirst bemerkt haben, daß ich verliebt bin?

Julius. O, meine wahrsagende Seele! Ja Mamsell Amalie.

Freywald. Mußt Du auch den Schakspearn plündern?

Julius. Wer plündert den anjetzt nicht? Schakspearn's Purpurmantel ist zerrissen, und jeder Bettler der zum Parnaß hinaufklettert, flickt seinen Kittel mit den Fetzen. — Nun, von der Liebe zu Amalien auf dies Gemählde zu kommen, ist so leicht wie die Ableitung des Plusquamperfekt's vom Perfekto.

Frey-

Freywald. Dein Commentar wird meine Erzählung sehr abkürzen.

Julius. Dies also ist Amaliens Bildniß; — ähnlich wie ihrem Bilde im Spiegel. Aber jetzt kommt eine schwerere Ableitung. Warum halten sie es denn so heimlich, warum verschlossen sie sich immer in diesem Gartensaal, wenn sie dran arbeiteten, warum versteckten sie es immer vor der Mamsell? — Ich dächte, ein Kuß von Amalien müßte ihnen bei der Arbeit das gewesen seyn, was eine Flasche Rheinwein dem Dichter ist.

Freywald. Das war die dunkel? Amalie sollte deswegen diese Skizze nicht sehen, weil sie nach Berlin gesandt werden soll, um ein Gemählde darnach zu verfertigen. An unserm Verlobungstage wollt' ich sie damit überraschen.

Julius. Ach! Es wird Licht um mich her. Meinen besten Dank, Herr Secretair, daß sie den Dorn der Neugierde aus meinem Herzen zogen. Zum Beweise wie sehr ich mich ihnen für die Mittheilung dieses Geheimnisses verpflichtet halte, will ich ihnen auch ein Geheimniß entdecken.

Freywald (mahlt fort.) Nun?

Julius. Alte Liebe rostet nicht.

Freywald. Du fängst immer Deine Erzählung mit einem Sprichworte an.

Julius. Nach Art unsrer heutigen Redner, welche auch zuerst ihren Zuhörern einen Gemeinplatz vorzuwerfen pflegen, und hinter diesem Privilegium ihre Verweisung aus dem Lande der Gelehrsamkeit verbergen. Also: Alte Liebe rostet nicht (pathetisch). Wie ich sie liebte! Kein Wesen aus Fleisch und Bein zusammengesetzt, und statt der Seele mit einer Masse von Eitelkeit und Herrschsucht begabt, kann sich der Verehrung rühmen,

men, die ich ihr erwieß. Nie waren meine Knien ohne Heilpflaster, so wundknieete ich sie vor ihrem Bilde — meine Augen starrten immer Himmelan, denn immer wähnte ich sie zu sehen. Ganzen Ballen Papier drückte ich die Beschreibung ihrer Schönheit auf, und jeder Seufzer nannte sie lispelnd.

Freywald. Welche sie? Du treibst ja deine Einbildungskraft in Schweiß.

Julius. Wo ich ging und stand sah ich ihr Bild — im Taback'sdampf, der sich aus meiner Pfeife ringelte, formten sich ihre Züge. Ach, Herr Secretar.

> Zu jener goldnen Zeit, als noch des Lorbeers Schatten
> um meine Dichterschläfen floß,
> als noch die Musen mich zum Cicisbeo hatten
> und Roßbach's Silberquell sich auch für mich ergoß —

Freywald. Genug, Julius, ich glaube Dir, daß Du ein Dichter bist.

Julius. Da sind sie billiger als unsere Kunstrichter; die wollen's unsern Dichterlingen nie glauben, und wenn sie auch noch ärger übertreiben. Kurz, ich liebte sie wie der Thor seine Schellenkappe, und der Weise — seine Hypothesen!

Freywald. Wen? Wen?

Julius. Die Göttin Critik.

Freywald. Dacht ich's nicht, Deine Schöne würde dir eine Göttinn seyn; für eine Sterbliche hättest Du Deine Liebe nicht bis zur Abgötterey getrieben.

Julius. Sterbliche? — In welche Classe setzen sie Geld, Ordensbänder, flimmernde Sterne, Rang, Titel? — Haben sie je die Altäre leer von Anbetern gefunden, wo diese Bilder aufgestellt waren? — — Genug, ich liebte sie. Wenn ich ihr ein Lächeln abbuhlen konnte, das heißt, wenn ich ihren Mund dadurch

zum

zum Lächeln verziehen konnte, daß ich mit einer Scorpionengeissel einen Musenbastard aus der behaglichen Selbstzufriedenheit peitschen konnte, worin ich die gedruckte Abbildung seiner Gedanken gezaubert hatte, da that ich's — nichts schonte ich. Hätten die sieben weisen Meister zu meiner Zeit gelebt, und sich drucken lassen, ich hätte sie ad absurdum mit meinen Critiken gebracht.

Freywald. Auf die Art hast Du wohl manches Lächeln von Dekter Göttinn erbuhlt?

Julius. Manches, Herr Secretair, denn ich recensirte, um zu recensiren. Erwachte mein Gewissen auch einmal, ach, dacht' ich, recensiren doch andere auch nur deswegen, oder, um die ersten Federn zu probiren, die sie sich ohne des Schulmeisters Hülfe schnitten — und ich recensirte. Vernünftige Critiker die überschrieb ich, rannte sie mit meinen Recensionen zu Boden —

Freywald. Nur kurz, Julius, denn ich war ehmals auch ein Handwerksgenosse.

Julius. Waren sie? Lieber Herr Secretair, das fesselt mich fester an sie als Dankbarkeit. Aber ehmals sagten sie? Und wie alt sind sie denn jetzt, wenn ich fragen darf?

Freywald. Alt genug, um Dich vielleicht schon recensirt zu haben.

Julius. Sicher nicht; ich habe nie etwas geschrieben als Recensionen.

Freywald. Aber, so komm Doch zur Sache. Es rauscht etwas im Garten.

Julius. Wird wohl der Herr Justizrath seyn. Mit vier Worten wissen sie mein Geheimniß: Ich habe wieder recensirt.

Freywald. Du? Kürzlich?

Ju

Julius. Ja, in dieser Liederey.

Freywald. Und was? Und wo?

Julius. Ein allerliebstes Heldengedicht — da in den litterärischen Beyträgen, Pagina — — Herr Secretair, die Mamsell kommt.

Freywald. Amalie (rast das Gemählde zusammen und steckt es in die Brieftasche)!

Julius. Haben sie noch etwas zu befehlen, Herr Secretair?

Freywald. Vor zwölf Uhr einen Brief zu bestellen.

(Julius ab.)

Zweiter Auftritt.

Freywald, Amalie (kommt).

Freywald. Guten Morgen, liebe Amalie! Schon so früh angekleidet? Doch ich habe ja meine liebe Lerche schon früh singen gehört.

Amalie. Das frühe Singen, lieber August, soll nicht immer einen guten Tag weissagen.

Freywald. Doch, Liebe, die Lerche singt nur an heitern Tagen.

Amalie. Desto besser, wenn ich mir einen heitern Tag ersungen habe. Ich wünschte heut' Abend in's Vaux-hall zu gehen — willst Du mich begleiten?

Freywald. Kann das meine Amalie fragen?

Amalie. Hab' ich nicht Ursache dazu? — Seit einigen Tagen scheinst du mich zu vernachlässigen, bist immer so geschäftig, so zerstreu't, wenn Du bei mir bist. — Und heute hast Du gar so ämsig gearbeitet, daß Du drüber vergessen hast mit mir zu frühstücken. Was hast Du denn gearbeitet?

Frey=

Freywald (verlegen). Etwas — das —

Amalie. — Das ich nicht sehen soll, weil Du es vor mir verstecktest.

Freywald. In der That nicht darum — es war nur — nur —

Amalie. Freywald, hast Du nie ein Kollegium über die Verlegenheit gehört?

Freywald. Wie so?

Amalie. Weil sie sonst nicht jetzt an Dir zur Verrätherinn werden würde; ich will Dir Zeit lassen Dich in der Kunst zu üben Verlegenheit zu verbergen.

Freywald. Amalie, bist Du meiner Gesellschaft überdrüssig?

Amalie. Deiner Verlegenheit. — — Wenn Du diese lustige Gesellschafterinn fortgeschafft hast, dann will ich wiederkommen.

Freywald. Bleib doch liebes Mädchen. — Auch wüßt' ich nicht, warum ich verlegen seyn sollte?

Amalie. Was hast Du denn heute gearbeitet?

Freywald (verlegen). Nur eine Kleinigkeit.

Amalie. Weißt Du nun, warum Du verlegen bist?

Freywald. Deswegen? — Ein kleines Gedicht auf —

Amalie. — Dein Liebchen.

Freywald. Richtig, auf Amalien.

Amalie. Es giebt mehrere Amalien.

Freywald. Für mich nur Eine.

Amalie. Laß' es mich sehen das Gedicht, lieber August, es war in Form eines Briefes — vielleicht gar eine poetische Epistel — die hab' ich — Laß' es mich sehen.

Freywald. Es ist noch nicht ganz fertig.

Amalie.

Amalie. Auch in einem unvollendeten Werke findet man den Künstler. Zeige mir's.

Freywald. Es würde das Angenehme der Ueberraschung verlieren.

Amalie. Wenn ich aber keine Liebhaberinn von Ueberraschungen bin? — Bitte, lieber August!

Freywald. Bitte, liebes Mädchen!

Amalie. Du weißt ich bin ein Mädchen!

Freywald. Auch ohne Aeußerungen der Neugierde glaub' ich Dir das gerne.

Amalie. Du weißt ich bin ein Kind, weine wenn ich meinen Willen nicht habe.

Freywald. Fromme Kinder weinen nicht lange.

Amalie. Zerbrechen oft das, was ihnen am liebsten ist, nur um sich zu rächen.

Freywald. Da würde mich ja das Schicksal treffen.

Amalie. (bitter) Vielleicht.

Freywald. Vielleicht?

Amalie. Ich bezahle gern mit gleicher Münze.

Freywald. Gab ich Dir je verrufene Münze.

Amalie. Heute scheint es mir so.

Freywald. Dem Frauenzimmer gilt gemeiniglich die Ungewißheit des Schein's mehr als die Gewißheit des Seyn's.

Amalie (schnippisch). Wirklich?

Freywald. Ich sah oft manches Weiberkniee vor einem gestickten Rock beugen, wenn gleich ein Schwächling drinn stach, Wasser im Hirnschädel und —

Amalie. (beleidigt) Ist nur auf Närrinnen anwendbar.

Freywald. Und doch wählen sich gemeiniglich die Damen diese Schmetterlinge zum Gespann an ihrem Siegswagen. —

Amalie. Sie strotzen von Sentenzen, Freywald, desto ärmer also an Thaten.

Freywald. Wenn auch! Ein gesticktes Kleid, Schmeichelei und Sentenzen ersetzen das; ich wäre nicht der erste Mann, der dadurch bei Frauenzimmern sein Glück machte, wenn —

Amalie. So will ich denn das erste Frauenzimmer seyn, das ihnen beweiset, Männersentenzen und Männerschmeicheleien sind jedem vernünftigen Weibe verächtlich.

(geht ab.)

Dritter Auftritt.

Freywald. (allein)

Liebchen hat auch Galle! — Und weswegen nicht? — Ich wollt' ja ein Weib heirathen! — Zürne immer, Cupido, daß ich Liebchens Galle aufreitzte. Hymen ist der beste Friedenstifter in Amors Fehden (nimmt das Gemählde aus der Brieftasche und fährt fort dran zu mahlen). Ob ich den Zug des Spottes, den Mienen der Verachtung, die diese kleinen Rosenlippen zum Negerrinnenmunde verzog, nicht etwas auf dem Gemählde andeute? — Eine kleine Rache für die Aeußerung, daß ich sentenzenreich und thatenarm wäre? — Nicht doch, Freywald; keine Beleidigung verzeih't der Mann lieber, als die, welche Eifersucht einem schönen Weibe eingiebt. Also — noch ähnlicher der Rosenknospe, die der Morgensonne Strahl öffnet, will ich diesen Küßmund mahlen, und wenn ich dann Amalien dies Gemählde zeige, ihr sagen: Dieser Mund sprach einst Verachtung wider mich aus.

Vierter Auftritt.

Freywald, Justizrath. (kommt)

Justizrath. Wie das brennt! Wie das flackert! — Die Flamme schlägt zum Dache hinaus, und Du stehst hier und hältst ein Soliloquium. Lösch doch! Lösch doch! Ho! Ho! Ho!

Freywald. Wo brennt's denn, lieber Vater?

Justitzr. Malchen brennt lichterloh! — Geh — lösch! lösch! Eh sie's Feuer mit ihren Thränen auslöscht. — Was hat denn so gezündet? — Nimm dich in Acht, Junge, sie sagt Dir den Handel auf, noch eh' Du Recht hast, ihr die größte Beleidigung zuzufügen, und ihre Reize zu zerstören.

Freywald. Dann muß eine Beleidigung die andere wieder gut machen. — Ich hoff' Amalie wird nicht länger zürnen.

Justitzr. Da siehe Du zu! Hast Du sie zum Weinen gebracht, so bring' sie auch wieder zum Lachen.

Freywald. Das wird ihr Bildniß für mich thun — das war die Ursache ihres Zorns.

Justitzr. Hat sie's sehen wollen?

Freywald. Sie überraschte mich hier, eh' ich noch Zeit hatte, es zu verbergen und nun sollt' ich es ihr zeigen.

Justitzr. Und Du hast es ihr nicht gezeigt? Bravo! wirst ein guter Ehemann werden. Uebe Du nur die Kunst des Abschlagens, ohne ein Meister drinn zu seyn, wirst Du kein glücklicher Gatte.

Freywald. So hoff ich ein recht glücklicher Ehemann zu werden.

Justitzr. Hoffst Du? — Wirst finden, daß es nicht so leicht ist. Glaube nicht, Du habest es mit

Einem Feinde zu thun. Nach einer abgeschlagenen Bitte stellt Dein Weibchen ein Heer von Feinden gegen Dich ins Feld, gerüstet mit offensiven und defensiven Waffen. — Da ist erstlich eine fliegende Parthie, die Deinem Vergnügen in die Flanken fällt, **Schmollen** genannt — bist Du gut postirt, sie können Dir nichts anhaben — dem folgt ein Corps, das Dir schon gefährlicher zusetzt — es heißt **Maulen** — eine tückische Nation, die ihren Feind langsam auszuhungern pflegt. Nun rückt das Haupttreffen der **Vorwürfe** an, sein Feldgeschrei ist: „Du liebst mich nicht mehr, schlägst mir die kleinste Bitte ab" — dem Feinde ist aber jeder Mann gewachsen, da laß Du nur die leichten Truppen, Schmeichelei, Liebkosungen, Vertröstungen aufmarschiren — der Feind nimmt Reisaus. — Aber nun zittre, Junge, das grobe Geschütz ist noch zurück! Stumme Thränen, die nur langsam aus dem schönen Auge tröpfeln, und mit anscheinenden Unwillen schnell weggewischt werden, halberstickte Seufzer, blaße Wangen — Ohnmachten — Klagen über Kopfschmerz und Uebelkeit. — Wenn mein seliges Weib die spielen ließ, da war ich auf's Haupt geschlagen — gab ihr alles, und hätte sie mein bestes Gedicht gefodert. — — Ad vocem: Gedicht. — Herzensjunge, meine Gedichte sind gedruckt. — Vor einer Stunde hat mir der Verleger einige Exemplare geschickt; sieh' — sieh' — wie es doch so schön läßt, sich gedruckt zu sehen! — Nun bin ich doch meinem Ziele um Einen Schritt näher. — Nachruhm, Schriftstellerunsterblichkeit, ist doch ein entzückender Gedanke!

Freywald. Ein Rauch, lieber Vater verfliegt nicht so schnell, als Schriftstellerunsterblichkeit. — Doch bei ihnen ist es mehr als Rauch.

Justitz.

Justitzr. Meinst Du? Spür'st Du Flammen in meiner Arbeit? — Ja, wenn Reiben Feuer und Flammen hervorbringt, so ist Feuer drinn; ich hab' mir dabei manchmal die Stirne heiß gerieben. — Das Lied auf den Nachruhm, das Dir so gefiel, steht an der Spitze: (declamirt)

Ist der weise, der des Fürsten Purpur neidet?
Weise der, den Kron' und Scepter reizt?
Der dem Schellenklange leerer Titel lauschet,
Ruhe um das Glück des Augenblicks tauschet
an Fortunens Buhlerlächeln nur sich weidet,
nur nach Gold, nach Ordensbänder geizt?

Thoren sind sie alle, die mit bleichen Wangen
und im Aug' der Habsucht stieren Blick
harren, wem Fortuna ihre Güter reichet —

Was? „Ihre Güter?" — Das hätt' ich geschrieben? — Das ist ein Druckfehler. Ihren Gürtel soll es heißen. Laß' einmal sehen, sind keine Errata angehängt? — Nichts! Kein Wörtchen! — Ja, so geht's! — Die schönsten Stellen verhunzen manchmal die Setzer! — Daß dich! — Hätt' ich doch lieber zwanzig Thaler verloren, als den Gedanken! — Und nun schiebt mir der Setzer einen Gedanken unter, den ich nie für mein Kind erkennen kann. Ihre Güter, ihre Güter! Was sind die gegen ihren Gürtel? Pfui! Das ärgert mich! So 'n Setzer! Ja, ich wollte, Du hättest Fortunens Güter und hättest mir ihren Gürtel gelassen! — Pfui! Pfui!

Freywald. Lieber Vater, das läßt sich noch wieder gut machen — der Verleger muß noch einen Bogen Errata dazu drucken lassen.

Justitzr. Einen Bogen Errata zu sechs Bogen Gedichten? — Das wäre mein Tod, wenn der Verleger mit einem Bogen Erratis käme. Will's nimmermehr

mehr hoffen! Muß nur gleich nachsehen, ob noch mehrere (will fort).

Freywald. Lieber Vater, eh' ich's vergesse — haben sie schon das Urtheil in Sachen: Klimm contra Müllers Erben, zur Confirmirung auf die Regierung geschickt?

Justitzr. Ja, ich hab' ein Urtheil hingeschickt — ich war dabei, als meine Gedichte ankamen — ich weiß aber wahrhaftig nicht, was ich eigentlich geurtheilt habe. Einen ganzen Bogen Errata! Ja, dann laß' ich sie auf meine Kosten umdrucken — das will ich nicht, daß mir der Setzer meine besten Gedanken stehlen soll. — Da, Freywald, kannst dies Exemplar behalten; aber ich rath Dir's, recensire sie mir nicht.

Freywald. Die Zeiten sind vorbei, und deß bin ich herzlich froh; das thäten wir nur auf der Universität, wenn die Herren Gläubiger zu dringend wurden — nur dann wurden die Herren Buchhändler vorgelassen, um mir ihre Verlagsartikel durch goldne Heilige zu empfehlen, junge Schriftsteller, die durch meine Recensionen sich wieder dem Geldbeutel der Verleger empfehlen ließen. — Schauspieler, welche von mir verlangten, ich sollte mit meiner Geißel den Verfasser eines Wochenblatts vom Parnaß vertreiben, weil er sich erdreistet, ihres Spiel's Mängel aufzufinden und zu rügen, neugebackene Doctoren und Magister, die mich flehentlich baten, die Sprachfehler in ihren Dissertationen doch dem Setzer zuzuschreiben. Kurz, die Tage der Noth waren die glänzendsten Tage meines Lebens; mein Vorzimmer war oft gedrängt voll, wie das Vorzimmer eines Fürstengünstling's, im bunten Gemische fand man da alle Arten von Schöngeistern, und — wovon sie gemeiniglich verfolgt werden — ihre Gläubiger.

Justitzr.

Juſtitzr. Ad vocem: Gläubiger. Julius muß sich einen Empfangschein im Posthause geben laſſen, ich schicke heute die letzten hundert Thaler an deine Gläubiger auf der Univerſität.

Freywald. Edler Mann! Die Natur verwechſelte die Herzen — ihnen gab ſie das liebevolle Herz für mich, voll Vaterhuld gegen einen Fremden, meinem wirklichen Vater ein Herz, das ſich freuete eine Urſache zu finden, mich verſtoßen zu können.

Juſtitzr. Weil Du Gedichte machteſt? — Muß doch ein ſonderbarer Mann geweſen ſeyn, dein Vater; das, was dich mir ſo angenehm machte, brachte ihn auf. — Muß doch wohl andere Gründe gehabt haben, dein Vater, war ja ſonſt ein vernünftiger Mann. Der junge Herr hat wohl einige Genieſtreiche gemacht.

Freywald. Wenn das Genieſtreiche ſind, daß ich umſattelte, ſtatt der Theologie Jura ſtudierte und nebenbei Gedichte ſchrieb. „Brodwiſſenſchaft getrieben!“ war meines Vaters Wahlſpruch.

Juſtitzr. Hatte nicht ganz Unrecht, dein Vater. Rechtskunde, Arzeneiwiſſenſchaft und Gottesgelahrheit ſind wie das liebe Brod — es nährt am beſten. Schöngeiſterei iſt Confect, ſchmeckt ſüß, giebt aber keine Nahrung. Bei Dir war's nun eine Ausnahme — Dir hat's doch Brod verſchafft. Haſt zwar im Jure auch brav was gethan — Aber doch halfen Dir Deine Gedichte zur Frau. Ad vocem: Gedichte. Wenn die Recenſenten meine Gedichte loben, ſo mache nur in irgend einer Zeitung bekannt, daß ich der Verfaſſer bin — oder ſchicke ſie zu Einem Deiner Bekannten, und ich lege denn ein Paar Louisd'or bei — Doch, ihr Herren nehmt wohl kein Geld —

Freywald. Nicht alle, lieber Vater, es giebt einige Richter, die ſich gar nicht, andere die ſich nicht durch Geld bestechen lassen; aber da giebt's denn andere Bestechungen, Schmeicheleien, auf der einen Seite, Brodneid und Ruhmsucht, auf der andern, sie dictiren manche Recension, aber wer in solchen Umständen ist, wie ich war, da ich die kritische Geißel führte, der nimmt Geld mit beiden Händen, nimmt's, wie ich, vom Verleger und Autor.

Justitzr. Dientest also beiden Partheien als Sachwalter?

Freywald. Es war kein Forum bei dem man mich hätte belangen können.

Justitzr. Daher auch der Unfug, den so oft unvernünftige oder habsüchtige Critikaster anrichten. Die Zeiten des Faustrechts sind wieder gekommen, nur daß statt der Schwerter mit Federn gefochten wird. Ihr Leute schwatzt so viel von Publicität. Was ist sie gemeiniglich? Ein Messer in der Hand eines Kindes. Ihr Zweizüngler! Dem der euch einen Louisdo'r in die Hand steckt, dient ihr.

Freywald. Wenigstens ich damals. Hätte mir ein Setzer Geld gegeben, daß ich seine Setzkunst lobpreisen sollte. —

Justitzr. Ad vocem: Setzer. Der verdammte Setzer! — Meine schönen Gedanken! — Muß doch gleich nachsehen, ob er mehr solcher Streiche gemacht hat. Lies Du dein Exemplar auch nur durch, vier Augen sehen mehr als zwei, und findest Du einen Druckfehler, so schick' ihn mir nur durch Julius. — Adieu. Noch einmal, daß Du mich nur nicht recensirst! Hab's irgendwo gelesen: Ehe läßt der Trunkenbold vom Wein und das Weib vom Putze, als der Recensent vom Recensiren.

Freywald. Seyn sie unbesorgt, lieber Vater, ich bin aus der Gewohnheit gekommen.

Justitzr.

Juſtitz. Wenn etwas in Juſtitzſachen kommen ſollte, nimm Du es nur an — muß ungeſtöhrt bei meinen Gedichten bleiben — will's Julius auch ſagen.

(ab.)

Fünfter Auftritt.

Freywald (allein).

(Er durchblättert die Gedichte.) „Der Nachruhm. An Phöbe. An die Dichtkunſt. An ſeinen Hund." — Sie ſind mir alle bekannt. — „Verwandlungen der Dame Juſtitia in Ovid's Geſchmack" — Auch der Nachwelt aufbewahrt? Den Druckfehler haben ſie auf ihrem Gewiſſen, Herr Juſtitzrath, nicht der Setzer; will ihn doch anmerken. (Setzt ſich nieder und ſchreibt.)

„Die Verwandlung der Dame Juſtitia in einen Papagei iſt äußerſt ſchielend, läppiſch und armſelig, bloß weil auch ſie oft nur nachplappert, was der reiche Mann ſie lehrt, deswegen —"

(Er ſteht auf, ergreift Amaliens Bild, mahlt einige Striche daran.) Hier iſt der braune Halbzirkel der Augenbranen nicht feſt genug (ſieht wieder in die Gedichte, ſetzt ſich und ſchreibt).

„Beſſer noch die Verwandlung in eine Vogelſcheuche, welche die einfältigen Vögel zwar vom Erbſenfelde ſchreckt, aber dem klügern, menſchlichen Diebe nicht furchtbar iſt — aber auch ſehr weit hergeholt —"

(Steht wieder auf, nimmt Amalien's Bild, ſieht es an.) Vermag ich doch nicht das Herzenerobernde Feuer dieſer Augen auszudrücken. Natur, du läßt deinen Schüler nie auslernen. (ergreift die Gedichte, ſieht hinein, ſetzt ſich, ſchreibt)

„Ueberhaupt iſt es unbillig vom Herrn Juſtitzrath Schleehoff, dem Verfaſſer dieſer Gedichte, die ge-

geheime Geschichte einer Dame, die ihm doch Brod und Unterhalt giebt, der Welt in einem so schiefen Lichte zu zeigen —"

(Er steht auf, nimmt Amaliens Bild wieder, sieht es an.) Es soll fertig seyn, vielleicht treff' ich einst dein Bild in unsern Kindern besser, lieb Malchen. (Nimmt einige Bücher, die er gleich wieder weglegt, ergreift die Gedichte, schlägt das Register auf, setzt sich und schreibt.)

„Der Gedichte in des Herrn Justizraths Manier, haben wir so viele, und Dame Justitia würde sich ohne Zweifel besser dabei befunden haben, wenn auch diese ungeschrieben geblieben wären. Horatzens Ausspruch paßt ganz darauf:

Non satis apparet, cur versus factitet, utrum minxerit in patrios cineres —"

Zum Henker! Was schreib' ich denn? — Das ist die wahre Definition der Erbsünde! — Hab' eine Recension geschrieben (zerreißt das Papier)! Freywald! Freywald, spielen deine Hände die Meister über deinen Kopf? — Eine Recension zu schreiben, ohne daß ich's weiß (hebt die Papierstücke auf, legt sie zusammen, liest sie)! Wahrheit ist es freilich was ich geschrieben habe, und wer das Herz hat Wahrheit zu sagen, hat auch Recht dazu: (er setzt sich und schreibt die Recension ab, indem er schreibt) Wahrheit ist ein gut Ding — — mächtig und durchgreiffend — — stark über alles (im Schreiben) — „Unbillig vom Hrn. Justizrath Schleehoff" (steht langsam und nachdenkend auf) Vom Herrn Justizrath Schleehoff? (feurig) Freywald, bist Du besessen! Schreibst eine Critik über Deinen Vater, Deinen Wohlthäter? (lacht) Welch' ein armseliges Etwas ist doch das menschliche Herz? Dem Vergnügen eines Augenblick's (bitter) opfert es Dankbarkeit und Pflicht auf! — Ins Feuer mit dir, du Attestat menschlicher Schwäche! (nimmt Papier und will fort) Nein, nicht

nicht ins Feuer mit dir, ins Archiv meiner Geheimnisse will ich die Probe legen, was Gewohnheit und Hang zur Sünde vermögen: (setzt sich und schreibt die Recensien ab.) Das soll Dir noch Stoff zum Lachen geben, Amalie, wenn erst unsere Schwachheiten unzertrennlich verbunden sind. — So! Nun das Rubrum: „Recension über des Hrn. Justizraths Schleehoff Gedichte. Ein Beitrag zur Geschichte menschlicher Schwächen. (lachend für sich) Sonderbar! Und so konnte ein Mann handeln? — (Pathetisch und Declamirend.) Welch' ein Meisterstück ist der Mann! Wie edel durch die Vernunft. Wie unbegränzt in seinen Fähigkeiten! An Gestalt und Bewegung, wie vollendet und bewundernswerth! An Thätigkeit, wie gleich einem Engel! Im Denken, wie ähnlich einem Gotte — — die Schönheit der Welt! Das vollkommste aller sichtbaren Wesen! — — Verzeih' es mir, Shakspearn, daß ich diese vortrefliche Stelle parodire. — Welch' eines Pfuschers Machwerk ist oft der Mann. Wie groß in Thorheiten, wie unbegränzt in Schwachheiten — wie abhängig von Gewohnheit! An Schwachheit, wie gleich einem Weibe! Im Denken wie ähnlich oft einem Kinde! Ein Chaos von Widersprüchen! (lachend) Das vollkommenste aller sichtbaren Wesen! Und doch! (laut auf lachend) Was ist in meinen Augen diese Quintessenz des Staubes! Ha! Ha! Ha!

Sechster Auftritt.

Freywald, Julius. (mit einem brennenden Lichte.)

Julius. So aufgeräumt, Herr Secretair, wenn die schrecklichste Meuterey wider sie sich anspinnt. Mamsell Schleehoff ist die wahre Eleonore aus Johann
von

von Schwaben. Eben hat sie Ihren Untergang in die Hand ihrer Zofe geschworen.

Freywald. Hat nichts zu bedeuten.

Julius. Was ist nicht der Eifersucht möglich!

Freywald. Eifersüchtig also?

Julius. Auf ihr eigenes Bild. Sie hält es für das Bild einer Nebenbuhlerinn, und schwört nach Trauerspiels Sitte, einen Bund mit dem Teufel des 14ten Jahrhunderts zu machen, um hinter das Geheimniß zu kommen.

Freywald. Dazu wird sie keines Teufels bedürfen. Julius, sage mir doch, wie gefällt Dir die Stelle im Hamlet: Welch' ein Meisterstück ist der Mann ꝛc.

Julius. Wie mir nur immer ein Meisterstück gefallen kann. — Zwar manchmal war ich nicht so ganz seiner Meinung —

(Es wird geklopft, Julius geht hinaus.)

Freywald. Ich bin ganz seiner Meinung, besonders was die Quintessenz des Staubes betrifft. Ha! Ha! Ha!

Julius. Von der Regierung an den Hrn. Justizrath —

Freywald (lieset). Welcher böse Feind hat wieder das Unkraut ausgestreuet! (geht bei Seite und lieset)

„Dem Justizrath Schleehoff wird hiemit ange-
„zeigt, daß er das Sommerhalbe Jahr seines
„Amts entsetzt sey, damit er nicht wieder in die
„Verlegenheit komme, ein solches Urtheil auszu-
„fertigen, als er heute in Sachen Klimm con-
„tra Müllers Erben ertheilt."

Zur Königl. Justizkanzeley ver-
ordnete Präsident und Räthe.

Ha! Das ist ein verwünschter Streich! Den muß ich zu hintertreiben suchen. — Julius, Huth und Stock.

Julius

Julius. Hier, Herr Secretair.

Freywald. Ich muß auf die Regierung. Siegle den Brief und das Gemählde in ein Couvert.

Julius. Wohl, Herr Secretair.

Freywald (geht auf und nieder). Aber wie wälz' ich die Schuld vom Justitzrath? — Den Streich spielt ihm sicher der Haß des Präsidenten. — Bist Du fertig?

Julius. Ja.

Freywald. Die Aufschrift: An den Herrn Stein, berühmten Mähler in Berlin. — Auf wen wälz' ich sie! — — Auf mich! — Was ihm den Tod bringen könnte, zieht mir höchstens ein kaltes Fieber zu.

(eilig ab.)

Siebenter Auftritt.

Julius. (allein)

Was das seyn mag! — Sey's was es wolle, ich erfahr' es wohl von Lorchen. Sie ist das Meer, worinn alle Geheimnißströme der Mamsell Auguste zusammenfließen. (sieht auf die Uhr) Erst eilf Uhr! Da kann ich noch ein Viertelstündchen an meine Critik über die Errichtung eines deutschen Nationaltheaters arbeiten (nimmt ein Buch vom Tische, zieht ein Papier aus der Tasche, und setzt sich zum Schreiben). Wie weit war ich denn (lieset vom Papier)? Seite 23. „Wenn nur das Publicum will" — Ha! Da steckt der Knoten! — Wird's wollen? So lange noch Schiffbrüche, Scheiterhaufen und Donnerwetter gefallen, so lange noch ausländischer Singsang und französischer Schnikschnak Zuschauer herbei locken, und bei Lessings Stücken die Schauspielhäuser wüst' und leer blei-

bleiben, so lange Deutschlands Dichter lieber ihrer Herren Kollegen Schauspiele nachahmen, als die Natur, so lange noch der große Haufe den Schauspieler mit dem Possenreisser verwechselt, so lange —

Achter Auftritt.

Julius, Amalie (kommt).

Amalie. Ist der Herr Secretair ausgegangen?

Julius. (springt auf und steckt das Papier in die Tasche) Auf die Regierung gegangen, Mademoiselle.

Amalie. (geht an den Tisch) Von wem ist der Brief?

Julius. Vom Herrn Secretair.

Amalie. Das ist nicht Freywalds Hand.

Julius. Freilich nicht, es ist meine.

Amalie. Seine? Nimmer.

Julius. Ich bin Bürge dafür, daß sie es ist.

Amalie. Und ich nehme den Bürgen nicht an.

Julius. Schein't ihnen die Hand zu gut, oder zu schlecht?

Amalie. Zu gut.

Julius. Danke schönstens für das schmeichelhafte Compliment.

Amalie. Es war mehr als ein Compliment. Ein Mensch, der eine so gute Hand schreibt, würde besser ankommen können, als daß er Bedienter —

Julius. Ach! Mademoiselle sind gar zu gütig.

Amalie. Und Julius viel zu gescheu't, als daß er im Besitze eines solchen Schatzes, sich nicht um eine anständigere Stelle bewerben sollte. — Aber, es ist auch seine Hand nicht — Doch wir können gleich zur Entscheidung kommen. Er schrieb ja da ich kam — laß er mich die Schreiberei sehen —

Julius

Julius. (verlegen) Verzeihen sie, Mademoiselle — das hab' ich in der Geschwindigkeit geschrieben — dann schreib' ich nie gut.

Amalie. So schreibe er einmal langsam.

Julius. Gerne. Was befehlen sie, daß ich schreiben soll.

Amalie. Die Aufschrift dieses Briefes, eben in solcher Form (legt ihm einen Bogen Papier hin). Schreibt er so gut, so soll es mir nicht schwer werden, ihm durch meinen Vater eine bessere Stelle zu verschaffen.

Julius. Bin überzeugt — Candidaten die von Damen empfohlen werden, kommen immer bald zu Brod. — Mit Erlaubniß. (setzt sich und schreibt)

Amalie. Wirklich! — Ziemlich ähnlich — bald sollt' ich's glauben — In der That, ganz gleich — Ja — Horch! Julius, mein Vater klingelt — Geschwind.

Julius. So geschwind wie ein Lichtstrahl (springt auf und läuft fort).

Amalie. Ha! Betrogen! — Schmeichelei verführt doch jeden Mann! Nun ist der rechte Brief mein. (Legt einige Blätter Papier in der Dicke des Briefes zusammen, macht aus dem Bogen, worauf Julius geschrieben das Couvert) Die Geliebte in Berlin mag diesmal mit weissem Papier zufrieden seyn, leer, wie das Herz des treulosen Freywalds. (siegelt, steckt den Brief zu sich und legt den leeren an dessen Stelle) Jetzt ist ihr Untergang in meinen Händen, Herr Secretair (nimmt einen leeren Bogen Papier und schau't darauf).

Julius. (kommt) Mademoiselle hatten sich verhört, die Hausthürglocke hatte geklingelt.

Amalie. So? — Nun, Julius, ich sehe, er hat es wirklich geschrieben. Diese Worte sollen sein Empfehlungsschreiben werden. (faltet den Bogen zusammen und steckt ihn zu sich)

Julius.

Julius. Meinen ergebensten Dank pränumerando, nach der Sitte unserer Zeit.

Amalie. Bring' er nun den Brief auf die Post — ich habe nachher noch ein kleines Geschäft für ihn.

Julius Sehr wohl, Mademoiselle.

(geht ab.)

Neunter Auftritt.

Amalie. (alleine)

So wär' auch der Mann falsch, der mir so oft die Schwäche seines Geschlechts an andern zeigte, und mich dadurch mit seinen eigenen Vollkommenheiten bekannt machte. — Auch er wäre nur ein Dollmetscher der Tugend, ohne ihre Handlungen nachzuahmen. — Natur, wenn dein Meisterstück so zerbrechlich ist, was kann man uns denn vorwerfen, uns, die wir die Arbeit einer Laune genannt werden.

Zehnter Auftritt.

Amalie, Justizrath.

Justitzr. Pfui! welch' ein garstiger Druckfehler! Denk', Junge, statt Maullob, Maulkarb zu setzen! Der verdammte Setzer! Ich könnt' ihn Injuriarum belangen! — — Aber, wo ist denn dein Freywald, Malchen?

Amalie. Mein Freywald, lieber Vater? Ich hab' ihn seit einigen Tagen nicht geseh'n.

Justitzr

Justizr. Seit einigen Tagen nicht? Und hast noch vor einigen Stunden mit ihm gezankt? — Seyd ihr immer abwesendes Geistes, wenn ihr mit uns zankt? Das könnte in eurer Apologie angeführt werden.

Amalie. Der, den ich heute Morgen, Gestern und Ehegestern sprach, war nicht der Mann, den sie mir zum Gatten bestimmten, und den mein Herz schon vorher gewählt hatte — es war ein Falscher, der, wie sein ganzes Geschlecht —

Justizr. Malchen, was bin ich denn?

Amalie. Eine Ausnahme ihres Geschlechts.

Justizr. Ergebener Diener! Das mußt Du wohl von Deiner Mutter haben, sie sprach auch so an heutern Tagen. Morgens bei'm Erwachen — auch wohl in den Verdauungsstunden. — Aber fahr' nur fort in Deiner Declamation, ich will jedes Wort auf meinen Setzer anwenden.

Amalie. Sie sind in einer zu guten Laune, lieber Vater, als daß ich sie daraus vertreiben mögte.

Justizr. In einer zu guten Laune! — In der fatalsten von der Welt, ich ärgere mich über die Setzer, daß ich die Gelbsucht bekommen könnte. — Doch, was hast Du gegen Freywald? Ist's Dein Ernst, daß er falsch ist?

Amalie. Falsch wie Quecksilber. Lieber Vater, dieser Mann, der mir so oft schwur, hinfort sollte jedes Mädchen für ihn eine Mumie seyn, liebt jetzt eine andere. Dieser Brief ist sein Ankläger.

Justizr. Der Brief! (liest die Aufschrift) An den Herrn Stein, berühmten Mahler in Berlin. Malchen, Malchen, bist Du nun gar auf einen Mann eifersüchtig?

Amalie. Sein Unterhändler ist er, der die Briefe bestellt.

Justizr.

Justitzr. Nicht doch, nicht doch, Malchen — Wer wollte so schlimm von seinem Nächsten urtheilen?

Amalie. Jeder, der so viele Beweise dafür hat, wie ich. Vater, ich glaube, mir steht es frei den Brief zu erbrechen.

Justitzr. Was? Erbrechen? — Ich wollte Dich! Glaubst wohl gar euch stehe alles frei — Wag's nicht!

Amalie. Besser ist's freilich immer in der Furcht leben, daß Freywald mich zum Gespötte jedes Narren macht, wenn er eine andere heirathet.

Justitzr. Ach, was wollt' er eine andere heirathen? Solcher Paradiesvögel, wie Du, giebt's nicht viele. — Malchen, spiel mir nicht am Siegel! Ich rathe Dir's. Es ist ja in göttlichen und menschlichen Gesetzen verbothen, Anderer Briefe zu erbrechen.

Amalie. (schnippisch) So?

Justitzr. Fast so unerlaubt als solche entsetzliche, himmelschreiende Druckfehler zu machen. Denk', Malchen, mein bestes Gedicht, den Nachruhm, hat mir der Setzer verdorben. (Nimmt Exemplar vom Tische) Sieh — Du mußt gleich den Druckfehler finden können — lies es nur einmal.

Amalie. Ich verstehe mich nicht auf Gedichte.

Justitzr. Nicht? — Auch gut. — Wenn's noch in einem andern Stücke wär', aber im Allerbesten. Malchen, habe doch Mitleiden mit mir.

Amalie. Haben Sie's denn mit mir? — Nicht einmal die kleine Bitte gewähren Sie mir, daß ich den Brief erbrechen darf.

Justitzr. Würde Dir nichts helfen, liebes Malchen.

Amalie. Nichts helfen? — Die Arzenei, die mich vom Tode retten kann, verweigern sie mir unter dem Vorwande, sie sey mir unnütz.

Justitzr.

Justitzr. Ich meinte, Du verständeſt dich nicht auf Gedichte? Und doch verſtehſt Du dich ſo ſchön auf Bilder und Gleichniſſe. — Arzenei, die vom Tode retten kann und die Eröffnung eines gleichgültigen Briefes. Eine paſſende Vergleichung.

Amalie. Nun dann, Vater, iſt ihnen das Glück, die Ruhe ihrer Tochter gleichgültig, ſo bleibe der Brief uneröffnet (legt den Brief auf den Tiſch und geht.)

Juſtitzr. (ruft ſie zurück) Malchen, ſieh' mich einmal an. — Du weinſt?

Amalie. Nein, Vater, ich weine nicht — kann auch nicht weinen. Es iſt mir alles ſo hart, ſo trocken hier (auf der Stirne zeigend)

Juſtitzr. Was? Närrchen, wirſt Dir doch nichts zu Gemüthe ziehen?

Amalie. Ich will mich bemühen es zu vergeſſen. Ach!

Juſtitzr. Seufzſt Du? — Da, da! Brich den Brief auf! Brich auf! Brich auf!

Eilfter Auftritt.

Vorige, Freywald.

Juſtitzr. Kommſt Du endlich? Stell Dir vor, Junge, ein ganz abſcheulicher Druckfehler! Wie vom Himmel gefallen findeſt Du im Gedichte: Hofleben einen Maulkorb.

Freywald. Bedau'r's herzlich, lieber Vater.

Amalie. Freywald, es iſt ihr Brief an Stein, den ich erbrechen will.

Freywald. Um's Himmelswillen, liebes Malchen, thu' es nicht.

Justitzr. Thu' Du es nur, Malchen.

Freywald. Aber, lieber Vater, liebes Malchen, die einzige Gefälligkeit erzeige mir, und erbrich den Brief nicht.

Justitzr. Erbrech Du ihn, Malchen. Junge, sie hat recht tief geseufzt!

Freywald. Sie beleidigen mich, Amalie.

Justitzr. Beleidige Du ihn, Malchen, und nachher küß' ihn, dann ist alles wieder gut. — Sie sagte, es wär' ihr hart und trocken vor der Stirne, weißt Du wohl, Freywald, daß das Vorboten des Schlag's sind? Brich, Malchen, brich!

Amalie. Freywald, lieben sie mich aufrichtig und einzig?

Freywald. Aufrichtig und einzig?

Justitzr. Brich auf, Malchen, brich auf!

Amalie. Lügner, so sollst du dich selbst verdammen. (erbricht den Brief.)

Justitzr. Ha! Ha! Angeführt! Betrogen! Betrogen! Ha! Ha! Angeführt! — Nun, was hast Du gefunden?

Amalie. (beschämt) Mein Bildniß, und einen Brief.

Freywald. Weiberwille! Kinderwille!

Justitzr. Und einen Brief! Schau doch nach, ob nicht der Brief beginnt: Süßer Engel! Reitzende Chlorinda! Ha! Ha! Ha!

Amalie. (faltet das Papier auseinander, liest) Recension über des Herrn Justitzraths Schleehoffs Gedichte.

Justitzr. Was? Gedichte! Meine Gedichte? — Hast sie doch recensirt!

Freywald. Das wird gut werden! Verdammter Zufall!

Justitzr. Bin doch neugierig! Her damit, Malchen. (reißt ihr das Papier weg)

Amalie.

Amalie. Lieber August, ich habe Dir Unrecht gethan. Verzeihung.

Freywald. Amalie, was haben sie gethan!

Justitzr. (liest) „äußerst armselig, schielend, läppisch!" So hast Du geurtheilt? Meine Gedichte armselig, läppisch? Undankbarer! Nun, das ist der Welt Lohn.

Freywald. Lieber Vater, hören sie mich nur erst

Justitzr. Ich bin Dein Vater nicht, will's nicht seyn, und wenn Du drüber im Hospitale sterben solltest. Fort von ihm, Malchen! (liest) „ist auch sehr weit hergeholt" — Ha, ich alter Geck! Ich alter Narr! Nehme meinen Kritikaster ins Haus, speise ihn mit meinem Brode!

Amalie. Lieber Vater, der Brief ist ja an keinen Journalisten.

Justitzr. Sein Kuppler ist der Stein, sein Unterhändler (liest) „es ist unbillig — die ihm Brod und Unterhalt gab" — Was? Du elender Mensch! Willst Du meinen guten Leumund schänden, mich als einen schlechten Kerl verschreien? Ich belange dich Injuriarum.

Freywald. Aber Herr Justitzrath, so hören sie doch meine Vertheidigung —

Justitzr. Vertheidige Dich am Pranger, Du Pasquillant! (liest) „besser gewesen, wenn auch diese Gedichte ungedruckt, ja vielmehr ungeschrieben geblieben wären." — Noch besser wär's gewesen, ich hätt' dich im Carcer schmachten, oder dich dein Brod mit Leberreimen erwerben lassen! Mich alten Mann zum Gespötte der Spitzbuben und zum Abscheu ehrlicher Leute machen wollen! Die Geschichte will ich drucken lassen und drüber setzen: Dankbarkeit! Pfui! Pfui! Herr Freywald

wald — elender Mensch — gehn sie mir aus den Augen — Du Pasquillant, aus meinem Hause. Ich habe meine Tochter nicht für einen Spitzbuben erzogen.

Freywald. Bedenken sie, Herr Justitzrath, was Sie reden! Alle ihre mir erwiesenen Wohlthaten geben ihnen kein Recht mich ungeahndet gleich einem Schurken zu behandeln.

Justitzr. Ungeahndet? — Wer, wie ich, als ein ehrlicher Mann bekannt ist, der fürchtet den Mordstahl eurer löblichen Publicität nicht, denn bey den Gerichten kennt man euch Buben schon —

Freywald. Der Zorn spielt ihrem Herzen schlimm mit, wie ihrer Lunge, Stillschweigen sey meine Vertheidigung.

Amalie. Freywald, ich hoffe sie können sich bündig vertheidigen.

Freywald. Ich wär' Amaliens nicht werth, könnt' ich es nicht.

Justitzr. Aus dem Hause soll er! Keine Stunde bleib' ich länger mit ihm unter Einem Dache! So ein Natter! Was? Ich? Minxissem in patrios cinerls? Ha! Du hast Deines Vaters Namen und Andenken beschimpft, solcher Streiche wegen hat er dich enterbt! Abscheulich! Abscheulich!

Zwölfter Auftritt.

Vorige, Julius.

Julius. Ach, ich bitte tausendmal um Verzeihung, hab's nicht gewußt, daß Sie der Verfasser wären, sonst hätt' ich sie nicht so durchgehechelt.

Justitzr.

Juſtitzr. Was? Du haſt mich recenſiert? Freywald, ſetze gleich eine Klage wider ihn auf.

Julius. Sie? Herr Juſtitzrath? Sie hätten das Heldengedicht vom dreißigjährigen Kriege geſchrieben?

Juſtitzr. Ach warum nicht gar die ſchöne Magellona! — Da, da, dieſe Gedichte?

Julius. Nein, nein! Hier in den litterariſchen Beyträgen hab' ich das Heldengedicht ſo geſtriegelt, und nun find' ich in der Zeitung, daß der Herr Secretair Verfaſſer davon iſt.

Juſtitzr. Den hätteſt Du geſtriegelt? Das iſt ſchön, Julius, das iſt brav. Da haſt Du einen Thaler, den vertrink' auf meine Geſundheit.

Julius. Danke ergebenſt. — Hätt' ich's gewußt, Herr Secretair, ſie wären der Verfaſſer, ich hätte den dreißigjährigen Krieg der Iliade an die Seite geſetzt. — Verzeihen ſie —

Freywald. Geh!

Juſtitzr. Alſo Freywald hat doch meine Gedichte recenſirt? — Es bleibt dabei, er ſoll aus dem Hauſe.

Freywald. Was haſt Du in das Couvert gelegt, Julius?

Julius. In das Briefcouvert an Herrn Stein, das auf der Poſt iſt?

Amalie. Nein, das hier iſt.

Julius. Ach ſo? Ein feines Stückchen, Madmoiſelle! In das Couvert alſo, das hier iſt, hab' ich das Bild und ein beſchriebenes Papier gelegt.

Freywald. (ſucht auf dem Tiſche) Da iſt der Brief an Stein. Sehen ſie nun, Herr Juſtitzrath, daß ich kein Lügner bin? Julius hat ſich vergriffen.

Juſtitzr.

Justizr. Das macht nichts besser. Die Recension ist geschrieben und hat sollen gedruckt werden!

Freywald. Bei Gott! sie sollte nicht gedruckt werden!

(Man hört klopfen.)

Justizr. Herein!

Dreizehnter Auftritt.

Vorige, Kanzleybothe.

Kanzleyb. Mit Permission, Herr Justizrath, daß ich so dreist bin, fand Niemand im Hause, als die taube Jungfer. Von der königlichen Regierung an sie. (giebt ihm eine Schrift)

Justizr. Schon gut, mein lieber Cornels.

Kanzleyb. Empfehle mich bestens dem Herrn Justizrath, dem Herrn Secretair und auch der Mamsell.

(ab.)

Freywald. Was wird das wieder seyn? Amalie, was glauben sie von dem allen.

Amalie. Daß mein Freywald unschuldig ist.

Freywald. So hab' ich mir Amaliens Character recht gedacht.

Justizr. (Hat vorher sehr unruhig für sich gelesen, Freywald von der Seite angesehen, jetzt lieset er laut.)

„Auf Erklärung des Secretair Freywald, daß
„er das unsinnige, beigeschloßne Urtheil in
„Sachen Klimm contra Müllers Erben abge-
„fasset habe, wird der Justizrath Schleehoff von
„der Suspension losgesprochen, ihm aber hiemit
„angedeutet, daß er, so viel möglich, sein Amt
selbst

„selbst verwalte, und sich nicht eher der Hülfe
„des Secretair Freywald bediene, als bis die-
„ser einsehn gelernt habe, daß es nicht so leicht
„sey ein Urtheil über Recht und Unrecht zu spre-
„chen, als eine Ode an den Mond zu machen.
Wir, zur Königl. ꝛc.
Ad vocem: Urtheil, Welch' ein unsinniges Urtheil.
Schleehoff, wo hast du den Kopf gehabt.

Aber, sagt mir einmal, Freywald, seid ihr ein
Engel oder ein Teufel? Recensirt mich, macht mich
herunter als einen Jungen, und geht hin, und rettet
mir Ehre und Leben? —— Na, Junge! Bist doch
ein rechtschaffener Kerl, hab' doch den klügsten Streich
in meinem Leben gemacht, da ich dich liebgewann.
(küßt ihn) Alles sey vergessen und vergeben. Dank
Dir —

Freywald. Ihrer Verzeihung bedarf ich, mein
Vater, nicht ihres Dank's. Amalie, Du wieder
mein.

Justitzr. Ja, Junge, nahe war's dabei, Du
hättest sie verloren. Mich auch so zu recensiren! Aber
das andere Stück hat alles wieder gut gemacht.

Amalie. Mein Freywald versteht's böse Dinge
wieder gut zu machen, wüßt' ich nur meine Uebereilung
zu beschönigen.

Freywald. Uebereilung der Eifersucht ist die
Tochter der Liebe, was die Tochter verschuldete, macht
die Mutter wieder gut.

Justitzr. Wie ich auch ein solches Urtheil machen
konnte! Aber die Freude mich gedruckt zu sehen,
hatte mich trunken gemacht. Abgesetzt sollt' ich werden?

Freywald. Auf ein halbes Jahr. (giebt ihm das erste
Rescript)

Justitzr.

Justitzr. Das wäre mein Tod gewesen! Nun auch in meinem Leben nicht wieder Gedichte gemacht.

Freywald. Nun auch in meinem Leben nicht wieder Recensionen gemacht.

Julius. Desto mehrere werd' ich machen!

Freywald. Ich schrieb sie blos aus Zerstreuung, ärgerte mich über die Macht der Gewohnheit, wollte die Recension als einen Beweis meiner Schwäche aufheben, und Julius ergriff sie unglücklicherweise statt des Briefes —

Julius. Bitte tausendmal um Verzeihung.

Justitzr. Laßt es gut seyn, Kinder. Einer ist durch den andern gestraft. Du, Freywald, straftest mich wegen meiner Affenliebe zu meinen Gedichten, und Julius strafte dich wieder mit seiner Geißel, deine Strafe, Julius will ich dir gleich dictiren. Aber, Malchen, Morgendes Tages sollst du deinen Freywald heirathen, damit du ihm den Recensentenkitzel austreibst. Du Julius, sollst Morgen aus dem Hause, daß nicht auch bei dir der Recensententeufel toll wird.

Freywald. Lassen sie ihn bleiben, lieber Vater, Julius ist mehr als er scheint.

Julius. Verhelfen sie mir nur auch zu einer Frau, Herr Justitzrath, und ich schwöre ihnen, bei Apoll's Schreibfeder! hinfort nichts als mein Weib zu critisiren.

III. Ueber

III.
Ueber die Bellomoische Schauspielergesellschaft.

Weimar den 24. Mai 1788.

Ich habe bemerkt, daß die Beurtheilungen über die Bellomoische Schauspielergesellschaft, welche ich in einigen periodischen Schriften, zeither gelesen habe, ziemlich **partheiisch** ausgefallen sind. Zu untersuchen, woher dies rührt, ist eben jetzt nicht meine Sache, aber dies zu verbessern, und eine **unpartheiische** Beurtheilung dieser Schauspielergesellschaft zu liefern, habe ich mir jetzt vorgenommen. — Vorher will ich noch bemerken, daß ich die neueinstudirten Stücke mit einem * bezeichnen will, wie auch schon andre vor mir gethan haben.

1787. November. Den 8ten * Bewußtseyn, Sch. in 5 A. v. Iffland. Dieses Stück war, wenn wir Herrn Metzner als Kammerdiener Meyer ausnehmen, ganz schlecht besetzt; besonders die Rollen des Vaters und Sohns, welche Herr Neumann und Herr Nögalen spielten. — Den 10. * Stolz und Verzweiflung, Sch. in 3 A. v. Brömel und der Faßbinder, O. in 1 A. Im ersten Stück spielte Herr Einer den Karl Willmot, sehr schlecht. Im Faßbinder, verdiente Herr Ackermann als Meister Martin, Beifall, wie auch Herr Pleißner als Steffen. — Den 13. * Irrthum auf allen Ecken. L. in 5 A. fiel ganz durch. — Den 15. die schöne Schusterin. O. in 2 A. — Den 17. der Spleen. L. in 3 A. v. Stephanie und der dankbare Sohn.

Sohn. L. in 1 A. v. Engel. — Den 19. Clavigo. T. in 5 A. v. Göthe. Mad. Roaalen, spielte die Marie, nicht übel. Herr Einer spielte den Clavigo schlecht, desgleichen Herr Rögglen den Carlos. Dieser Mann müste in rerum natura ein sehr luftiger Chevalieur gewesen seyn, wenn er der Kopie des Schauspielers hätte gleichen sollen. Herr Neuman. spielte den Beaumarchais mit allzuvielen Grimassen. — Den 20. der Fähndrich. L. in 3 A. von Schröder. Herr Einer verfehlte als Fähndrich ganz den Karakter seiner Rolle. Herr Neumann, spielte den Baron von Harrwitz nicht ganz schlecht. Hierauf tanzte Herr Roaalen zur Freude des Parterrs, ein englisches Solo. — Den 22. Jeanette. L. in 3 A. v. Gotter war ganz gut besezt. — Den 24. der Bürgermeister. L. in 5 A. v. Graf Brühl. Herr Neumann spielte den Bürgermeister schlecht. Beifall verdienten Herr Metzner als Gotthelf und Herr Pleisner, als Kasper. — Emilia Galotti. T. in 5 A. v. Lessing. Herr Pleisner machte aus dem Kammerherrn Marinelli, einen Hasenfus, und Herr Hahn spielte den Maler Konti herzlich schlecht. Die andern, spielten mittelmässig. — Den 27. * der Doppelte Liebhaber. L. in 3 A. v. Jünger. Md. Hahn als Frau v. Hahn, und Herr Pleisner, als Arnau, verdienten Beifall. — Denn 29. die Schauspielerschule, L. in 3 A. v. Beil. Herr Einer als Waldeck, Md. Hahn, als Frau Dales, und Md. Metzner, als Blandine, verdienten Beifall. — December. Den 1. der Betrogene Geitzige, eine nach dem Ital. bearbeitete O. in 3 A. v. Vulpius, nach Paisiello's Musik. Herr Ackermann als D. Tulipan, Herr Roaalen, als Rittmeister, und Madam Bellomo als Korille, verdienten Beifall. Herr Metzner übertrieb den Bedienten. — Den 2. der Vetter in Lissabon. L. in 3 A. v. Schröder. Herr Neu

Neuman spielte Herrn Wagner gut. Hierauf folgten, die beiden Hüte. L. in 1 A. v. Dyk. — Den 4. Ignez de Castro. T. in 5 A. v. Soden. Mad. Ackermann, spielte die Ignez vortrefflich, desto schlechter Herr Einer, den Don Pedro. Kein gemeiner Handwerkspursch hätte in dieser Rolle sich so gering beginnen können. Das ganze Parterr kam beinahe darüber in Aufruhr. Den Pero Coelho, spielte Herr Hahn, gleichfalls sehr schlecht. — Den 8. *Verstand und Leichtsinn, L. in 5 A. v. Jünger. Dies Stück war, bis auf die Rolle des Lieutn. Lemberg, welchen Herr Pleisner zum auspfeiffen schlecht spielte, sehr gut besezt, und gieng vortrefflich. — Den 11. der offene Briefwechsel, L. in 5 A. v. Jünger, war schlecht besetzt. — Den 13. der Adjutant. L. in 3. A. v. Brömel, gieng sehr schläfrig. Hierauf folgte: der Edelknabe. L. in 1. A. von Engel. — Den 15. die Entführung aus dem Serail. O. in 3 A. nach Mozarts Komposition. In diesem Stück trat Herr Pfeifer, ein neu angekommenes Mitglied der Gesellschaft, zum erstenmal auf. Er sang und spielte vortrefflich, erhielt auch allgemeinen Beifall. Mad. Bellomo, sang als Konstanze sehr schön. Md. Ackermann, spielte Blondchen zu kokett, Herr Pleisner den Pedrillo leichthin, und Herr Ackermann den Osmin, gut. — Den 18. * Adelheid von Salisbury. T. in 3 A. v. Schröder. Wenn wir Md. Ackermann als Adelheid ausnehmen, so verdienen die andern Schauspieler, keiner sonderlichen, günstigen Erwähnung. — Den 20. der Deserteur, O. in 3 A. Herr Pfeifer als Alexis, Herr Nögglen als Himmelsturm, verdienten vollkommenen Beifall. Md. Ackermann spielte die Luise gut, nur sollte sie nicht singen. — Den 22. die sanfte Frau. L. in 5 A. Md. Ackermann zeichnete sich als Rosaura sehr vortheilhaft aus. — Den 28. * die Drillinge. L. in 4 A.

A. Herr Einer spielte den Drilling zu schlecht als daß man dem ganzen Stücke hätte können Geschmack abgewinnen. Hr. Ackermann übertrieb den Johann zu sehr. — Den 29. Robert und Kaliste. O. in 3 A. Herr Pfeifer, gefiel sehr als Robert, Herr Ackermann, spielte den Graf Adelstan zu niedrig komisch. — Den 31. * Johann v. Schwaben. T. in 5 A. v. Meißner. Dies Stück ging sehr schlecht. Herr Einer war kein Johann, Herr Neumann, kein Palm und Herr Pleisner kein Albert. Mad. Ackermann vergriff die Rolle der Eleonore ganz und Herr Rögglen machte aus dem wackern Mecheln, einen steifen, unerträglichen Schwätzer, den man lieber gehen, als kommen sah. Mit Herrn Hahns Spiel, als Bischoff von Basel, konnte man allein zufrieden seyn. — Januar. 1788. Den 3. * der Schulgelehrte. L. in 2 A. und Ariadne auf Naxos. Mel. Ohne uns an das Kostum zu halten, nach welchem Held Theseus eher einen Otaheiten als einen Griechen, glich, spielte Herr Einer denselben, sehr schlecht. Md. Ackermann gefiel als Ariadne. — Den 5. der gefopppte Bräutigam, O. in 3 A. und die Maler. L. in 1 A. Md. Hahn, spielte die Gräfin Herrbach sehr gut. — Den 8. * Freundschaft und Argwohn. L. in 5 A. v. Jünger. Herr Röaalen als Baron Braun, und Herr Metzner als Christoph, verdienten Beifall. Besonders aber gefiel, Md. Hahn, als Gr. Hohberg. Herr Einer spielte den Gr. Rosonau unerträglich steif. — Den 10. Zemire und Azor. O. in 4 A. Md. Bellomo, als Zemire, und Herr Pfeifer, als Azor, verdienten Beifall. — Den 12. Graf von Essex. T. in 5 A. v. Dyk. Md. Ackermann spielte die Königin nicht ganz übel, nur fehlte ihr mehr Würde zu dieser Rolle. Md. Hahn war keine Nottingham, und Md. Rögglen gar keine Rutland. Den Graf Essex spielte Herr Neumann recht gut. —

Den

Den 14. * Viktorine. L. in 4 A. v. Schröder. Beifall verdienten Herr Neumann als Obrister und Herr Rügglen als du Bois. Md. Rögalen war keine Viktorine, und Herr Pfeifer, kein Baron Menthal. Den 15. der doppelte Liebhaber. L. in 5 A. — Den 17. die beiden Billets, L. in 1 A. war gut besezt. Hr. Rögalen machte Gürgen, Md. Rögalen und Herr Mezner, den Barbierer Schnapps. Hierauf folgte: Die Lügnerin aus Liebe. O. in 2 A. v. Salieri. Md. Bellomo spielte Lenchen, und Herr Pfeifer. Martin, mit grossem Beifall. Md. Ackermann, machte aus Kätchen, leider! wieder einmal eine Kokette. Dabei sprach sie fehlerhaft und tätschelnd wie ein kleines Kind, und spielte — das ist ihre schlimme Angewohnheit, die sie sich abgewöhnen muß — mehr mit dem Parterr, als mit ihren Mitschauspielern. Wird sie fortfahren, alle Rollen beinahe auf diese Art zu verderben, so wird sie sich dadurch sehr schaden, da sie, ohnehin noch viel zu lernen hat um das vorgesteckte Ziel der Bahn zu erlangen, auf welcher sie bisher nicht ohne sichtbare Fortschritte in ihrer Kunst einherwandelte. Eine Schauspielerin muß bedenken, daß nicht alles was sich im Hause schickt Beifall auf der Bühne verdient, und das Parterr nicht mit dem engen Wirkungskreise ihrer Bekannten, verwechseln. — Den 19. der tolle Tag oder Figaros Hochzeit. L. in 5 A. Kein Mensch in der Welt, und wenn es eine Wette gält, kann wohl den Gr. Almaviva, niedriger spielen, als ihn Herr Einer spielte. Md. Rögalen war kein Cherubin, Herr Rögglen, kein Figaro. Md. Hahn spielte die Gräfin zu schwerlöthig, und Md. Ackermann die Susanne, wie eine Erzkokette, an der ihr zukünftiger Gemal nicht viel Freude erleben würde. Herr Ackermann übertrieb den Antonio, wie auch Herr Mezner den Richter Gänsehirn. Md. Mezner, spielte die Fanchette

chette nicht übel. — Den 22. der Schmuck. L. in 5 A. v. Sprickmann. Dies Stück gieng sehr schläfrig. Herr Metzner als Wippler und Md. Nögglen, als Luise, verdienten Beifall. Md. Neumann, spielte die Wirthin, aber besser wärs, sie spielte gar nicht mehr mit. Md. Hahn verfehlte den Karakter der Präsidentin und Md. Metzner, spielte die Julie sehr schlecht. Herr Neumann verfiel als Wegfort zu oft in den Haupt und Staatsaktionston. — Den 24. * der Prozeß. L. in 3 A. Herr Pleisner spielte den Doktor Flipper sehr gut. Hierauf folgte: Lucas und Röschen O. in 2 A. v. Einsiedel, nach Gretrys Musik. Md. Bellomo als Röschen, und Herr Pleisner als Franz, verdienten Beifall. — Den 26. Verstand und Leichtsinn. L. in 5 A. — Den 29. Mariane. T. in 3 A. von Gotter. Md. Ackermann, als Mariane verdiente vollkommenen Beifall. Herr Pleisner war kein Präsident und Herr Einer als Waller, tobte gar schrecklich herum. — Den 31. * die Schule der Eifersüchtigen. O. in 2 A. nach Salieris Musik. Ein sehr widersinniges, albernes Ding, womit man einem Fürstl. Geburtstag feierte, und in dem Herr Pfeifer als Graf und Md. Bellomo als Gräfin, Peifall erhielten. — Februar. Den 2. die Jäger. Sch. in 5 A. von Iffland. Herr Malcolmn. ein zu der Gesellschaft neu angekommnes Mitglied, debütirte als Oberförster, und spielte ganz vortreflich, und so natürlich, schön, daß er dem Parterr gewiß in diesem und vorigen Jahre, den schönsten Abend im Schauspielhause schenkte. Md. Hahn, an seiner Seite als Oberförsterin, — es war eine schöne Gruppe! Auch sie spielte ganz vortreflich. Md. Ackermann. spielte Friedriken, aber von ihr konnte der Oberförster nicht Recht sagen: „die hat mir die Stadt nicht verdorben!" Herr Einer als Anton, tobte wie ein angeschossenes Thier herum und polterte

die

die schönsten Szenen so schlecht, als wüste er gar nicht was er spräch, und das war wohl auch der Fall. Md. Rögalen befand für gut, Kordelchen als ein achtzehnjähriges Mädchen zu spielen, obgleich der Oberförster sagt: „sie gehöre unter die verlegene Waare und sey ein Ladenhüter." Herr Neumann, hat kein Gesicht zu einem Pfarrer wie der in den Jägern ist. — —
— *) März. Den 13. die schöne Arsene, O. in 4 A. gefiel. — Den 15. * Gustav Wasa, T. in 5 A. gefiel nicht. Herr Neumann, war kein Gustav, und Md. Ackermann hatte sich, als Prinzessin Christina, troz des Kostüms, wie eine Seiltänzerin angezogen. — Den 25. * Jette, oder der Husarenraub, L. in 5 A. von Plümike, hat nicht gefallen, ob gleich Md. Ackermann die Jette ganz vortreflich spielte. Herr Einer spielte den Werner äusserst steif. — Den 27. der Fändrich, L. in 4 A. und * der Magnetismus Nachsp. v. Iffland, diese Piece, wollte nicht gefallen. — Den 29. der Balbier von Sevilla, O. in 3 A. — Den 31. * Otto von Wittelsbach, T. in 5 A. Herr Einer spielte den Otto, wider Erwarten ziemlich gut, so auch Herr Neumann den Wolf. Die Herren Wagner, und Wachsmut, sollten sich der teutschen Sprache besser befleissigen, überhaupt aber erst Deklamiren lernen. Aprill. — Den 10. der Strich durch die Rechnung, L. in 4 A. v. Jünger, und * Jak Splien, von Dyk, welches nicht gefiel. — Den 12. * Sophie, oder der gerechte Fürst. Md. Ackermann, verdiente als Sophie den Beifall aller Kenner. Herr Einer, spielte den Fürst schlecht, Herr Meuner, den Stockmeister gut, Herr Rögglen, den Baron sehr schlecht, und Md. Hahn, die
Ba-

---

*) Hier ist ein Blatt aus dem Manuskript verlohren gegangen.

Baronin so niedrig wie ein Bauerweib. — Den 14.
General Schlenzheim, Sch. in 5 A. gefiel sehr,
und Herr Neumann, verdiente als Schlenzheim
sehr viel Beifall. — Den 15. * das Blatt hat sich gewendet. L. in 5 A. v. Schröder. Herr Malcolmy zeigte
sich sehr vortheilhaft in der Rolle des Amtsraths Poll.
— Den 17. * Nina, oder Wahnsinn aus Liebe, O. und
der Schulgelehrte, L. in 2 A. Im ersten Stück riß das
Spiel der Md. Ackermann als Nina zur Bewunderung
hin, es war nicht eine Seele im Parterr, welche der
sanften Dulderin nicht eine Thräne geweiht hätte! —
Den 19. das Testament, L. in 5 A. von Schröder. —
Den 22. die väterliche Rache, L. in 5. A. v. Schröder.
— Den 23. Die Pilgerimme von Mekka, O. in 2 A.
v. Gluck. Schöne Musik, und langweiliger Dialog!
Die Schauspieler, Md. Bellomo ausgenommen, verdienten
keinen Beifall. — Denn 26. * das Kleid aus Lion,
L. in 5 A. v. Jünger. Md. Rögglen, spielte die Kon-
stanze Birbach sehr gut, nur war sie schlecht angezogen.
Herr Einer, von Ballstedt, sehr unbedeutend. Herr
Malcolmy Ordling, recht brav. Mlle. Malcolmy,
Röschen, recht gut. Herr Ackermann, Bedfort, er-
bärmlich. Herr Hahn, Magister, sehr schlecht. Herr
Stöaalen verdiente als Bar. v. Willbach Verwunderung;
Sein Spiel war ganz Natur und Wahrheit. Herr
Mezner, übertrieb den Kasper. Md. Mezner, Lottchen, schlecht. — Den 28. * die Jesuiten, T. in 5 A.
v. Hagemeister. Herr Malcolmy spielte den Manfred
sehr schlecht, Herr Einer den Francesco, gut, Herr
Mezner spielte den Girard nicht sonderlich. Den vollkommensten Beifall verdiente Md. Ackermann als Anto-
nie. Herr Neumann, spielte den P. Montenegro, zur
grösten Täuschung, voll Wahrheit und Natur. Hat
je der Verf. sich einen Schauspieler zu dieser Rolle gedacht,

dacht, so war es dieser. Das Stück gefiel sehr. —
Den 29. Karl und Sophie, L. in 5 A. v. Bretzner, gefiel nicht.

Sch.

IV.
Ueber die Critick des Frankfurter Theaters.

Auf meine Durchreise durch Frankfurt am Main besuchte ich das dasige recht gute Theater, und fand da zugleich ein fliegendes Blatt, das unter dem Namen: Dramaturgische Blätter über dasselbe heraus kömmt. Als ein Liebhaber des Theaters zog es mich sogleich an, und beim Durchblättern zeichnete es sich mir durch seinen ungezogenen Ton, und die darinnen für Schauspieler und Publikum vorkommenden Beleidigungen aus. Ich erkundigte mich nach dem Herausgeber, und erfuhr, daß es ein Herr Schreiber sey, der den Titel eines Professors führen soll, und der sich jetzt in Frankfurth aufhält. Die Critik habe zwar erst seit einem Vierteljahre das Licht der Welt erblickt, trage aber doch schon den zweiten Namen, vermuthlich weil das erstemal die Taufe nicht gut angeschlagen hatte. —
Ich liehe mir daher auch die erstern Stücke, die den Titel: Tagebuch der Mainzer Schaubühne führen. In diesen fand ich unter andern eine Rezension über das erste Stück Ihre Annalen. Rezensent wirft Ihren Nachrichten nichts weniger als Unzuverlässigkeit und Mangel an Einsicht vor, grade ein paar
Klei-

Kleinigkeiten bei einer Zeitschrift, die die Geschichte und Fortschritte des Theaters zum Inhalte hat! — Entweder dieser Fehler muß erst mit den Annalen anfangen, oder die ganze deutsche Lesewelt hat während der langen Reihe Jahre, die sie, bald als Theaterzeitung, bald als Ephemeriden der Litteratur und des Theaters durchlebt haben, nicht soviel Einsicht gehabt als dieser unberufene Critiker. Alle diese Vorwürfe aber fallen auf Seine Blätter zurück und vorzüglich auch der, daß Sie zu gefällig in Aufname der Gedichte und daß überhaupt alle unsre ephemerischen Blätter mit mittelmäßigen und schlechten Poetereien überschwemmt wären. Der neueste und auffallendste Beleg dazu sind grade die dramaturgischen Blätter. Denn wer sollte wol in einer Schrift die dem Theater gewidmet ist, alte aufgewärmte oder auch neu hingeworfne Gedichte: auf den Tod Herzog Leopolds von Braunschweig, an den Frühling, ans Mädchen, an einen Gönner ꝛc. wer Glückwünsche zum Geburtstage einer Freundin, oder Einfälle in Stammbücher suchen? — und die alle noch dazu meist so mittelmäßig, so alltäglich und uninteressant im Ideengange, hart und unrein in der Versifikation! Beweise dazu liefert fast jedes Stück, deren einige, vorzüglich das IV. halb voll Poetereien ist. Z. B. Reime wie S. 57. Mädchen auf Rosenblättchen, Constructions-Verwerfung, wie S. 190. Epigramms wie S. 63. am Grabe König Friedrichs II. und andre.

Besser sind einige Abhandlungen, als: über malerische Stellungen auf der Bühne; über Volksschauspiele, den Nachtrag zu Hamlets Unterricht für den Schauspieler. Aber nur einige wenige ausgenommen sind sie fast alle unausgeführt, oberflächig auch oft gleich mit der ersten Seite abgebrochen, und noch nicht fort
ge-

gesetzt, woran man jedoch eben nicht viel verliert, denn sie enthalten meist nichts als schon längst bekannte aufgewärmte Bemerkungen, oder wie der Herr Herausgeber zu schreiben beliebt: Bemärkungen. Doch an solches Deutsch muß man sich überhaupt bei ihm gewöhnen, als: derley, vorquillend, gehäufte und's und andre solche Nachlässigkeiten eiliger Schreibart. Höchstbeleidigend und Ehrangreifend aber sind die Briefe an eine junge Schauspielerin. Hier scheut er sich nicht alle Schauspielerinnen und Schauspieler in Eine Classe zu werfen und so wie er sie schildert, muß man sich wundern, daß der Staat oder eine Freiereichsstadt solche Auswürflinge der Menschheit dulden kann; dis Wort und Schwächlinge, Knabengeschwätz ꝛc. scheinen des Verf. Lieblingsworte zu seyn, und der beiden letzen Worte Wahl läßt sich bei ihm leicht erklären. — Wieviel „sagt er S. 53" gehört nicht darzu sich rein zu erhalten unter den Unreinen! ..und S. 54." Jeder Wollüstling betrachtet das Mädchen auf der Bühne als eine Tochter der Freuden, die sich und ihre Tugend dem ersten besten Kämpfer an den Hals wirft. Also der Wollüstling ist hier der kompetente Richter? — O! dem betrachtet wol jedes Mädchen das ihm vorkömmt, als seine Beute, und sind sies darum alle? — Was in aller Welt denkt wol der Verf. mit solchen Ausfällen auf einen ganzen Stand zu nutzen? Das Gemälde ist zu sehr in Schatten gehalten, die Farben sind zu grell aufgetragen und aus Gift gezogen, und denen es ja ähneln sollte, sind aus der niedern Classe, und in den Augen der gesitteten, gebildeten Schauspielerinnen eben so verächtlich als sies vor der übrigen Welt sind. Ich bin kein Schauspieler; aber solche hämische Beleidigungen empören mich gegen wen sie auch gerichtet sind. Denn welcher Stand kann für alle seine Glieder

der stehn, welcher nichts als unsträfliche aufzeigen? Nicht der Priester- nicht der Civil- nicht der Militär- nicht der Bürgerstand kann das. Und ist das darum dem Ganzen zuzurechnen, was Einzelnen Mitgliedern vorzuwerfen ist? Sollen die Guten für die Fehler der Schwächern büssen? Doch nur der gemeine Haufen urtheilt so eingeschränkt. — — Und was für Begriffe muß man sich von des Verfassers projectirten Bildung junger Schauspielerinnen und seiner Schauspielerschule machen, da er erstern den Candide, Gilblas ꝛc. zur Hauptlectür anräth, um sich darnach zu bilden? da er ferner S. 57 junge Helden und Könige für Ein Fach hält, und nur Einen Schauspieler darzu vorschlägt, was von seiner Schätzung der Kunst, da er als das höchste Salarium für den besten Schauspieler 1000 Gulden ansetzt? Vermuthlich wird ein solcher von da wo er zwei bis dreimal so viel hat, weggehn, um nur unter einem Direktor zu stehn, wie sich ihn der V. geformt, und mit 1200 Gulden bedacht hat, ohne zu bedenken, daß eine Menge guter Kenntnisse darzu gehöre, um den Schauspielern die zu jeder Rolle und Situation passenden Stellungen, Deklamation und Geberdenspiel zu zeigen, ihre Fehler zu verbessern oder ihnen sonst nachzuhelfen, über die Ordnung bei den Verwandlungen und Statisten zu wachen, damit jede Unschicklichkeit und jedes Lächerliche vermieden werde, zu sorgen, daß die zu jedem Stück erforderlichen Kleider und Requisiten da sind und überhaupt alles so einzurichten um ein schönes Ganze hervorzubringen. Des Verfassers Kenntnisse möchten wohl dazu nicht hinreichend seyn.

Nun etwas über die Critik der Frankfurter Bühne insbesondre! welche jetzt, wie Sie vielleicht schon wissen, vom Kurfürsten zu Mainz zum Nationaltheater angegenommen worden, und wo sich von den Kenntnissen und den bekannten guten Geschmack des Freiherrn von Dalberg das beste hoffen läst, denn unter dessen Intendance führt Koch die Direction fort.

Ich kann und will hier nicht die Critik einer jeden Vorstellung beleuchten, da mein Aufenthalt zu kurz war, um sie alle zu sehn, sondern nur die gar zu schiefen, partheiischen und hämischen Beurtheilungen über Stücke die ich selbst gesehn habe, will ich kurz ausheben.

Herrn Koch läst der Herausgeber noch die meiste Gerechtigkeit widerfahren, kanns aber doch nicht lassen, unter die Lobsprüche, die dieser treffliche Künstler verdient, Bitterkeiten und Widersprüche zu mischen, welche zwar so wie alle seine andern Bemerkungen bei Unparteiischen, die die Vorstellungen selbst mit ansehn, keinen Eindruck machen, bei Auswärtigen aber doch ein falsches und widriges Vorurtheil erwecken können. So tadelt er Herrn Koch vorzüglich als Tellheim — eine Rolle, die er grade nach dem Urtheil mehr als Eines Publikums meisterhaft spielt — und verlangt von Tellheim Schönheit, jugendlichen Reitz, schlanken Wuchs, ohne zu erwägen, daß es ein **Preußischer Major** ist, und daß man da, ohne einen besondern Glückszufall nicht so jung Major wird, als bei manchem kleinen Fürsten. Auch läst ein Mädchen wie Minna gezeichnet ist, sich gewiß nicht von solchen äußern Reitzen blenden, sondern sie liebt in ihrem Gewählten den Mann, den Mann von Geist, Muth und Ehre. —

— Dahingegen überhäuft er Herrn K. in einer Rolle mit Lobsprüchen, die sich dieser gewiß selbst nicht zum Debut wählen wird, ich meine als Herzog Ernst in Agnes Bernauerin; denn ohnerachtet er alles daraus machte, was daraus zu machen ist, so ist dieser Character doch vom Verfasser zu obenhin bearbeitet und zu sehr in Schatten gestellt, als daß sich der Schauspieler darinnen vorzüglich zeigen könnte. Mit allem Rechte aber verdiente Mad. Böheim als Agnes des Herausg. Lob, wenn es nicht meist in enthusiastischen Exklamationen und abgeschriebenen Stellen bestünde. Aber freilich füllt das den Bogen leicht, und das Honorarium ist verdient. Mad. Böheim ist und bleibt ohne das, vorzüglich im Fach der tragischen Liebhaberinnen, eine unsrer ersten Schauspielerinnen. Ihre Prinzeß Eboli in Don Karlos, ihre Rutland, und hauptsächlich ihre Marie Stuart spielt sie vortreflich, ob sich gleich bei letzter Rolle im ganzen Hause keine Hand rührte, und Mariens Hingang zum Tode begleitete, welches vermutlich daher kommen möchte, weil sie mit äusserster Natürlichkeit und Würde, ohne übertriebene nach Händeklatschen geizende Gestikulation und Schreierei spielte. Ihre schöne Figur, ihre ausdrucksvollen Gesichtszüge, und ein sehr schön gewählter Anzug vereinigten sich hier mit der Trefflichkeit ihres sanften, ruhigen, hinreissenden Spiels. Wenn ich ihr einen Fehler rügen dürfte, so wärs der, daß sie (so herabgestimmt und gepreßt freilich ihr Ton da seyn muß) beim Diktiren im letzten Akte für die entferntern Zuschauer zu sachte sprach, denn ich, obgleich dicht hinter dem Orchester, hatte Mühe alles zu verstehen. Ein andrer Fehler trift nicht sie, sondern den Dichter, daß nämlich der Schluß des Stücks nicht stark, nicht rund genug ist, die Reden nach dem entscheidenden Schlage sind zu matt, und löschen den Eindruck des Vorhergegangenen aus. Man fühlt noch eine Lücke; — so wie auch der ganze erste Akt voll zu langer Reden ist.

Doch leichter ists freilich bei Beurteilungen nicht in diese Details einzugehn, sondern nur, wie der H. oft thut, sich mit nichtssagenden Gemein- und Macht-Sprüchen

chen zu behelfen, als: „ich bin mit der heutigen Aufführung nicht zufrieden," oder: „Constanze war Mad. Böheim, und Mad. Böheim war Constanze." (Was soll das?) oder: „Die andern Herren und Damen mögen mirs Dank wissen, daß ich ihrer nicht erwähne." Was kann solch eine Critick nutzen? wie können sich Anfänger oder denen keine grosse Hervorstechenden Rollen zu Theil werden (und jedes Stück hat solche) darnach bilden! welche Lust können sie da haben sich weiter zu wagen, weiter fortzuschreiten in der Kunst? Und oft beruht dennoch auf solchen Rollen die größere Wirkung des Stücks, und verdienen daher nicht die, welche sie spielen müssen einige Aufmunterung? Herr Walter junior zum Beispiel, würde gewiß mehr leisten, wenn man ihm mit einigen aufmunternden Beifall zu Hülfe käm, und ihn nicht gar geflissentlich zu unterdrücken strebte, denn er singt und spielt Z. B. die gar nicht leichte Rolle des Silvio im Baum der Diana gewiß so, daß er ihn verdiente. Aber kleinere Nüanzen des Spiels und der geringern obgleich immer zur Haupthandlung Einflußhabenden Rollen herauszuheben und zu beurtheilen erfordert allerdings mehr dramaturgische Kenntniß, als, über die hervorstechenden Rollen etwas zu sagen, und sich übers Ganze hinter ein Bollwerk von Tiraden, Kunstwörtern, und Anzüglichkeiten zu verstecken, um seine eigene Blöße zu verbergen.

Hinter diesem schießt der Herausgeber seine in Gift getauchte Pfeile vorzüglich auf Herrn Böheim, Herrn und Md. Wolschowski, Herrn Mattausch, Herrn und Mad. Walter, Mad. Stegmann und andere ab, selbst gegen solche, die nur aus Lust und Hang zur Kunst ein paar Rollen übernahmen. — Die meisten und ungerechtesten Vorwürfe bekömmt Ersterer als Herzog Albrecht, und doch spielt er diese Rolle mit dem größten Studium und dem ganzen dazu erfoderlichen Feuer, seine Declamation und sein Geberdenspiel ist richtig und Ausdrucksvoll; unverantwortlich ist dahero der Vorwurf, daß er eine Knabenstimme habe, und was der Beleidigungen mehr sind. Uebrigens verdient Herr B. grade jetzt die größte Schonung, da er sich ins Fach der Alten zu werfen beginnt und nach seinem Wirth in der Minna zu urtheilen mit nicht gemeinem Glück.

Herr Mattausch muß sich in des Herausgebers Auge nach der Erscheinung seiner Blätter verschlimmert haben; denn im Anfange lobt er ihn, und sagt unter andern im IX. Stück, daß wenn Herr Mattausch die Rolle des jungen Engländers im Räuschgen gespielt hätte, sie in Künstlers Händen zu etwas hätte werden können; da hingegen behandelt er ihn in der Folge im mindesten nicht als Künstler und der Widerspruch ist auffallend, denn er zieht ihn fast in jeder Rolle durch, da doch Herr M. die meisten mit Feuer und Leichtigkeit spielt, und mit einem sehr vortheilhaften Körperbau einen angenehmen Ton der Stimme verbindet.

Eben diese Widersprüche finden sich auch in den Kritiken über Herrn Wolschowski, welcher doch verschiedene Rollen, in denen ich ihn gesehn habe, mit viel Leichtigkeit und Lebhaftigkeit spielt. Z. B. den Doktor Linse im Eheprokurator, den Gürge in den beiden Billets, den Riccaut und mehrere ähnliche Rollen. So auch als komischer Alter den Buchhändler in der Heirath durch ein Wochenblatt.

Am blutendsten aber leidet Mad. Wolschowski unter des Herausgebers Geissel, da sie doch in den meisten Rollen Aufmunterung und Beifall verdiente, vorzüglich in einigen ihrer Soubretten; und als Lukrezia im Singspiel: Die Liebe im Narrenhaus, einer sowohl

wohl für Gesang als Spiel ziemlich schwereu Rolle, auch verdient Niemand weniger als sie den Vorwurf des Kokettirens mit dem Parterre. Aber es scheint, daß wer einmal nicht so glücklich ist dem frankfurther Publikum zu gefallen, auch nicht durch den angestrengtesten Fleiß und das beste Spiel dessen Beifall erlangen kann, daher auch Mad. Günther in eben der Oper ihn nicht so erhielt, als sie, so wie in vielen andern ihrer Rollen, mit allem Recht verdiente.

Noch mehr Ungerechtigkeit aber begeht der Herausgeber an Herrn und Mad. Walter sen., einen Sänger und einer Sängerin, die beide mit der angenehmsten, wohlklingendsten Stimme, den besten Vortrag, die glücklichste Geschmeidigkeit, und ein für Sänger nicht alltägliches Gebehrdenspiel verbinden; und doch tadelt er Mad. Walter vorzüglich und nicht auf die feinste Art, als Diana, und Herrn Walter als Franz Werner in der Oper: Reue im Verbrechen, in einer der schwersten Scenen wo er beim Pulterbrechen seines Onkels Testament findet. Doch in Beurtheilungen über Opern sollte sich der Herausgeber noch weniger herauswagen, denn das verräth wenigstens nicht viel musicalische Kenntniß, daß er das bekannte schöne Terzett im Felix, ein Duett nennt, und dem Herrn Brandel den Umfang in der Stimme abspricht, worinnen er grade als Tenorist so vorzüglich ist, so wie es keine geringe Partheilichkeit zeigt, wenn er der Mad. Walter als Jeannette alles Lob entzieht, das ihr doch ohne Bedenken gebührt und den ihrem Spiel völlig falschen Vorwurf der Unbescheidenheit macht, dahingegen läßt er der Dem. Willmann als Amor im Baum der Diana, eine Rolle die sie bei ihrem treflichen reizvollen Gesange, ihrem Kunsttalente und ihrer angenehmen Figur sehr gut spielt, alle Gerechtigkeit Wiederfahren. Ohn-
er-

trachtet er ihr S. 90 so wie der Mad. Böheim im vierten Stück des Tagebuchs noch viel Grimassiren vorwirft. Beide müssen sich daher erst nach der Herausgabe seiner Blätter gebessert haben, und allerdings hat der Herausgeber Wirklich Eigendünkel genug zu glauben, oder glauben zu machen, daß seine Kritik schon gewirkt und gebessert habe, da doch die Art, mit der er zu Werke geht, unmöglich etwas Gutes würken kann, indem er blos mit Unbescheidenheit Fehler rügt ohne zu bemerken, wie sie zu verbessern sind, und ohne ins Detail der Szenen und der Karaktere zu gehn. Lächerlich ists daher mit welcher Dreistigkeit in der seinsollenden Apologie für die Schauspieler dem Frankfurther Publikum S. 124 ic. ins Gesicht gesagt wird. — „Ehe Sie (nemlich der Herausg.) auftraten, wiegten wir „uns in den süssen Wahn, daß auch wir das Ding verstün„den, wir kritisirten auch, aber unsre Kritik berührte blos „die Oberfläche ic. ein seinwollender Kenner schüttelte wohl „einmal in der Stille den Kopf. ic. Und nun, wie verändert „ist die Szene! Ihre Blätter haben uns die Köpfe verdreht „und überall die traurigste Verwirrung angerichtet. Je„der besteigt jetzt stolz den Dreifuß und krächzt sein ta„delndes oder posaunendes Urtheil herunter, er würde „es nicht thun, wären Sie ihm nicht vorangegan„gen, (doch noch ein Geständniß, das des Verf. Ge„wissen Ehre macht!) Sehen Sie dis und noch etwas „schlimmers das ich nicht sagen mag, (vermuthlich die „unnütze Geldausgabe für die dramat. Blätter) ver„danken wie Ihnen, Mann des Unheils! — —" Doch zu wessen besten und für welche Parthei hier eigentlich geschrieben ist, zeigt die Stelle S. 125 „sehr „richtig, sehr treffend und sehr wahr sind fast alle Ihre „Beurtheilungen über das Spiel unserer Schauspieler;" Nur vergessen ist dabei zu setzen, was oft alles von ihnen

nen verlangt wird; so ein abentheuerliches Verlangen
äussert unter andern der Herr Kritikus bei Erwähnung
der Grafen Guiskardi, daß nehmlich Herr Czicke
den Oberkammerherrn als einen ausgetrockneten
Hofmann spielen solle, wie das aber Schauspieler von
einem etwas starken Körperbau, ohne sich halb entzwei
zu theilen, machen können, ist nicht mit angegeben, so wie
auch überhaupt manche andere Rollen, die Herr Czicke
mit Glück und Beifall spielt, und wo er eine vorzügliche
Bemerkung verdient hätte, nicht auszeichnend erwähnt
wird. Doch dafür sind auch die meisten wahren Fehler
bei den Vorstellungen des Herausgebers Bemerkung entgangen; so hat er, um nur eins zu erwähnen, es mit
keinem Worte gerügt, daß die Baronin in der Jeannette sich unterlassen umzukleiden, welches doch nothwendig erfoderlich ist, und was der mir hin und wieder
aufgefallenen Vernachlässigungen in Declamation, Kostüm u. d. gl. mehr sind.

Vermuthlich zum Muster eines dramatischen Pro-
dukts finde ich übrigens ein paar Szenen aus einem noch
(dem Himmel sei Dank!) unaufgeführten und ungedruck-
ten Lustspiele eingerückt, welche nichts als Empfindelei
und Winselei zweier Verliebten enthalten, die aber
weiter keine Noth haben, als daß des Mädchens Vater,
der noch nichts von ihrer Liebe weiß, sie einem andern
zugedacht hat, und die sich am Ende doch noch kriegen
werden, obgleich der Liebhaber seine Neigung zum Mädchen (man weiß nicht warum) ein Verbrechen nennt.
Und doch erlaubt sich eben der Herausgeber solche
Machtsprüche: „ich mögte unsern jungen dramatischen
Dichtern rathen, u. d. gl. Welche hämische Absichten
aber oft seine Feder führen, zeigt vorzüglich die Rezension eines schon 1784 als Jugendstük des Verfassers
erschienenen und neuerlich dahero schon wieder als Msp.
auf-

aufgeführten Lustspiels: die Seelenverkäufer von Schmieder, wovon jedoch die allgemeine Deutsche Bibliothek im Jahrgange 1785 die beste Vertheidigerin ist, und ob diese, oder das Geschreibe eines ganz neuen Kritikers mehr Autorität beim Publikum habe, kann jeder selbst beurtheilen; zwar wagt er sich selbst an Lessing, vermuthlich aber nur weil — der todt ist, und ihm keinen Verweiß darüber geben kann, denn am passendsten auf den Herausg. selbst ist das Epigramm S. 112.

An einen Aristarchen:

Der arme Mann
wie blendet ihn doch jugendlicher Wahn!
Er hält sein Schilfrohr für Alcidens Keule
und opfert statt Minerven — ihrer Eule.

Tagebuch der Mannheimer Schaubühne.

Den 12. Februar. Der verborgene Ehemann, L. 3. A. a. d. Fr. des Florian. Zum 1sten mal. Die Karaktere dieses Stücks sind interessant und wahr, die Verwickelung ist schön, und die Auflösung natürlich. Der Dialog ist lebhaft und witzig. Die Situationen sind theatralisch und unterhaltend. Das Stück gefiel und würde mehr gefallen haben, wenn die Vorstellung etwas rascher gewesen wäre; allein es wurde etwas kalt gespielt; durch leise Sprechen ging vieles verloren, das zur Deutlichkeit gehört; die Theilnahme war also geschwächt. Der Graf Illmenau ist ein Hofmann, der in der Antichambre alt geworden ist; Kriechen ist ihm

zur

zur Natur geworden, daraus entstand seine Geschäftigkeit, seine Bereitwilligkeit, jedem einen Gefallen zu erweisen. Wer seiner Einsicht schmeichelt, seinen Scharfsinn kützelt, kann alles mit ihm machen; bei allem dem muß man an ihm doch die Politur des Hofes sehen, und der einsichtsvolle Künstler wird hier einen merklichen Unterschied zwischen einem Hofmann und einem geädelten Bürger verspüren lassen. Man bemerkte bei der ersten Zusammenkunft der heimlichen Eheleute wenig Verlegenheit; sie sahen sich sehr gleichgültig an, und doch sagt Bernburg, der Major habe Emilien nicht ohne Theilnahme betrachtet. Mademoiselle Witthöfft als Frau von Werrenheim spielte sehr schön; mit Munterkeit, Heiterkeit und Anstand; und beobachtete jede Nuance der Rolle äusserst genau. Mademoiselle Boudet als Joquey gefiel allgemein. — Zwei Onkels für einen, L. 1. A. Z. 14ten mal.

Den 14. Febr. Zemire und Azor, S. 4. A. a. d. F. Zum 18ten mal. Die heutige Vorstellung dieses Singspiels war ziemlich kalt.

Den 17ten Febr. Der Vetter aus Lissabon, L. 3. A. von Schröder. Zum 7ten mal. Der Hirsch, Sch. 1. A. Zum 1sten mal. Dieses Stück gefiel nicht. Es sind weder komische noch rührende Situationen darin. Die Karaktere sind nicht gut angelegt, ausser den ersten Scenen beim Dorfrichter ist wenig Interesse im Stück; die Sprache ist niedrig; und das Ganze nichts als eine unvollendete Skizze. Durch das gute Spiel der Schauspieler wurde es noch einigermaaßen gehoben.

Den 19. Verstand und Leichtsinn, L. 5. A. von Jünger. Zum 5ten mal.

Den 21. Erziehung macht den Menschen, L. 5. A. Zum 7ten mal.

Den 24. Die Ungetreuen, L. 1. A. a. d. F. Zum 5ten mal. Der verstellte Lord, O 2. A. Zum 1sten mal.

mal. Die Musik ist von dem jungen Piccini. Der erste Akt ist unerträglich langweilig; die Musik weder unterhaltend, noch charakteristisch. Der zweite Akt ist besser; die Arie von Karolinen schön, wie auch die Arie des Doktors; das Quintet ist theatralisch und gut. Ueberhaupt aber fehlt dieser Musik Geist und Geschmack. Herr Leonhard als Johann spielte sehr schön, und erhielt allen Beifall. Madame Beck als Karoline sang die Arie im zweiten Akt (die einzige wichtige in der Rolle) äusserst gut. Herr Demmer als Steinhof sang mit Beifall, und Madame Nikola als Lisette gefiel. Gramers Rolle, die Herr Gern spielte, ist unwichtig; Herr Gern leistete mehr, als man in einer solchen Rolle erwarten konnte. Ueberhaupt hat dies Singspiel nicht sehr gefallen.

Den 26. Die Mündel, Sch. 5. A. von Iffland. Zum 8ten mal. Die heutige Vorstellung war lebhaft; die Schauspieler spielten mit Empfindung und Wahrheit. Den 28. Die Schule der Damen oder was fesselt uns Männer? L. 5 A. von Stephanie d. J. zum 14ten mal. Dieses Stück wurde statt des angekündigten: die Eifersüchtigen, gegeben, weil Herr Beck krank geworden war. Mlle. Witthöft als Frau von Breitfort spielte vortreflich.

Den 2. März. Die Geschwister, Sch. in 1 A. von Göthe. zum 1ten mal. In diesem Stück ist wenig Handlung und viele Empfindelei; der Dialog ist etwas gezwungen und gedehnt; und die Sprache ist nicht ganz rein. Aber das Spiel der Mademoiselle Witthöfft ersezte dies alles. Sie spielte die Mariane mit so viel Natur, Einfalt und Grazie, daß sie alle hinriß. Mit unendlicher Feinheit zog sie die Linie zwischen der Liebe der Schwester und der Liebhaberin; war ganz das liebende unschuldige Geschöpf, welches feinen Empfindungen, die es selbst noch nicht kennt, folget. — Mademoiselle Witthöfft erschien heute in dem schönsten Lichte, wir bewunderten sie, als eine der grösten Künstlerinnen auf Deutschlands Bühne. Romeo und Julie. Eine ernsthafte Oper in drei Aufzügen, von Herrn Gotter. Die Musik ist von Herrn Kapelldirektor Benda. Zum 8ten mal. Dieses Singspiel wurde heute nicht so aufgeführet, wie sonsten. Es herrschte in Spiel und Gesang eine gewisse Kälte, die freilich nur von dem bemerkt werden konnte, der das Stück vorher hier gesehen hatte. Der Gesang des Trauerchors war fast nicht auszuhalten.

Den 4. Der mißtrauische Liebhaber, L. 5 A. von Bretzner. Zum 12ten mal.

Den 6. Die Entführung aus dem Serail, O. 3 A. von Bretzner. Die Musik von Mozard. Zum 17ten mal. — Herr Walter, Mitglied der Frankfurter Bühne, trat heute als Belmonte auf. Er erhielt den lautesten Beifall des Publikums. Herr Walter vereinigt mit einer einnehmenden Stimme Kunst, und die schönste Methode; die Leichtigkeit seiner Kehle läßt ihn Schwierigkeiten sehr glücklich ausführen, und das ausdrucksvolle seines Gesanges zeiget, daß er Kunst mit Empfindung vereinigt. Sein Gesang ist ein schönes Gemälde, in welchem Schatten und Licht meisterhaft vertheilt sind. Das Publikum erkannte die Verdienste des Herrn Walters, und rief ihn nach der Vorstellung heraus, um ihm nochmal seinen Beifall zu bezeigen. Madam Beck, als Konstanza, sang vortreflich; Mozards Musik in ihrem Munde, riß zum Entzücken hin. Madame Müller als Blonde spielte schön, und sang mit allem Beifalle; vorzüglich schön sang sie das Rondeau: Welche Wonne! welche Lust ꝛc. ganz mit Feuer, Gefühl und Kunst. Herr Gern, als Osmin,

Annal. d. Theat. 2. Heft.   E   ist

ist in dieser Rolle vortreflich. Sein wahrhaft komisches Spiel, sein schöner kunstvoller Gesang, erzielen immer eines jeden Kenners ausserordentlichen Beifall. Herr Leonhard, als Pedrillo, spielte diese Rolle mit Laune, Munterkeit und Wahrheit; und sang seine Arie mit Anstrengung und Beifall. Nie wurde dieses Singspiel schöner, als heute aufgeführet. Es schien, als wenn all sich bestrebt hätten, vortreflich zu spielen.

Den 9. Der Apotheker und Doktor, O. 4 A. von Stephanie d. J. und Dittersdorf. Zum 5ten mal. Herr Walter erschien heute noch einmal als Gotthold, und erhielt wieder allgemeinen Beifall. Die grosse Arie im dritten Akte sang er meisterhaft: Neuheit der Veränderungen, geschmackvoller Ausdruck, künstlicher und reizender Vortrag belebten seinen Gesang. In den Duetten, Chören, Finalen u. dgl. zeigte er sich als einsichtsvoller Musikkenner; er sang mit äusserster Richtigkeit und wahrer Beurtheilungskraft, er bezeichnete das Steigen und Fallen der Musik mit Genauigkeit, und erhöhte durch schöne Pantomime das Ganze. Herr Gern als Stösel spielte schön und sang vortreflich. Madame Nikola als Claudia spielte diese Rolle herrlich, mit allen Nüancen eines bösen, eigensinnigen herrschsüchtigen Weibes, die ihren Mann vollkommen unter dem Pantoffel hat. Madame Beck als Leonore sang äusserst schön, vorzüglich die Bravourarie. Madame Müller als Rosalie spielte äusserst schön, und sang durchaus vortreflich. Herr Leonhard als Sichel, erhielt ungetheilten Beifall: sein Spiel war von Munterkeit und Laune belebt, und sein Gesang war sehr schön. Herr Böck spielte die Rolle des Doktors vortreflich; mit aller Wahrheit der Natur. Er war ganz der alte, eigensinnige, pedantische eigene Doktor. Herr Demmer, als Sturmwald, erhielt den Beifall des Publikums.
Auch

Auch dieses Singspiel ist nie so schön als heute aufgeführet worden. Es schien alle hätten sich beeifert, bei der Gegenwart des Herrn Walter sich selbst zu übertreffen.

Den 11. Die bezähmte Wiedervellerin, L. 3 A. Zum 13ten mal. Mlle. Witthöft als Franziska, und Herr Böck als Hauptmann Gasner spielten vortreflich. In dem Spiele der Mademoiselle Witthöfft herrschte die ganze Unbiegsamkeit, der Eigensinn und die Galle eines verzogenen Mädchens, und doch artete es nicht ins Gemeine und Niedrige aus. Herr Böck führte den angenommenen Character eines zornigen, wilden und sonderbaren Mannes mit viel Wahrheit und Laune aus. Die Tobaksdose. Ein Schauspiel in einem Aufzuge. Zum 3ten mal. Herr Leonhard spielte die Rolle des Plaincoeurs wegen Krankheit des Herrn Becks, und gefiel.

Den 13. Der Graf von Olsbach, Sch. 5 A. von Brandes. Zum 5ten mal. Die heutige Vorstellung war ziemlich kalt; jedoch spielte Herr Böck als Graf Olsbach mit Würde, mit dem Gefühl eines edlen Mannes, der unglücklich ist. Die Scene, wo die Gräfin in der Tochter des Obristen ihres Sohnes Gemahlin erkennt, wurde sehr lau gespielt. Juliens Liebe zu dem Hauptmann Wernin ist zwar in dem Stücke selbst nicht deutlich; aber Mademoiselle Witthöfft machte sie durch ihr schönes Spiel deutlich, und rechtfertiget ihren Bruder, der sie am Ende mit dem Hauptmann vereiniget. Herr Beil als Kulpel verdiente allen Beifall; er spielte diese Rolle mit Laune und Originalität.

Den 24. Die Schaubühne blieb wegen der Osterwoche einige Zeit geschlossen, und wurde heute wieder eröfnet mit den Geschwistern, Sch. 1 A. von Göthe. Zum 2ten mal. Mlle. Witthöft spielte die Rolle der

Marianne in eben dem Grade der Vollkommenheit, wie das erstemal, und erhielt wieder einen ausserordentlichen Beifall. — Die Luftbälle, O. 2 A. von Bretzner und Fränzel. Zum 5ten mal. Den 25. der Eßigmann mit seinem Schubkarren, Sch. 3 A. von Mercier. Zum 3ten mal. Der englische Kaper, L. 1 A. Zum 11ten mal. — Den 27. Minna von Barnhelm, L. 5 A. von Leßing. Zum 7ten mal. Herr Böck als Major Tellheim war ganz der artige Mann, der den Lobspruch seiner Geliebten rechtfertigte, daß nicht alle Offiziere Tellheims wären, kurz er spielte ihn, wie man es von ihm erwarten kann. — Den 30. Julius Cäsar, T. 6 A. von Schakspear, zum 7ten mal. Der Gang des Stücks war nicht so ganz vollkommen gut, jedoch spielten Herr Böck als Brutus, und Herr Ifland als Cassius die Scene am Zelte vortreflich.

Den 1. April. Der flatterhafte Ehemann, oder wie man eine Hand umkehrt, L. 5 A. a. d. E. Z. 13ten mal. — Den 3. Mariane, T. 3 A. von Gotter. Z. 31ten mal. Das Stück wurde heut sehr gut gespielt. Vorzüglich verdiente Herr Beck als Waller den lautesten Beifall. Sein Spiel war ein treues Gemälde des Kampfes der Liebe und der Menschlichkeit; jede Empfindung war treulich ausgedrückt, und die Stufenfolge der Gefühle meisterlich dargestellt. Madam Ritter als Mariane spielte im lezten Akte vortreflich. Der verstellte Lord, O. 2. A. Z. 2ten mal

Den 6. Don Karlos, Infant von Spanien, T. 5 A. von Schiller. Z. 1sten mal. Daß dies Stück ungeachtet der vielen vorzüglichen Scenen, unter welchen mehrere mit aller Kunst vorgestellet wurden, kein grosses Glück gemacht hat; daran mag wohl mit die ausserordentliche Länge Schuld seyn. Man hätte vors erste

erste (wie z. B. bei den Räubern) früher anfangen und noch hie und da etwas abkürzen sollen. Wenn die Zuschauer bis über halb 9 Uhr zu verweilen genöthiget sind, so verliert sich endlich die Theilnahme und Unlust tritt an ihre Stelle. Hernach, ward manchmal das Getös zu stark, welches durch unzeitiges Gelächter verstärkt, dem achtsamern Zuschauer mehrere gute Stellen raubte, welche zur Aufhellung der Geschichte beitragen sollten; diese Unannehmlichkeit verbunden mit dem Leisesprechen mancher spielenden Personen, verbreitete oft Unzufriedenheit unter den Zuschauern. — Die Aufführung entsprach gleichfalls nicht ganz vollkommen der Idee des Publikums. Herr Beck als Karlos hatte in dieser grossen schweren Rolle mehr Kunstkraft und Empfindung geäussert als in irgend einer andern; auch schien es das Publikum anzuerkennen. Jedoch in der ersten Scene mit der Königin war er etwas zu vertraut; Karlos sollte nicht vergessen, daß er mit einer Königin von Spanien spricht — deren Hof in der Nähe ist — obgleich die Königin ihm selbst dies sagt und Karlos in der Folge das Verzweifelnde seiner Lage rechtfertiget, so hätte doch hier der Schauspieler dem Dichter nachhelfen, und desto unterwürfiger in seinem Betragen seyn sollen. In der Scene mit der Prinzessin Eboli, wo diese als sie sieht, daß sie sich in Karlos geirrt hat, den Brief des Königs zurückfordert, sagt Karlos; Den Brief — behalt ich — Diese Stelle schien durch die plötzliche Wendung und Veränderung des Tones ganz launig. Dieß machte, daß sie beleidigend für die Eboli wurde. In den Scenen mit dem Marquis Posa, und im 5ten Akt in der 4ten Scene mit dem König, spielte Herr Beck meisterhaft, so wie bei dem Abschied von der Königin und bei dem Schluß des Stücks. — Herr Ifland als Philipp war vortreflich

lich kostumirt, und hatte die Rolle mit möglichster Kunst durchdacht; allein eine gewisse fremde Deklamation machte ihn zu Zeiten etwas unverständlich; dieß und das Ungewohnte der Sprache ließ vieles von seinem schönen Spiel unwirksam. — Madame Ritter als Königin spielte sehr gut und erhielt den vollkommensten Beifall: nur sprach sie durchaus zu leise; also gieng manche Stelle verloren, die Wirkung gemacht haben würde. — Mademoiselle Witthöfft als Prinzessin Eboli, spielte sehr schön, mit äusserster Delikatesse und Anstand; nur in der Scene mit Karlos sank sie zu schnell von der Würde des Weibes zum liebenden Mädchen herab, wohin die feine Eboli nur stufenweis kam. — Die Rolle des Domingo, dieses schlauen Mannes, muß mit äusserster Feinheit angeleget werden. Er muß kriechen und schmeicheln; einnehmend, gefällig, nachgebend seyn, oft zu leiden scheinen, wo er Leiden verursacht. — Herr Böck als Posa spielte vortreflich, mit Würde, mit Rührung und Feuer. Bei Karlos sprach er mit Freundschaft und Liebe: bei der Königin mit Edelmuth; bei dem Könige redete die Menschlichkeit aus seinem Munde für Flandern. In der lezten Scene mit der Königin und dann mit Karlos, ehe er erschossen wird, spielte Herr Böck meisterhaft. — Herr Beil als Alba setzte diesen Karakter nicht ins gehörige Licht. Alba war der stolzeste, der härteste und grausamste, obschon der tapferste Mann seiner Zeit. — Herr Müller als Lerma blieb nicht im Karakter seiner Rolle, in der Scene mit dem Könige hatte er den feierlichen Ton nicht, den das spanische Etikette fordert; er muß immer etwas gespannt seyn, obschon er nichts desto weniger oft wahr und herzlich seyn kann. Die Scene wo er Abschied von Karlos nimmt, declamirte er gut. — Dieses Stück, als litterarisches Produkt betrachtet, wird immer in der

ge-

gelehrten Welt Epoque machen; allein auf der Bühne kann es nie ein ausserordentliches Glück erringen.

Den 8. Der Richter, Sch. 2 A. nach Mercier, zum 11ten mal. Die verstellte Liebhaberin, O. 2 A. a. d. J. Die Musik von Paisiello. Zum 1sten mal. Die Musik hat sehr viele Schönheiten. Madame Müller als Camilette, und die Herren Gern und Leonhard als Girone und Gelino spielten und sangen äusserst schön. Vorzüglich sang Madam Müller ihre zwei Arien mit dem lautesten Beifall. Im Ganzen hat das Stück nicht gefallen. Das Stück ist äusserst unbedeutend, überströmt von plattem Witz und ist schlecht dialogirt. Das Italiänische Original mag besser seyn, allein die Uebersetzung ist äusserst elend gerathen.

Den 10. Die Eifersüchtigen, L. 3 A. n. d. E. Z. 10ten mal. Wer wird sie kriegen, L. 1 A. Z. 13ten mal. — Der Gläubiger, Sch. 3 A. von Richter. Z. 10ten mal. — Nina, oder Wahnsinn aus Liebe, O. 1 A. a. d. F. zum 4ten mal. Madam Müller als Nina erschien heute in dem schönsten Lichte. Nina's Wahnsinn rührte — erschütterte, ohne gräßlich zu seyn. Ihr Gesang war künstlich, und doch war er der lebhafteste Ausdruck eines durch Liebe und Verzweiflung zerrütteten Mädchens — kurz Madame Müller war bewundernswerth. Madame Nicola als Elise sagte die Erzählung von Nina's Schicksal meisterhaft, und interessirte durch Theilnahme, durch wahres, herzliches Spiel allgemein.

Den 15. Bewußtseyn, Sch. 5 A. von Iffland. Z. 5ten mal. Dieses Stück ward heute sehr schön gespielt. Herr Beck als Ruhberg gefiel ausserordentlich; denn nie hat er diese Rolle schöner als heute gespielet; so auch Herr Beil als Mayer. Herr Leonhard als

Graf Meldenstein erwarb sich gleichfalls vollkommenen Beifall.

Den 17. Unschuld und Liebe, L. 2-A. a. d. F. von Lambrecht. Z. 1sten mal. Mlle. Witthöfft als Louise spielte vortreflich, und erhob durch ihr seelenvolles Mienenspiel die an sich nicht wichtige Rolle. Madame Ritter als Amalie hielt den Charakter eines koketten, neidischen, boshaften Weibes sehr glücklich durch. Herr Renschüb als Hofrath Zierbau erhielt allen Beifall. Herr Leonhard spielte den Bedienten des Grafen äusserst schön, so wie Madame Nicola das Mädchen der Amalie. Das Stückchen gefiel sehr; der Plan ist einfach und natürlich; die Charaktere wahr und abstechend; die Sprache geläufig und munter. — Die verstellte Liebhaberin, O. 1 A. Z. 2ten mal. Dieses Singspiel hat man in einen Akt zusammen gezogen, viele unnütze Scenen weggestrichen, den Dialog verbessert, und so gefiel es heute weit mehr als das erstemal. Herr Bern als Girone, Herr Leonhard als Gelino und Madame Müller als Camilette sangen und spielten abermalen mit vollkommenem Beifall.

Den 20. Don Karlos, Infant von Spanien, T. 5 A. von Schillern. Man hatte es noch hie und da mehr abgekürzt, und es ward mit mehr Wärme als das erste mal von dem Publikum aufgenommen. Herr Beck als Don Karlos erwarb sich heute den vollkommensten Beifall des Publikums. Sein Anstand war besonders in den Scenen mit der Königin feierlicher, sein ganzes Spiel mehr kontrastirend. Meisterhaft spielte er die Scenen im Gefängnisse bei der Leiche des Posas, wo König Philipp gegenwärtig ist. Mademoiselle Witthöfft als Fürstin Eboli, war groß in der Scene, wo sie sich zu den Füßen der Königin wirft; ihr alles entdeckt, und bekennt, daß sie sich dem Könige ergeben habe. Die
Scham-

Schamhaftigkeit war durch das Gewissen überwunden; die Tugend der edeln Königin zwang dem Verbrechen dies Geständniß ab; dies alles druckte Mademoiselle Witthöfft im Tone, in den Mienen, in der ganzen Stellung meisterhaft aus.

Den 22. Die Dorfdeputirten, O. 3 A. Zum 14ten mal. Dieses Singspiel war uns heute ganz neu; indem verschiedene Rollen anders besetzt waren. Madame Müller spielte das Gretchen, mit aller Laune und der eingebildeten Feinheit einer jungen Bäuerin, die durch die Sitten der Stadt anders ist gestimmt worden. Sie vereinigte bäuerische Einfalt mit den städtischen Künsten der Koketterie meisterhaft und sang äusserst schön. Madame Beck als Louise vereinigte Kunst und Anmuth in ihrem vortreflichen Gesang. Mademoiselle Boudet erschien als Röschen, und sang heute zum ersten male. Sie übertraf jede Erwartung; sie sang mit Ausdruck und Genauigkeit, und erwarb sich vielen Beifall. Herr Beck spielte den jungen Baron ausnehmend schön, und sang die erste Arie sehr artig, obschon er sonst nie singt, und heute diese Rolle aus Gefälligkeit übernahm. Herr Gern als Peter spielte sehr schön und sang meisterhaft. Diese Rolle ist eine seiner Lieblingsrollen, er spielt sie mit aller möglichen Originalität. Herr Leonhard als zweiter Deputirter erhielt allen Beifall. Ueberhaupt hat dieses Singspiel durch die Rollenveränderung viel gewonnen, und die Zufriedenheit des Publikums äusserte sich laut und allgemein.

Den 25. Die Schauspielerschule, L. 3 A. von Beil. Zum 7ten mal. Dieses Stück wurde heute sehr gut aufgeführt. Herr Beck als Waldeck gefiel durch Offenheit, Edelmuth, feurige Liebe und Gutheit. Herr Leonhard als Naster erhielt allen Beifall, so wie Madam Müller als Tochter des Wirths. Madame Renschüb als Frau Dales spielte äusserst schön; sie äusserte alle Vorurtheile einer frommen Alten, und unter den Ausbrüchen des eigensinnigen Unwillens leuchtete das gute Herz hervor. Mademoiselle Witthöfft als Karoline gab dieser Rolle einen edeln Charakter, und erhielt ihn bis an das Ende. Mademoiselle Boudet als Schlorum spielte mit Naivität und Wahrheit. Herr Beil als Sarten war ganz der rauhe, biedere Soldat, Menschenfreund, thätig für das Wohl anderer, und theilnehmend, wenn er seine edeln Plane durchgesetzt hat. Herr Kirchhöfer als Invalid spielte diese Rolle vortreflich, mit Wahrheit und Natur. Die Maler, L. 1 A. Zum 13ten mal. Dieses herrliche Nachspiel wurde sehr gut vorgestellt. Alle bestrebten sich durchaus, ihre Rollen ganz zu erschöpfen. Herr Ifland als Ebrecht ist unnachahmlich.

Den 27. Die geheime Verbindung, oder der verborgene Ehemann, L. 3 A. n. d. F. des Florian. Zum 2ten mal. Die Geschwister, L. 1 A. von Göthe. Zum 3ten mal.

Den 29. Erziehung macht den Menschen, L. 5 A. Zum 8ten mal.

Den 1. Mai. Der Einsiedler von Carmel, T. 5 A. vom Freiherrn von Dalberg. Zum 8ten mal.

Den 4. Die Erbschleicher, L. 5. A. von Gotter. Zum 1sten mal. Dieses Stück ist das dritte der Preisstücke, die vor einigen Jahren von der deutschen Gesellschaft zum Aufführen bestimmt worden sind. Allein der Verfasser nahm es vor der Aufführung zurück, um einige Veränderungen damit vorzunehmen. Es ward also heute erst hier vorgestellt.

Den 6. Der deutsche Hausvater, Sch. 5 A. vom Hrn. von Gemmingen. Zum 16ten mal. Dieses schöne Stück ward sehr gut gespielt. Alle Personen stimmten zusammen, um die Theilnahme der Zuschauer zu erwecken und zu erhalten.

Den 8. Der natürliche Sohn, L. 5 A. a. d. F. Zum 7ten mal. Die heutige Vorstellung war ziemlich kalt; jedoch Hr. Richter als Dumbs verdiente den Beifall, welchen er hatte.

Den 12. Unschuld und Liebe, L. 2 A. n. d. F. Zum 2ten mal. Die eingebildeten Philosophen, O. 2 A. von Stephanie D. J. und Paisiello. Herr Gern als Petronio gefiel sehr durch sein gutes komisches Spiel und schönen Gesang. Hr. Leonhard als Julian verdiente Beifall, indem in seinem Gesang und Benehmen bei den verschiedenen Situationen Eigenheit und Abwechslung war. Madam Beck als Klarissa und Madam Müller als Kasandra sangen beide sehr gut.

Den 13. Der Günstling, T. 5 A. von Klinger.

Den 15. Juliane von Lindorak, Sch. 5 A. nach Gozzi. Zum 15ten mal. Hr. Beck als Fähndrich von Saalstein machte allgemeine Wirkung; er ist fast unnachahmlich in dieser Rolle. Jugendlicher Leichtsinn mit Bosheit des Herzens, Wollust und Feigheit und alle daraus entstehende Folgen waren in seinem Spiele meisterhaft dargestellt. Madame Ritter als Juliane interessirte durch Sanftmut, Ergebung und Entschlossenheit. Herr Ifland als General Saalstein spielte vortreflich, erregte alle Theilnahme durch den Schmerz des Vaters über einen ungerathenen Sohn, durch die Entschlossenheit eines alten gebrechlichen Mannes, sich selbst für seinen Sohn zu stellen, durch die tödtliche Bestürzung, da er die neue Schandthaten desselben hört. Jak Spleen, L. 1 A. Zum 7ten mal.

Den 18. König Theodor in Venedig, O. 3 A. Musik von Paisiello. Zum 8ten mal. Die meisten Italienischen Singspiele sind zwar durchaus Unsinn; indessen

dessen kann das Spiel des Schauspielers manches bessern, wenn er die Kontraste ausdrückt, als sie der Dichter gezeichnet hat. So ist z. B. die Rolle der Belise in diesem Stücke das Gegenstück zu Lisetten. Diese ist sanft, unschuldig: jene ist betrogen und verlassen worden; sie zieht in der Welt umher, und hat den Vorsatz gefaßt, aus Rache, alle Männer wieder zum Besten zu haben. Ihr Karakter ist also höchste Koketterie; sie reizt jeden, ohne einem je Zärtlichkeit zu gewähren; und in dieser Rücksicht muß Belise mehr Wirkung machen als Lisette, die nichts thut, und wenig spricht. Herr Walter von der Frankfurter Bühne trat heute wieder als Sandrino auf, und gefiel. Er sang mit allem Geschmacke und Ausdruck. Ueberhaupt wurde das Singspiel vortreflich aufgeführt. Jeder Sänger, jede Sängerin leistete alles.

Den 20. Der Ehescheue, L. 5 A. nach Dorat von Gotter. Zum 12ten mal.

Den 23. Der alte böse General, L. 3 A. von Kretschmann. Zum 5ten mal.

Den 25. Der Vetter aus Lissabon, L. 3 A. von Schröder. Die eheliche Probe, L. 1 A. n. d. F. vom Freiherrn von Dalberg. Zum 4ten mal. Dieses schöne Stückchen erhielt den lautesten Beifall, und ist abermal ein Beweis von der Thätigkeit Seiner Excellenz des Freiherrn von Dalberg, der noch immer unermüdet fortfährt unsere Bühne mit guten Stücken zu bereichern. Die Sprache ist schön und fließend; die Situationen sind theatralisch und wirkend, die Karaktere richtig geschildert und abstechend. Herr Ifland als Rath Treumund spielte vortreflich; er malte die Eifersucht dieses Mannes, der doch nicht eifersüchtig seyn will; seine Besorgniß wegen der Treue seiner Frau, seine Wuth, da er sie untreu glaubt, die Freude, als er sieht, daß sie

ihn

ihn *so* getäuschet hatte, meisterhaft. Herr Beck als Lindheim, spielte die Scene, wo er des Doktors Frau eine Liebes-Erklärung machen muß, vortreflich; mit aller Verlegenheit und Aengstlichkeit, die in solcher Lage einen Mann befallen kann. Mademoiselle Witthöfft als Mariane spielte mit Munterkeit, Feinheit und Laune.

Den 27. Unschuld und Liebe, L. 2 A. Zum 13ten mal. Die buchstäbliche Auslegung, L. 1 A. Zum 10ten mal.

Den 29. Die offene Fehde, L. 3 A. a. d. F. von Huber. Zum 5ten mal. Das Weibergelübde, L. 2 A. n. d. F. Zum 6ten mal. Dieses Stück ward sonsten immer mit vieler Lebhaftigkeit und Feuer aufgeführt, allein heute war der Gang desselben ziemlich schleppend.

Den 1. Juni. Macbeth, T. 5 A. nach Shakespear. Zum 1sten mal. Die Aufführung des Stückes im Ganzen war äusserst schön. Die Dekorationen prächtig; sie paßten zu dem Geiste des Stückes; besonders ist die Dekoration, wo die Hexen erscheinen, herrlich; sie macht der Kenntniß und Kunst des Herrn Quaglio d. j. Ehre. Nichts fehlte dem Pompe, dem Feierlichen und Abentheuerlichen, das in diesem Stücke durchaus herrscht. Herr Böck spielte die Rolle des Macbeths mit Anstand, seine Gebehrden, seine Pantomime waren schön und richtig. Madame Renschüb als Lady Macbeth traf den Karakter und führte ihn glücklich aus; sehr wahr spielte sie die Stelle, wo Lady Macbeth den ermordeten Dunkan zu sehen glaubt, und die Lampe ergreift, um ihn in sein Zimmer zu führen. Herr Beck spielte den Macduf mit Anstrengung, Wahrheit und innigem Gefühl. Herr Beil als Benquo verdiente Beifall; vortreflich war sein Mienenspiel, als er als Geist an der Tafel erschien; sein starres, auf Macbeth gerichtetes Aug erregte Schauer. Mademoiselle Witthöfft, Madame Müller und Madame Beck, als die drei Hexen spielten äusserst schön. Ihr Kostüm, ihr Benehmen, ihre Sprache waren ganz nach dem Geiste jener finstern Zeiten gerichtet. Allein trotz allem dem wollte das Stück nicht so ganz gefallen. Die Zuschauer waren kalt; diese Kälte theilte sich nach und nach den Schauspielern mit, und so war die ganze Vorstellung lau. Es ist oft der Fall, daß ein Schauspieler gleich in der ersten Scene den Ton zu hoch greift; alsdenn kann er nicht mehr steigen, und verfällt also in Einförmigkeit. Oft liegt auch die Ursache davon darinn, daß ein Schauspieler manchmal gleich im Anfang eine wichtige Stelle verfehlt; dies spannt die Aufmerksamkeit ab; an ihre Stelle tritt Kälte und Zerstreuung, und wird allgemein. So sah ich zum Beispiele einsmals Macbeth auf einer Bühne aufführen, der Schauspieler, welcher Macbeths Rolle spielte, sagte im ersten Akte in der 15ten Scene die Stelle: daß du mir ja in Zukunft nur männliche Kinder zur Welt bringst! mit dem fürchterlichen Tone der Drohung; da ihm doch der Dichter gleich darauf selbst anzeigt, wie er diese Stelle nehmen soll; denn die Unerschrockenheit, die dein Hauptbestandtheil ist, sollte nichts als Männer zeugen. Macbeth sagt also jene Stelle mit innigem Vergnügen über den Heldengeist seiner Gattin, und bittet sie gleichsam, sie möge Söhne gebären, die ihrem Geiste gleich sind.

Den 3. Der Fähndrich, Sch. 3 A. von Schröder. Zum 11ten mal. Die zwei ersten Akte wurden sehr kalt gespielt. Im dritten aber spielten Herr Beil als Herr von Harrwiz und Herr Beck als Fähndrich von Bizar vortreflich, und so nahm das Feuer bis ans

Ende zu, und der Beifall des Publikums folgte laut nach.

Den 5. Die geheime Verbindung, oder der verborgene Ehemann, L. 3 A. Zum 3ten mal. Die eheliche Probe, L. 1 A. von Dalberg. Zum 2ten mal. Wurde heute wieder mit allgemeinem Beifall aufgenommen.

Den 8. Lilla, oder Schönheit und Tugend, O. 4 A. a. d. F. Die Musik von Martin. Zum 1sten mal. Von dem Stücke sage ich wenig. Es ist das beste unter den bisher bekannten italiänischen Singspielen. — Die Musik ist schön, ohne gros zu seyn; sie ist charakteristisch und wahr. Die Setzart ist einnehmend, gefällig und einfach. Das Terzett zwischen der Königin, dem Infanten und Corraden ist vortreflich. Das Duett in welchem sich Bertha und Tita zanken, ist einzig in seiner Art. Das grösste Meisterstück aber ist das Duett im dritten Akte zwischen Lilla und Lubino; es ist der höchste Ausdruck der Liebe, die seligste Harmonie gleichgestimmter Seelen und liebender Herzen. Die Chöre und Finale sind voll, melodisch und mannigfaltig. Herr Walter als Infant, sang mit der schönsten Methode, mit innigem Gefühl. Madame Beck als Lilla sang mit wahrer Empfindung. Mad. Müller spielte sehr schön, mit aller Naivität und Schönheit einer muntern Bäuerin und sang mit vielem Beifall. Madame Nicola, als Königin, verdiente ungetheilten Beifall, und erhielt ihn auch; denn sie sang mit Anstrengung, und spielte sehr schön. Herr Gern als Tita karakterisirte seinen Gesang sehr richtig und sein Spiel war schön. Herr Leonhard als Lubino verdiente Beifall durch die äusserste Anstrengung in Spiel und Gesang, und durch sein Ausdauern bis ans Ende. Herr Demmer als Corrado sang und spielte gleichfalls mit Beifall. — Indessen

dessen gefiel das Stück nicht allgemein; manche verachten die Musik, und diese haben am meisten unrecht. Diese Musik muß betrachtet werden, zu welchem Zwecke und wie sie geschrieben ist. Sie ist einfach — schon ein großes, vielleicht das größte Verdienst — sie ist wahr. Man muß also die Ursache dieser geringen Theilnahme anderstwo suchen. Vielleicht liegt sie in der Ausführung; mancher Sänger oder Sängerin sangen vielleicht nicht so, wie sie hätten singen können und sollen; manche gingen den Weg nicht, welchen ihnen der Tonsetzer gezeigt hatte; manche dachten vielleicht in ihrem Gesange oft nicht an den Karakter oder die Situation; und dieß alles ist in dieser Musik zu bedenken, wenn sie gefallen soll.

Den 10. Verbrechen aus Ehrsucht, Sch. 5 A. von Ifland. Zum 12ten mal.

Den 12. Die Erbschleicher, L. 5 A. von Gotter. Zum 2ten mal. Die verstellte Liebhaberin, O. 1 A. Zum 3ten mal.

Den 15. Julius Cäsar, T. 6 A. Zum 8ten mal.

Den 17. Das Räuschgen, L. 4 A. von Bretzner. Zum 7ten mal. Nie war die Vorstellung dieses Stückes lebhafter und feuriger als heute. Herr Ifland als Kaufmann Busch nahm den Karakter auf der originalsten Seite; er erhöhte jede Nüance, die der Dichter hinein gelegt hat, und vollendete durch sein Spiel, was noch mangelhaft war. Herr Gern als Rath Brand, erhielt allen Beifall, und verdiente ihn nie mehr als in dieser Rolle; Benehmen, Kleidung, Sprache, Deklamation — alles hatte Herr Gern vereint, um diesen Gecken mit Wahrheit, Laune und Abwechselung darzustellen. Mademoiselle Witthöfft als Wilhelmine verschafte den Publikum wieder die angenehmste Empfindung durch ihr munteres, seelen- und kunstvolles Spiel; Rollen dieser Art,

Art, die ins hohe komische Fach gehören, spielt Mademoiselle Witthöfft mit unerreichbarer Kunst. Mademoiselle Verri (ein Kind von elf Jahren) spielte das kleine Julchen vortreflich. Dies Mädchen hat eine sehr deutliche Aussprache, eine richtige Deklamation; sein Benehmen auf der Bühne ist frei; sein Blick bedeutend; sein Anstand angenehm; es fühlt, was es sagt, darum ist Wahrheit in seinem Spiele, und Wahrheit mit so viel Unschuld vorgetragen, muß hinreißen.

Den 19. Der Apotheker und Doktor, O. 5 A. von Stephanie d. J. und Dittersdorf. Zum 6ten mal.

Den 22. Macbeth, T. 5 A. nach Shakespear. Zum 2ten mal.

Den 24. Der Revers, L. 5 A. von Jünger. Zum 1sten mal. Ziemlich reiner Dialog und komische Situationen, gute Karakterzeichnungen und Kontrast der Handlenden setzen dieses Stück unter die bessern Lustspiele. Indessen sieht jeder, daß der Plan etwas verworren, und der Gang des Stückes langsam ist. Das Interesse wird zu oft auf Nebensachen geleitet, und ist zu sehr getheilt, welches leider! der Fall fast in allen unsern Lustspielen ist. Die Hauptintrigue, daß der alte Bräutigam die Bestellungen seiner Braut und ihrem Geliebten machen muß, ist aus einer Erzählung von Bocace genommen, wo die Dame ihren Beichtvater zu demselben Ziele braucht. Die Scene, wo die beiden Alten sich betrinken, und der Revers ausgestellt wird, hat viel Aehnlichkeit mit jener im Räuschgen, wo der alte Busch und Doktor Wunderlich sich bei einer fast gleichen Gelegenheit berauschen. Eigenheit ist also in diesem Stücke nicht zu suchen; die Karaktere sind eben so wenig neu; als die Situationen durchaus überraschend sind. Nur das äusserst gute Spiel der Schauspieler

spieler kann das Stück heben, weil es für sich wenig hat, wodurch es sich halten könnte. Die Aufführung war gut. Herr Beck als Friz von Frohburg; Herr Beil als Graf von Frohburg; Herr Jfland als Baron von Seeburg gefielen allgemein. Die Frauenzimmer-Rollen sind nicht sehr wichtig; die einzige Henriette erregt etwas Aufmerksamkeit, und Mademoiselle Witthöfft spielte sie schön.

Den 26. Figaro, L. 5 A. Zum 11ten mal. Mit Vergnügen sahen wir dies Stück wieder. Herr Beck spielte den Figaro mit Beifall; und sehr wohl that er, daß er im letzten Akte den großen Monolog verkürzte; indem die Sachen, die darin vorkommen, für uns nicht interessant genug sind. Herr Beck hat überhaupt diese Rolle nie so schön gespielt als heute. Mademoiselle Witthöfft als Susanne ist wahrhaft groß in dieser Rolle. Sie vereinigt mit den strengsten Regeln des Wohlstandes die muthwilligste Laune, die höchste Munterkeit, und eine ausserordentliche Leichtigkeit in dieser Rolle. Sie erscheint darin als die erste komische Schauspielerin der deutschen Bühne. Ein herrliches Bild gab uns Mademoiselle Witthöfft, da wo Susanne, als der Page durch das Fenster springt, mit einem Schrei auf einen Sessel fällt. Dieses Bild war malerisch schön, und ist ein Beweis, wie sehr sie ihren Körper in der Gewalt hat. Madame Ritter als Gräfin spielte mit Anstand, Würde, feinem Gefühl und äusserster Delikatesse. Madame Renschüb als Marcelline, spielte diese Rolle vortreflich; sie war ganz das zänkische, bissige, neidische, verliebte, alte Weib, wie der Dichter Marcellinen geschildert hat. Madame Müller gefiel als Cherubin; sie würde aber noch mehr gefallen haben, wenn sie die verschiedenen, noch nicht ganz bestimmten Gefühle des Knaben mehr auseinander gesezt hätte; besonders wenn
sie

sie in der Romanze die Stufenfolge der Empfindung genauer beobachtet hätte; verschiedene Stellen, als z. B. wo der Page von dem Kusse spricht, den die Gräfin auf seine Stirn gedrückt hat; wo er am Ende, als der Graf nach der Ohrfeige fragt, an den Degen greift u. dgl. hätte sie stärker bezeichnen sollen.

Den 29. Die Buchstäbliche Auslegung, L. 1 A. Zum 11ten mal. Die Luftbälle, O. 2 A. von Bretzner und Fränzl. Zum 6ten mal.

Den 1. Juli. Erziehung macht den Menschen, L. 5 A., zum 9ten mal.

Den 3. Die Schauspielerschule, L. 3 A. von Beil. Zum 8ten mal. Der Magnetismus, L. 1 A. von Ifland. Zum 3ten mal.

Den 6ten der König Theodor in Venedig, O. 3 A. zum 9ten mal.

Den 8. Der Revers, L. 5 A. von Jünger. Zum 2ten mal. Die Schule der Graubärte, L. 5 A. a. d. E. der Miß Cowley. Zum 4ten mal. Die heutige Aufführung dieses Stücks war äusserst langweilig und schleppend. Unwissenheit der Rollen, Verfehlung der Scenen u. d. m. herrschten durchaus.

Den 13. König Lear, T. 5 A. nach Schakespear. Z. 8ten mal. Bei der heutigen Vorstellung wurden auch die Scenen gespielt, wo Lear das Reich unter seine beide ältere Töchter Gonerill und Regan vertheilt, und Kordelien die jüngste verstößt. Diese Scenen waren eben nicht gar wichtig, und man hätte immer das Stück wie ehedem geben können, oder man hätte wenigstens sorgen sollen, die Widersprüche zu ändern, die geblieben sind. — Sei's Mißstimmung, sei's Laune, sei's Mangel an Aufmunterung des Publikums; Herr Ifland spielte heute die Rolle des Lears nicht in dem Grade der Vollkommenheit wie ehedem. In seinem Spiele war nicht das gehörige Feuer; er sezte die Leidenschaften nicht genug auseinander; stieg in verschiedenen Situationen nicht auf die Höhe, welche Lear in dieser Lage gewiß erreichen mußte; er unterschied den Wahnsinn Lears und Lears Bewußtseyn nicht hinlänglich, — Madam Nicola als Gonerill verdiente Beifall; sie spielte mit Anstrengung und charakterisirte die Rolle gut. Herr Beil als Kent verdiente allen Beifall durch Wahrheit und Natur in seinem Spiel. Im Ganzen war die Aufführung nichts weniger als lobenswürdig. Es giengen Sachen vor, die geahndet zu werden verdienet hätten; z. B. Kent wurde zu spät aus den Fusblöcken gethan; in wichtigen Scenen sprachen oft zwei auf einmal; dann entstunden wieder Pausen; und so gieng manche der schönsten Stellen verloren. In der lezten Scene wurde der Vorhang gleich nach den vier ersten Reden, wo Kordelia in Ohnmacht gefallen ist, niedergelassen. und durch diese voreilige Unvorsichtigkeit verlor der Zuschauer jene vortrefliche Stelle ganz, wo Lear stirbt.

Den 17. Die Zauberhöhle des Triphonio, O. 3 A. a. d. J. Die Musik von Salieri. Z. 7ten mal.

Den 20. Armuth und Hoffart, L. 5 A. von Herrn Beil. Zum 1sten mal. Der eine Theil des Publikums fand die Farben der in diesem Stück aufgestellten Karaktere zu stark aufgetragen; der andere Theil, der sich einer vertrautern Kenntniß mit der Karikaturwelt erworben zu haben glaubte, fand die Farben weder zu blaß noch zu stark. Indessen hat derjenige Theil des Publikums, welcher die Mittelstrasse dieser beiden Meinungen zu treffen glaubte, den ersten Akt, der den höchsten Grad von Elend der Pechwitzen ankündigt, zu sehr gedehnt gefunden. Ein Jude bringt darin dem Hofrath ein rosenfarbiges englisches Frauenzimmerkleid, wovon sich derselbe Frak und Hosen machen läßt; — der
Schnei=

Schneider, der es verfertigen soll, will beweisen, daß es über seine Geniekraft sei, ein solches Wunder zu bewirken; — der Invalid und Aufwärter im Pechwitzischen Hause bringt für zwanzig Kreuzer Holz und schimpft sehr auf seine Herren; — der Kammerjunker, welcher seiner flüchtigen Tochter nachgesetzet hatte, kommt mit dem Landrath zurück in das Pechwitzische Haus; — der Hofrath verläumdet die Klammische Familie bei dem Landrath, welcher in ihrem Hause übernachtet. — Nachts wird ein Charivari vor dem Fenster gemacht, und die Fenster eingeworfen; — der Kammerjunker und Hofrath legen sich auf dem Theater auf einen alten Sopha schlafen, weil der Landrath das einzige Bett im Hause ocupiret, und decken sich mit einer ärmlichen Wildschur zu. Der zweite Akt ist viel besser ausgearbeitet, die Scene mit dem Landrath und den beiden von Klammischen Frauenzimmern gefiel, nur wünschte man sie etwas kürzer. Die Unterredung des Rittmeisters Lorberg mit dem Landrath ist äusserst schön und rührend. Das Schwarzmachen der Nase des Informator Kuchen erregte zwar Lachen, gefiel aber nicht. Von dem dritten Akte an, erhielt das Stück lauten Beifall. Die Scene zwischen Vater und Tochter, — dem Rittmeister und den beiden von Pechwitz gefielen vorzüglich. Charaktere, mit Wahrheit und ungemeiner Originalität gezeichnet, natürlich geläufiger Dialog, und treffender satirischer Witz setzen dieses Lustspiel unter die bessern deutschen Schauspiele. Nur wünschte ich, daß die unglückliche Geschichte, und der Grund der Zerrüttung, wodurch die Pechwitzische Familie so bis zum Elende, und der höchsten Schande herab gesunken ist, mehr auseinander gesetzet, entwickelt und motivirt wäre; denn nur dadurch kann der allzurasche Uebergang der äussersten Verachtung zum Mitleid und Beistande, welchen der Rittmeister Lorberg

berg plözlich blicken läßt, gerechtfertiget und wahrscheinlich gemacht werden. Auch glaube ich, könnte mehr Intresse in die Pechwitzische Geschichts-Erzählung gebracht werden, wenn der alte Pechwitz anstatt Kammerjunker auf Pension zu heissen, in einen verabschiedeten Höfling aus Diensten umgeschaffen würde. Die Scene wo Kuchen und Adam betrunken erscheinen, ist zu sehr episodisch — überflüssig, und zu gehäuft beim Schlusse des Akts. Derlei Episoden verstimmen oft den Zuschauer, und fügen nur dem Ganzen Schaden zu. Auch die allzu derbe Behandlung des Majors gegen den alten und jungen Pechwitz, da sie derselbe in vorhergehenden Scenen nur mit hölzernen Waffen bedrohet, ist nicht recht schicklich. Ein gewisser Grad Delikatesse, bei den äussersten Beleidigungen, bleibt doch stets zwischen Männern, deren Stand im Staate Ehre ist, nothwendig und wahr, besonders, wenn Militär und Adelstand, wie hier kontrastiren. — Die Aufführung des Stückes war sehr gut. Herr Böck als Rittmeister Lorberg erhöhte durch sein vortrefliches Spiel annoch den Werth seiner Rolle. Mademoiselle Witthöfft als Ernestine that alles, was eine Schauspielerinn in dieser Rolle leisten konnte. Herr Ifland und Leonhard beflissen sich ihre Rollen vollkommen auszumalen, und erhielten lauten Beifall. Madame Renschüb als Frau von Klamm erschöpfte wirklich den Charakter, so wie Mademoiselle Boudet als Fräulein von Klamm Beifall verdiente. Herr Beil als Landrath Fladen spielte mit vieler Wahrheit, und setzte diesen Charakter, der ein Gemische von Empfindsamkeit, Albernheit, Verstand, väterlicher Liebe, Adelsucht und wiederkehrender Vernunft ist, in dasjenige Licht, wie er ihn in dem ersten Akt durch den alten Pechwitz ankündigen läßt. Herr Kirchhöfer als Invalid Adam spielte sehr schön, und er erwarb sich sonderlich im dritten Akte ungetheilten Beifall. Der Verfasser wurde am Ende des Stücks herausgerufen und sehr beklatscht.

Den 22. Der Kolerische, L. 5 A. a. d. E. zum 8ten mal.

Den 24. Montesquieu oder die unbekannte Wohlthat, Sch. 3 A. in Jamben, zum 5ten mal. Die Tobacksdose, Sch. 1 A.

Den 27. Die Dorfdeputirten, O. 3 A. zum 15ten mal.

Den 29. Der Westindier, L. 5 A. a. d. E. Zum 11ten mal. Wenn die Schauspieler ihre Rollen nicht wissen; ihre darzustellende Charaktere nicht überdacht haben: so müssen die Stücke schläfrig gespielt werden; es müssen Lücken entstehen; die Täuschung muß wegfallen, und bei den Zuschauern widrige Empfindungen rege werden. — Dies war heute bei der Aufführung des Westindiers der Fall.

Den 31. Der Richter, Sch. 2 A. nach Mercier. Zum 2ten mal. Der verstellte Lord, O. 2 A. Zum 3ten mal.

VI.

Jährlicher Besoldungsstatus der dienstbahren Hofmusik in München, vom 1ten Januar 1788.

	Gulden.	Kreuzer
Hofmusik-Intendant, Graf von Seeau	1000.	—
Staabssecretaire Spengel	—	750. —
Kapellmeister Grua. —	—	200. —
Latus	1950.	—

		Gulden.	Kreuzer
Transport	—	1950.	—
Vicekapellmeister Winter	—	1000.	—
Compositeur Joseph Michel	—	125.	—
Sängerin Madam Lebrun	—	1500.	—
Mablle. Marchand	—	500.	—
Mablle. Capranica	—	200.	—
Mablle. Hampel	—	200.	—
Castraten { Sopranisten: Dalprato		1200.	—
Pologna		1200.	—
Contrealtisten: Giorgetti		1600.	—
— — Ravanni		1100.	—
Tenoristen: Raaff	—	1600.	—
Panzachi	—	1200.	—
Valesi	—	500.	—
Obermayr	—	380.	—
Hartig	—	790.	—
Bassisten: Lori	—	389.	30.
Strobel	—	300.	—
Danzi	—	400.	—
Sedelmaier		133.	20.
Mosmaier	—	380.	—
Stadler	—	285.	—
Mosmaier jun.		100.	—
Seminarium Musicum		285.	—
Director Cannabich	—	1500.	—
— — Joseph Toeschi		1000.	—
Concertmeister Johann Toeschi		1100.	—
— — Fränzel	—	1000.	—
Violinisten. Pater	—	285.	—
Wodiczka	—	285.	—
Rittschel	—	600.	—
Dubreuil	—	575.	—
	Latus	23662.	50.

Glo-

			Gulden	Kreuzer
	Transport	—	23662.	50.
	Gloner —	—	485.	—
	Heiß —	—	500.	—
	Werner —	—	400.	—
	Plebs —	—	450.	—
	Schönge —	—	400.	—
	Sepp —	—	500.	—
	Dreher —	—	450.	—
	Falgera —	—	450.	—
	Blum jun. —	—	450.	—
	Geiger —	—	500.	—
	Eck —	—	900.	—
	Hampel —	—	600.	—
	Birkel —	—	202.	—
	Carl Toeschi	—	200.	—
	Pranger —	—	100.	—
	Holzbauer	—	100.	—
	Carl Cannabich	—	275.	—
Fluteurs.	Wendling	—	1000.	—
	Metzger —	—	750.	—
	Becke —	—	600.	—
Hautbois.	Ramm	—	900.	—
	Lebrun —	—	1500.	—
	Hieber —	—	400.	—
	Jägerhuber	—	499.	—
	Christoph —	—	400.	—
Bratsche.	Sepp —	—	550.	—
	Mayr —	—	253.	18.
	Hampel —	—	668.	—
	Toste —	—	253.	18.
	Labeck —	—	125.	—
	Ramlo —	—	100.	—
		Latus	38623.	26.

Vio=

		Gulden	Kreuzer
Transport	—	38623.	26.
Violoncelle. Danzi	—	666.	39.
Michel —	—	435.	—
Schwarz —	—	800.	—
Aliprandi	—	353.	18.
Danzi jun.	—	500.	—
Fagot. Conti —	—	577.	—
Ritter —	—	900.	—
Holzbauer	—	500.	—
Steidel	—	500.	—
Viole. Marconi	—	666.	36.
Bohrer —	—	650.	—
Kienner —	—	285.	—
Hueber —	—	285.	—
Dümler —	—	650.	—
Pater —	—	100.	—
Waldhorn. Aufhauser	—	505.	9.
Prohaska —	—	500.	—
Friedrich Lang	—	600.	—
Martin Lang	—	500.	—
Palm —	—	200.	—
Clarinet. Jacob Tausch	—	680.	—
Wilhelm Tausch.	—	600.	—
Joseph Tausch	—	165.	—
Buchhalter Wagele	—	285.	—
Copist Cramer	—	250.	—
Instrumentenstimmer Gloner	—	285.	—
Calcant Moralt	—	433.	—
— Penkmaier.	—	301.	33.
Für Anschaffung der Instrumente		404.	33.
Summa		52201.	14.

Jähr=

Jährlicher Besoldungsetat des deutschen Schauspiels zu München, welches der Graf Seeau aus seiner Casse bezahlt.

Madam Antoine	Gulden 1200.
— Brochard	— 1500.
Herr Caro	— 900.
— Cars	— 100.
— Grunewald	— 100.
Herr und Mad. Heigl	— 2000.
Herr Huck	— 1500.
Madam Kammerloher	— 500.
Herr Lambrecht	— 1000.
Madam Lang die ältere	— 400.
— Lang die jüngere	— 800.
Herr Langlois	— 1000.
Herr und Mad. Marchand	— 3600.
Herr Neuer	— 100.
Madam Neuhaus	— 1200.
Herr Nieser	— 400.
Madame Perrier	— 500.
Herr Pilotti	— 1100.
Herr und Mad. Pippo	— 1000.
Herr und Mad. Peyerl	— 1300.
Herr Schilling	— 400.
— Seunfelder	— 1100.
— Urban	— 600.
— Weiße	— 120.
	Gulden 22420.

Das

Das Ballet, welches der Hof bezahlt, und der Graf zu seinem Gebrauch hat.

Herr Staabsſecretair Spengel	Gulden	100.
Herr Legrand	—	2200.
— Crux	—	1500.
— Weinberle	—	600.
— Brochard	—	300.
— Neuer	—	350.
— Sartori	—	300.
— Duruelle	—	300.
— Cars	—	290.
— Simrock	—	290.
— Schlittenhart	—	330.
— Petri	—	330.
— Grunewald	—	260.
— Vilsmayer	—	140.
— Lefevre	—	250.
— Fez	—	140.
— Ballon	—	100.
— Wenninger	—	50.
— Stenner	—	50.
— Katzenberger	—	48.
Madam Lang	—	950.
— Hartig	—	800.
— Danner	—	600.
Demoiſ. Reedwin	—	500.
— Dimmler	—	300.
— Dübalet	—	390.
Madam Geiger	—	300.
— Braun	—	290.
Demoiſ. Hagebuch	—	290.
— Kreßler	—	250.
— Schmaus	—	400.

Latus 12998.
Dem.

	Transport —	12998.
Madam Contait	— Gulden	280.
Dem. Lindner	— —	280.
Madam Schweizer	— —	190.
Dem. Contait	— —	140.
— Gleich	— —	100.
— Schmidt	— —	48.
Herr Noltle	— —	280.
— Schlotthauer	— —	200.
— Eder	— —	100.
Musikalien	— —	100.
Pension	— —	2450.
Chaussüre	— —	1000.
Sillani	— —	900.
	Gulden	19066.

Folgende sind von obigen aus dem Ballette weg, und ist deren Gehalt unter die übrigen vertheilt, so daß der Status der nemliche bleibt. Herr Simrock, Hr. Fez, Hr. Ballon, Dem. Gleich, Hr. Sillani. Hr. Vilsmayer ist Canzellist bey der Hofkammer, zieht aber noch immer seine Figuranten Gage. Madam Lang die ältere tanzt auch nicht mehr; hat aber ihre Gage beibehalten.

VII.

Nachrichten vom Hamburger Theater.

April 1788. Es ist sehr auffallend, daß in diesem ganzen Monate kein einzig neues Schauspiel auf der hiesigen Bühne erschienen ist. Die Familie, die Nebenbuhler, der Ring, Hamlet, der Weise in der That, die neue=

neueste Frauenschule, der Vetter in Lissabon haben einander abgelöset. Will uns Herr Schröder vielleicht strafen, daß wir einige neue Lustspiele zu kalt aufgenommen haben? Die Schuld lag nicht an uns, sondern an den Stücken selbst, vielleicht auch hin und wieder an der Vorstellung. — Ein neues Singspiel, welches den 17. zum erstenmale auf die Bühne mit ungetheiltem Beifalle gebracht wurde, war: König Theodor in Venedig, O. 2 A. Die Geschichte und das Schicksal des Baron Neuhof als Corsenkönig ist bekannt und enthält wirklich Stoff genug, wenigstens ein gutes Opernsujet daraus zu machen; aber das hat den Herrn Abt Casti nicht bekümmert, der nur dafür gesorgt hat, daß der Buffon, Liebhaber und Liebhaberin ihre Arien bekommen haben, und daß am Ende des Akts jede Person zum Finale herbey geschleppt wird. Die Uebersetzung ist vom Dctr. d'Arien, und sehr gut. Die herrliche Musik, die zu dem Texte, wie ein Demant zu einem bleiernen Ringe paßt, ist von Paisello. König Theodor war Herr Normann. Seine Stimme hat von seiner neulichen Krankheit einige Schwäche bekommen, die ihn hinderte, seine Arien in ihrer völligen Schönheit zu zeigen, das wurde man besonders bey der vortreflichen Traumarie im zweyten Akte gewahr; er leistete indeß so viel er konnte. Bellise Theodors Schwester, Mad. Langerhanns. Diese Rolle ist unbedeutend, und Mad. Langerhanns gab sie uns auch als solche; da sie im Gesange nicht hervorstechend ist, so hätte Mad. L. desto mehr Fleiß auf ihr Spiel verwenden sollen; welches besonders von der Liebesscene mit dem Sultan (Act. 1. sc. 6) gilt, die sie mit möglichster Kälte spielte, und dadurch Langeweile verursachte. Gafforio, Theodors Vertrauter, Herr Schmidt. Mit der Rolle des Gastwirths Thaddeo hat sich Herr Eule aufs neue in der Gunst unsers Publikums

kums beveſtigt. Sein ſchöner Geſang und ſein gutes komiſches Spiel waren die Haupturſache, daß dieſe Oper in dem Grade gefiel. Amanda deſſen Tochter, ward von Mlle. Kalmes recht gut geſungen, nur wünſchte ich ihr, ſo wie dem vortreflichen Sänger Ambroſch, der den Sandrino machte, mehr Leben und Feuer in ihrem Spiele. Herr Langerhanns iſt ein braver Schauſpieler, aber ein ſchlechter Sänger, und wenn er oft bedeutende Rollen im Singſpiele übernimmt, ſo kommt er in Gefahr, ſeinen guten Namen zu verlieren. Ein redender Beweis iſt ſein Sultan Achmet. Seine Stimme iſt unbiegſam, und ſeine Aengſtlichkeit, die ihn kein Auge vom Muſikdirektor verlieren macht, hebt alle Täuſchung auf. Der Schweizer machte Herr Peterſen.

Ein andres Singſpiel: Die Dorfdeputirten, welches den 28. zuerſt gegeben wurde, hatte das entgegengeſetzte Schickſal vom König Theodor. Es wurde ausgeziſcht. Man iſt hier mit den oberſächſiſchen Bauernceremonien zu wenig bekannt, als daß ſolche auf der Bühne Wirkung thun ſollten; auch iſt die Muſik von Schuhbauer, ſo gut ſie auch an ſich ſelbſt ſeyn mag, den Caraktern gar nicht angemeſſen; wir ziehen hier die Wolfſche vor.

Ein neuer Schauſpieler, Namens Carnier iſt ſeit Oſtern hier engagirt. Er iſt ein Oeſterreicher, denn ſeine Sprache verräth ihn. Wir können zur Zeit weder Gutes noch Böſes von ihm ſagen, denn ſeine Debütrolle war der Fähndrich im Edelknaben. Vor der Hand rathen wir ihm, ja recht vielen Fleiß auf die Bildung ſeines Dialekts zu wenden.

Den 2ten May wurde die Verſchwörung des Fiesko, von Schiller gegeben. Schon vor einigen Jahren hatte Herr Zuccarini in der Rolle des Fiesko als denkender

und

und fleiſſiger Schauſpieler ſich gezeigt; auch heute war ſein Spiel im Ganzen gut, Stellenweiſe vortreflich, nur einige kleine Ausnahmen erlaube er mir zu machen: Akt 3, in der Szene, worin er Juliens Anbeter macht, ſchien er zu ſehr wirklicher Liebhaber zu ſeyn, denn er nahm nicht den geringſten Theil an der Meldung des Deutſchen wegen der verkappten Soldaten, welches er doch dem Zuſchauer pantomimiſch hätte bemerken laſſen ſollen, damit ein Unkundiger nicht wirklich glaubte, es ſey Giannettino's Mayländer. Zu Anfange des vierten Akts, da wo er den Verſchwornen ſeinen Plan mittheilt, benimmt er ſich zu leicht, zu luſtig, ſo daß man eher glauben ſollte, er ſchlüge eine Partie de plaiſir vor, als daß er eine ſo wichtige Unternehmung berichtigen wolle. In der 11ten Scene des fünften Akts ſtürzt Herr J. als er ſeine ermordete Gemahlin erkennt, mit einemmale zu Boden; dergleichen Coups ſind freylich für einen Augenblick überraſchend, werden auch wohl oft beklatſcht; aber natürlich ſind ſie nicht: denn, wenn den Fiesko wirklich eine ſo ſtarke Ohnmacht überfallen hätte, daß er ohne Bewußtſeyn niederfiele; ſo wär' es wohl unmöglich, daß er in der nächſten Minute gleich wieder ordentlich ſprechen und handeln könnte. Herr Langerhans ſpielte den Verrina und beſonders die letzte Szene des fünften Akts ſehr gut, nur wünſchte ich, er hätte ſeine Stimme bey der Nachricht von der Entehrung ſeiner Tochter, nicht ſo ſehr übernommen. Andreas Doria war Herr Schröder —

Den 5ten der Ring l. 5 A.

Den 7ten wurde die Verſchwörung des Fiesko wiederholt.

Den 8ten die Einwilligung wider Willen. Dieſes niedliche Nachſpiel wurde gut aufgenommen, weil die Schauſpieler es mit vielem Fleiße aufführten. Hierauf:

auf: Ferdinand und Nicolette, oder: Liebe erhält den Sieg, O. 3 A. eins von den wenigen Singspielen, in welchen Handlung und Musik gleich gut sind, und wenn es nicht den Beyfall erhielt, den es verdient, so waren hauptsächlich zwei Ursachen daran schuld. Erstens: weil diese Oper ernsthafter Gattung ist, unser Publikum aber leider in den Singspielen nur lachen will; zweytens waren die drey Hauptpersonen des Stücks keineswegs im Stande, von Seiten des Spiels ihren Rollen Gnüge zu leisten. Folgendes ist ohngefähr das Sujet: Ferdinand, Conrads Sohn (Herr Ambrosch) liebt Nicoletten (Mad. Langerhanns) deren Geburt sehr dunkel ist. Ferdinands Mutter hatte sie einer Zigeunerin abgekauft, und einem alten Ritter (Herr Langerhanns) zur Erziehung gegeben. Graf Conrad (Herr Eule) mißbilligt diese Liebe höchlich, weil er N. für ein Zigeunerkind hält. Ein alter Feind von Conrad, Graf Herrmann (Herr Zuccarini) hat in dieser Periode Conradsburg belagert, und so fängt das Stück mit einem Duett an, in welchem Conrad seinem Sohne Vorwürfe wegen dessen Gleichgültigkeit bey so großen Gefahren macht, Ferdinand verspricht sogleich gegen den Feind zu ziehen, wenn ihm sein Vater nur erlauben wollte, nach glücklich erfochtenem Siege seine geliebte N. noch einmal zu sehen, und ihr Lebewohl zu sagen. Conrad verspricht's und Ferdinand zieht aus. Während dieser Zeit läßt Conrad Nicoletten zu sich kommen, droht ihr mit dem Tode, wenn sie fortführe seinen Sohn zu verführen, und läßt sie endlich, da er Nachricht von dem Siege seines Sohns bekommt, in einen Thurm seiner Burg sperren. Ferdinand bringt den Grafen Herrmann als Gefangnen zurück, verlangt N. zu sehen, und da der Vater sein Wort zurück nimmt, giebt er Herrmann seine Freyheit wieder, mit der Erlaubnis, von nun an Conrads Länder ärger zu verwüsten als vorher. Conrad hierüber aufgebracht, läßt seinen Sohn gleichfalls in's Gefängniß bringen, welche Handlung im Finale des ersten Akts geschieht. Der zweyte Akt beginnt mit einem vortreflichen Duett zwischen zwei Soldaten, die vor Ferdinands und Nicolettens Gefängnissen Schildwacht stehen, während welchen N. vom Thurme sich herunter läßt und entflieht. Ferdinand erhält hiernächst auf Vorbitten des alten Ritters seine Freyheit wieder, und da er von einem Hirten, den N. an F. abgeschickt hat, erfährt, daß sie im nächsten Walde sey, eilt er ihr nach. Graf Conrad und Herrmann kommen hierauf zusammen und es erklärt sich, daß Nicolette Herrmanns Tochter ist. Beide beschliessen hierauf, die Flüchtigen einzuholen. Im dritten Aufzuge finden sich die Verliebten im Walde, die Alten kommen dazu und alles geht den gewöhnlichen Gang. Um den Werth der Musik zu bestimmen, darf ich nur deren Verfasser nennen: sie ist von Gretry.

Den 14ten zum erstenmale: Armuth und Hoffart. L. 5 A. von Beil, gefiel sehr. Der Plan, daß eine pauvre Kammerjunkerfamilie ihr Glück durch eine bürgerliche reiche Heyrath wieder herstellen will, ist zwar nicht neu, aber hier allerliebst bearbeitet. Der alte phlegmatische Landrath Fladen will seine Tochter Ernestine an einen Hofrath von Pechwitz, Sohn eines armen Kammerjunkers, verheyrathen, weil er sich selbst mit einem gewissen Fräulein von Klamm, welches er durch Zufall kennen gelernt, vermählen will; er kommt den Tag vor der Verlobung von seinem Landgute Sandbach zur Stadt, tritt beym Kammerjunker ab, zu grossen Schrecken des letztern, der eben vom Nachsetzen seiner Tochter zurück kommt, welche die Nacht vorher aus Hungersnoth heimlich durchgegangen ist. Gleich diese

Szene ist äusserst interessant, denn beide Pechwitze sind entsetzlich verlegen, wie sie dem Landrath (der noch dazu die Nacht bei ihnen bleiben will) ihre Armuth verbergen wollen; sie fingiren zu dem Ende einen Diebstahl, welchen die entwichne Tochter des Kammerjunkers an seiner Casse begangen haben soll. Indessen wird bei dieser Gelegenheit dem Landrath ein mächtiges Licht wegen des bisherigen Lebenswandels seiner künftigen Gattin, aufgesteckt; die sich wegen ihrer zweydeutigen Tugend den Namen: Prinz Lieschen erworben hat. Zu Anfange des zweiten Akts kommt der Landrath auf sein Gut zurück, und hält der Frau von Klamm (die er mit ihrer Tochter bereits zu sich genommen hat) die eben gehörte Neuigkeit vor, welche darüber in ziemlich populäre Deklamationen über die Familie Pechwitz ausbricht. In diesem Aufzuge ist auch noch eine Szene zwischen dem kleinen ungezognen Sohne des Landraths und seinem nichtswürdigen Hofmeister Kuchen, der aber weiter nichts fruchtet als den pflegmatischen Karakter des L. in noch helleres Licht zu setzen. Endlich kommen die Herren von Pauvres, (wie sie Frau von Klamm nennt) in einem alten Judencapriolet an, beide Lumpenfamilien gerathen über Tafel an einander und ihre Rechtschaffenheit entdeckt sich völlig. Ein gewisser Rittmeister Lorberg, der in Sandbach auf Werbung steht, und Ernestinens geliebter Gegenstand ist, will den Schiedsrichter machen, und wird deswegen vom Hofrathe herausgefordert. Er stellt sich wider den Wunsch der Pechwitze, die ihm statt zu Duelliren, in komischtragischem Tone ihr Leiden klagen, auch versprechen, den Heyrathsplan fahren zu lassen, wenn sich der Landrath entschliessen wolle, ihnen eine jährliche Pension von 500 Rthlr. auszuwerfen. Zu mehrerer Sicherheit will der Hofrath einen Desperationscoup machen und Prinz Lieschen zum ehelichen Gemahl nehmen. Der Rittmeister verspricht ihnen sein Fürwort, und nimmt hierauf nebst Ernestinen das Herz des Vaters in die Presse. (eine Szene von vortreflicher Wirkung) Letzrer bewilligt sowohl die Heyrath des Rittmeisters mit seiner Tochter, als auch die verlangte Pension; und räumt den sämmtlichen Herrschaften „damit es dem Dorfe Sandbach nicht an Noblesse fehle" das obre Stockwerk in dem dasigen Schulhause ein. Noch hab' ich vergessen der Episode des alten Soldaten Adam zu gedenken, der mit der Montur des Königs, den Pechwitzischen Bedienten und Kutscher macht, und den der Verfasser herrlich geschildert hat. Das Stück ist übrigens voller feinen Nüanzen und treflichen bon mots. wir wünschen, daß uns Herr Beil bald wieder mit einem ähnlichen Producte beschenken möge. Die Aufführung geschah mit dem größten Fleisse, und die mehresten Schauspieler verdienten ungetheiltes Lob, besonders Herr Zuccarini als Rittmeister Lorberg, Mad. Eule als Ernestine, und Herr Langerhanns als Soldat Adam, der in dieser Art Rollen ohnstreitig Meister ist. Garrick-Schröder machte durch sein Spiel den Karackter des Kammerjunkers am meisten hervorragend; unnachahmlich schön sagt er die Worte: ich will ein Bauer werden, ein Bauer! — Man möchte darüber zugleich lachen und weinen. Herr Michaelis war als Hofrath in Sprache und Geberden zu sehr affecktirt, hatte überhaupt keine Ader von seinem Vater. Landrath Fladen, Herr Löhrs. Frau von Klamm, Mad. Stark, Fräulein Lieschen Mad. Langerhanns. Hausverwalter Stimm, Herr Eule. Informator Kuchen, Herr Schmidt. Jude Levi, Herr Michaud. Schneider Flor, Herr Nätsch.

Den 15ten die Einwilligung wider Willen, und Ferdinand und Nicolette wiederholt.

Den

Den 16ten Armuth und Hoffart. L. 5 A.

Den 19ten Der Apotheker und der Doctor. O. 2 A. An der Stelle der abgegangenen Mlle. Brandes, zeigte sich Mlle. Kalmes als Leonore mit vielem Glück.

Den 21ſten hatten wir in der Läſterſchule Gelegenheit, Herrn Carnier näher kennen zu lernen; er ſpielte den Carl. Als angehender Schauſpieler nahm er ſich mit vieler Dreiſtigkeit; nur fehlt ihm noch jene Gewandheit in Sprache und Gang, die zu ſolchen Rollen unumgänglich nothwendig iſt.

Den 22ſten zum erſtenmal: Der Schleyer O. 3 A. In dieſer Oper iſt nichts neues, als daß der eine Liebhaber der Bellamira ein Mohr und zugleich Ritter und Erzzauberer iſt; und daß eine Art von Zwerg darinne vorkommt, der aber auf hieſigem Theater ziemlich gewachſen war. Der Verfaſſer ſcheint Wielands Oberon fleiſſig geleſen zu haben, denn ſeine Bellamira hat ihren Ritter eben ſo im Traume geſehen, wie dort Rezia den Herrn Hüon; auch redet der Mohr Mervillo den Ritter Markomir eben ſo an, wie dort der Prinz von Libanon den Ritter Hüon. Der Schildknappe Arzanto iſt vom treuen Scherasmin entlehnt. Der Unterſchied iſt blos, daß Ritter Markomir nicht auch einem Kaliphen die Zähne ausziehen, ſondern blos ſein Ideal ſuchen ſoll, zu welchem Ende er einen Feenſchleyer bekommt, um die Tugendprobe an ſeiner Geliebten damit zu machen. Die Trinkſzene zwiſchen dem Zwerg und Arzanto ſieht jener in Bretzner's Entführung aus dem Serail ſo ähnlich wie ein Ey dem andern. Die Muſik iſt unbedeutend, beſonders ſind die Finali unausſtehlich langweilig und ohne alle Handlung.

Den 26ſten wurde der Schleyer wiederholt.

Den 28ſten zum erſtenmale: Der Revers. L. 5 A. von Jünger. Herr J. iſt bereits durch ſeinen Strich durch die Rechnung, Badekur ꝛc. rühmlich bekannt, als daß dieſes neue Kind ſeiner Muſe nicht auch ſein Glück hätte machen ſollen. Den Baron Seeburg ſpielte Herr Langerhanns. Karl von Seeburg, Herr Reinecke. Fräulein Henriette von Fernau. Mad. Eule. Graf Frohburg, Herr Löhrs. Fritz von Frohburg, Herr Zuccarini. Nanette von Edelberg, Mlle. Pauly. Dortchen, Mad. Löhrs. Lieschen, Mad. Klingmann ꝛc.

Den 29ſten Lilla, oder Schönheit und Tugend. O. 2 A.

Den 30ſten der Weiſe in der That. S. 5 A. Die unverſehene Wette. L. 1 A.

VIII.

Vom Königl. Nationaltheater in Berlin.

Seit dem Schluſſe des vorigen Stücks der Annalen hat ſich dieſes Theater in verſchiedenen Abſichten, beſonders in Anſehung der Operette, durch Hinzukunft mehrerer geſchickten Mitglieder, und der Mannigfaltigkeit der Vorſtellungen ungemein vervollkomnet. Herr Weſſely, der ſich durch verſchiedene Arbeiten als Componiſt rühmlichſt bekannt gemacht, ward als zweiter Muſikdirektor angenommen; die Chöre, die in den Opern von ſo groſſer Wirkung ſind, wurden beſſer denn ſonſt beſezt. Die Arbeit, die für Einen Muſikdirektor zu viel geworden, war nun getheilt, und es ging mit

Einlernung der Opern viel rascher. Es konnten nebeneinander alte neu besezt, und neue einstudirt werden. Der neuen gegebenen sind:

Nina, oder Wahnsinn aus Liebe, (am 3. Mai zum erstenmal) erhielt durch das vortrefliche Spiel der Madam Unzelmann, die sich die Nina zur Debütrolle gewählt hatte, den allergrösten Beifall. Sie ward gleich dreimal hinter einander und zwar das drittemal auf lautes Begehren vorgestellt und das Publikum sieht dieses Singspiel, das seit der Zeit so oft auf der Bühne war, noch immer mit Vergnügen. Bei Madam Unzelmann vereinigt sich alles, was eine Schauspielerin empfehlen muß; Reiz, Jugend, rührender Ton der Sprache, Wahrheit, Ausdruck, Innigkeit im Spiel, gute Methode im Gesang. So groß sie sich in der Nina als Schauspielerin zeigte, eben so sehr riß sie einige Tage darauf durch ihren angenehmen Gesang als Zemire alle Zuschauer hin. In lezter Oper spielte zugleich der durchreisende Sänger, Herr Fischer den Sander und bewieß durch eine eingelegte Arie, daß er der grosse Bassiste sey, für den er im Ein- und Ausland anerkannt worden.

Der gleichgültige Ehemann (am 26. Mai zum erstenmal) gefiel wegen Kälte des Stücks nicht, die Musik von Schuster erhielt mittelmässigen Beifall.

Die Reue vor der That, (am 16. Juni zum erstenmal.) Die ganz Französische tändelnde Musik und das Stück selbst konnte nicht gefallen.

Im Trüben ist gut fischen mit Musik von Sarti. (zum erstenmal am 14 Juli) diese Oper ist sehr gut besezt und wird auch eben so gut executirt. Den Baron spielt Herr Greibe, die Baronesse Madam Böhm, Hannchen Madam Unzelmann, Lisette Madam Baranius, den Verwalter Herr Chr. Benda, Heinrich Herr

Herr Kaselitz, Christoph Herr Lippert. Die Finali gehen bei dieser Oper vortreflich. Das Stück ist übrigens vom Werth der meisten italienischen Opern.

Lilla, oder Schönheit und Tugend. (Am 3. August als am Geburtsfeste S. K. H. des Kronprinzen) diese Oper, die hier in allen besser als auf irgend einer deutschen Bühne gegeben wird, ward auch mit dem größten Beifall aufgenommen. Schon der Martinschen Musik wegen, die höchst populär und doch durchaus originell ist, wird sie aller Orten gefallen; vereinigt sich nun zu ihrer Vorstellung so alles wie hier, so kann es nicht fehlen, daß sie eine ausserordentliche Wirkung hervorbringen muß. Lilla spielte und sang Madam Unzelmann mit aller der im Karakter liegenden Zärtlichkeit und Innigkeit. Madam Baranius gefiel als Bertha sehr durch ihre muntere Laune, ihr Gesang bildet sich immer mehr; an Minenspiel und Deklamation hat sie in Kurzem sehr gewonnen. Madam Böhm als Königin singt in dieser Oper besonders brav. Herr Lippert als Lubino, Herr Benda als Infant, Herr Unzelmann als Tita, Herr Greibe als Corrado und Herr Kaselitz verdienen alle Lob. Wie viel ein guter Schauspieler aus einer kleinen Rolle machen, und wie oft er darin hervorstechen könne, zeigte letzrer in der Rolle des Amtsvogts. Sein tiefer und reiner Baß trägt ein großes bei, die Wirkung der Chöre zu erhöhen. — Zur Feyer des heutigen Tages ward vor der Oper ein Ballet: Die Wahl des Helden gegeben. Die Execution war von Herrn Koch, welcher unlängst als Balletmeister angenommen worden ist. Die Musik dazu hatte Herr Wesseln verfertigt.

Der Barbier von Sevilla als Oper den 30. August zum erstenmal. Herr Frankenberg machte den Dockter Bartholo. Dieses neue Mitglied debütirte

be-

bereits den 7ten August im Doktor und Apotheker als Stößel, und erhielt gleich in der ersten Arie seiner reinen Intonation, seines guten Tons, und seines geschmackvollen Vortrags wegen, den verdienten allgemeinen Beifall. Auch an seinem Spiel erkannte man den ausgebildeten Schauspieler, den man im Bartholo nicht weniger sahe. Als letzrer vergißt er in seinen Bewegungen und Tone nie den abgelebten Alten vorzustellen. Eben darum aber kann er in dieser Rolle weniger als Sänger glänzen. Madam Unzelmann als Rosine sang sehr schön und hatte all die Verschlagenheit und Laune, die zu dieser Rolle gehört. Herr Lippert als Graf spielte vorzüglich gut in allen dreien Karakteren, und Herr Unzelmann erhielt als Figaro den verdienten Beifall.

Von den alten wieder einstubirten Opern wird nur die Fraskatanerin wegen der Madam Unzelmann und des Herrn Lippert, welche als Violante und Narbone mit Recht sehr gefielen, hier genannt. Herr Kaselitz zeigte darin als Pagnotta sein Talent zum Niedrigkomischen.

An neuen Lust= und Trauerspielen sind seit Erscheinung des ersten Stücks der Annalen folgende auf die Bühne gebracht:

Den 15. April zum erstenmal die große Toilette, L. in 5 A. Ist eine Satyre auf die hohen Kopfputze der Frauenzimmer. Das Stück ward ungemein gut gespielt, und erhielt vielen Beifall. Mlle. Döbbelin zeigte sich besonders in der Rolle der Frau von Hohenhaupt als brave Künstlerin.

Bewußtseyn von Ifland wurde den 28. April zum erstenmal gegeben. Men fand das Stück zu lang und dies schwächte die Theilnahme, welche sonst die gute Vorstellung würde haben bewirken müssen. Herr Unzelmann debütirte darin als junger Ruhberg mit

Beifall, und würde in dieser Rolle noch mehr gefallen haben, wenn er nicht, da er unser Theater noch nicht kannte, etwas zu leise gesprochen hätte. In seinen nachherigen Rollen hat man ihm diesen Vorwurf nicht weiter machen können, besonders ärndtete er in seinen komischen Rollen z. B. als Schiffskapitän in der väterlichen Rache, als Figaro im Barbier von Sevilien, als Tita in der Lilla ic. vielen verdienten Beifall ein. Von einer andern Seite zeigte sich Herr Unzelmann sehr vortheilhaft im Kasper dem Thorringer, welches Schauspiel am 26. Juni zu seinem zweiten Debüt zum erstenmal vorgestellt ward. Er erschien als rauher, aber biedrer deutscher Ritter, so wie man sich den Kasper dachte, und erhielt vorzüglich in einigen Scenen lauten Beifall, welcher Mlle. Döbbelin als Margarethe nicht minder zu Theil ward. Die ganze Vorstellung dieses Schauspiels fiel sehr gut aus, und ward eben so gut aufgenommen. Dergleichen Darstellungen als ein Gefecht ist, lassen auf der Schaubühne sonst immer kleinlich und fallen nicht selten ins Lächerliche, allein hier hatte der Streit am Ende des 4ten Akts keine von diesen unangenehmen Wirkungen, sondern man war allgemein mit der Ausführung desselben zufrieden. Dies Stück ward gleich dreimal hintereinander gegeben, und zum drittenmal beehrten Sr. Majestät der König das Schauspiel mit Ihrer Gegenwart.

Erziehung macht den Menschen, L. 5 A. (zum erstenmal den 11. Juni) Die Rolle der als Lene erzogenen Gräfin wurde von Mad. Unzelmann mit aller Naivität sehr schön, so wie auch die Schulmeisterin von Mad. Greibe sehr brav gespielt. Beide hielten das Stück, das sonst dem Publikum, aber mit Unrecht, wenig zu gefallen schien.

Den

Den 21. Juni, zum erstenmal die Geschwister vom Herrn von Göthe. Der Wilhelm war ganz Herrn Flecks Rolle; in seinem Spiel sahe man feine Nüancirung und richtige Gradation. Madam Unzelmann spielte die Mariane naiv und herzlich, so wie Herr Unzelmann den Fabrice, gesezt, mit gemäßigter Wärme des Liebhabers und Freundes. Das kleine Stück gefiel.

Der Kaufmann von Venedig, Schauspiel in 4 A. von Schakespear, ward am 16. August zum erstenmal auf die Bühne gebracht. Herr Fleck, der auch den dazu verfertigten Prolog sprach, spielte den Schylok ausserordentlich gut, und übertraf sich selbst bei der zweiten Vorstellung. Mit Vergnügen bemerkte man, wie er kleine, aber sehr bedeutende und charakteristische Züge aus der Natur aufgegriffen, und wie er sie mit der richtigsten Einsicht anzubringen wußte. Sein Ton, seine Art sich zu betragen, waren die des vornehmern, oder was bei dieser Nation einerlei sagt, des reichern Juden. Sehr stach gegen ihn Tubal ab, den Herr Rüthling gut, ganz als der gemeinste Schacherjude spielte: fein und richtig war auch das von Herrn Fleck, daß in der Scene, wo er mit Tubal allein ist, sein Ton und seine Geberden, weit jüdischer und gemeiner als in den übrigen Scenen waren. Vor Gericht spielte er besonders da, wo der Prozeß für den Schylock eine so ungünstige Wendung nimmt, ganz vortreflich. Wir lassen uns in keine Entwickelung seines Spiels ein, da man schon weiß, daß Feinheiten in allen Künsten und besonders in der Schauspielkunst selbst empfunden, nicht beschrieben seyn wollen. Die Rolle der Portia schien für die Baranius im lezten Akt ein wenig zu schwierig; indessen freute man sich auch hier ihre Fortschritte zu sehen, Anständigkeit und Natur verlassen diese Schauspielerin nie, wenn es ihr auch zuweilen an hinlänglicher Stärke gebricht.

Zum Geburtsfeste Sr. Majestät des Königs am 25. Sept. ward folgender vom Herrn Ramler verfertigter Prolog von Mlle. Döbbelin gesprochen.

Nun Europa zu Land' und Meer unselige Kriege
Führet, die Tempel der Musen verschlossen sind, alle sich flüchten
Ladet sie Preussens Titus in Seine verschönerte Stadt ein.
Wohl uns! das Alter der Weisheit, das Gräcien lange beglückt hat,
Das in Italiens Garten Cäsar Augustus verpflanzte,
Das dort wieder nach öden Jahrhunderten fröhlich emporwuchs,
Das in Gallien unter dem grossen Ludewig blühte,
Das in der glücklichen Insel der Britten reichliche Frucht trug,
Pflanzet für uns und Germanien endlich Friederich Wilhelm.
Und dass Sein ganzes Volk die weiseren Künste geniesse,
Oefnet Er ihm nicht bloss den Tempel der ernsten Minerva,
Nein, auch die Bühne Thaliens, wo alle vereinet sind, alle
Ihren Reihentanz halten, sich Scherz mit Weisheit vermählet,
Geist- und Herz vergnüget wird, Augen und Ohren sich weiden.

Mitten unter diesen Geschäften des goldenen Friedens
Uebet dennoch der angebetete König der Brennen
Seine Kriegesheere mit gleicher Sorgfalt und solchem
Eifer, als zög' Er aus, den Frevel der Völker zu strafen.
So sass unter den Lorbern am Pindus der schönste der Götter,
Rührte mit ruhiger Hand die lieblich tönende Laute;
Aber ihm nah zur Seite lag stets sein gewaltiger Bogen,
Und mit unfehlbar treffenden Pfeilen der schreckliche Köcher.

O regiere noch lange, Du Fürst des Friedens! noch lange
Streue Deine tausend Segen über Dein Volk aus!
Wache noch lange für seine Sicherheit, ausser den Gränzen

Durch

Durch streitfertige Krieger, von innen durch kluge Gesetze!
Lange noch müsse der Landmann nach allen Aerndten des Jahres
Diesen Deinen Festtag als seinen seligsten feyren!
Lange noch siehe Du selbst auf Deiner Vaterlandsbühne
Tugend und Laster geschildert, Tyrannen und Väter des Volkes,
Und in dem besten von diesen Dein Bild, o Borussiens
Schutzgott!

Hierauf folgte zum erstenmal: Der Mönch von Carmel, ein Dramatisches Gedicht in 5 A. vom Freiherrn von Dalberg in Manheim. Ungeachtet dieses Stück in Jamben geschrieben ist, und Versträuerspiele, wie wir wissen, anjezt etwas Ungewöhnliches so wohl für unsere Publikums als Schauspieler sind, so hatte denn doch die Vorstellung des Gegenwärtigen einen so guten Erfolg, als man kaum unter solchen Umständen hätte erwarten dürfen. Es ward dreimal hintereinander bei dem vollsten Hause gegeben, und zum drittenmal auf ausdrücklichen Befehl Sr. Majestät des Königs, welche nebst dem ganzen Hofe an diesem Tage das Schauspiel mit Ihrer höchsten Gegenwart beehrten. Die Schauspieler, besonders Herr Fleck als Mönch, legten mit ihrer Deklamation und Spiel viel Ehre ein. Herr Engel erschien zum erstenmal als Montgomeri; seine sehr jugendliche feine Gesichtsbildung, vortheilhafter körperlicher Bau, das Weiche der Sprache und das gemäßigte Feuer war zu dieser Rolle sehr passend.

Sonst ist noch Herr Wiedemann, welcher den 7. Juli als Sturmwald im Doktor und Apotheker debütirte, und Herr Bio, beide vom Frankfurter Theater, angenommen worden. Dagegen sind abgegangen: Im Juli Herr und Madam Alexi zum Markgräflichen Theater in Schwedt; im August Madam Gensike zu Herrn Schröder, Herr Antouch und Mlle. Müller. Noch debütirte am 22. April als Milchmädchen

chen in der Operette eine Madam Müller aus Meiningen; da sie aber nicht gefiel, ward sie einige Wochen nachher wieder entlassen. Ihr Spiel war zwar erträglich, die Stimme aber blechern.

Unter die Hindernisse, die der Direction in dem letzten halben Jahr in den Weg gelegt worden, gehört vorzüglich die Schuldenhalber geschehene Desertion des Schauspielers Diestler und seiner Frau. Leztre versprach wie bekannt, eine sehr vorzügliche Sängerin zu werden, doch hatte sich seit ihrer Heurath, diese Hofnung schon ziemlich vermindert. Erstrer war nur wegen seines jugendlichen Ansehns in jungen Liebhaberrollen schätzbar. Es giebt Unfälle, die man wegen der Verwirrung, welche sie im Anfange verursachen, für sehr bedeutend hält, und die nachher in ihren Folgen sich als wirklich vortheilhafte Begebenheiten zeigen. Eben dies scheint mit der Diestlerschen Desertion der Fall zu werden, und eben darum ohne Zweifel hat die Direction diese beide Mitglieder, ungeachtet ihr Contract noch bis zum 13. Juli 1789 ging, nicht wieder zurückverlangt, sondern nur auf die Bezahlung der Schulden gedrungen, mit welcher, wie man hört, alles schon in Richtigkeit gebracht, und deswegen auch der Diestler und seine Frau des Arrestes, worin sie in Wien gesessen, wieder entlassen worden.

Am Schlusse dieser Nachrichten muß ich eine für das deutsche Theater sehr ehrenvolle Ereigniß noch berühren. Den 20. 21. 22. 23sten war nemlich das Nationaltheater geschlossen, weil auf Befehl Sr. Majestät des Königs die Mitglieder desselben nach Potsdam kommen und den 21. und 22sten auf dem Theater im dasigen neuen Schlosse spielen mußten. Am ersten Tage ward Nina und die offene Fehde, am andern Tage aber die Jäger von Island gegeben, und Sr. Ma-

Majestät waren mit allen dreien Vorstellungen so wohl zufrieden, daß Sie der ganzen Gesellschaft Ihre allerhöchste Zufriedenheit in den gnädigsten Ausdrücken versichern ließen.

IX.
Von der Hostovsky- und Fendlerschen Gesellschaft.

(Güstrow im Meklenburgschwerinschen den 24. April 1788.)

Die Hostovsky- und Fendlersche Gesellschaft, hat uns in diesem winterhalben Jahr zweymal besucht und durch Ihre guten Vorstellungen die Lust, Schauspiel zu sehen, wieder versüßt. Denn die wahren Kenner waren durch die Vorstellungen der Köppi- und Freuenschen Gesellschaft ziemlich abgeschreckt worden.

Es mögte nun freylich sein gutes, so wohl für unser hiesiges Publikum als auch für die Schauspieler haben, die aufgeführten Stücke zu zergliedern, und dabei zu sagen: das war gut und das war schlecht. — Aber — veritas odium parit. Und die Wahrheit mag ja der Schauspieler am wenigsten gern hören. Also will ich nur so obenhin davon Meldung thun, worüber ein kleiner Zirkel von unpartheyischen und der Sache kundigen Männern mit mir einig war.

Am 14ten Jenner. Das Opfer der Musen. Prolog vom Herrn Hagemann, Mitglied der Gesellschaft, alsdann das Kleid aus Lyon. Beides gefiel.

Den

Den 15. Die Bekanntschaft im Bade. Gefiel. Zum Beschluß die beiden Geizigen von Gretry componirt. Wurde übertrieben. Gefiel nicht. Den 16. Wikinson und Wandrop, ein jämmerliches Stück, das sehr mißfiel. Den 17. Die Schauspielerschule. Gefiel sehr. Herr Neinz muß künftig die Gaukeleyen weglassen, auch vergrif er die ganze Rolle des Schlorum. Den 18. Otto von Wittelsbach. Das Theater war für dieses Stück zu klein. Das Costüme war durchaus nicht beobachtet. Den Kennern mißfiel die Darstellung. Auf dem Zettel stand: von R. v. Steinsberg, umgearbeitet von Schröder. Ich zweifle sehr, daß Herr Schröder wünschen wird, diese Umarbeitung gemacht zu haben, da meines Erachtens R. v. Steinsberg sich dadurch nicht verewigt hat. Den 21. Die schöne Arsene. Die Chöre waren nicht vierstimmig eingelernt, alle sangen im Einklange. Das Stück gefiel nicht ganz. Den 22. Ariadne auf Naxos. Beim Aufsteigen der Gardine, lag Madam Hostowsky in einer etwas unschicklichen Stellung auf dem Felsen. Das Costüme war nicht gut beobachtet. Doch mißfiel die Darstellung nicht ganz. Hierauf wurde die väterliche Rache von Schröder gegeben. Heute söhnte uns Herr Hostowsky völlig aus. Noch etwas mehr Mässigung bitten wir in diese Rolle zu legen, und dann wollen wir mit Freuden sagen: gut. Den 23. Der deutsche Hausvater. Gefiel ausserordentlich. — Edle Väter sind nicht leicht zu spielen, das empfand Herr Miersch heute gewiß. Zwar gab er sich alle Mühe, verdarb sich aber vieles durch sein plötzliches Aufschreyen. Vorzüglich dann, wenn die Rede von den Schulden seines Sohnes war. Herrn Miersch indeß zu zeigen, daß er nicht mißverstanden wurde und daß man seine gute Absicht, die er durch dieses Aufbrausen

zu

zu erkennen gab, nicht verkannte, erlaube er diesen Einwurf: Markirte Aktion, und markirte Sprache machen den Schauspieler zulezt einförmig. Nie wird er Mannichfaltigkeit in seinen Karakter bringen, und denselben, anstatt ihn darzustellen, nur manövriren. Dies ist der Fall bei Herrn M. und dies war der Fall bei Herrn Freuen, der ehmals bei der Köppischen Gesellschaft stand. Eine kurze Vergleichung wird beide in gehöriges Licht stellen.

Herr M. will durch Gradationen in die Tiefen seines Karakters steigen, allein indem er sich vergißt, schreyt er auf, und der Gang seiner Darstellung wird holpricht.

Herr F. vermeidet diese Gradationen sorgfältigst, trägt aber dagegen gleich alles auf, womit er uns bewirthen will.

Herr M. läßt uns beym ersten Anblick wenig erwarten, und überrascht uns in der Folge durch manchen, ihm selbst unbekannten Meisterzug.

Herr F. tritt mit erstaulicher Prätension auf, und da er jedes Erwartung natürlich überspannt, aber eben darum nicht befriedigen kann, so erlischt die Theilnahme des Kenners zugleich mit dem Feuer des Schauspielers.

Herr M. scheint unwillführlich handeln zu wollen.

Herr F. sucht das alles, was er thun will.

Herr M. läßt uns durch das plözliche Auflodern und Verschwinden seines Feuers, ohne seinen Willen nicht zu Athem kommen.

Herr F. erwartet seinen Lohn auf der Stelle und endigt seinen Abgang mit einem Zetergeschrey. Beide ringen auf entgegengeseztem Wege nach einem Ziel, das Sie, ohne über ihre Kunst gehörig nachzudenken nie erreichen werden. Doch zurück zu unserm Hausvater.

Annál. d. Theat. 2. Heft.   H   Herr

Herr M. wollte sich da als Mann von Ehre zeigen, indem er mit so viel Hize nach der Art frug, wie sein Sohn Schulden gemacht hätte. Die Uebergänge waren zu stark nüancirt; gradatim würde der Karakter in diesem Augenblick mehr Würde erhalten haben. Doch beynah hätt ich vergessen, daß ich nichts zergliedern wollte.

Den 24. König Lear. Gefiel nicht. Den 25. Natur und Liebe im Streit. Zum Abschied ein Epilog: Die Weyhe des Künstlers im Tempel der Wohlthätigkeit. Mit Gesängen und Chören. Madam Clodius machte im Hauptstück Ihre Sachen sehr gut. — Die Gesellschaft ging nach Stralsund. Den 31. März eröfnete die Gesellschaft, nach ihrer Wiederkehr von Stralsund, die Bühne mit einem Prolog: Der Einsiedler an der Rebel. Hierauf folgte das Trauerspiel Ignez de Castro. Gefiel nicht ganz. — Den 1sten April. Frauenzimmerlaune, oder sagten sie was? misfiel sehr. Zum Beschluß der Magnetismus. Gefiel ausserordentlich. Herr Lell als Cantor Sandbach, machte seine Sachen vortreflich. Den 2. Freundschaft und Argwohn. Wurde mit ziemlichem Beifall aufgenommen. Den 4. Mackbeth. Gefiel nicht ganz. Den 7. Amtmann Graumann. Misfiel äusserst. Zum Beschluß Röschen und Colas. Herr Spangler debütirte als Colas ohne Beyfall. Herr Hostowsky sang sehr gut, und machte nebst Madam Clodius und Herr Lell das Stück sehr unterhaltend. Den 8. Der Schmuck. Gefiel ausserordentlich. Den 9. Bewußtseyn. Herr Hagemann, Herr Engel und Herr Lell spielen ihre Rollen mit ausserordentlichem Beifall. Das Stück wurde sehr gut aufgenommen. Den 10. Die Brandschazung. Herr Lell Madam Clodius und Herr Fendler (der nur etwas zu sehr übertrieb) machten ihre

ihre Rollen sehr gut. Auch Herr Hostowsky als Eisenbart, verdient allen Beifall. Zum Beschluß: Jack Splien. Durch die Rolle des Jack Splien hat sich Herr Hagemann hier verewigt. Den 11. Haß und Liebe. Gefiel nicht durchgehends. Zum Beschluß ein Ballet von Herrn Reihn, der vom Strelizer Hoftheater kam: Die Kohlenbrenner. Den 14. Die Holländer. Herr Reichard vom Strelizer Hoftheater debütirte als alter Lernach. Der Mann verräth in seinem Spiel sehr viel Beurtheilungskraft, noch keiner hat hier mit so allgemeinem Beifall diese Rolle gespielt. Das Stück gefiel durchgehends. Zum Beschluß ein Ballet George Dandin, gefiel nicht ganz. Madam Breiß machte als Sara ihre Sachen recht gut. Den 15. Zum besten der Armen, Julius von Tarent, gefiel nicht, weil es nicht gut einstudirt war. Den 16. Die drei Pächter und die glückliche Jagd. Beydes gefiel sehr. Herr Herbst als Fürst machte seine Sachen sehr brav. Den 17. Dom Carlos. Die Rolle des Dom Carlos kann erst Herrn Hagemanns Triumph werden. Madam Clodius als Königin und Herr Lell als Herzog von Alba recht gut. Die Rolle der Prinzessin Eboli muß Madam Hostowsky nicht spielen. Der Zettel hatte eine Nachricht, die das Stück anpries. Derley Schnurrpfeiferenen müssen künftig wegbleiben. Den 18. Nachsucht aus Vaterliebe, ein jämmerliches Stück, daß nur durch das vortrefliche Spiel des Herrn Lell unterhaltend wurde. Hierauf ein Ballet die Kohlenbrenner. Zum Beschluß hielt Herr Hostowsky eine Rede aus dem Theaterkalender. Die Gesellschaft gieng wieder nach Rostock.

H 2   X. Kur=

X.
Ueber das Schwerinsche Theater.

(Auszug eines Schreibens aus Schwerin, vom 6. Mai 1788.)

— — Der Dänische Kammerherr Graf von Bassewitz hat die Aufsicht, welche er aber zu seinen Unterdirectoren, Herrn Lorenz und Herrn Wagner, gemacht hat. Etwas gewisses, ist über ihre Dauer noch nicht bestimmt, doch hoffen wir, daß diese Bühne nie eingehen soll; allein Schwerin soll nicht ihr alleiniger Aufenthalts-Ort seyn, sonden auch Rostock, (wo sie, der Sage nach den Pfingstmarkt hingehet) Sie ist aber noch nicht hingegangen, sondern die Hostowsky- und Fendlersche Gesellschaft hat dort gespielt und Herr Klingmann aus Hamburg daselbst verschiedene Gastrollen. Güstrow und Grabow soll sie reformiren, dahingegen wird sie im Winter sich stets hier aufhalten.

Daß Sie den Namen einer privilegirten Gesellschaft führt, hat seinen Grund darin, daß der Herr Graf keine Conceßion vom Magistrat genommen hat.

Ein Abonnement ist nicht errichtet; sie erhält sich bloß von willführlichen Beyträgen. Die Preise, die sonst 24. 16. und 8 Schilling waren, sind jezt auf 16. 12. und 6 Schillinge heruntergesezt. Doch müssen Fremde 24 Schillinge bezahlen. Derjenige welcher auf die Einnahme beeidigt ist, erhält wöchentlich 18 Mark Gehalt.

Das Personale ist folgendes:

1) Madam Rosenberg. Gefällt in Lust- und Trauerspielen. Sie ist erste Tänzerin und lezte Sängerin. 2) Madam Wagner, macht Soubretten und alle

alle damit verbundne Rollen. Hat überall den Beifall des Publikums. 3) Madam **Wachsmann**, geborne Schmidt. Singt allein, aber auch mit vielem Beifall. 4) Madam **Burgheim** steht unter aller Kritick. 5) Madam Lorenz — — 6) Dem. Lincke äusserst mittelmässig. (geht ab.) 7) Dem. D'arien. Hier ist das Urtheil des Publikums getheilt: Einige halten Sie mittelmässig, andere äusserst schlecht, ich möchte wohl der leztern Meinung beitreten. Sie singt hingegen ziemlich gut. 8) Madam **Gödel**. Gefällt allgemein, so wohl wegen ihres guten Spiels als nicht minder wegen ihres sanften und moralischen Karakters. 9) Madam Köppi. Müßte gänzlich das Theater quittiren. In Güstrow spielte sie ohnlängst mit ihrer elenden Truppe und verhunzte die Lanassa ganz gottesjämmerlich. Seit sie die Direcktion niederlegen mußte, hat sie sich hieher gewandt, und jezt ist sie abgedankt. 10) Madame **Friebach**, ehmalige Madam Kaffa. Trat ohnlängst zur lutherischen Kirche über, und heurathete Herrn Friebach. Sie geht wohl mit *) 11) Madam **Schmidt**. So, so. 12) Madam **Schüler**. Etwas über das mittelmässige. 13) Madam **Albrecht** recht brav. 14) Herr **Gödel**. Gefällt sehr, hat nebst seiner Frau eine starke Gage. Und doch gehen beide zum Strelizer Hoftheater. Es scheint, daß Herr G. nicht lange an einem Orte bleiben kann. 15) Herr **Wagner** hat den Beifall des ganzen Publikums. 16) Herr **Burgheim**.

*) Madam Friebach und die unter Nu. 1. aufgeführte Madam Rosenberg möchte wohl Eine Person seyn, denn Madam Kaffka nannte sich nach der Trennung von ihrem Manne, nach ihrem Geburtsnamen Madam Rosenberg und als solche war sie auch noch im vorigen Jahre beim Berliner Theater. Wie hier nun das Urtheil über sie so verschieden hat ausfallen können, weiß ich nicht.
Der Herausgeber.

Etwas über das mittelmäſſige. Er hat eine zu ſchnarrende Sprache. 17) Herr Friebach mißfält. 18) Herr Meyer kann werden. 19) Herr Runge. Schleicht ſich ſo mit durch. 20) Herr Brinhofer ſingt gut und agirt ſchlecht. 21) Herr Lorenz gefällt als Akteur in einigen Rollen; als Direkteur iſt er in guten Tagen grob und in böſen, kriechend. 22) Herr Meinhold iſt beſtändig krank geweſen. 23) An Herr Schmidt und 24) an Herrn Wachsmann, iſt wenig Lob zu finden. 25) Herr Warnke ſpielt Väter, iſt aber herzlich ſteif. 26) Herr Reimers und 27) Herr Banto. Kommen beyde nicht in Betrachtung. 28) Herr Braun geht an. Deſto ſchlechter aber 29) Herr Albrecht. 30) Herr Toskani iſt ein ſchlechter Schauſpieler. Er tanzt aber ſo ziemlich. Engagirt iſt er nicht, ſondern empfängt für jedes Ballet 1 Louisb'or. 31) Roi iſt Muſikdirektor. 32) Lempfuhl Soufleur. 33) Zitſchel Theatermeiſter. Die Geſellſchaft giebt alle auf der Bühne exiſtirende gute Stücke, mit und ohne Geſang. Dekorationen ſind bis jetzt nur mittelmäſſig, es werden aber ſchöne und neue verfertigt. Die Garderobbe iſt ſchön und meiſtens ächt. Im Sommer wird nur dreimal die Woche geſpielt, im Winter fünfmal. Wahrſcheinlich wird ein Komödienhaus gebaut. Beim Strelitzer Hoftheater iſt kürzlich von Kindern die Liebe auf dem Lande gegeben worden, und verdienen unter den kleinen Schauſpielern, die Demoiſelle Vorth, Demoiſ. Feige die jüngere, und Monſ. Ruſcheweyh der jüngere bemerkt zu werden. Die erſte als Hänschen, die zweite als Lieschen und M. R. als Schöſſer. — Die Hoſtowsky- und Fendlerſche Geſellſchaft hat ſich jetzt mit der Schwerinſchen vereinigt.

XI.
Ueber die Konstantinische Schauspielergesellschaft.

(Aus einem Briefe. Nürnberg den 30. Sept. 1788.)

— Seit einigen Wochen spielt die Konstantinische Schauspielergesellschaft nicht ohne Beifall hier. Sie kam von Bayreut hieher, wo sie, laut öffentlichen Nachrichten, sehr gefallen hat. Sie besteht mehrentheils aus jungen Leuten, einigen Kindern, und einigen verheurateten Schauspielern, welches zuweilen einen sonderbaren Kontrast verursacht, an den man sich freilich erst gewöhnen muß. Auch läst es sehr sonderbar, wenn oft eine niedliche Diskant Stimme unter der Perüke eines Alten hervorstürmt, so bald man dies aber gewohnt ist, muß man gestehen, daß diese jungen Leute mehrentheils sehr viel Talent zeigen, welches mit der Zeit, zur Reife gebracht, den Theatern sehr nutzen kann. Da diese jungen Schauspieler so früh Anlage zeigen, so könnte man aus denselben, wenn ein Mann der es versteht, ihre Bildung übernähm, dereinst sehr brauchbare Mitglieder für das Theater gleichsam erziehen. —

Die Gesellschaft eröffnete ihre Vorstellung, nachdem Monſ. Werther einen von Vulpius verfertigten Prolog mit vielem Beifall hielt, mit dem Bettler, von Bock und einer kleinen Operette: Grün und Rosenfarb genannt. Ausser diesen Schauspielen, gaben sie auch einige grössere Schauspiele, und unter andern, sah ich von denselben aufführen: Den Vetter in Liſſabon, von Schröder — die drei Töchter von Spies — der eifersüchtige Liebhaber, eine Oper — Betrug über

Betrug von Vulpius — den Faßbinder — den Fähndrich von Schröder, ꝛc. —

Die Ballette, welche bei dieser Gesellschaft im Gange sind, werden recht gut gegeben! Mlle. Constantini ist eine sehr gute Tänzerin. Sie hat Anstand, eine gute Figur, und verdient wirklich den Beifall, welchen man ihr schenkt.

Unter den andern, zeichnen sich besonders Monſ. Werther in komischen Alten, Monſ. Schindler, als Chevalier, Mlle. Schibinski als Liebhaberin, Mlle. Hanchen, als Kammermädchen, und Mlle. Hankin, in leichten, kokettirenden Rollen, aus.

Es ist für den Denker eine Sache, welche allerdings seine Aufmerksamkeit verdient, zu sehen, wie diese Kinder ganz allein von der Natur geleitet, ihren eigenen Weg gehen, und eben deswegen, oft dem Kenner mehr Beifall als das erkünstelte Spiel grösserer Schauspieler, abnötigen, welches so oft nichts als Nachahmung, zuweilen, ganz verunglückte Nachahmung, anderer Künstler, ist, welche auch noch mit der mißverstandenen Natur ringen, und mehr den Spiegel, als Herz und Empfindungen zu Rathe ziehen. — Hätten diese jungen Schauspieler nur einigermassen Bildung, wollte jemand dies wohlthätige Geschäft übernehmen, das Theater fänd vielleicht in Zukunft seine Erwartungen von denselben, reichlich erfüllt.

Zu Ende der Vorstellungen dieser Gesellschaft, welche sich wegen der schlechten Einnahme, den grossen Unkosten, und Abgaben, welche an den Magistrat gezahlt werden müssen, hier nicht lange halten wird, werde ich Ihnen eine ausführlichere Beschreibung derselben senden. — Incidenter gesagt, ist es sehr zu bedauern, daß eine grose Stadt nicht einmal gutes Schauspiel vor

vor immer hat, woran blos Geschmack der Einwohner, und die Last der Abgaben an die Obrigkeit, schuld sind. —

K. W.

XII.
Kleine Karakteristik der Bondinischen Gesellschaft nebst Bemerkung der jährlichen Gagen. *)

Rthlr.

Herr Reinecke. — Hatte als erster Schauspieler und Regisseur — 1600.

Herr Brükl. Tyrannen, rasche polternde Alte, auch zärtliche und launichte Väter; erstere, obgleich manchmal überspannt, spielt er vorzüglich gut. Leztere glücken ihm weniger. Gehalt mit seiner Familie. — — 1040.

Latus 2640.

Herr

*) Dieser Aufsatz ward dem Herausgeber zwar schon kurz vor Reinecke's Tode mitgetheilt; da sich aber die Gesellschaft seit der Zeit im geringsten nicht weiter verändert hat, als daß in die Stelle des Verstorbenen, Herr Borchers als Schauspieler gekommen, und Herr Thering Regisseur geworden ist: so hat er seinen Werth noch nicht verlohren, besonders, da die Contracte der Gesellschaft noch bis zu Ende des Monats Mai 1789 laufen. Wie hoch die Gagen der Schauspieler bei allen ordentlichen, besonders stehenden, Theatern gestiegen sind, kann nur der beurtheilen, der in diesem Stück mit den vorigen Zeiten bekannt ist. Unter allen aber giebt das hiesige Königl. Nationaltheater die Höchsten, wovon sich die Leser in Zukunft selbst überzeugen sollen, wenn ihnen der Etat dieses Theaters, und der Status noch mehrerer Bühnen, die der Herausgeber theils schon hat, theils noch erhält, zur Vergleichung in diesen Annalen vorgelegt werden wird.

	Rthlr.
Transport	2640.

Herr **Schirmer**. Alle erste Liebhaber und junge Helden. Sein Ton ist etwas singend und gedehnt; sein Anstand mit unter steif. Lüderliche Bursche, wie z. B. Franz Florbach, Carl Buschdorf, Fähnrich Saalstein glücken ihm am besten. Hat — — — 700.

Herr **Drewitz**. Erste und zweite Liebhaber, seine Stellungen sind zu Balletmässig, und es fehlt ihm noch an Modulation im Tone. In Jungen feurigen Liebhabern könnte er durch Studium vorzüglich werden. Hat — 500.

Herr **Nabel**. Teutschfranzosen, Chevaliers, Liebhaber. Erstere spielt er sehr gut. Zu Liebhabern ist sein Ton zu wenig gebildet, zu einförmig, und sein Spiel zu kalt. Hatte nebst Frau seit diese aber von ihm ist, ist sein jährliches Gehalt noch nicht bestimmt. 728.

Herr **Emrich** spielt zärtliche Alte gut: launichte Alte glücken ihm nicht sehr: Ton und überhaupt sein Spiel sind ohne die diesen Rollen sonst eigne Nüancen ꝛc. Hat nebst der Frau 600.

Herr **Thering**. Komische Bediente, Chevaliers, und überhaupt komische Charaktere. Sein Milord Ogleby, Baldrian Klau, Junker Ackerland ꝛc. sind seine Hauptrollen. Wer sieht diesen Mann nicht jederzeit mit Vergnügen? Hat 900.

Herr **Bösenberg**. Komische Charaktere. In Französischen Bedienten exzellirt er vor Thering. auch spielt er einige Rollen, die nur ihm eigen sind. z. B. Den alten Holm im Ring. Schade, daß er zuweilen übertreibt. Hat mit der Tochter 1000.

Latus 7068.

Herr

	Rthlr.
Transport	7068.

Herr Zucker. Alte treuherzige, auch zärtliche Bediente spielt er sehr gut, und mit warmen Gefühl. Als Sänger ist er vorzüglicher, und singt einen angenehmen Baß. Hat jährlich 364.

Herr Henke. Bauern, Verwalter, Wirthe, ꝛc. Erstere sind ihm eigen. Hat nebst Frau 800.

Herr Ulrich schreibt Rollen und spielt die letzten Bedienten. Hat jährlich 208.

Herr Schouwart spielt, die Juden ausgenommen, alle Fächer, und ist in jedem sehr brauchbar. Hat jährlich — 600.

Actricen. Madame Sophie Albrecht. Alle erste Rollen. Dem Fache der Heldinnen entsprechen ihre Figur und Ton nicht allemal. Junge muntere Liebhaberinnen, und naive Rollen, sind für sie das glänzendste Fach. Auch spielte sie sonst nur die zärtlichen und schwärmerischen Rollen, an welchen sie aber den Geschmack zu verlieren anfängt. Hat — — 1000.

Dem. Bösenberg. Als Soubrette vorzüglich gut, und die Beste, die wir je bei uns hatten. Junge muntere Liebhaberinnen, Bauernmädchen, auch Koquetten, spielt sie eben so gut. Als Sängerin ist sie gleichfalls ungemein brav.

Mad. Koch. Königinnen, edle Mütter, Charakterrollen. Hat sich in diesen Fächern seit einigen Jahren gebildet, und man sieht sie darin ihrer schönen Figur wegen gern. Hat 800.

Mad. Henke. Komische und zärtliche Mütter. Die Oberförsterinn in den Jägern und die Art Rollen sind jetzt ihre vorzüglichsten.

Latus 10840.

Ma=

	Rthlr.
Transport	10840.

Mad. Seconda, zweite Soubretten. Ist eine hübsche Frau, und könnte durch fleissiges Studium bei mehrerer Uebung zu Liebhaberinnen gut werden. Sie singt auch und spielt den Pagen im Figaro mit vielem Beifall. Hat — 312.

Dlle. Warm ist Anfängerin, und hat zu einer jungen zärtlichen Liebhaberinn sehr viel Anlage. Bekommt — — 260.

Mad. Brückl, Dlle Wittekind, Mad. Emrich; Hülfs- und Nebenrollen.

Dlle Brückl Kinderrollen sehr brav.

Summa — 11412.

XIII.
Aus einem Schreiben.
(Hamburg den 4ten April 1788.)

Eine hiesige Neuigkeit ist, daß der Schauspieler Dengel in dieser Woche plötzlich abgedankt worden. Er war Herrn Schröder viel schuldig, bequemte sich nicht zu bezahlen, und da dieser ihn endlich mahnte, so beleidigte er Herrn Schröder so empfindlich, daß er, mit Consens der fünf ältesten Schauspieler sogleich entlassen wurde, jedoch zahlt ihm Herr Schröder bis Ablauf dieses Jahres die Gage.

XIV.
Nachrichten von der Großmannschen Gesellschaft *)

Der Vollständigkeit wegen sind hier noch folgende drei Stücke, welche im v. J. in Hannover gegeben wurden, an-

*) Man s. die Ephemeriden des Theaters. 6. Band S. 393.

anzuführen: Den 27. Dec. Der Irrwisch. O. Den 28. Carl und Sophie, oder die Physiognomie. L. und den 31. Die Dorfdeputirten. O. mit dem etwas geschwätzigen Zusatz: die Gratulanten!

Neujahr 1788 bestand die Gesellschaft, außer Herrn Director Großmann und Herrn Musikdirector Weber, aus folgenden Mitgliedern: Mad. Diestel. Mad. Ehlers. Mad. Großmann. Dlle. Kneisel. Mad. Kammerland. Mad. Löwe. Dlle Löwe. Mad. Neuhaus. Hr. Deering. Hr. Diestel. Hr. Ehlers. Herr Gödel. Hr. Löwe. Leopold Löwe. Hr. Müller. Hr. Neuhaus. Hr. Romersberg. Herr Ströbel. Hr. Schneider. Hr. Spiri. Hr. Wawrosch. Hr. Weihrauch.

Die Bühne wurde am 2. Jan. mit dem Burgemeister. S. von Gr. Brühl, eröfnet, dessen mitunter langweilige Scenen, vorzüglich das Spiel des Hrn. Großmanns, als Bettler Gotthelf, interessant machte. Den 3. Fiesko, zum 2ten mal. Mad. Neuhaus spielte die Julia vortreflich. Besonders merkte man das feine Studium ihrer Rolle in der Scene, wo sie das Portrait zurücknehmen muß. Herr Diestel als Fiesko, gefiel das erstemal mehr. Die letzten Acte waren sehr gut, aber die ersten etwas vernachlässigt. Im ganzen sonst brav. Herr Großmann als Verrina, meisterhaft. Die Scene wo er seine Tochter — Mad. Diestel, die vorzüglich gut spielte — ermorden will, wenn sie richtig mit ihrem ganzen Ausdruck gezeichnet würde, wäre einer der wichtigsten Beiträge zur Mimik. Hr. Neuhaus als Mohr, sehr gut. Einige Spaße hätten indeß weniger gegen das Parterre gesprochen werden können. Den 4. Der Apotheker und Doktor. O. Herr Müller als Sichel. Den 7. Lanassa. Mad. Sophia Albrecht ist in dieser Rolle eine grosse Schauspielerin, aber wahrlich, Mad. Neuhaus macht ihr den Kranz streitig! Sie wird von jener mit einem richtigern Dialekt, mit einem Wohllaut des Tons übertroffen; aber sie zeigt rich-

richtige Beurtheilung, und wahres, tiefes Gefühl, und daher ist ihr Ausdruck jeder Leidenschaft so ganz ohne Affektation, wie es nur das eigensinnigste Theater unserer Zeit verlangen kann. Den 9. Der doppelte Liebhaber. L. und die beiden Hüte. N. Mad. Diestel. als Kammerjungfer. Den 10. Erwine von Steinheim. Tr. Hr. Großmann als Minnesänger Traubold. Herr Ströbel als Graf Henneberg. Das Stück gefiel im ganzen nicht. Den 14. wurde wegen Göbels Entfernung (S. Annalen 1. St. S. 122) statt einer angekündigten Oper, das Räuschchen gegeben. Hr. Großmann machte die Hauptrolle mit dem lautesten Beifall. Mad. Diestel die jüngste Tochter. Den 16. Hamlet, mit des Abt Voglers Musik. Hr. Diestel war ehemals zu Berlin, wo er vielleicht nicht ganz in seinem Fache gewesen sein mag. Wie in verschiedenen vorherigen Stücken, zeigte er auch hier als Hamlet, daß er ihn nach grossen Mustern, oder wenigstens nach guten Kopien grosser Muster, studirt hatte. Vorzüglich gut drückte er z. B. bei der Unterredung mit der Königin, das Entsetzen aus, da der Geist erschien, und mehrere Stellen. In einigen wäre vielleicht seine Stimme einem kleinern Hause angemessener gewesen. Dlle. Kneisel ist eine schöne Ophelia. Ihr Spiel ist lange nicht tadelfrei, aber sie erregt durch eine sanfte Schwermuth unser innigstes Theilnehmen; Sie äussert Mangel an Empfindlichkeit gegen ihr Unglück, aber sie erregt nicht — wie eine gewisse grosse Schauspielerinn, die gar eine Tollhäußlerinn daraus macht — unser Entsetzen, unsern Unwillen gegen sich selbst, denn Laertes sagt (im Original): „Die Hölle verwandelt sie in Anmuth." Doch — was über diese beiden Rollen bereits geschrieben ist, bedarf keiner Vermehrung. Man wünschte, daß Hr. Großmann als König, seine Rollen mit Hr. Neuhaus, welcher den Oldenholm übrigens gut machte, hätte umtauschen mögen. Den 17. ein zum Geburtstag der Kö-

Königin von Hr. von Lichtenstein verfaßtes Vorspiel: Aldo der Eremit, mit Gesang und Tänzen. Es ist Manuskript geblieben. Zum B. die kindliche Liebe, vom Hr. Grafen Brühl. Den 18. Aldo und die seidene Schuh. L. Den 23. die beiden Portraits. L. 1 A. von einem jungen Frauenzimmer in Hannover. Die Verwechselung eines Portraits der Amalia, giebt dem Geliebten Anlaß, seinen Freund, von dem er betrogen zu seyn glaubt, zu fordern; Sie finden den Irrthum, versöhnen und heirathen sich respective. Ist Manuscript geblieben. Zum Beschluß, die eingebildeten Philosophen. O. Den 24. der Teufel ist los, O. Parterre, Logen und Theater waren besetzt. Den 25. wiederholt, mit einem Epilog von Mad. Neuhaus. Die Gesellschaft reiste nach Hildesheim. Den 25. März. Der natürliche Sohn. L. 5 A. von Cumberland. Hr. Pleißner debütirte hier als Dumps mit vielem Beifall. Hr. Neuhaus als Major O Flaherti. Vorher ein Prolog von Mad. Neuhaus. Den 26. Natur und Liebe im Streit. S. Den 28. die neue Emma. L. und der Magnetismus. N. Hr. Großmann als Cantor, Mad. Diestel als seine Tochter, Hr. Neuhaus als Grundmann, Hr. Müller als Randius, alle sehr gut. Den 31. Im trüben ist gut fischen. O. Den 2. April die eifersüchtige Chefrau. L. Mad. Neuhaus in der Hauptrolle. Hr. Ströbel als Harry Beagle. Hr. Großmann als Lord Trinket. Den 4. Verbrechen aus Ehrsucht. S. Oberkommissair Ahlden, Herr Großmann. Ruhbergs Mutter, Mad. Neuhaus. Eduard Ruhberg, Hr. Ströbel — sehr gut. Den 7. Bewußtseyn. Den Minister von Werden spielte Hr. Großmann meisterhaft so wie Hr. Ströbel den Eduard vortreflich. Hr. Ströbel verräth viel theatralische Kenntnisse, und wird, wenn er, da es ihm gar nicht an Fleiß und Ehrliebe fehlt, die kleinen Anstößigkeiten seines Dialekts, und das

hin

hin und wieder etwas ängstlich und steif scheinende seines Anstandes verbessert, eins der ersten Mitglieder der Gesellschaft. Bezannetti, Hr. Neuhaus; Melbenstein, Hr. Wawrosch; beide gut. Auch Hr. Deering als Kammerdiener Meyer; nur etwas feiner — denn heutiges Tags haben auch die Kammerdiener Geschmack! Hr. Romersberg als Christian, verdient Aufmunterung, nur ist er zu eintönig. Den 9. Die Entführung aus dem Serail. O. Den 11. Der poetische Landjunker. L. Die Ohren des neusüchtigen und immer lesenden Theils unsers Publikums, mögen vielleicht diese Züchtigung verdient haben! Das Stück war übrigens gut besetzt. Den 14. Der Ring. L. Baroninn von Schönhalm, Mad. Neuhaus; Hr. von Halm, der Onkel, Hr. Neuhaus, spielt sehr gut. Hr. Pleißner als Klingsberg, hatte sich in der Rolle vergriffen; Er spielte den Westindier. Das Herz beider ist im Grunde gut, nur, jener ist Hofmann — dieser, Natursohn. Uebrigens gut memorirt; — bei dieser Rolle ein Hauptverdienst. Den 16. König Theodor von Venedig. O. Hr. Neuhaus Gafferio. Hr. Weihrauch, Thaddäus. Letzterer ist überhaupt in den Komischen Opernrollen der Liebling des Publikums geworden. Den 17. wiederholt. Den 18. Der Weise in der That. S. Hr. Großmann als Vater, sehr gut; Hr. Diestel als Sohn Vanderk, ebenfalls. Zum B. der Schneider und sein Sohn. L. Den 21. Henriette, oder sie ist schon verheirathet. L. Oberst von Freihof, Hr. Neuhaus. Er zeigt sich besonders in alten militärischen Rollen, wohin unter andern vorzüglich Oberst Haller in der offnen Fehde gehört, mit sehr vielem Beifall. Eine Mad. Richter spielte die Oberstin, als Gastrolle, ohne allen Beifall. Hr. Diestel als Bleinville, sehr gut. Hr. Großmann spielte den Antoine in den letzten Akten vorzüglich gut; nur scheint der erste Akt einen jüngern Schauspieler zu erfordern. Den 23. Im Trüben

ben ist gut fischen. O. Den 25. Ignez de Castro. Tr. Ignez, Mad. Neuhaus, vortreflich. Von besondrer Würkung war die Scene, wie sie zum König kömmt: „Hier bin ich mit all' meinen Schätzen, mit all' meinen Sünden" u. s. w. Sie fühlt ganz, was sie sagt. Hr. Diestel macht den Don Pedro sehr brav. Hr Neuhaus als König, würde seinen Beifall ungleich erhöhen können, wenn er sich ein gewisses, besonders in Rollen, in denen ernsthafte Empfindung ausgedrückt wird, wie hier, angebrachtes Manövre, oft die Hände zusammenzuschlagen, welches für Auge und Ohr gleich unerträglich ist, abgewöhnen könnte, und nicht zu oft sein Gedächtniß ihn verließe. Hr. Ströbel als Fernando. Den 28. Die Fraskatanerin. Dlle. Kneisell als Violante. Mad. Großmann als Donna Stella. Die Oper erhält hier, wie an andern Orten, vielen Beifall. Don Pagnotte macht Hr. Diestel; Hr. Gatto Debütirte als Fabrizio. Den 30. Elfride. Tr. Mad. Gatto debütirte in dieser Rolle, und man kann ihr darinn das Verdienst, gut gestorben zu seyn, nicht absprechen. Die Pantomime ist gewiß eine der allerschwersten. Aber sonst besitzt sie zuviel Kunst, und zu wenig — Gefühl, will ich nicht sagen — aber zu wenig Natur. Die sogenannten Theaterschritte, das gezierte Verdrehen des Leibes, des Halses, und dergleichen, will, seitdem man die Möglichkeit des natürlichen Spiels von andern mit so vielem Beifall gesehen hat, keinen mehr gefallen. Ueberdies hat, beiläufig gesagt, unser Publikum die Caprice, einen halbversteckten Busen ungleich reizender zu finden, als einen entblößten, und wenn er auch — noch einmal so schön wäre! Zum Beschluß, die Heirath durch ein Wochenblatt. L. Den Juden macht Hr. Großmann mit äusserster Täuschung. Die Carricaturen der Mad. Adler, Mad. Neuhaus, und die des Schauspielers Wilibald, Hr. Dießel, sehr gut. In mehrern dieser Art haben beide einen Beweis für ihre mannichfache theatralische Brauchbarkeit abgelegt. Den 2. Mai. Das Narrenhospital. O. Den 5. der Teufel ist los. Den 6. Agnes Bernauerinn, Tr. Mad. Gatto spielte diese Rolle. Den 7. der Irrwisch). O. Den 9. Stille Wasser sind betrüglich. L. Den 13. Graf Walltron. S. Der Graf, Hr. Dießel, sehr gut. Mad. Gatto machte die Gräfinn. Den 15. Wahrheit ist gut Ding. L. Den jungen Richter spielt Hr. Pleißner nicht ohne Beifall. Einzelne Stellen wurden verfehlt. Den 16. Der Jurist und der Bauer. L. Hr. Dießel als Grübler, sehr gut. Mad. Dießel, als Rosine, spielte so allerliebst naiv, wie eine Grazie. Dergleichen Rollen, so wie muntere Soubretten, sieht man von ihr nie ohne Beifall. Zum B. der Alchymist. O. Den 19. der King. Mad. Neuhaus, die vorher wegen gewisser Differenzien abgehn wollte, erschien hier, so wie ihr Mann, zum erstenmal wieder. Sie wurden mit lautem Beifall, um so mehr empfangen, da Hr. Großmann durch dies neue Engagement einen angelegentlichen Wunsch des Publikums befriedigte. Mad. Neuhaus dankte sehr artig mit den Worten: „Beurtheilen sie meinen Dank nach der Größe ihrer „Güte!" Den 21. Sophie oder der gerechte Fürst. S. von Möller in 5 A. Das Stück selbst ist manchen gerechten Tadel unterworfen. Es hat platte, langweilige, oft widerliche Scenen, z. B. die, wie der Stadtknecht mit der Peitsche ins Gefängniß kömmt, aber auch einige die aus dem Herzen geschrieben, wieder zu Herzen gehn. Ueberhaupt scheint der Verfasser, der Geschichte selbst möglichst haben getreu bleiben zu wollen, sonst hätte manche paßliche Veränderung angebracht werden können, und gemacht werden müssen. Sophie, Mad.

Gatto. Ich hörte in der Loge von einem Frauenzimmer, welches sie zum erstenmal sahe, und sich sonst für ihre Rolle sehr zu interessiren schien, die Bemerkung: Mad. Gatto könne ihre Stimme nicht heben — und ich muß gestehn, daß ich dies für sehr richtig, und für einen Hauptgrund halte, warum bei manchen Scenen das Theilnehmende der Zuschauer nicht so stark war, wie die Lage der Gefangenen versprechen ließ. Ich führe dies, als Urtheil eines Frauenzimmers deswegen an, da es mir so auch für andere wahrer zu seyn scheint, indem es ungewöhnlich ist, daß das weibliche Herz, welches so leicht, so gern das Unglück der Leidenden beweint, dem Verstande Raum lassen sollte, Bemerkungen dieser Art, und in dieser Lage zu machen, wenn sie nicht würklich überzeugend gefühlt werden. Gewöhnlich kann man die Beurtheilungskraft der Frauenzimmer zu leicht durch ihre Empfindungen bestechen! Eine andere, psychologische Frage wäre die: warum sich der Fürst mehr für den Straßenräuber, als für den Amtmann und andere Gefangene interessirt? — Hr. Pleisner machte den Mutovsky gut. Den 23. König Theodor. O. Den 26. Das Loch in der Thür. L. Hr. Deering als Bulling. Hr. Großmann als Berndt. Die erste Rolle würde durch das Spiel des letzten sehr gewonnen haben. Den 28. der Todte ein Freyer. L. Der Alchymist. O. Den 30. Caspar der Thorringer. S. Hr. Wagner Debütirte als Abgesandter von Salzburg. Die Hauptrolle spielte Hr. Neuhaus, so wie Mad. Neuhaus die Margarethe sehr gut. Wilhelm, den Bruder Kaspers, machte aber Hr. Diestel desto schlechter. Auch eine Nebenrolle ist die erste, wenn sie besser gespielt wird, wie diese! Oder sollten vielleicht zu viele Lobsprüche einem sonst achtungswerthen Künstler glauben machen können, daß er gut

gut genug spiele? — O dann schade um unsern Beifall! Den 1. Jun. Der flatterhafte Ehemann. L. Den 4. die große Oper, Cora, mit möglichster Decoration. Zulezt eine, auf den Geburtstag Sr. Königl. Majestät sich beziehende Rede, gesprochen von Dlle. Kneisell. Den 5. wiederholt. Den 9. Der Tadler nach der Mode. Das Stück hat viel Langweiliges. Hr. Diestel als von Haber, gut, Hr. Großmann als Comödienschreiber Speil, und Mad. Neuhaus als Kirschinn, sehr gut. Den 13. Der Zerstreute. O. Den 16. Reynald, oder das Kind der Natur und Liebe, S. in 4 A. von Hr. von Eckartshausen. Ungeachtet das Stück mit ziemlichem Fleiße ausgeführt wurde, mißfiel es doch fast durchgehends, und in der That, es enthält einen solchen Bombast von shakespearisirenden Floskeln, so viel giftigen Geifer gegen den Adelstand — der denn doch seinen Arroganzen, die sich, si Diis placet, mit der Zeit legen werden, abgerechnet, Schutz, und mehr Achtung verdient — daß es sehr bald Eckel erregt. Wenn man denn Gros des Adels, verdiente Wahrheiten, gut und mit Erfolg sagen will: so muß man ein Stück zu schreiben im Stande seyn, wie Großmann: Nicht mehr als sechs Schüsseln! Die Darstellung der Nacktheit, wie hier beim ältern Howarth, soll wie man sagt, sogar die Gallerie anstössig gefunden haben; — was mochte denn wohl der feinere Theil dabei denken? — Den 20. Die Eifersucht auf der Probe. O. Den 23. Die Mausfalle. L. Hr. Mayer debütirte als Baron Schitto, und Mad. M. als Fiekchen, ohne sonderlichen Beifall. Den 27. Die Schule der Eifersucht. O, Den 30. Glück bessert Thorheit. L. Hr. Großmann, als Gouverneur von Hardenstern, spielte vortreflich, und wurde nach dem Stück mit lautem Bravo! empfangen. Mad. Neuhaus als Emilie, und Mad. Diestel als Barbara; beide

sehr

sehr gut. Auch Hr. Müller als Pater und Hr. Pleißner als Philipp. Zwischen dem 3. und 4. A. tanzten Hr. und Mad. Mayer eine Menuet a la Reine und eine Gavotte, und am Schluß des Stücks ein komisches Pas de trois, die geneckte Bäuerin genannt, mit Mad. Ströbel. Die letzte erhielt vielen Beifall. Den 1. Jul. wurde zur Gastrolle Hrn. Keilholz als Nardone, die Freskatenerinn gegeben, worinn sich derselbe mit großen Beifall hören ließ. Den 2. Glück bessert Thorheit auf Begehren nebst den Tänzen wiederholt. Den 4. Der Mahler von Paris. O. Den 7. Wahrheit ist gut Ding. L. Hr. Friedberg spielte den Hofrath Berger als Gast. Zum B. die mit Tänzen untermischte Pantomime, der Mechanicus, umgeändert vom Hr. Baron von Knigge. Den 8. Emilia Galotti, und auf Begehren, der Mechanicus. Mad. Dießel hatte die Emilia übernommen, und spielte sie, besonders im 3. und letzten Akt gut, über alle Erwartung gut, denn ein eifriger Leser Leßings verlangt hier gewiß viel. Odoardo, Hr. Neuhaus, ebenfalls sehr gut. Hr. Mayer als Prinz, ist unter aller Kritik. Wir sahen ihn gern von Hr. Ströbel. der jetzt den Appiani, besonders die spöttische Gleichgültigkeit mit dem „Warum nicht?" gegen Marinelli, und noch ein paar kleine Stellen, nicht ganz traf. Marinelli von Hr. Großmann, ist ein wahres Meisterstück im Studium des hofmännischen Tons, im Character eines Marinelli. Dies feine Studium, verbunden mit dem großen Talent, Kunst in Natur zu verwandeln, ist es, welches ihn von der sonst so allgemeinen wahren Bemerkung, daß Schauspieler, welche oft in Rollen von schlecht moralischem Charakter auftreten, den Zuschauer nach und nach verhaßt werden können, ausnimmt. Zu diesem giebt sein Karlos im Clavigo, eine schöne Parallele. Hr. Deering ist für einen Mahler Conti zu schwach;

schwach; Hr. Müller paßt nicht für den Rota. Ersterer fodert mehr Geschmack und Gefühl, letzter mehr Würde, so kurz auch seine Rolle ist. Eine Mad. Cronheim spielte die Orsina als Gastrolle. Ein unhörbar leiser Ton der Stimme, selbst bei den heftigsten Ausdrücken des Dialogs; auſſer ein paar mal, da sie ins Schreien gerieth, eine affectirte Sanftmuth; eine fast immer lächelnde Grimasse; eine nichtssagende mechanische Armschwingung, vor der Stirn in gerader Linie aufs Kinn herunterfallend, u. s. w. das alles gehört wohl schwerlich zu dem Character einer feinen, stolzen, beleidigten Orsina — zu dem Charakter von Leſſings Orsina, die mit Gift und Dolch bewafnet, zur Rache kömmt! Demungeachtet — ich würde sonst gar nichts von ihrem durchaus verfehlten Spiel sagen — wurde sie mit betäubendem Klatschen beehrt, und sogar zweimal dadurch in der Rede unterbrochen! — — „Nein! rief ein Genius der Nation im Feuer der Begeisterung, nein, man nenne mir das Hannoversche Publikum keineswegs strenge! — Es ist ein so gutmüthiges Ding — es läßt sich stimmen, so gut wie jedes andere! —" Der kleinere Theil — lächelte. Leſſings Geist, sagt man, zitterte über der Bühne, und wischte sich aus den Augen eine Thräne der Wehmuth. Den 10. Jul. Reue versöhnt, aus dem von Hrn. Ifland übersandten Manuskript. S. in 5 A. Hr. Ifland findet hier oft Tadel in Gegenständen, wo er ihn gewiß nicht verdient. Zwar auch seine eifrigsten Verehrer können sich nicht verleugnen, daß manches einer Abänderung bedürfte; daß z. B. Ausrufungen, Thränen, Umarmungen, Fußfälle und dergl. zu oft wiederholt, auch verschiedne kleine Scenen mit andern etwas feiner hätten verwebt und nüancirt werden können — daß aber alles dies nur Kleinignigkeiten, nur deshalb gerügte Fehler sind, weil man sich so innig für das ganze interessirt, darin müssen alle übereinstimmen. Was für herrliche Situationen! Welche einnehmende Moral! Welche herzliche, rührende Scenen! Die Würkung einer einzigen derselben, auf das Herz mancher Mutter, auf die Empfindung manches guten Mädchens, ja selbst oft auf den stärkern Mann, kann den Verfasser für so manchen ungegründeten Tadel hinlänglich entschädigen. Den Walsing machte Hr. Großmann, vortreflich, so wie Caroline, Mad. Neuhaus. Den Wilhelm spielte Hr. Mayer wie ein heulender Schulknabe. Die naive Rolle der Maria würde Mad. Mayer nicht zugefallen seyn, wenn man die Sophie anders als durch Mad. Diestel hätte besetzen können. Eduard Ruhberg, Hr. Ströbel. Er mag immer in dieser Rolle im künftigen Winter einer der ersten in Deutschland seyn. Major Rondau spielte Hr. Diestel recht gut. Von den übrigen Rollen war die Mutter von Mad. Kammerland; der Handlungsdiener von Hrn. Schneider, Christian von Hr. Ehlers, und Johann von Hrn. Müller besetzt. Hierauf tanzten Mad. Ströbel und Hr. Mayer ein pantomimisches Pas de deux, und so wurden mit einer, von Mad. Neuhaus sehr wohl deklamirten Rede, die Sommervorstellungen in Hannover beschlossen.

Abgegangen sind: die Löwesche Familie. Hr. Spiri. Hr. Weihrauch. Durchgegangen Hr. Gödel.

Chr.

Inhalt.

	Seite.
I. Gedichte	2
II. Recensentenkitzel. Lustspiel in einem Aufzuge, von Veit Weber	9
III. Ueber die Bellomoische Schauspielergesellschaft	43
IV. Ueber die Critick des Frankfurter Theaters	51
V. Tagebuch der Mannheimer Schaubühne.	62
VI. Jährlicher Besoldungsstatus der dienstbahren Hofmusik in München, vom 1ten Januar 1788	87
VII. Nachrichten vom Hamburger Theater	93
VIII. Vom Königlichen Nationaltheater in Berlin	102
IX. Von der Hostovsky- und Fendlerschen Gesellschaft	111
X. Ueber das Schwerinsche Theater	116
XI. Ueber die Konstantinische Schauspielergesellschaft	129
XII. Kleine Karakteristik der Bondinischen Gesellschaft nebst Bemerkung der jährlichen Gage	121
XIII. Aus einem Schreiben	124
XIV. Nachrichten von der Großmannischen Gesellschaft	124

Annalen des Theaters.

Drittes Heft.

Berlin,
bei Friedrich Maurer. 1789.

I.
Gedichte.

I.
Rede

am Geburtsfest Ihrer Majestät der regierenden Königin, gehalten von Mademoiselle Döbbelin auf dem Königl. National-Theater in Berlin, den 16. October 1788.

Du, des Himmels Geschenk, mit jeder fürstlichen, jeder
Häuslichen Tugend geschmückt, o Königinn! dreymahl willkommen
Sey uns an Deinem Fest! ruft Dein Berlin, das mit immer
Wachsender Ehrfurcht und Liebe den reinsten Weihrauch Dir
barbringt.
Lebe noch viele dieser reichlich gesegneten Monde,
Durch Dich selbst uns ewig gesegnet! Lebe noch lange
Mitten unter den Scenen der schönen Natur, die Du liebest,
Und dem Pomp der Paläste vorziehst! Lebe noch lange
In Begleitung jenes Dir eigenen Göttergefolges:
Der holdseligen Menschenliebe, der Treue, der Demuth,
Welche selten die Fürsten begleitet; der heiligen Wahrheit,
Sonst von den Höfen verbannt. Noch lange begleiten Dich Deine
Selbsterzogenen Grazien, sie, Dein höchstes Vergnügen,
Sie, das schönste Geschmeide, das je Fürstinnen gezieret.

Was der edelste Baum, mit Nektartrauben behangen,
Die den goldenen Becher der Freude zu füllen genährt sind,
Das ist der Mütter edelste, rings umgeben von Kindern,
Die, mit Ihrer Tugend genährt, die Hoffnung der Welt sind.

So sieht hier die gerührte Stadt Dich oftmals umringet,
Wann Du Dein harmonisches Ohr zu den frohen Gesängen
Deutscher Musen neigest, unsträfliche Scherze mit Lächeln
Billigst, getroffene Leidenschaft fühlst, verfehlte verzeihest.

Dank sagt diese Bühne Dir, welche Dein Anblick ermuntert,
Stets der Natur und Deinem bewährten Geschmacke zu folgen.
Dank sagt das bessere Volk Dir, welches ein glänzendes Muster
Unbescholtener Sitten in seiner Gebieterinn nachahmt.
Und ein großes Reich, das noch in herrschenden Enkeln
Und Urenkelsöhnen nach langen Jahrhunderten blühet,
Dankt Dir, wahre Mutter des Landes! unsterbliche Dauer.

Ramler.

2.

Reinecken's Andenken.
(den Stiftern und Mitgliedern des Dresdner Privat-Theaters gewidmet.)

Von Thaliens Tempel-Hallen
Wankt mein leiser Fuß zurück;
Dort! — ach! bange Klagen schallen
Reineck! — schnell verlohrnes Glück!

Klo

Klagen! auf dem Schoos der Freude,
  Wo sonst Erdengram entschlief!
Vollklang ihrer stärksten Saite,
  Die Gefühle all' durchlief!

Dort! wo deutscher Künste Ruhme
  Reineck Sieg, auf Sieg gewann:
Oft in ihrem Heiligthume
  Aedle That durch ihn begann:

Wo in tausend Glanzgestalten
  Er nur herrschte am Altar;
Dringend in die Herzensfalten
  Er, bald Gott, bald Priester war!

Ach! — er stürzt von hoher Veste
  Männlich schöner Wunderkraft!
Tod stört Seine Zauberfeste,
  Schließt das Lied der Wanderschaft.

Trauernd stehen Künstlerchöre,
  Seufzen, Sein Ersatz — wie schwer!
Mädchen flüsterns in die Flöre,
  So! entzückt kein Mann uns mehr!

Dies Olymp entschwebte Wesen,
  Hoher Schöpfung Phantasie,
War zum Mittelpunkt erlesen,
  Aller Macht der Sympathie.

O! der große Lebensspiegel
  Lag in Seinem Spiel so hell!
Jeder Blick, der Wahrheit Siegel!
  Jedes Wort, der Rührung Quell!

Größe, Kunst, Talente siegten
Mit despotischer Gewalt!
Und in Amors Fesseln wiegten
Umgang, Anstand und Gestalt.

Wenn Er eintrat! — welche Strahlen
Goß der Liebling um sich her!
Leerer Unterhaltung Schaalen
Füllte oft mit Nektar Er!

Ach! so manche schöne Seele
Hieng an Ihm mit Liebe vest,
Die nun Seines Leichnams Höhle,
Seinen Schatten nie verläßt.

Kommt! — wie bald in jenen Hallen,
Mode, sein Verdienst vergräbt!
Hin zum Hügel laßt uns wallen,
Wo sich noch kein Denkmal hebt!

Seht! mit welchem stummen Geize
Seine Zeit, Ihm Dank versagt!
Kaum mit einem kahlen Kreuze,
Noch Sein Grab zu zeichnen wagt!

Dürr ists, daß der Wurm auch darbe,
Der von diesem Hügel zehrt;
Nicht einmal der schwarzen Farbe
Hielts der Todtengräber werth:

Da man auf der Dummheit Gruben
Ganze Marmorberge fährt:
Heuchlerisch verkappte Buben,
Lügenvolle Grabschrift ehrt.

Keine Rosen, keine Zweige
 Säuselnder Acazia,
Blühen dieser lieben Leiche,
 Kein Geliebter ruht ihr nah!

Dieser Spahn in dürrem Boden,
 Ist sein ganzes Monument!
Ehre gnug! daß man den Toden
 Nicht von andern Toden trennt.

Er durchschläft in diesem Winkel
 Seiner Reise goldne Zeit:
Den Ersatz, wagt Eigendünkel,
 Und Sein Leben malt der Neid. —

Wem zu holder Täuschung Träumen
 Je Sein Zauberkreis umfloß!
Wem bey trauten Schattenbäumen
 Sich Sein volles Herz ergoß!

Froh umlaubt vom Myrthenkranze
 Vor der blühenden Natur,
Schwärmerisch im Mondenglanze
 Er die Brudertreue schwur!

Jeder! bringe Seinem Werthe,
 Hier, ein dauernd Opfer dar!
Sey bey jedem Loos der Erde
 Mann und Freund wie's Reineck war!

Götterfreuden, weises Leben
 Lehrte, schuf Sein mächtig Spiel;
Alles standhaft aufzugeben,
 Lehrt Sein letzter Schritt an's Ziel.

Ihm entsank der Täuschung Larve
    Froh am Abend: — in der Nacht,
Tönt der Himmels Wahrheit Harfe
    Aufbruch! — die Gefahr erwacht.

Tief im Dunkel der Erwartung
    Kämpft der aufgeschreckte Held,
Schnelle Kämpfe der Entsagung
    Auf den schönsten Plan der Welt.

Tief im Grund des starken Herzens
    Pocht der Freundschaft Abschiedsgruß;
Er versagt beym Bruch des Herzens
    Sich des Freundes Labekuß!

Nur auf Wang und Stirn des Heitern
    Toben Stürme der Natur,
Und im kalten Schweisse scheitern
    Schöner Züge Reize nur.

Durch die brechenden Gebeine
    Donnerts Tod! furchtbar hinab —
Doch, Sein Blick entdeckt die Hayne
    Stillen Friedens übern Grab. —

Mit dem Glockenschlag der Stunde, *)
    Da Sein Muth sonst viel begann,
Stöhnts aus Gluth der Lebenswunde,
    Daß Er nicht mehr kämpfen kann.

Leise

---

*) Reineck starb am 1 November 1787. Abends um 6 Uhr, wenn das Schauspiel in Dresden anzuheben pflegt.

Leise löst der Geist die Flügel
  Und — des Meisters Werkzeug fällt.
Schaudernd rasseln alle Riegel
  Hinter Ihm vor Gram und Welt.

Feyernd rauscht der Vorhang nieder,
  Schöner Täuschung Scene weicht! —
Dort! — hebt Ihn die Wahrheit wieder,
  Die uns frohen Ausgang zeigt:

Wo Du Freund! im Cranz' wirst prangen,
  Der von hellen Sternen flammt:
Manchen liebvoll wirst empfangen,
  Der Dich lieblos hier verdammt.

Denn auch Dich! trafs Loos des Guten,
  Den die Zunft der Falschheit quält,
Weil es kann für andre bluten,
  Und — wie alle Menschen fehlt.

Friede dort! Dir! edle Seele!
  Die Du hier uns Freuden gabst!
Gern doch jeder andern Seele,
  Was Du selbst nicht hattest, gabst.

Herzen schlagen noch hienieden,
  Deiner werth, mit Dir verwandt;
Die, seitdem Du abgeschieden
  Dich beweint, Dich nie verkannt!

Die, wo Zungen, Thaten würgen,
  Standhaft treu, für Dein Verdienst,
Und für Dich, als Weisen bürgen,
  Wie Du, Weisen, stets erschienst.

3.

Epilog zum Revers,

gesprochen von Mademoiselle Bösenberg zu Leipzig,
den 19. Octobr. 1788.

Nun — das war wieder gut! — Jetzt darf ichs doch wohl
    wagen,
Frei meine Meinung auch zu sagen?
Ich hatte ja nach Kammermädchen Weise
Die Hand ein wenig mit im Spiel;
Die Sachen sind im rechten Gleise,
Die beiden Pärchen sind an ihrer Wünsche Ziel,
Wir andern müssen gratuliren —
Und wer bey diesem Reversiren
Nicht seine Rechnung fand, der trage mit Geduld
Sein Schicksal — War's nicht seine eigne Schuld?
Ihr hörtet es: Man soll nicht jungen Mädchen trauen!
Und wer es thut, der läuft Gefahr,
Wie man im Sprichwort sagt, sein Haus auf Sand zu bauen —
Und freilich ist dies oft nur allzuwahr. —
Allein was plaudr' ich da? Anstatt mit Gründen
Und mit geläufger Zunge diesen Wahn
Zu widerlegen, klag' ich solcher Sünden
Selbst mein Geschlecht und mich hier an. —
Nun wird man mir wohl Glauben auch versagen,
Wird mich vielleicht der Heuchelei
Beschuldigen, die Köpfe schütteln, fragen,
Ob das, was ich jetzt spreche, Wahrheit sey —
Dies wäre hart gestraft — Nein, meine Theuren,

So weit treibt man den Leichtsinn nicht;
Der Mund allein soll nichts betheuren,
Das Herz dictirt jetzt alles was er spricht.
Es klopft so bang — denn schon hat sie geschlagen
Die Abschiedsstunde, die uns trennt —
Mir ist nur noch vergönnt
Ein kleines Lebewohl zu sagen,
Und unsern Dank — Empfangt aus vollem Herzen
Dies kleine Opfer hier, das Euch gebührt —
Es ist ein Trost, ein süßer Trost in Schmerzen,
Wenn Leiden Mitempfindung spürt.
Und daß wir jetzt so ungern von Euch scheiden,
So gern wir Euch vor kurzem wiedersahn,
Daß wir bei Euch uns unsers Daseins freuten,
Euch wie uns alles, alles weihten
Was unsre Kunst vermag, und froh die Bahn
Des Pilgerlebens hier betraten und verneuten —
Bedarf dies einen Schwur? Bedarfs Versicherungen?
Nehmt eines ächten deutschen Mädchens Bürgschaft an,
Das jetzt vom innigsten Gefühl durchdrungen
Gewiß nicht täuschen will noch kann. —
Doch werdet Ihr uns Eure Gunst erhalten
Dann auch, wenn wir fern von Euch seyn?
Wird sie nicht schwinden — nicht erkalten —
Und dürfen wir des Wiedersehns uns freun?
Wie wär' es? Ein Revers — Kraft dessen
Ihr fernerhin uns Eure Huld versprecht —
Ist dieser Wunsch wohl zu vermessen?
Entscheidet selbst — ich fordr' es nicht als Recht,
Ich bitte nur — Und die Formalitäten
Erlaß' ich Euch sehr gern, nebst Siegel, Unterschrift —
Denn wo das Herz allein Verträge trift,
Hat man dergleichen nicht vonnöthen.

Ein kleines Zeichen nur, daß, wenn wir wiederkehren,
Wir Eure Gunst und jeden schönen Zug
Von Euren Herzen, die wir stets verehren,
Auch wiederfinden: — Dies soll unsre Hoffnung nähren —
Und dies ist uns Revers genug.

4.
Minna Brandes.
Gefeiert 1788.

Wo ist Dein Grab? Wo keimt in deinem Staube,
Die Veilchensaat entgegen dem,
der, hinzupflanzen eine Grabeslaube,
mit Rosenstöcken käm?

Herabgestimmt, zu dumpfen Trauertönen,
sey deines Pilgers Laute dann,
wenn er einst der verwaisten Freundschaft fröhnen,
an deinem Grabe kann.

Wo einsam, bey der Sterne Fackeltänzen,
die Musen und die Grazien,
den Staub Cäciliens mit Blumenkränzen,
und Friedenspalmen wehn.

Indeß, den Gott der Lieder und der Saiten,
Thalia und Melpomene,
zum Todtenopfer, nassen Augs begleiten
aus der bestirnten Höh —

Da

Da Minna! sey einst, deines Pilgers Laute,
nicht deiner Künste Schmeichlerin, —
Hartherzig nahmen sie uns die Vertraute,
Zum Sonnentempel hin!

Sey Sprecherin der Wahrheit, die wir fühlen,
„daß Minna jüngst, am Kunstaltar
„Germaniens, vor allen Mitgespielen,
„Das Rosenmädchen war."

Und heilig sey, in deinem Leichensteine,
Der Nachwelt unser Opferheerd —
Wo ist dein Grab? Wer weinen kann, der weine;
Sie ist der Thränen werth!

John.

II.
Die
Ausbreitung der Kunst*).
Musikalischer Prolog.

Personen.

Genius des Ruhms.
Griechenland.
Italien.
Frankreich.
Spanien.
England.
Deutschland.
Der Rhein.
Oberpriester.
Priester und Priesterinnen.

Dem. Hammel.
Mad. Hellmuth.
Mad Walter.
Hr. Hellmuth.
, Walter jun.
, Lux.
, Walter sen.
, Stegmann.
, Brandel.

Das Theater stellt einen geweihten Hain der Schauspiel-Kunst vor. Die Bäume sind mit Blumen-Guirlanden durchwunden. An ihnen hängen die Medaillons einiger berühmten Schauspieldichter und Künstler des Alterthums, als: Sophocles und Aristophanes von den Griechen. Plautus und Roscius von den Römern. Corneille von den Franzosen, und Shakspeare von den Engländern. Auf beiden Seiten sind die Büsten einiger neuern aufgestellt, als: Voltaire, Garrik, Metastasio, Leßing, Eckhoff ꝛc. In der Mitte sieht man die Bildsäule Apolls, vor

---

*) Von Schmieder, zu Einweihung des Mainzer National-Theaters 1788; die Musik dazu vom Hof-Koncertmeister Kreußer.

vor ihr einen Altar, um ihn herum Oberpriester, Priester und Priesterinnen der Schauspielkunst. Hierzu kommen: Griechenland, Italien, Frankreich, Spanien, England und Deutschland, vorgestellt durch Bewohner dieser Länder. Sodann der Rhein. Sie bringen für die Ausbreitung der Kunst ihre Opfer, und unter einem feyerlichen Gesange an den Gott der Künste, illuminiren sich die Namen der neuern berühmtesten Schauspieler und Schauspieldichter von denen Nationen, unter welchen sich, von Griechenland aus, die Künste vorzüglich ausgebreitet haben. Zu Ende erscheint der Genius des Ruhms in einer Wolke, und das Theater verwandelt sich in einen prächtigen Tempel.

(Nach der Ouverture hebt sich der Vorhang.)

Chor.

Gottheit! Urquell alles Schönen!
In feyerlichem Jubelklang
erschall' Dir unser Lobgesang!
Und süsse Harmonien tönen!

Oberpriester. (Die Opferflamme entzündet sich.)
Ihm lodere die Flamme!
Ihm dampfen Wohlgerüche!
Ihm wall' in Silberwolken
der Opferrauch empor!

Chor. Urquell alles Schönen ꝛc. ꝛc.
Aus deiner Gottheit Fülle
strömt jede Geistes=Kraft
und jede schöne Kunst,
strömt das heil'ge Feuer,
spriet der Dichterfunken
der deine Zauberwerke schafft;
vor dir sinkt jedes Vorurtheiles Hülle,
verfliegt des Aberglaubens Dunst,
und alles huldigt deiner Gunst,

Nach

Nach deinem Wink formt sich der Wilde,
du schaffest Tapferkeit und Milde,
entflammst den Trieb nach Ruhm,
du füllst mit Sanftheit den Barbaren,
und wandelst was sonst Felsen waren
in Traubengärten um.

  Statt wilder Thier Gebrülle
  ertönen jezt Schallmeien,
  du zauberst Wüsteneien
  in ein Elisium.

B. A.

Duett.

Deutschl. Wir bringen hier
und Italien. des Dankes Opfer dir
  für deine Geistes-Werke dar,
  für jeden Eingeweihten
  den unsern neuern Zeiten
  das Vaterland gebar.

(Die Namen von den Büsten illuminiren sich.)

  Hier prangen ihre Namen
  bei jenen die einst schon
  von jeder Nation
  ins Heiligthum hier kamen.
  Weit tönen ihre Lieder
  und Hain und Echo hallt sie wieder.

Der Rhein. *(kömmt, mit einem Kranz von Schilfrohr, und einem Gürtel von Weinreben, in der Hand eine Traube.)*

Recitativ.

Auch ich — vergönnet es dem alten Rhein! —
bring Gott der Kunst! hier meine Gabe dar,
bring hier von diesem Jahr

Die

die Traube von dem besten Wein,
zum Dank für deine Gunst
die du an meinen Ufern zeigst,
für jeden Lohn der Kunst
die du vor allen da, wo sich
des Maines Flut mit mir vereint,
den Liebsten meiner Söhne reichst,
dort blüht dein Reich im schönsten Glanz empor,
und nur des Schauspiels Sonne scheint
noch nicht in eignem Licht hervor.
Wenn werd' — o laß nicht unerhöret mich
aus diesem Musenhaine gehn! —
wenn werd' auch diesen Wunsch ich noch erfüllet sehn?

(Ankündigende Musik. — Ein Donnerschlag.)

Oberpriester. Glühn einst in Flammenschrift
im Tempel der Unsterblichkeit
die großen Namen: Friedrich Karl Joseph
und Karl Theodor, zum Herrscherthron
aus edler Männer Mitt' erwählt,
dann blühn im Sonnenstrale ihrer Macht
des Schauspiels Frühlingsblumen auf,
und hoch an Deutschlands Sternenhimmel flammt,
ein neuer Stern in Feuer ganz hervor.

Griechenl. Uns durchzittert heilig Beben
wenn wir diesem Haine nahn,
wir sehn Lichtglanz um uns schweben
beten deine Allmacht an.

In des Schicksals wildsten Stürmen
erhebst du Geist und Herz,
wir hören deine Lieder
und alles lächelt wieder
und denkt nicht mehr an Schmerz.

V. A.

Recitativ.

Nur ich allein hab' unter allen meinen Söhnen
nicht Einen mehr, ihn in der Musen Heiligthum
hier aufzustellen, ihn mit Ruhm
und mit dem Lobeerkranz zu krönen;
und einst — einst kam ich jedem Volk zuvor,
ha! sonst hob Griechenland sein Haupt empor.
An meinem mütterlichen Busen
nährten alle Künste sich,
und alle — alle Musen
liebten mich.

    In Saitenspiel und Grazientanz
      schwebten meine Töchter hin,
    ich sah entzückt den Lorbeerkranz
      um meiner Söhne Stirne blühn.

Und jezt seufzt unter'm Joche der Barbaren
    das Volk das einst der Welt Gesetze gab,
wo sonst der Künste Schulen waren
    ist jezt — ach! jezt ihr Grab.

Sextett.

Deutschl. Wohl uns! die Künste sind ins beßre
      Land entflohn,
    da blühen sie mit neuer Pracht hervor,
    und heben über jede Nation
      Germanien im Triumph empor.

    Verwandelt ist der wilde Becher-Klang
      in Flötenlispel und Gesang.

Italien. Von Welschlands Künstlerwerken reicht
    der Ruhm von Pol zu Pol,
    mit kühnen Adlersschwingen steigt
    er hoch empor, und mit ihm steigt
    des weisern Volkes Wohl.

Im Flor der Künste steigt
Der Nationen Wohl
hoch über alle Länder reicht
ihr Ruhm von Pol zu Pol.

(Wechsel-
Gesang der übri-
gen Nationen.) Uns führt der Künste Genius
an brüderlicher Hand,
und knüpft in stetem Ueberfluß
der Wissenschaften Band.

Griechenl. Ach! einst war ich der Künste Vaterland,

Frankr. Ha! Gallien war stets der Künste Vaterland

Span. Ha! Spanien — — —

Ital. Italien — — —

Engl. Brittanien — — —

Deutschl. Germanien ist jezt der Künste Vaterland.

Der Genius des Ruhms.

Vernehmt ihr Nationen, die ihr hier,
in diesem heil'gen Hain versammelt seid,
hört welch ein neues Reich
sich jezt des Schauspiels Muse schuf.
Dort wo sich in des Rheines Silberstrom
der trübe Main verliert,
und unter jenem grössern Namen fort
an Traubenhügeln fließt,
wird heute für die Nation.
ein eigner Künstler-Chor
dem deutschen Schauspiel eingeweiht.

Chor.

Chor.

Auf! auf! naht jetzt in festlichem Gepränge
  dem Tempel! seht die Nahmen glühn!
hier singet ihnen volle Dankgesänge
  durch die dem Schauspiel neue Blumen blühn!
                              (wird wiederholt.)

(Der Chor geht ab. Während dem steigt der Genius aus der Wolke, und das Theater verwandelt sich in einen Tempel. Der Chor kömmt herein. Man sieht die Namenszüge des Churfürsten und des Coadjutors illuminirt.)

Der Genius.

Kommt! bekränzt sie! — hoch erschalle
  euer feierlicher Chor!
Von des Rheines Ufern walle
  froher, lauter Dank empor!

  Denn mit Götterweißheit
  regiert der Fürst das Land,
  sein erst Gesetz ist Freiheit
  und Volkslieb sein Band.

Kommt! bekränzt ꝛc.
  Ihm kann sich mit Freuden
  auch selbst der Aermste nahn,
  gern lindert er die Leiden
  von jedem Unterthan.

Kommt! bekränzt ꝛc.
  Seinen Thron umschweben
  Gerechtigkeit und Kraft,
  es regt in neuem Leben
  sich Kunst und Wissenschaft.

Kommt! bekränzt ꝛc.

                              Schluß-

Schluß-Chor.

Groß ist Apollo! — groß sein Reich;
durch seines Geistes Wehen
hebt sich ein Land empor, ein andres sinkt hinab,
und Eines Volkes Auferstehen
ist oft des Andern Grab.

 Alle Nationen
 unter allen Zonen
 huldgen beinen Thronen,
 staunen deine Thaten an,

III.
Das Fest der Verwaiseten.
Ein Prolog
vom Herrn Kammersekretär John.

Aufgeführt zu Königsberg in Preussen
am 17. Februar 1788.*)

Personen:
Ein Priester, Herr Strödel.
Herr Steinberg.
Herr Bachmann.
Madam Bachmann.
Chor der Sänger und Sängerinnen.

Szene:
Der Tempel des Geschmacks, erleuchtet. Ueberm Altar brennt der Namenzug des Königs unter der Königl. Krone. Auf dem Altar liegen die Attribute der Schauspielkunst. Am Piedestall brennt die Inschrift: Regi, Senatu & Populo sacrum d. 17. Febr. 1788. An den Seitenwänden erblickt man die Urnen der beiden Schuch, Vater und Sohn, und der Madam Schuch, mit den Aufschriften der Geburts- und Sterbejahre.

*) Des jetzt regierenden Königs von Preußen Majestät geruhten den Schuchischen Kindern auf Fürsprache ihrer sterbenden Mutter das Schauspielprivilegium auf Ost- und Westpreußen zu bewilligen, auch einen ansehnlichen Rückstand mütterlicher Schuld allergnädigst zu erlassen. Diese Huld und Gnade wurde durch obigen Prolog öffentlich gefeiert.

Chor.

Chor.

Heil! Heil! Heil!
droben strahlt die Krone
im Gebieth der Sterne;
Völker! bethet an.

Arie.

Sonnenglanz und Himmelsmilde,
sind auf diesem Luftgefilde,
Friedrich Wilhelms Diadem;
über Seinem Erdensohne
schwebt am Sternenzelt die Krone,
daß ihr Lichtstrahl weiter ström.

Chor.

Von Sternen getragen,
glänzt herrlicher sie,
auf unseres Vielgeliebten
Beherrschers Haupt.

Arie.

Er sinnt, wie seine Väter,
auf Seiner Väter Glück;
ist der Bedrängten Retter,
und zähmt ihr Mißgeschick;
läßt uns vom Sonnenwagen,
der zum Olymp ihn trägt,
den milden Frühling tagen,
der Deutsche wärmt und pflegt.

Chor.

Heil sey dem Vielgeliebten,
dem Schützer deutscher Kunst!
Er laß', auch unsrer Bühne,
den milden Frühling tagen!

(Chor der Sänger und Sängerinnen tritt zu beiden Seiten des Altars.)

Priester. (Zu den Verwaiseten, die im Halbtrauer auf die Vorbühne treten.) Was bringt euch in diesen Tempel zurück? und zu welcher Feier sind eure Herzen vorbereitet? Seht, von der Kunst niedergelegt auf diesen Altar sind die Insignien, die den Vorfahren anvertraut waren, deren Abkömmlinge ihr seyd, und in jenen Urnen ruhen ihre Gebeine. Wollt ihr euch um jene bewerben, oder diesen das Todtenopfer erneuern?

Mad. Bachmann. Das Todtenopfer erneuern! — Vater- und mutterlos, ehrwürdiger Mann! wandeln wir in der Wüste, wie ausgestoßen; ohne Anspruch und Erbe. Vergönne näher zu treten dieser Urne, ach! das einzig Gerettete aus dem Schiffbruch. Vielleicht der Muttersegen mit ihm. — Die gute Mutter! In diesem Tempel weihete sie Melpomenen und Thalien uns; unterrichtete uns; und unsere Vollendung flehte ihr brechender Blick. Hinterblieben sind — Bruder und Schwester, und der Gatte den mir das Herz gab. Keinem verwandt auf der Welt, als dem untreuen Schicksal; keinem anvertraut, als der Kunst nur.

Priester. Als der Kunst nur? Und diese ist nicht wohlthätig? War sie es gegen jene Entschlafene nicht?

Hr. Steinberg. Wer kann an der Dankpflicht verbrechen und dies bestreiten? Freilich war es die Kunst, die unsern Stamm nährte. Sie mischte die Loose des Schicksals noch immer so, daß Trübsal und Freude wechselten. Der Stamm trieb Zweige und warf seinen Schatten wohlthätig auch über uns. Dahin ist der Schatten und abgebrochen vom Stamm liegen die Zweige. —

Prie=

Priester. Abgebrochen — denn das ist Gesetz und Gang der Natur — nicht weggeworfen. Ihr Geschäft ist — fortpflanzen, nicht zerstöhren. Die Kunst, die euren Stamm nährte, wird eure Wurzel auch tränken. Was sie euren Vorfahren einst war, wird sie künftig euch seyn. Sie gewann jenen das Lächeln des Publikums — eines Publikums, dessen Stände und Geschlechter, einverstanden mit der Kunst über ihren erhabenen Zweck, den Beruf des Schauspielers wider den Verläumder in Schutz nehmen, und den Zöglingen der Kunst wohl thun, wenn sie ihrem Beruf zustreben — denn, wer kann ihn erfüllen?

Hr. Bachmann. So wären denn auch wir nicht ganz vogelfrey? nicht ganz erblos? Dieser Boden wäre mütterlich Land? und die Kunst unsrer Mutter wär' ein Vermächtniß für uns? Und sollten die Wohlthäter der Mutter das Herz verschließen ihren Verwäiseten?

Priest. Gewiß nicht, aber diese Wohlthäter sind keine Verschwender; sind mildthätig, aber auch weise und gerecht. Sie ehren die Kunst und nähren den Künstler; beydes nur denn, wenn die Kunst und der Künstler ihr Gelübde bezahlen — ergötzen und unterrichten.

Mad. Bachm. Das wollen wir gern! Auch ist wirthbarer und treuer die Flur die der Schweiß des Antlitzes bethaut, als die Wüste des Bettlers; süsser der Tribut des Erwerbes, als der Allmosen des Mitleids. Aber sage uns ehrwürdiger Mann! worauf es ankommt.

Priest. Jedes Zeitalter hat seine Bedürfnisse. Erforscht die des eurigen und befriedigt sie mit Geschmack.

Hr. Bachm. Dazu soll uns das Beyspiel der Entschlafenen ermuntern, deren Asche von diesen Urnen zugedeckt wird.

Priest. Seyd euch in jeder Stunde bewußt; daß die Bühne — den Helden, die auf ihren Lorbeern ruhn; den Vätern des Landes, dessen Vormundschaft schwer auf ihren Schultern liegt; dem Geschäftsmann aus jedem Stande, der des Tages Last und Hitze getragen — weise Erholung; und dem aufkeimenden Bürger des Staats, die Schule des Geschmacks und Sittenbildung seyn soll — daß Männer aus allen Ständen, eure Richter, und die Blüthen des Staats eure Pflegbefohlne sind.

Hr. Steinb. Das wollen wir nimmer vergessen! wollen Ehrfurcht geloben unserm Beruf, und Unterwerfung jeder heiligen Pflicht.

Priest. Wißt es! daß ihr für jeden guten Keim, den Spiel oder Vorbild erstickt; für jedes Unkraut mit dem ihr den Boden besäämt, verantwortlich seyd, dem Staat und der Kunst.

Hr. Bachmann. Das schwebe in jeder Stunde uns vor!

Priest. Und unvergessen sey euch; daß ihr euch einer Versammlung verpflichtet die euch aufnimmt; und — bedürfet ihr einer noch stärkeren Aufforderung? — Daß Friedrich Wilhelm, König und Vater der Seinen, euch in die mütterliche Rechte einsetzt. Dieser Tempel steht unter Seinem Schutz. Die Pflichten die ihr gelobt, sind dem Gesalbten gelobt.

Alle drey. Sind gelobt und sollen uns heilig seyn!

Priester. So empfangt denn die Insignien der Kunst, das mütterliche Vermächtniß, von Friedrich Wilhelm bestätigt (theilt die Insignien aus) Friedrich Wilhelm, Seines Volks Vater spendet ihm Brod und vergönnet ihm Spiele. Ihre Anordnung ist euch anvertraut, Euer Gelübde ist Huldigung — ist der Bund zwischen euch und dieser Versammlung. Haltet ihn; so wird Friedrich Wilhelm, der Vater Seines Volks, auch der eurige, und dies Publikum, aus dessen Schooße ihr aufkeimtet, wird euer Wohlthäter seyn. (tritt seitwärts)

Madam Bachmann.
(aus Publikum.)

Geschlossen ist der Bund
Verehrungswürdigste! für mich
und die Geliebte, deren Herz
dem Meinen verschwistert — euch gelobt;
nie zu entweihen diesen Opferheerd!
auch für die Schwester dies gelobt,
die unsern Armen schon entgegen wallt.
Dagegen wird, Verehrungswürdigste!
was wir bedürfen, euer Herz
besorgen uns — dies bürgt uns eure Gunst —
ein bischen Brod, und Nachsicht reichlicher!
Lebt wohl! — Doch! eh' ich scheide sey
der frömmste aller Wünsche uns gewährt;
mit euren Herzen, eurer Huld
zum Altar zu begleiten uns.

(Herr Steinberg, Herr und Madam Bachmann nähern sich ehrerbietig dem Altar.)

Und Du auch unser Vater, der
so königlich und mild gewährt,
was, zu versüßen den Verwaiseten
des Kummers bittern Kelch vermag —
Für unsern Dank bist Du zu mild — zu groß!
Laß' unser Schweigen anerkennen dies,
und, wohlgefälliger als Weihgesang
und Jubel feiler Saiten, Dir
das stille Thränenopfer seyn,
das jeden lauten Dank erstickt.

Schluß-Chor.

Hoch' überm Sternenhimmel
verhall Triumphgesang!
Daß unser milde König,
Sein Volk und die Verwäiste,
und deutsche Kunst und Künstler,
an Seinem Busen wärmt.

IV.
Isabella Andreini.

Täglich lesen wir Nachrichten von vortrefflichen Schauspielerinnen, Englands, Frankreichs und Deutschlands, und die Vergleichungen derselben mit ehemaligen berühmten Aktrisen, haben sich, so viel ich weiß, nie auf die Isabella Andreini erstreckt. Ob die dramatischen Lobredner dies aus Unkunde der Geschichte dieses Frauenzimmers, oder mit Fleiß, nicht thaten,

thaten, wage ich nicht recht zu entscheiden. Die Folge der Geschichte wird lehren, warum ich beinahe so kühn bin, zu glauben, daß man die Vergleichungen nicht bis zur Andreini extendirt hat, weil ihr Nachbild — vielleicht nicht so häufig zu finden ist, als z. B. eine Kopie des Originals der Mademoiselle Clairon.

Isabella Andreini, aus Padua gebürtig, war zu Ende des sechzehnten und Anfang des siebzehnten Jahrhunderts, eine der besten Schauspielerinnen in Italien. Inzwischen verdiente sie nicht allein durch die Talente, welche sie dem Publiko auf den schwankenden Brettern zeigte, die Bewunderung und Hochachtung desselben, sondern auch durch ihr Verdienst, schöne Verse zu machen. Sie besaß ungemein viel Witz, und vereinigte mit ihren Kenntnissen, einen sehr angenehmen Umgang.

Die Intenti (so nennten sich die Akademisten,) zu Pavia glaubten ihre Gesellschaft Ehre zu machen, wenn sie die schöne Isabella in dieselbe aufnähmen. Denselben ihre Erkenntlichkeit zu bezeigen, vergaß sie nie ihren Titeln den Ehrennamen: Academica Intenta, beizufügen. Daher schrieb sie sich in ihren Werken:

Isabella Andreini, Comica Gelosa, Academica Intenta, detta l'Accesa.

Sie war in Besitz eines Gutes, um welches sie viele ihrer Schwestern beneiden könnten, das heißt, sie war von einer ausserordentlichen Schönheit; diese, verbunden mit ihrer bewunderungswürdigen Geschicklichkeit, riß die Zuschauer so allgewaltig an sich, daß sie Augen und Ohren zugleich gefesselt sahen *) ein eben nicht

---

*) Man setzte unter ihr Bildniß: Hoc histricae eloquentiae caput, lector, admiraris; quid, si *auditor* fies?

nicht allzugewöhnliches Evenement bei Schauspielerinnen, welches auch schon der Ausnahme wegen, angeführt zu werden verdient.

Sie reiste nach Frankreich, wo sie vom Königl. Hofe mit ausgezeichneter Hochachtung aufgenommen wurde. Diese Gnade erhebt sie in einigen Sonetten, welche auch daselbst viel Beifall erhielten.

Sie starb auf ihrer Rückreise den 10. Junius 1604 zu Lion an einer zu frühzeitigen Niederkunft, im 42sten Jahre ihres Alters. Ihr Mann, Franz Andreini, ließ sie daselbst begraben und es wurde ihr eine Grabschrift gesetzt, welche beweist, daß die Keuschheit und Gottesfurcht ihre Haupttugenden waren.*) In der That konnten schon diese vortrefliche Eigenschaften, sie allein bei der ganzen Welt beliebt machen, wenn sie auch minder schön, eine geringere Künstlerin und Dichterin gewesen wär. Da sie aber auch mit ihren Talenten, Rechtschaffenheit, Keuschheit und Gottesfurcht vereinigte, so war sie des Lobes der grösten Männer werth. Die besten Dichter haben die Leier bei ihrem Tode gestimmt, und viele Gedichte davon hat man der mailändischen Ausgabe von Isabellens Gedichten, (1605) vorgedruckt. Man hat dabei auch nicht die sinnreiche Erfindung vergessen, welche Erycius Putranus, damaliger Professor zu Mailand,

---

*) Diese Grabschrift lautet:

D. O. M.

Isabella Andreina, Patauina, mulier magna virtute praedita, *honestatis ornamantum, maritalisque pudicitiae decus*, ore facunda, mente fecunda, *religiosa*, *pia*, Musis amica, & artis Scenicae caput hic resurectionem expectat. Ob abortum obiit 4 Idus Iunii 1604. annum agens 42.

Franciscus Andreinus moettisfimus posuit.

land, auch bei ihrem Leben, anf sie gemacht hatte.*)

Auſſer den von Iſabellen verfertigten Sonetten und Gedichten, hat man nicht allein noch ein größeres Hirtengedicht *Mirtilla* genannt, von ihr, ſondern auch Briefe, welche 1610. zu Venedig gedruckt ſind.

Sie ſang unvergleichlich, und ſpielte einige Inſtrumente; ſie war eine gute Schauſpielerin, und Dichterin zugleich; ſie war ſehr ſchön, und ein Muſter der Keuſchheit; ſie war gottesfürchtig, verſtund auſſer ihrer Mutterſprache, vollkommen, Franzöſiſch und Spaniſch, und war in der Weltweisheit, nicht unerfahren.

Wo war denn freilich nach ihr eine Schauſpielerin, welche alle dieſe Tugenden in ſich vereinigte? und konnte man wohl eine, Andreini die Zweyte nennen? — Vielleicht, daß das XIX. Jahrhundert ſo glücklich iſt, einen ſolchen Phönix zu erblicken!

Ihr Mann, welcher nachher auf dem Theater die Poltrons ſpielte, war über den Tod ſeiner Gattin, beinahe untröſtlich, ja er ſpielte ſeit dieſer Zeit, die Liebhaberrollen nicht mehr*), welche er bei ſeiner Iſabelle

Leb-

*) Die Gegenſätze und der Witz in dieſer Aufſchrift, geht mehrentheils darauf, daß Jſabella wie ſchon oben geſagt, Ohr und Auge bei ihrem Spiel zugleich, befriedigte, hier iſt ſie.

    Hanc vides, & hanc audis:
  Tu diſputa, Argus eſſe malis ut videas.
      An Midas ut audias.
   Tantum enim ſermonum vultus
  Quantum ſermo vultum commendat;
 Quorum alterutro aeterna eſſe potuiſſet,
Cum vultum omnibus ſimulacris emendatiorem,
Et ſermonem omni Suada venuſtiorem poſſidaet.

*) Jo laſciai, ſagt er, di recitare le parte mia principale, la quelle era quella dell' *innamorato.* — Der Beweis der Zärtlichkeit dieſes Schauſpielers gegen ſeine Frau, iſt gleichfalls ein

Evenes

Leben, spielte, und beklagte seinen Verlust, unaufhörlich in seinen Gedichten. Er nennt sich in seinem Buche: Ragionamenti, (Venedig 1607.) Korinto, und klagt als ein Schäfer, um seine Geliebte Isabelle, welche er Fillis nennt. Kein Liebhaber kann die Zärtlichkeit höher treiben, und heftiger über die unerbittliche Strenge des Schicksals klagen, als dieser zärtliche Mann wegen des Todes seiner Frau. — Gleichfalls eine Seltenheit in der politischen so gut, als in der theatralischen Welt!

Die Schauspielergesellschaft Gelosi, erwarb sich bei Isabellens Lebzeiten viel Ruhm, als aber diese dieselbe nicht mehr erhob, wurde ihr Verfall täglich sichtbarer.

Isabella Andreini denke ich war des Andenkens dieser paar Seiten gewiß werth, und ihre Tugend hätte den Lorbeer auch ohne ihre entschiedenen Talente, verdient. Es bedarf also keiner Entschuldigung, dies geschrieben zu haben.

<small>Evenement, welches zu unsern Zeiten, eben nicht allzuhäufig ist. Man kennt ja die meisten Theaterehen! weiß, von welcher Gattung sie sind, und unter welchen Auspizien sie eingegangen werden.</small>

V—s.

V.

Biographie der verstorbenen Sängerin und Schauspielerin Minna Brandes.

Charlotte Wilhelmine Franciska Brandes wurde in Berlin, den 21. May 1765. gebohren. Ihr Vater ist der bekannte Schauspieler und Schauspieldichter Johann Christian Brandes, ihre Mutter, Esther Charlotte Brandes, gebohrne Koch, war eine berühmte Schauspielerin und starb vor einigen Jahren.

Minna Brandes, — diese Benennung erhielt sie von ihrem Pathen G. E. Lessing, — wurde von ihren Eltern mit aller Sorgfalt erzogen und weil sie schon in ihrer zarten Kindheit, Neigung und Talente für Musik äusserte, dieser Kunst besonders gewidmet.

In ihrem dritten Jahre, 1768. den 26. Jenner betrat sie bey Koch in Leipzig zum erstenmale die Bühne in der Rolle des jüngsten Kindes, in ihres Vaters Lustspiel: Der Schein betrügt; und im Jahr 1772. sang sie zum erstenmal in der Oper auf dem Hoftheater in Weymar.

Schon damals erregte Minna durch ihre schöne Stimme, richtiges Taktgefühl und naives Spiel Aufmerksamkeit. Ihr Vater, der diese herrliche Anlage zur Musik mit Vergnügen bemerkte, sparte nunmehr keine Kosten, sie durch gründlichen Unterricht in dieser Kunst immer vollkommener zu bilden. Ihr erster Lehrer auf dem Claviere war Hönecke, jetziger Musikdirektor bey dem Schröderischen Theater, dem hernach mehrere, nicht minder geschickte Männer folgten.

Die verwittwete Herzogin von Weymar, eine große Kennerin der Musik hatte die Gnade, diese junge Sängerin zum öftern vor sich kommen zu lassen, und sie durch Beyfall und Geschenke zu ermuntern; Wolf und Schweitzer mußten auf deren Befehl Lieder für sie komponiren und den aufzuführenden Opern einschalten, um ihr Gelegenheit zu geben, sich öfters auf der Bühne zu zeigen. Dichter fingen schon an sie zu besingen, ihr Ruhm war im Aufkeimen und ihr Talent, welches sich täglich immer mehr entwickelte, erfüllte Alles für sie mit Hoffnung und Erwartung.

Die den 6. May 1774. im Schlosse zu Weymar entstandene Feuersbrunst war Ursache, daß die Herzogin die Schauspieler verabschiedete. Brandes ging nun nebst seiner Familie unter Seylers Direction nach Gotha, wo die höchstgütige Fürstin von Weymar, durch die vortheilhafteste Empfehlungen, deren gnädigen Empfang schon vorbereitet hatte.

Auch hier wurde Minna, sogleich bey ihrer ersten Erscheinung ein Liebling des Hofes und des Publikums; besonders begegnete die Herzogin ihr und ihre Aeltern mit ausgezeichneter Herablassung, erlaubte ihnen in ihrem Kabinette freyen Zutritt und überhäufte sie mit Geschenken. Diesem Beyspiele folgte der ganze Adel, der gleichsam wetteyferte, dieser Familie, durch öftere Einladungen, Beweise seiner Achtung zu geben.

In Leipzig, wohin Seyler während der Messe, mit seiner Gesellschaft zu reisen, die gnädigste Erlaubniß hatte, hielt Minna in ihrem zehnten Jahre, die erste öffentliche Rede an das Publikum, welche so wie ihr Gesang und Spiel, mit allgemeinem Beyfall aufgenommen wurde.

Beym Schluß des 1775. Jahres erhielt Seyler einen Ruf nach Dresden. Brandes folgte ihm dahin
und

und Minna wurde auch hier von Seiten des Hofes und der Stadt nicht allein mit lautem Beyfall beehrt, sondern erhielt auch, wenige Wochen nach ihrer Ankunft, von unbekannter Hand ein Geschenk von vierzig Dukaten, auch hatte die verwittwete Churfürstin die Gnade, die junge Sängerin zum öftern in ihrem Cabinette zu hören.

Minna fing nun an, ihre Kunst nach Grundsätzen zu studieren. Der Oberrechnungsrath Mulonier, ein großer Kenner und Beförderer der Künste, empfahl sie in dieser Absicht dem berühmten Clavierspieler Transchel; welcher denn auch, nebst Demois. Anek, seiner Eleve und nachherigen Gattin, sehr viel zur Ausbildung dieser jungen Schülerin beytrug; auch wurde nebst ihnen noch der Churfürstl. Kammersänger Muriottini zu ihrem Unterricht im Gesange angestellt. Meißner schrieb für sie die Rolle des Gutel im Alchimisten und Schuster komponirte darin für ihre Silberstimme die bekannte Arie: Wie durch meine kleinste Nerven ꝛc.

Im Jahr 1778. kam die berühmte Sängerin Madame Mara nach Leipzig und hörte Minna singen; ihre Aufmerksamkeit wurde gereizt, sie ließ sogleich die kleine Sängerin kommen, fand bey ihr Anlage, einst durch Fleiß und gründlichen Unterricht eine Künstlerin erster Größe werden zu können und erbat sich solche von ihren Aeltern zur Schülerin; allein Brandesens damalige Verbindung mit der Theaterdirektion erlaubte ihm nicht, dies so vortheilhafte Anerbiethen nutzen zu können. Madame Mara begnügte sich also damit, ihren Liebling während ihres Aufenthalts in Leipzig und einige Zeit darauf in Dresden, wo sie beyde wieder zusammen trafen, mit ihrer Kunst bekannter zu machen.

Bey Entstehung des Bayerischen Krieges verabschiedete der Dresdner Hof die italienische Oper, zog die bisher zur Unterstützung des deutschen Theaters ausgeworfne Summe ein und verlieh dem bisherigen Directeur der Opera Buffa, Bondini, das Privilegium über die deutsche Schaubühne. Dieser Umstand und vorzüglich Neid und Kabale brachten Brandes zu dem Entschluß, seine Stelle als Regisseur, die er, seit Seylers Abgang, bey dem Hoftheater bekleidet hatte, niederzulegen und dagegen ein ihm angetragnes vortheilhaftes Engagement nach Mannheim anzunehmen.

Bey Gelegenheit der Reise dahin entschloß er sich, weil das Theater in Mannheim erst im Herbst eröffnet wurde, einen Theil des Sommers in Berlin zuzubringen. Minna hatte das Glück, ihre Freundin Madame Mara hier wieder zu finden, welche ihre lehrbegierige junge Schülerin mit offnem Arme empfing, den in Dresden und Leipzig angefangenen Unterricht mit ihr fortsetzte und sie in kurzer Zeit der Vollkommenheit so nahe brachte, daß sie es auf Anrathen ihrer Lehrerin, wagte, ihr erstes öffentliches Concert zu geben. Madame Mara, ihr Mann und noch einige gewählte Künstler hatten die Gefälligkeit, diesen Debüt der Minna durch Gesang und Spiel zu unterstützen. Er fiel sehr glänzend und vortheilhaft aus und Minna wurde durch den allgemeinen Beyfall des Berliner Publikums und durch eine ungewöhnlich starke Einnahme, auf das schmeichelhafteste ermuntert und belohnt.

Bald darauf führte Madame Mara die junge Sängerin nach Potsdam und auf ihre vorhergegangene Empfehlung hatte auch der Kronprinz die Gnade, Minna in einem besonders angestellten Concert zu hören,

ren, sie durch Beyfall zu ermuntern und ihr ein ansehnliches Geschenk behändigen zu laßen.

Nun sezte Brandes seine Reise über Weymar fort, weil sich aber die Herzogin Regentin eben abwesend befand, so ging er, ohne sich dort aufzuhalten, gerade nach Gotha. Hier fand er den Hof noch eben so gnädig wie ehedem gegen sich gesinnt. Fast täglich mußte die Familie in dem Cabinett der Herzogin gegenwärtig seyn. Minna hatte besonders das Glück, sich die Zuneigung dieser huldreichen Fürstin in einem so hohen Grade zu erwerben, daß Höchstdieselbe den Wunsch äußerte, diesen ihren Liebling beständig um sich zu haben und für dessen künftiges Glück zu sorgen. Brandes würde auch gewiß ohne Anstand dies höchst gnädige Anerbieten für seine Tochter genutzt haben, wenn sie nicht bereits durch Contrakt an das Manheimer Theater engagirt gewesen wäre. Indeß sang Minna zum öftern bei Hofe und mit Erlaubniß des Herzogs auch in einem besonders angeordneten großen Concert; ihre Mutter spielte auf dem Hoftheater die Rolle Ariadne und Minna von Barnhelm. Beyde Künstlerinnen erhielten den lautesten Beyfall und nach einem höchst vergnügten Aufenthalte von vierzehn Tagen, wurde die Familie mit reichlichen Belohnungen und unter Versicherungen fortdauernder Gnade vom Hofe entlaßen.

Im Herbst 1779. traf Brandes endlich nach einer beynahe sechs monathlichen Reise durch Deutschland in Mannheim ein, wo man ihn mit Verlangen erwartete. Hier fing Minna schon an in wichtigern Rollen zu glänzen. Die erstre war Rosine im Barbier von Sevilla; die folgenden waren Rosamunde in der Wielandischen Oper gleiches Namens, Luise im Deserteur, Bärbchen in Gotters Jahrmarkt, Zemire

mire u. s. w. Ihr Spiel und Gesang in dieser letztern Rolle wirkten so lebhaft auf das Publikum, daß sie beym Schluß des Stücks hervorgerufen wurde; eben diese Ehre geschah auch ihrer Mutter nach Vorstellung der Ariadne und ihrem Vater bey der ersten Aufführung seines Lustspiels, die Schwiegermütter.

Ein hitziges Gallenfieber, womit die Familie im Herbst 1780. überfallen wurde und das verschiedene Monate anhielt, war Ursache, daß Brandes, auf Anrathen der Aerzte sich entschloß, Mannheim zu verlassen und ein Engagement bey der Hamburger Bühne anzunehmen. Er ging im April 1781. dahin ab. Das Mannheimer Publikum, so wie die Direktion willigte höchstungern in diese Trennung; viele Einwohner begleiteten die Familie bey ihrer Abfahrt und Minna wurde noch beym Abschiede von dem Fürsten von Isenburg, von verschiedenen Standespersonen und andern Schauspielfreunden ansehnlich beschenkt.

In Hamburg fand die neu angekommne Sängerin an Madame Benda eine sehr wichtige Nebenbuhlerin, welche ihr den bishergewohnten Beyfall durch ihren vortreflichen kunstreichen Gesang sehr erschwerte. Minna verlor indeß nicht den Muth, sondern beeyferte sich jetzt um so vielmehr, Fortschritte in ihrer Kunst zu machen und es gelang ihr, die Aufmerksamkeit des hamburgischen Publikums endlich auch auf sich zu lenken, und in der Folge sogar dessen ganzen Beyfall zu erhalten. Auch als Schauspielerin wurde sie jetzt mehr als sonst bemerkt. Fanny im Schiffbruch, einem Trauerspiele ihres Vaters war für sie eine glänzende Rolle, wodurch sie Aufsehn erregte; nach der dritten Vorstellung dieses Stücks, welche zum Vortheile des Verfassers gegeben wurde, hielt sie einen Epilog mit vielem Anstande.

Einige

Einige Zwistigkeiten, welche zwischen Brandes und der Direction des Theaters entstanden, waren Ursache, daß er nebst seiner Familie im Frühling 1782. entlassen wurde. Zu eben dieser Zeit erhielt er von dem Geheimderath von Vittinghof einen vortheilhaften Ruf nach Riga, den er ohne Anstand annahm. Weil indeß das dort neu zu errichtende Theater erst im Herbst eröffnet werden konnte so nützte er diese Zwischenzeit, in allen großen Städten, die auf seinem Wege lagen, durch seine Tochter Concerte geben zu lassen; welche seine Kasse nicht allein ansehnlich bereicherten, sondern auch den Ruf der jungen Künstlerin immer mehr verbreiteten.

In Berlin, wo sich Brandes einige Monate aufhielt, nützte Minna die Bekanntschaft des berühmten Sänger Concialini, der ihre Talente schätzte und sich Mühe gab, ihre Stimme, welche reichlich drey Octaven im Umfange hatte, durch seinen Unterricht noch ferner auszubilden. Sie gewann dadurch das, was man an Madame Benda in Hamburg so sehr bewunderte: Vortrag! Bey ihrer Abreise aus Berlin hatte sie, auf unterthänigstes Ansuchen ihres Vaters, das Glück ein höchsteigenhändiges Empfehlungsschreiben von S. K. H. dem Kronprinzen an des Herrn Herzogs von Curland Durchl. zu erhalten, welches ihr und ihrer Familie bey Höchstdemselben eine sehr glänzende Aufnahme bewürkte.

In Mietau hatte Minna zum öftern die Ehre in den Concerten bey Hofe ihre Talente zu zeigen, und sich dadurch nicht allein allgemeinen Beyfall, sondern auch die besondere Gnade des Herzoges und seiner Gemahlin zu erwerben. Sie und ihre Aeltern wurden auf höchsten Befehl in der Stadt und den Lustschlössern des Herzogs aufs prächtigste bewirthet, mit jedem

Tage erhielten sie neue Beweise Höchstdero Wohlwollens und alles beeyferte sich um die Wette, dieser glücklichen Familie ihren Aufenthalt in Mietau so angenehm als möglich zu machen. Ein wiederholter Ruf des Geh. Ra hs von Vittinghof nöthigte endlich Brandes seine Reise nach Riga zu beschleunigen. Minna wurde von den höchsten Herrschaften reichlich beschenkt und mit Versicherungen fortdaurender Gnade entlassen und ihr Vater erhielt noch bey seiner Abreise aus des Herzogs eigner Hand eine sehr schöne goldne und verschiedne silberne Medaillen.

In Riga wurde Brandes sogleich nach seiner Ankunft der neuerrichteten Gesellschaft als Regisseur vorgestellt. Man hatte von ihm, so wie von seiner Gattin und Tochter, deren guter Ruf hier durch die öffentlichen Blätter bereits auf das vortheilhafteste angekündigt war, die grösseste Erwartung. Das Publikum fand solche, besonders von Minna's Kunst, bey ihrer Erscheinung auf der Bühne, noch übertroffen und diese junge Künstlerinn wurde in kurzer Zeit auch hier der Liebling aller Stände.

Nach einem ohngefähr zweyjährigen sehr vergnügten und glücklichen Aufenthalte dieser Familie in Riga, fand der Geh. Rath von Vittinghof, wegen seiner öftern Reisen und wichtigen Geschäfte, es nothwendig, die Schauspieler zu entlassen. Brandes der sich mit der neuen Direction nicht vergleichen konnte, entschloß sich also, nach Deutschland zurück zu kehren. Die Trennung war für ihn und für das Publicum gleich empfindlich. Bey dem Concerte, welches Minna zum Abschiede gab, waren Sängerin und Zuhörer so gerührt, daß eine Pause Statt finden mußte.

In der Mitte des März 1784. reisete Brandes von Riga ab. Es war Pflicht für ihn, bey seiner Ankunft

Ankunft in Mietau sogleich dem Herzoge aufzuwarten, um ihm nochmals für alle Gnadenbezeugungen, welche ihm dieser großmüthige Fürst auch sogar in Riga hatte angedeihen lassen, persönlich zu danken und dessen Befehle nach Deutschland zu vernehmen. Die Jahrszeit war damals noch rauh, die Flüsse waren ausgetreten und die Wege unfahrbar. Der Herzog erinnerte Brandes daran und hatte zugleich die Gnade, ihm und seiner Familie, bis zum Monat Juny, um welche Zeit Höchstdero Abreise nach Italien angesetzt war, den Aufenthalt in Würtzau nebst dem bisher in Riga genossenen Gehalt zu bewilligen.

Die Gemalin des Herzogs war nicht allein Kennerin der Musik, sondern auch Künstlerinn. Minna wurde also sehr bald ein Gegenstand ihrer Aufmerksamkeit; sie hörte die Sängerin nicht allein bey Hofe, sondern hatte auch die Gnade, solche zum öftern in ihrer eignen Wohnung zu überraschen, um sie auch hier zu hören, oder ihr selbst Beweise ihrer grossen Fertigkeit und Delikatesse auf dem Claviere zu geben. Diese in allem Betracht höchstverehrungswürdige Dame und zärtlich liebende Gattin sann beständig auf Mittel, dem Herzoge ihrem Gemal öfter unerwartete Freuden zu bewirken. Brandes, seine Gattin und Tochter, waren Schauspieler; die Fürstin kam also auf die Idee, durch deren Mitwirkung vielleicht ein kleines Schauspiel aufführen zu können. Brandes, von diesem Wunsche unterrichtet, erbat sich einige Mitglieder aus der Herzogl. Kapelle, richtete sie ab und weil alle wetteyferten zum Vergnügen ihres erhabensten Gebieters beyzutragen, so kam die Sache in kurzer Zeit zu Stande. Vom 14ten April bis zum 30ten Juni, wurden Ariadne, Medea, Cyrus, Oper von Peuchtner. Die schöne Schusterinn. Die beyden Wäscherinnen, der Eheprokurator und die junge Indianerin gegeben.

Der Herzog nahm diesen Beweis von der zärtlichen Aufmerksamkeit seiner Gemahlin mit Entzücken auf. Minna und ihre Mutter wurden von ihm mit Kostbarkeiten von hohem Werth beschenkt und die Herzogin hatte die Gnade die beyden Künstlerinnen im Gefolge ihrer Hofdamen eines Morgens in ihrer Wohnung zu überraschen und jeder einen Ring zu überreichen.

Die Zeit der Abreise des Herzogs und seiner Gemahlin nach Italien rückte nun herbey; Brandes wurde also, mit Geschenken überhäuft entlassen und Minna erhielt noch in dem letzten Augenblicke, da sie sich bey der Herzogin beurlaubte, daß Bildniß derselben, aus ihren eignen Händen, zum immer währenden Angedenken.

Ein gnädiges Empfehlungsschreiben der Herzogin an die Gräfin von Kayserling in Königsberg bereitete der Familie auch hier einen liebreichen Empfang; sie wurde täglich in die angesehnsten Zirkel gezogen und überall mit vorzüglicher Achtung aufgenommen; selbst der Herzog von Holstein hatte die herablassende Gnade, sie zu wiederholtenmalen mit Höchstdero Besuch zu beehren.

Das Musik liebende Publikum wünschte nun sehnlich, die so vortheilhafte Sängerin Minna wieder einmal in einem Concerte zu hören, und in wenigen Tagen kam zum Behuf desselben eine ansehnliche Subscription zu Stande.

Hier wird eine Anekdote, welche das ganz vortrefliche Herz dieses liebenswürdigen Mädchens charakterisirt, am füglichsten eingeschaltet werden können. Das angekündigte Concert mußte, wegen eines der Sängerin

rin zugestoßenen heftigen und lange anhaltenden Catharres ausgesetzt werden: die Aerzte zweifelten an ihrer baldigen Wiedergenesung und Brandes war, weil er seine Tochter so fortdaurend leiden sehen mußte, einige Tage hindurch ungewöhnlich traurig und niedergeschlagen. Eines Abends erhielt er durch einen Briefträger folgendes Schreiben, mit zwanzig Dukaten Einlage. „Theuerster Mann! Einliegende Kleinigkeit bittet „eine Ihnen unbekannte Verehrerin ihrer Verdienste als „einen Beweis ihrer wärmsten Achtung anzunehmen. „Königsberg, den 15. August, 1784." Der Brief war ohne Unterschrift und das Siegel eine Devise. Umsonst suchte Brandes diese ungenannte großmüthige Wohlthäterin zu errathen und auszuforschen; er nahm also dieß unerwartete Geschenk, daß ihm in seiner unangenehmen Lage sehr willkommen war, und ihn auf keinen Fall erniedrigte, mit Dank an und begnügte sich bloß damit, diese edle Handlung allen seinen Freunden mit dem wärmsten Gefühl anzukündigen, um dem Geber, den er mit Wahrscheinlichkeit unter ihnen vermuthen mußte, wenigstens durch diesen Weg seine Erkenntlichkeit zu bezeugen. Erst lange nachher vernahm er durch seine Gattin, welche das Geheimniß von dem Schreiber des Briefes erfahren hatte, daß seine eigne Tochter Minna diese unbekannte Wohlthäterinn wäre, die ihm aus ihrem kleinen ersparten Vermögen das Geld zugeschickt hatte, um ihn wegen des Verlustes, welchen ihm ihre anhaltende Unpäßlichkeit vielleicht verursachen würde, einigermaßen zu entschädigen. Dieß seltne und rühmende Beyspiel kindlicher Liebe bleibt, so wie viel andre ähnliche von Minna verübte großmüthige Handlungen, für ihr Andenken das herrlichste Monument!

Indeß

Indeß waren der Herzog und die Herzogin von Curland ebenfalls in Königsberg eingetroffen; es wurde also auf Verlangen der Sängerin, die sich wieder einigermaßen hergestellt fühlte, das so lange verzögerte Concert von neuem angekündigt; allein unglücklicherweise wurde der Catharr, durch Anstrengung ihrer Stimme bey der nothwendigen Vorbereitung, wieder herbeygelockt und als der Tag zur Aufführung erschien, war Minna zum Gesange gänzlich unfähig. Brandes faßte nun, durch Noth gedrungen, den Entschluß, den vortreflichen Clavierspieler und Organisten Richter zur Direction des Concerts zu erbitten; Hesel, ein geschickter Violoniste mußte durch sein Spiel die Stelle des Gesanges vertreten; Mad. Brandes deklamirte auf Verlangen vieler Schauspielkenner die Rolle der Ariadne und Minna spielte mit der ihr eignen Delikatesse und Fertigkeit einige Concerte auf dem Fortepiano und sang, ohngeachtet ihrer Heiserkeit, zum Beschluß noch eine Arie aus der Oper Arsene. Das Publikum war über die ganze Vorstellung und über die Bereitwilligkeit der Künstlerin, alles was in ihren Kräften stand zu leisten, innigst gerührt und rief und klatschte den lautesten Beyfall. Gleiche Ehre wiederfuhr ihr auch in Elbing, wo sie sich aber schon völlig wiederhergestellt befand.

In Danzig eröffnete sich für **Brandes** und seiner Familie eine neue Aussicht für Ruhm und Glück. Nach einem dort gegebenen sehr einträglichen Concerte, äusserten viele Schauspielliebhaber den Wunsch, Minna und ihre Mutter auch in einigen Rollen auf der Bühne zu sehn. Minna spielte die Kalliste in der Oper, Robert und Kalliste und Zemire. Mad. Brandes spielte Ariadne und Medea zur allgemeinen Zufriedenheit des Publikums. Die vierte Vorstelstellung wurde zum Vortheile der beyden Künstlerinnen gegeben und die Einnahme betrug nahe an tausend Gulden.

Von hier sezte Brandes seine Reise über Stettin, Anklam, Greifswalde und Stralsund, wo Minna überall sang und Beyfall ärndtete, bis Hamburg fort. Sogleich bey seiner Ankunft schien sich ihm sein künftiges unglückliches Schicksal anzukündigen. Er fand bey der Bühne, wo er für seine Familie Engagement zu finden glaubte, alle Plätze besetzt. Die Jahrszeit war spät, die Wege waren unfahrbar; er entschloß sich also, den Winter durch in Hamburg zu bleiben und durch seine Tochter einige Concerte aufführen zu lassen. Die Waare, welche Minna, sowohl durch vortrefliche Musik, vollständige Begleitung und durch ihre eigene Stimme und Spiel auf dem Fortepiano, dem Publikum darbot, war gut; aber der Erwerb war höchst kümmerlich und Brandes endigte diese kleine Entreprise mit beträchtlichem Schaden.

Im Frühling 1785 übernahm Brandes auf Verlangen einiger Schauspielfreunde und auf dringenden Antrieb seiner Gattin und Tochter die Mitdirektion des Hamburgischen Theaters; aber auch bey dieser Unternehmung griesgramte ihm das Glück; mit jedem Tage hatte er nur Verdrießlichkeiten zu verschmerzen, nur Schwierigkeiten zu überwinden. Seine Gattin, unstreitig die beste Schauspielerin in seiner Gesellschaft wurde sogleich nach ihrer ersten Erscheinung durch Schmähschriften unter unbekannten Namen, muthlos gemacht und nach und nach ganz von der Bühne entfernt; einige der unentbehrlichsten Schauspieler verliessen ihn, ehe noch das Theater für seine Rechnung eröffnet wurde; andre entwichen heimlich;

lich; man verbreitete ein Gerücht, das Schauspielhaus wäre baufällig und warnte das Publikum sich keiner Gefahr auszusetzen. — kurz, Neid und Bosheit waren unermüdet zu seinem Verderben geschäftig! Nur Minna's Fleiß, die ausharrende Treue einiger seiner Mitglieder und seine eigene Thätigkeit, Gegenwart des Geistes und unerschütternde Standhaftigkeit entrissen ihn dem so oft drohenden Untergange.

Im März 1786 endigte sich nun auch diese zweyte für Brandes so gefährliche und höchst verdrüßliche Unternehmung; für seine Kasse sogar noch mit einigem Vortheile und weil gerade um diese Zeit die Pachtjahre des hamburgischen Theaters zu Ende giengen, so übernahm nun Herr Schröder selbst die Direktion des ihm zugehörigen Werks.

Noch ist für diesen Zeitraum nachzuholen, daß bey Gelegenheit der Anwesenheit S. K. H. des Prinzen Friedrich von Dännemark in Hamburg und Dessen Gegenwart im Schauspielhause Minna nach der Vorstellung des Figaro, eine an den Prinzen besonders gerichtete Rede hielt. Höchstdieselben nahmen solche nicht allein besonders gnädig auf, sondern liessen auch noch der Rednerin durch des Herrn Grafen von Schimmelmann Excellenz zum Beweise Dero besondern Wohlwollens, eine kostbare goldene Dose behändigen.

Die oberwähnte Schmähschriften gegen Madam Brandes und andre vielfältige unverdiente Kränkungen hatten schon seit einiger Zeit ihre Gesundheit untergraben und endlich eine langwierige Krankheit erzeugt, welche in der Folge tödtlich wurde. Auch Minna hatte durch zu heftige Anstrengung für die Aufrechthaltung des immer wankenden Werks ihre sonst dauerhafte Gesundheit wirklich geschwächt! Der Vater

ter dieser Familie sah schon im Geist das ihm drohende Unglück vorher und bebte!

Im April 1786 verlohr Brandes seinen einzigen Sohn, einen hoffnungsvollen Jüngling von achtzehn Jahren, durch ein Faulfieber; im May folgte die Mutter, welche von ihrer sechsmonatlichen Krankheit beynahe wieder hergestellt war; aber durch den Verlust ihres so innig geliebten Sohnes zu tief gekränkt, sich von neuem legte und ein Opfer mütterlicher Liebe wurde. Jetzt suchte der arme Vater Trost in seiner Tochter Armen und sie in den seinigen; alles war um beide Verlassene öde und leer!

Brandes wollte nun schlechterdings einen Ort verlassen, wo ihm das Unglück so augenscheinlich verfolgte; allein Minna schien gleichsam an Hamburg gekettet zu seyn und ihr Vater sah sich genöthiget, auch diesmal ihren dringenden Bitten nachzugeben; jenen Ruf, den er vor kurzem von der Berliner Theater-Direction erhalten hatte, auszuschlagen und dagegen ein Engagement bey Schröder in Hamburg anzunehmen.

Brandes, der nur selten auf dem Theater erschien, widmete sich jetzt, um seinen Gram zu mildern, seinen Kummer zu zerstreuen, mehr als jemals der litterarischen Arbeiten und Minna suchte an ihrem Claviere Beruhigung, verdoppelte ihren Fleiß und bracht' es endlich so weit, daß ihre Freunde Bach, Leister und alle Kenner, welche sie zu hören Gelegenheit hatten, nicht allein die ausserordentliche Fertigkeit ihres Spiels auf dem Claviere bewunderten, sondern auch einstimmig versicherten, daß ihr reizender und geschmackvoller Vortrag auf diesem Instrumente fast gar nicht übertroffen werden könnte.

Auch

Auch als Schauspielerin machte Minna jetzt merkliche Fortschritte. Unter ihres Vaters Direktion hatte sie schon die Rollen der Ophelie im Hamlet, Wilhelmine im Räuschchen, Luise in Kavale und Liebe, Panassu und mehrere mit Beyfall gespielt; jetzt gefiel sie nicht weniger als Sophie in Diderots Hausvater, als Susanne im Figaro und besonders als Nina; diese Rolle und Apoll in der gretryschen Oper; das Urtheil des Midas, waren ihr Triumph. Zum letztenmale betrat sie das Theater als Eleonore in der Operette, der Apotheker und der Doktor.

Schon seit langer Zeit klagte Minna über heftige Ohr- Zahn- und Halsschmerzen; abwechselnd legte sich das Uebel, fand sich aber bald darauf mit verdoppelter Stärke wieder ein. Bey allen diesen Leiden bezeigte sie eine bewundernswürdige Gedult; hatte sie nur einige Stunden Ruhe, so widmete sie solche ihrer Kunst, wofür sie ganz allein Gefühl und Leidenschaft zu haben schien. In dem letztern Jahre ihres Lebens komponirte sie den größten Theil der Lieder, welche nach ihrem Tode, unter dem Titel: Musikalischer Nachlaß von Minna Brandes, im Druck erschienen und mit verdientem Beyfall aufgenommen worden sind. Bis auf den Augenblick, wo sie das Theater zum letztenmale betrat, war sie pünktlich und strenge, in Erfüllung ihrer Pflichten, ohne alle Aufforderung, ohngeachtet der öftern Warnungen ihres Vaters und der schonenden Nachsicht ihres Direkteurs Herrn Schröder.

Der heftige Rheumatismus schien sich nach und nach zu verlieren und der um seine Tochter äusserst besorgte Vater hoffte nun ihre baldige gänzliche Wiederherstellung; als sich plötzlich ein weit gefährlicherer Feind zeigte. Minna befand sich eines Abends als

Zu-

Zuschauerin im Schauspiele; beym Herausgehen wurde sie von einem heftigen Husten überfallen, dem ein Blutauswurf folgte. Die Angst des armen Mädchens, welche ihr Leben liebte und der Schreck ihres Vaters bey diesem neuen Unfall, war unbeschreiblich. Brandes miethete sogleich für seine Tochter eine ländliche Wohnung und erbat von Schröder seine Entlassung, um durch Ruhe und Wartung dem Uebel vorbeugen zu können; aber alle Vorsicht, das Leben dieser theuren Kranken zu retten, war vergebens! Die Jahrszeit für einen ländlichen Aufenthalt war noch zu rauh und als der Frühling angenehmere Tage hoffen ließ, hatte die Patientin, welche nun förmlich an der Schwindsucht litt, nicht mehr Kräfte genug, ihr Bette zu verlassen. Alle Beyhülfe der Aerzte, der heiße Wunsch des Publikums für die Wiedergenesung seines Lieblings, das brünstige Flehen des nun ganz zu Boden gedrückten Vaters — Alles war vergebens! Minna wurde täglich schwächer und folgte den 13 Jun. 1788 ihrem Bruder und ihrer Mutter in die Ewigkeit. Ihr Alter brachte sie auf drey und zwanzig Jahre und zwey und zwanzig Tage. Ueber den Schmerz ihres nun ganz verwaißten Vaters ein Vorhang; so etwas läßt sich fühlen, aber nicht beschreiben!

Die Verstorbene wurde nach ihrer letzten Verordnung, acht Tage nach ihrem Ableben, in Nierstedden, einem Dorfe, ohngefähr zwey Meilen von Hamburg, beerdigt. Viele Einwohner und die mehresten Schauspieler folgten der Leiche; welche Letztere diesen theuren Ueberrest zu Grabe trugen. Alle warfen, der nun Versenkten, Blumen nach, und noch jetzt wird fast von Jedem, der nach diesem Dorfe kömmt und das holde Mädchen kannte, ihr schon grüner Grabhügel besucht, mit Thränen benetzt und mit Blumen bestreut.

Annal. d. Theat. 3. Heft.   D

streut. Wohl ihr; sie ist nun bey Gott, hat alle Leiden überstanden!

Minna Brandes war ein an Körper und Seele gleich vollkommenes Mädchen! Ein griechischer Wuchs, ein offenes blaues Auge, das nie bezaubern wollte, aber ohne Wissen seiner Besitzerin unwiderstehlich dahin riß. Blondes Haar, eine feine weisse Haut ohne Flecken und alle übrige Theile ihres Gesichts und Körpers im vollkommensten Verhältnisse mit dem Ganzen. Sie hatte ungemein viel Verstand, ohne damit glänzen zu wollen, eine ausgebreitete Belesenheit, ohne damit zu kramen und einen lebhaften feurigen Witz, ohne ihn jemals zu mißbrauchen. Ihr Herz war vortreflich! Ihr höchster Wunsch war, Bedürftigen wohl zu thun, begierig ergriff sie in dieser Absicht jede Gelegenheit die sich ihr darbot; theilte dann reichlich von ihrem Vermögen und sammelte in wichtigern Fällen, besonders zum Vortheil verschämter Armen, auch vor ihren Freunden und Verehrern, welche Letztre sie vorzüglich nur aus dieser menschenfreundlichen Rücksicht um sich duldete. Lügen, Kunstgriffe, Verläumdung, Heucheley, und das ganze Gefolge dieser Laster verabscheuete sie aufs äusserste; sie sprach stets Wahrheit, war stets offen, vor aller Welt Augen, und würde die Grundsätze der strengsten Redlichkeit nie verläugnet haben, wenn auch ihre ganze Wohlfahrt auf dem Spiel gestanden hätte. Bescheidenheit waren unter allen ihren Tugenden die vorzüglichste! Sie ließ einer jeden Schönheit, einem jeden Künstler nicht allein Gerechtigkeit wiederfahren, sondern wenn sie sich von den Vorzügen überzeugt glaubte, so hielt sie sich ohne Anstand für geringer und strebte, was die Kunst betraf, dem Gegenstande ihrer Bewunderung desto mehr nachzueifern. Sie verehrte jeden Künstler, besonders im musikalischen Fache; aber Heyden war unter allen ihr Liebling; sein Bildniß hieng stets über ihrem Claviere. Gegen Stümper, besonders gegen solche, die auf Kunstfähigkeiten und Kenntnisse besondern Anspruch machen wollten, war sie strenge; nur dann, wenn die Wohlfahrt solcher Menschen mit ins Spiel kam, trat ihr gutes Herz ins Mittel. Sie kleidete sich beständig mit vielem Geschmack, zuweilen mit inniger Sorgfalt, war sie aber einmal mit ihrer Toilette fertig, so vergas sie auch, von dem Augenblick an, alle Ansprüche auf Schönheit.

Nie vergas Minna ihres Schöpfers und ihrer endlichen Bestimmung! Hermes, Zollikofer und Sturm waren ihre tägliche Gesellschafter, mit denen sie sich abwechselnd unterhielt.

Sanft, wie ein Bach, floß Minna's kurzes Leben dahin; sie hatte keine aufbrausende Leidenschaften, sie haßte niemand und liebte Jedermann; sie fehlte nie mit Vorsatz, nur selten aus Uebereilung; sie hatte keine herrschende Neigung, als nur für Gott, für ihren Vater, für ihr Clavier, und — für ein wenig Bequemlichkeit.

Dies wäre also eine kurze Biographie und Schilderung einer der liebens- und verehrungswürdigsten Künstlerinnen, welche die deutsche Bühne zu früh verlohr! Deren Verlust als Künstlerinn nicht so bald und in Ansehung ihrer übrigen großen Vorzüge und Tugenden vielleicht in vielen Jahren nicht ersetzt werden dürfte.

VI.
Dramaturgische Fragmente für Königsberg in Preußen, 1788.

Woher noch der Streit für und wider die Bühne? Mir scheints Zuruf des Instinkts und Einladung der Natur zu seyn: genieße was da ist! die Warnungstafeln: Hüte dich für Ueberladung! das ist Gift! u. s. w. sind Erinnerungsmale späterer Erfahrungen, veranlaßt durch Operationen der ausschweifenden Willkühr, die sich zur Schwelgerey durch voreiliges Vernünfteln verleiten ließ; und tritt dieses nicht öfterer aus dem Geleise, als der zugreifende Instinkt?

Vielleicht ist die Bühne — man verzeihe mir diese Vergleichung — wie der Baum des Erkenntnisses, zur undankbarer Bestimmung ausgesondert, daß an ihr die Vernunft, die Majestätsrechte über den Uebermuth der Begierden ausüben soll. Und da es der Vernunft, im ungleichen Streite mit den Begierden, gar selten gelingt: so ist es vielleicht der Nothbehelf ihrer Selbstliebe, dem Schlachtfelde hinterlistige Defileen und Wolfsgruben anzudichten. Wer steht dafür, ob es nicht bloße Vorspieglungen sind, daß die moralischen Schwindel und Krämpfe, deren Ursprung man der Bühne zueignet, Folgen des schlechten Genußes, und nicht vielmehr Effekte zügelloser Diät sind? Woher soll denn auch die Bühne, geradezu, eine Fabrik der Giftmischer, und ihr Fabrikat das aqua Tofana absichtlicher Sittenzerstörer seyn? Oder wer hat es ergründet

gründet, daß vorzüglich in den Theatertöpfen der Tod kocht? Können Kolik und Delirium, — nur zu oft die Epidemie der Gäste wie der Hausgenossen der Bühne — nicht eben so gut die Wirkung schwacher Verbauungsgefäße, als der unverdaulichen Kost seyn?

Wie auch dieser Streit vom Moralphilosophen geschlichtet oder entschieden werden möchte — und so gewiß der gute Rousseau, nie weiser und wohlthätiger gegen sein noch jungfräuliches Genf war, als in dem Augenblick, da er der Bühne den Schlagbaum vorziehen ließ: so sind doch wir in der Lage nicht, die Thore ohne Neb' und Recht sperren zu können. Leider! ist die Bühne, aller Rousseau's zum Trotz, so weit vorgedrungen; hat so viel Land gewonnen und sich erschmeichelt, daß es fast Thorheit ist, sich ihr zu widersetzen. Und da die Bühne, durch ihre Triumphe, einen gewissen rechtlichen Besitzstand sich erstritten, hin und wieder Kreditiv und Patent der Geschmacks- und Sittenschule erschlichen hat; auch der Hang fürs Schauspiel eine moralische Wunde ist, die nicht geheilt werden kann, ohne die verdorbenen Säfte zu gewaltsamern Durchbrüchen zu reitzen: so kommt es weniger darauf an, wider die Bühne zu deklamiren, als vielmehr darauf, ihren unbestrittnen Einfluß auf Geschmack und Sitten unverfälscht und unschädlich zu erhalten.

So wär ich benn weit entfernt, die Luftschlösser Thaliens und Melpomenens den Hörsälen der Weisen oder gar den Tempeln der Gottesverehrung zur Seite zu setzen. Eigentlich bedürfen ihrer die Sterblichen nicht. Sie haben Mosen und die Propheten — laß sie die hören! Aber eben so wenig möcht ich sie zur Classe jener Häuser herabwürdigen, in denen das Laster feil gebothen wird; möcht ihr dasjenige nicht schlechtweg zuschreiben, was ihrer Ausartung oder ihrem Mißbrauch zugerechnet werden muß; möcht ihr, den kräftigsten Einfluß auf Geschmack und Sitten=Verfeinerung, geradezu nicht absprechen, dessen sie fähig ist. Und woher sollte die Darstellerin des Menschenlebens mehr oder weniger strafbar oder verbrecherisch als der Mensch selbst — warum sie verbannt seyn, indeß der Mensch nach Belieben sein Wesen und Werk forttreibt?

Vielleicht sind es bloße Zufälligkeiten — Familienschwächen der Zuschauer so gut wie der Autoren und der Darsteller — daß die Bühne theils ihrem Verläumder etwas zu seyn scheint, was sie nicht ist. Der gerechteste Vorwurf liegt vielleicht darinnen; daß die Bühne keine Wahl unter den Geladnen anstellt; daß ihre Gastgeber an der Landstraße stehn, und Krüppel, Lahme und Blinde hineinnöthigen; keinen zurückweisen, und es jedem für den Einlaß freystellen, Gift oder Honig zu saugen.

Trift aber dieser Vorwurf die Bühne unmittelbar? Ist es nicht vielmehr, von Seiten der Bühne, bittres Bedürfniß, mit der Kunst öffentlichen Markt zu halten? Oder soll sie dafür verantwortlich seyn, daß ihr nicht eben so gut die Zuhörer zuerzogen werden; das Publikum dagegen ein Vorrecht bürgerlicher Freiheit darin setzt, daß jener Markt jedem offen stehe, und Thalia und Melpomene kein eignes, für ihre Kunst gebildetes Publikum habe, so bleibt nichts übrig, als dafür zu sorgen, daß nichts Unreifes und Schädliches von ihren oft ausgearteten Priestern oder Leviten feil geboten werde.

Wen trift nun aber diese Sorge? oder welches sind die Mittel, dies mit Sicherheit zu bewirken? Ich dächte; den Staat und seine Gesetze. Jenem können
Cultur

Cultur und Politur seiner Bürger unmöglich gleichgültig seyn. Vielleicht würd' eine zweckmäßig eingerichtete Theaterpolizey, die nun freilich keinem bigotten, gefühl- und geschmacklosen Censor anvertrauet, sondern, dem Kenner der Kunst und der Menschen und dem Freunde ihrer Glückseligkeit überlassen werden müßte, über kurz oder über lang, dem Staat Sorge und Aufwand von dieser Seite reichlich vergelten! Vielleicht ist der Einfluß der Bühne, zeither, mehr allgemein anerkannt als von allen Seiten genau abgeschäzt! Vielleicht hat die Gesetzgebung keine Gespielin, die treuer und Wirksamer ihre Zwecke befördern würde als eben die Bühne, wenn sich jene für diese intressirte, ihr den Wirkungskreis absteckte, und ihr den Schutz und die Vorzüge nicht versagte, die ihr, auf den Fall allerdings zustünden. Diese Bemerkungen mögen nur hingeworfen seyn! Ihre Ausführung gehört nicht in Fragmente. Und da die Spekulation; die Magistraturen, der Bühne näher und zweckmäßiger zu verpflichten, weit über das Ziel dieser Bruchstücke hinausgeht: so will ich meine Ideen in den engeren Kreis des Privatlebens zurückführen.

Vielleicht wär' es also die gemeinschaftliche Sache der Theaterdirektionen und der Schriftsteller, durch die Bühne, Geschmacks- und Sittenverfeinerung zu befördern, und dem hirnlosen Gaffer alle Materialien zum Mißbrauch der Bühne aus dem Wege zu räumen. Wer wird es aber übernehmen, diese Heerden in einen Stall oder unter einen Hirthenstab zu sammeln? Wer wird ihr verschiednes Intresse, ihre Grundsätze und ihre Launen, die sich so sehr durchkreuzen, näher vereinigen? Wie viel Aufopferungen würden von allen Seiten nothwendig, und wer würde zu den kleinsten bereit seyn? Wenn ich nicht irre, so könnten stehende

Hof- und Nationaltheater hierunter, allen übrigen Muster und Beispiel werden. Vielleicht sind es einige; vielleicht würden es mehrere seyn, wenn nicht auch bey diesen, das allgemeine Triebrad der Sterblichen, das Prinzip des Eigennutzes, oder der Zwang des Bedürfnisses, die Operationen der Bühne dirigirten, und die Ehrensache des Schauspiels, den Vortheil der Directionskasse nachstehen müßte.

Was vom guten Willen der kleineren Societät der Autoren und Directionen so wenig zu erhalten, nicht einst zu hoffen ist, kann weniger noch von den Kolossen der Publikums erwartet werden. Diese stehen da, vielschichtig und ungeheuer wie die Pyramiden; ehrwürdiger durch ihre Größe als durch den Werth ihrer Bestandtheile, deren kleinster Theil polirt und geschliffen ist. Diese in sich selbst so heterogene Menge über einen Geschmacks- und Sittenleisten zu schlagen; auch nur den größesten Theil über Grundsätze zu einigen, über die von den Kommentatoren des Kunst- und Sitten-Codicis noch gestritten wird, wer vermag das? Wenn die Pariser Bühne sich eines Publikums rühmen kann, welches mit äußerster Delikateße über Kunst und Dekorum richtet, und von dieser Seite die Bühne in Schranken hält — — und warum soll hierunter das Zeugniß des Hrn. Bibliothekar Reichard nicht gültig seyn? — so ist diese Bühne wohl zu beneiden! Gäb' es aber auch Bühnen in Deutschland, die auf solche gebildete Publikums stolz seyn können, so schrieb ich von diesen Publikums nicht. Ich schrieb von denjenigen, die jener Ausbildung noch bedürfen, die den Schriftstellern, Directionen und Schauspielern Gesetze vorschreibt, und die Bühne zur Geschmacks- und Sittenlehrerin erheben kann.

Wenn ich nicht ganz irre: so könnten Privattheater, Theaterschulen der Publikums seyn. Am allgemeinsten und sichersten kann durch sie, in alle Stände Kunst- und Sittengefühl allgemeiner verpflanzt, und der größern Bühne ein kunstgerechtes Publikum vorbereitet werden. Von dieser Seite verdienen Privat-Theater mehr allgemeine Aufmerksamkeit, Unterstützung, Theilnehmung und Achtung, als sie leider! erhalten, oder — warum muß ich dieses hinzusetzen? — mit Recht erwarten können. Es versteht sich von selbst, daß die Komplots junger Wildfänge und Buhldirnen dasjenige nicht sind, was ich unter Theaterschulen des Publikums verstehe. Es versteht sich vielmehr von selbst, daß dies nur diejenigen Privattheater seyn können, die der Zucht und Direction tugendhafter Bürger und Kunstkenner untergeordnet und an wohlüberdachte strenge Gesetze gebunden sind.

Es gehört wenig dazu, überzeugt zu werden, daß auch von dieser Seite wenig Heil zu erwarten steht. So lange vom achtungswürdigsten Theil der Mitbürger die Voraussetzung behauptet wird; daß die Bühne eine Tonne ist, die dem Wallfisch, Publikum nur zum Spiel vorgeworfen wird, — so lange die Vormünder des Staats nicht selbst von den wohlthätigen Einflüssen der Bühnen und dem Beistande überzeugt sind, den sie der Gesetzgebung wohl leisten können. — Denn wo fände der Ausspruch jenes weisen Römers besser seine Anwendung, als eben bei der Bühne? artes quae ad humanitatem pertinent emolliunt mores, nec sinunt esse feros; — so lange die Bühnen bloß der Langenweile zugewiesen, den Buden der Gaukler und Seiltänzer gleich geachtet und nicht den Erziehungs-Anstalten zugezählt, und wie diese, geschätzt, geschützt und gepflegt werden: so lange werden auch die Privattheater nicht zu höheren Zwecken veredelt werden. Sie werden Spiele der Kinder, oder Konventikel der Wollüstlinge, der Müssiggänger und Taugenichte seyn.

Diese Bemerkungen, die so wenig neu als vollständig sind, erreichen nur denn ihren Zweck, wenn durch sie der Staat aufmerksam auf die zeither vernachläßigten Bühnen, zugleich aber auch auf den Stand, der Schauspieler gemacht wird; auf einen Stand, den er jetzt mit einer Gleichgültigkeit behandelt, die dieser Stand an sich selbst nicht verschuldet, und der sich, beim Gefühl seiner bessern Bestimmung und der Ungerechtigkeit seiner Vernachläßigung, an jener Gleichgültigkeit und an der ihr zur Seite gehenden stolzen Verachtung, dadurch zu rächen sucht, daß er sein Wesen und Werk nach dem Barometerstande des allgemeinsten Begehrens treibt; die Bereicherung der Directionskasse, — vielleicht auch nur die ihm verkümmerte Befriedigung seiner Bedürfnisse — nicht ganz ohnentschuldigt, höher als die Geschmacks- und Sittenverfeinerung seiner Verächter achtet; sich selbst — freilich nicht allgemein; denn welcher Stand hätte nicht Märtirer edler Gefühle? — der Ungebundenheit überläßt, um das bittre Gefühl der fast allgemeinen Verstoßung, zu betäuben; eine Ausschweifung die wenigstens entschuldigt werden muß, wenn sie gleich nicht gerechtfertigt werden kann. Ueberwältigt vom Unmuth, verabsäumt der Schauspieler den Eintausch solider Kenntnisse der Kunst, die überdem, bei dem ihr erschwerten oder gar versagten Eintritt in die feinere Welt, ein todtes Kapital größtentheils sind, dessen Erwerb und Ausübung übrigens mühsam und oft undankbarer als das Naturgeschenk einiger Gauckler ist, die den geschmacklosen Dilettanten befriedigen, ohne sich mit irgend einer Anstrengung zu belästigen.

Sollte

Sollte der Stand der Schauspieler jemahls mit der Achtung, die seine Kunst verdient, in ein Gleichgewicht gesetzt, über die Knechtschaft des Bedürfnisses und über den Frohndienst neugieriger Müssiggänger erhoben, oder vom Staat zweckmäßig gebraucht werden, wie er am nüßlichsten seyn kann: so wird er dem Staat Achtung und Aufwand und Schutz reichlich ersetzen. Und da dieser Stand sich mit einer Kunst beschäftigt, die keinen Innungszwang leidet: so wird er nur mit Edelmuth und Mäßigung — vorausgesetzt, daß nur wohlerzogene und billigdenkende Menschen sich demselben widmen — behandelt werden dürfen, um den höheren Zweck der Kunst zu seinem eigenthümlichen Intresse zu machen. Denn wird dieser Stand ohne äussern Zwang, sich selbst von den Schlacken reinigen die ihn entehren. Künstler, die ihre Kunst redlich treiben, und denen ihre Talente und Anstrengungen mit Ehrenbezeugungen und reichlicher Pflege vergolten werden, würden das Unkraut selbst aus dem Weizen gäten, und so würde die Kunst, durch die Künstler gefeyert, in ihren Tempeln, Geschmacks- und Sittenbilderin seyn.

Daß die Bühne jeder Veredlung fähig, und dankbar gegen ihre Wohlthäter ist, bedarf keiner spitzfindigen Beweise. Mannheim, Hamburg und Berlin sind unverwerfliche Zeugen dafür; und welcher litterarische Rabulist wird es wagen, wider die weisen und erhabenen Directoren dieser Bühnen aufzutreten? Gesetzt aber, daß auch diese Bühnen das Ideal ihrer möglichen Vervollkommung noch nicht erreichten, sollte ihr Anklimmen deswegen kein verdienstvolles Emporstreben seyn, weil sie die höchste Stufe noch nicht erstiegen? Läg' es im Wesen der Bühne, die höchste Stufe nicht zu ersteigen? oder an der Vernachläßigung

gung, vielleicht auch am Fesselzwange derjenigen, die ihr die Sprossenleiter besorgten?

Es sollte mir leid seyn, wenn man diesen Bruch‑stücken Absichten unterschöbe, an die ihr Verfasser nicht dachte, der so gerade zu der Kunst, und dem Künstler und jedem Publikum wohl will, ohne, für einen oder den andern Gegenstand, mehr oder weniger ein‑genommen zu seyn. Eben so wenig soll irgend eine Bühne, die sich mit Recht fühlt, absichtlich übergan‑gen seyn. Einmahl gehörte es nicht zum Zweck die‑ser Blätter, die deutschen Bühnen kritisch zu verzeich‑nen; dann aber konnte dieses auch kein Unternehmen ihres Verfassers seyn, der leider! mit historischer Kenntniß, die überdem sehr mangelhaft ist, sich be‑helfen muß. Indessen kann er doch die Rigaer Büh‑ne nicht ganz übergehen, deren vorzüglicher Ruf ganz entschieden ist; wenigstens sind die Vorzüge mit gnug‑samen Zeugnissen belegt, an denen ihre zeitherige Di‑rektion, bey der rühmlichen Unterstützung eines frei‑gebigen Publikums, den schätzbarsten Theil hat. Ich glaube ihrer erwähnen zu müssen, um meinen Bruch‑stücken denjenigen Thatbeweiß nicht zu entziehen, der ihnen am nächsten liegt. Ueberdem gewinne ich da‑bey den schicklichsten Uebergang auf meinen Freund Eckardt, genannt Koch, dessen letzten Aufenthalt in Königsberg zu feiern, ich von meinem Herzen und seinen zahlreichen Freunden aufgefordert werde. Wer diese offenherzige Erklärung nicht für Wahrheit anneh‑men, oder mich einer Partheylichkeit anklagen will, dem bleibt der Widerspruch offen. Ich selbst habe so wenig Auftrag als Lust mich in Konfrontationen ein‑zulassen. Und da ich mich zum voraus aller Gegen‑deduktionen begebe: so muß ich gleich jetzt die Zeu‑gen nennen, auf die ich mich berufe — Riga und Kö‑nigs‑

nigsberg und ihre Eingeweiheten, die diesen Künstler kennen und beurtheilen können, sie mögen seine persönlichen Freunde seyn oder nicht, wenn sie nur Kunstkenner und gerecht sind.

Ich sehe die Vorzüge dieses Künstlers — ohne eben sein Kunstverdienst auf ein Quentchen abwägen, ihn an irgend einem andern Künstler messen, oder seine theoretischen Kenntnisse und praktische Fertigkeiten übersehen zu wollen — in einen gewissen seltenen Grad eines richtigen Gefühls und in die Angeburt eines natürlichen Spiels. Von beiden gab er in jenen Jahren schon ausgezeichnete Beweise, als er Mitglied der Schuchschen Bühne und — wenn ich nicht irre — noch Lehrling der Kunst war. Wie weit bleiben aber jene Beweise hinter denjenigen zurück, die er jetzt bei der Durchreise nach Frankfurth am Mayn zur Direktionsübernahme der dortigen Bühne darlegte. Er schien Rechenschaft von seinen gemachten Fortschritten, und vom Erfolg seiner vorjährigen theatralischen Reise durch Deutschland geben zu wollen. Er wollte vielleicht die Vorliebe seiner hiesigen Freunde rechtfertigen, und gewann den ungetheilten Beifall des ganzen Publikums.

Vielleicht war auch sein hiesiger Aufenthalt eine Art von Finanzoperation? Und woher sollte dies den Künstler herabwürdigen, da sogar der Diener des Evangeliums angewiesen ist, sich vom Evangelio zu nähren? Ich mache diese Bemerkung — für die ich mich übrigens nicht verbürge — vorzüglich deswegen, um dem Afterredner zuvor zu kommen, der vielleicht diese Vermuthung debutiren möchte, um den Charakter des Mannes zu verläumden. Jetzt zum Künstler.

Er

Er ließ frühzeitig genug den Falstaf in Heinrich dem Vierten, den Marquis Posa in Carlos, und Otto den Wittelsbacher zu Gastrollen antragen; die hiesige Direktion lehnte aber den Antrag, vielleicht aus nicht ganz verwerflichen Direktionsgründen ab. Er traf daher den siebenten Februar bei uns ein — um durchzureisen. Kaum aber zeigte er sich am neunten im Schauspielhause: so wurde Otto von ihm verlangt, und das Haus konnte nur durch die Zusage befriedigt werden, daß er spielen würde.

Indessen hatte Herr Koch den Otto nach der Steinbergschen Ausgabe einstudiert, die auf der hiesigen Bühne nicht im Gange war. Er trat also am 10ten in Natur und Liebe im Streit als Capacelli auf, und spielte ihn durchweg vortreflich; nur schien mir der zweyte Akt sein Triumph zu seyn. Bey der Ankündigung für den 11ten wurde abermals Otto von Herrn Koch verlangt. Die Direktion zeigte die Behinderungen an; das Publikum verlangte aber nähere Ueberzeugung. Herr Koch wurde heraus verlangt; seine Entschuldigung angenommen, und seine Zusage, noch in einigen Rollen aufzutreten, mit der lautesten Freude angenommen. Am 11ten das Räuschgen; Betty Koch spielte das Julchen allerliebst, und läßt für die Kunst viel erwarten, wenn ihre Ausbildung nicht versäumt wird. Am 12ten Agnes de Castro. Herr Koch war der erste Infant Pedro den wir auf der Bühne sahen; zeither hatte er nur auf dem Zettel gestanden. Am 13ten der Vetter von Lissabon. Herr Koch den Sievers. Das Publikum schien diese Rolle, so vorzüglich sie Herr Koch spielte, für zu unwichtig für den Künstler zu halten.

Am 14ten die väterliche Rache. Herr Koch den Schiffskapitain Siegmund mit vieler Feinheit, Natur und

und Wahrheit. Ob aber nicht dieser Charakter ein Mittelding zwischen Bootsknecht und polizirterem Capitän seyn sollte? darnach behandelt, und der Capitain, der den Texel befährt und ihn zu seinem Element macht, vorgeschoben werden müßte? Am 15ten **Agnes Bernauerin.** Herr Koch hatte die Einnahme und spielte den Albrecht seiner ganz werth, beurlaubte sich zugleich in einer kurzen Abschiedsrede. Das Publikum nahm indessen den Abschied nicht an, und bestand auf Otto, Herzog Albrecht und Hamlet von Herrn Koch. Daher am 17ten **Hamlet.** Vorzüglich gelangen dem Künstler die Szenen, in denen Hamlet diejenigen abfertigt, die ausgesandt waren ihn zu versuchen; der Monolog und die Szene mit der Ophelia. Hamlet gefiel so, daß er noch einmal verlangt und in der Folge gegeben wurde. Am 18ten **Lanassa.** Herr Koch den Montalban vortreflich. Das Haus war nur mittelmäßig besetzt, vielleicht, weil die Dilettanten zu wenig Worte und Spiel für die Einlage erwarteten. Am 19ten **Hamlet wiederholt.** Am 21sten **Minna von Barnhelm.** Ein sehr volles Haus; denn wer käme zu einem so seltnen Gastmahl nicht? Herr Koch den Major Tellheim. In dieser, vor fünf Jahren von Hrn. Koch hier gespielten Rolle, war sein Fortschritt in der Kunst sehr merklich. Er rechtfertigte ganz die Sensation, die er auf der Berliner Bühne in dieser Gastrolle erregt hatte, und wer Hrn. Kochs Tellheim tadeln wollte, verdient keine Widerlegung. Am 22sten **Clavigo.** Die Einnahme war für Hrn. Koch, der den Beaumarchais spielte. Ob er den Character traf und richtig darstellte? — wer erlaubt sich die Frage? Aber Beaumarchais ist ein Franzose, und Hr. Koch ist durchweg ein deutscher Mann. Vielleicht ist dies einer der Fälle, wo man
der

der Natur den Sieg über die Kunst gönnt. Zum Schluß, die Heyrath durchs Wochenblatt. Hr. Koch den Magister Baldrian, über jede Erwartung. Am 24. Otto von Wittelsbach Hr. Koch hatte den Otto umstudiert und schloß mit Otto seine Gastrollen am 25. und 26. Wir sahen Otto den Wittelsbacher, nicht Hrn. Koch. Figur, Sprache, Diction und Spiel, alles überlieferte uns den Otto, den Hr. Babo gezeichnet hatte. Sein stummes Spiel nach dem Morde, war sichtbares Gefühl. Die Sensation die Herr Koch erregte, war die lebhafteste und wird die fortdaurendste seyn.

Ich weiß diese Bruchstücke nicht besser zu schließen, als daß ich jeder Bühne Glück wünsche, die sich der Direction dieses Künstlers rühmen, und jedes Publikum beneide, das sich seines Spiels freuen darf.

J.

VII.
Vom Groteskekomischen auf dem deutschen Theater *).

Daß die Deutschen seit jeher große Liebhaber des Groteskekomischen gewesen sind, zeigt die Geschichte ihres Theaters von Anfang bis zu Ende. Ob sie daran Recht gethan haben oder nicht, braucht hier nicht

*) Aus Flögels Geschichte des Groteskekomischen.

nicht ausgemacht zu werden. So viel sieht ein unbefangener Beobachter der menschlichen Natur leicht ein, daß diejenigen, welche in neuern Zeiten das Groteskekomische von dem Theater gänzlich verbannen und wohl gar ausrotten wollten, keine tiefe Blicke in die menschliche Natur gethan haben, sondern ihrem einseitigen Geschmack getreu, denselben jeder Claße der Menschen, auch auf die er auf keine Weise paßte, aufbürden wollten. Das Vergnügen der verschiednen Menschenstände und Alter, kann schlechterdings nicht einerley seyn, sondern richtet sich nach der mehr oder weniger verfeinerten Denkungsart des großen und kleinen Haufens, nach den Sitten und dem Genius Sæculi. Warum will man denn eine eigne und wahre Claße des Komischen verbannen, die so tief in der menschlichen Natur gegründet ist, als irgend eine andre; warum will man denn da Despotismus einführen, wo sich die menschliche Natur ihm widersetzen kann, und sich widersetzen darf? Das Vergnügen am Groteskekomischen findet sich zwar in unaufgeklärten Zeiten sehr häufig, aber sein Daseyn ist noch kein Beweis des Mangels der Aufklärung; denn man trifft es eben sowohl bei aufgeklärten ganzen Nationen als bei einzelnen Menschen an, denen es gar nicht an Aufklärung fehlt. Ja es scheint der menschlichen Natur so nothwendig zu seyn, daß wenn es auch auf eine Zeitlang unterdrückt wird, es immer unter einer andern Gestalt wieder hervor kommt; welches aus dem Folgenden ganz deutlich erhellen wird, und auch schon aus dem Vorhergehenden unstreitig bewiesen werden kann. Alle solche Projekte gehen den Gang aller Grübeleien; das heißt: sie werden über kurz oder lang vergeßen, und die menschliche Natur tritt wieder in ihre alten Rechte, da Vergnügen zu suchen, wo es liegt. Bald in den

Annal. d. Theat. 3. Heft.   E   alten

alten Fastnachtsspielen findet sich das Groteskekomische häufig, und ist da recht zu Hause, ob es gleich in einer rohen und unförmlichen Gestalt erscheint, die dem Genius der Jahrhunderte, wo sie Mode waren, vollkommen gemäß ist. Frei, grob und derb spricht der Satyr, und schont weder des geistlichen noch weltlichen Standes. Besonders war es zu der Zeit gebräuchlich, hart über Pfaffen und Mönche herzufallen, weil sie durch ihre ausschweifende und ihrem Stande gar nicht angemeßne Lebensart, dazu die erste Gelegenheit gaben. Der Geist der Mysterien oder geistlicher Farcen, hatte sich in Deutschland eben so weit ausgebreitet als in Frankreich, und sie geben diesen an Lustigkeit und burlesken Einfällen nichts nach, wo sie dieselben nur nicht gar übertreffen. Man schrieb sogar geistliche Fastnachtsspiele, und führte sie auf.

Eine eigentliche Mysterie gab Johann Brummer aus der Grafschaft Hoya in Westphalen gebürtig, zu Lauingen 1593. heraus, unter dem Titel: Tragico-Comoedia Apostolica, das ist, die Historie der heiligen Apostelgeschichte, inmassen sie von Sankt Luca dem heiligen Evangelisten beschrieben, und dem neuen Testament einverleibt, in Form einer Komödien gebracht.

Diese Komödie wurde mit nicht geringen Unkosten sowohl des Publikums als einzelner Bürger, zur Verwunderung der Fremden und Auswärtigen am Pfingstmontag 1592. von einer löblichen Bürgerschaft zu Kaufbeuern vorgestellt. Da die spielenden Personen an der Zahl 246. sind, und das Werk ein ganzes Alphabet in 8. stark ist, so muß man wenigstens den ganzen Pfingsttag daran vorgestellt, und die Bühne in einem sehr geräumigen Platz gebaut gewesen seyn. Daß man auch Maschinen gebraucht habe, sieht man aus unterschiedenen Stellen. Denn so heißt es z. E. in der Ueberschrift der Scene vom Pfingsttag: Der heilige Geist fährt hernieder, und erscheinen an den Aposteln feurige Zungen. An einem andern Orte heißt es: der heilige Geist zeigt sich mit Bewegung der Stätt; und wieder an einem andern: es geschieht ein Erdbidem; die Thüren thun sich auf, und werden sie aller Banden ledig. b)

Die Teufeleien, welche in den französischen Mysterien so beliebt waren, fanden auch in Deutschland großen Beifall und kommen häufig vor. In Schernberks Spiel von Frau Jutten von Jahr 1480. erscheinen nicht nur acht Teufel, Namens Luciver, Unverfün, Sathanas, Spiegelglanz, Federwisch, Nettis, Astrat und Krenkelein, sondern auch des Teufels Großmutter Lilis. Die Teufel singen folgenden Rundgesang, indem ihnen Unverfün vorsingt:

 Luciper in deinem Throne
  Rimo Rimo Rimo
 Warest du ein Engel schone
  Rimo Rimo Rimo
 Nu bist du ein Teufel greulich
  Rimo Rimo Rimo. c)

In M. George Mauricii Komödie von Nabal (1607.) kommen auch allegorische Teufel vor, als der Sauteufel und Aufruhrteufel. d) In M. Crygingers, Predigers auf dem Marienberge, Historia vom reichen Manne und armen Lazaro (1555) erscheinen außer dem

---

b) Meisters Beiträge zur Geschichte der deutschen Sprache. Th 1. S. 262.
c) Gottschebs Vorrath zur Geschichte der dramatischen Dichtkunst. Th. II. S. 84.
d) Eben daselbst, Th. I. S. 161.

Sathanas 6 scheußliche Teufel; dabei steht: allhie mag man auch wohl mehr Teufel verordnen, item die Seelperson des verdammten reichen Mannes, ein Knab, der unter Augen, an Händen und Füßen kohlschwarz sey, in einem schwarzen Kittel. e)

Wie durch Nachahmung des spanischen Theaters in Italien die Schaubühne in Verfall gerieth, so wurden auch in Deutschland im vorigen Jahrhunderte die so genannten Haupt- und Staatsaktionen statt der Trauerspiele durch Nachahmung desselbigen eingeführt, wodurch die Vervollkommnung der deutschen Schauspiele sehr verzögert wurde. Sie fingen schon vor Veltheims Zeiten an einzureißen, und ihre marktschreierische Benennung ist ihrem innerlichen Gehalt vollkommen angemeßen. Man spielte sie theils mit Marionetten theils mit lebendigen Akteurs. Groteske Heldenfiguren, widernatürliche Abentheuer, ein Mischmasch von Bombast, Galimathias und pöbelhaften Scherzen, zeichneten sie vor andern Schauspielen aus. Veltheim spielte auch Burlesken, die er theils den Italienern abborgte, theils nach ihrem Beyspiel extemporiren ließ. In den ersten dreißig Jahren des gegenwärtigen Jahrhunderts herrschten sie durchgängig, und waren bei Vornehmen und Geringen sehr beliebt. Ein dramatischer Schriftsteller Wezell, der in zwey Nächten ein Drama verfertigte, fand im Jahr 1725. mit seinem Tamerlan, einer Haupt- und Staatsaktion, den größten Beifall. Auch die Neuberinn, die Stifterinn und Prinzipalin eines wichtigen Theaters, bewirthete ihre Zuschauer anfänglich noch mit den Schauspielen, die sie vor sich fand, das ist, mit Haupt- und Staatsaktionen, extemporirten Stücken und Burles-

---

e) Eben daselbst Th. II. S. 214.

lesken. Die ausländische Litteratur hatte in Deutschland noch so wenig Wurzel gefaßt, daß man die guten Originale der ausländischen Bühnen, wovon nur noch wenige übersetzt waren, fast nur in fürstlichen Bibliotheken aufsuchen mußte. f) Auch in der Folge mußte die Neuberin noch immer etwas von den alten Fratzen untermischen; z. E. das Rosenthal, das Reich der Todten, in welchem letztern, sie selbst die Rollen eines Jenaischen, Hallischen und Wittenberger Studenten hatte. Im Jahr 1731. erhielt in Berlin Titus Maas, Markgräflich Baden-Durlachischer Hof-Comödiant, die Erlaubniß zu Vorstellungen mit großen englischen Marionetten. Unter den Stücken, welche er vorstellte, war auch die Komödie, betitelt Fürst von Mentzikopf, (deren Vorstellung (am 28. Aug. 1731.) auf Befehl vom Hofe auf das schärfste verbothen wurde. Der Komödienzettel dieser Haupt- und Staatsaktion lautet also: Mit Königl. allergnädigster Erlaubniß werden die anwesenden Hochfürstl. Baaden-Durlachischen Hof-Komödianten, auf einem ganz neuen Theatro, bei angenehmer Instrumental-Musik vorstellen: eine sehenswürdige, ganz neu elaborirte Hauptaktion: genannt: Die remarquable Glücks- und Unglücksprobe des Alexanders Danielowitz, Fürsten von Mentzikopf, eines großen favorirten Kabinetsministers und Generalen Petri I. Czaaren von Moskau, glorwürdigsten Andenkens, nunmehro aber von der höchsten Stufen seiner erlangten Hoheit, bis in den tiefsten Abgrund des Unglücks gestürzt, veritablen Belisary mit Hanswurst, einem lustigen Pastetenjungen, auch Schnirfax und kurzweiligen Wildschützen in Sibirien, u. s. f.

---

f) Chronologie des deutschen Theaters S. 62.

u. s. f. g) Berühmt wie die Mäve und Bave unter den Dichtern ward Reibehand, ein Schneider von Profeßion der anfangs (1734) hölzerne, nachher lebendige Marionetten dirigirte, und deßen Nachkommenschaft, sowohl dem Namen als Verdiensten nach, sich noch immer erhält. Sein Name ist zum Sprüchwort worden, und Reibehandische Komödie, oder Haupt- und Staatsaktion marktschreierisch vorgestellt, ist einerley. h) Unter den komischen Charakteren der deutschen Bühne ist Hannswurst der älteste, und er scheint auch ursprünglich deutschen Herkommens zu seyn. Carpzov meint zwar, er wäre aus der Komödie der Alten herzuleiten, und zwar von den Köchen, die nach Würsten gerochen, und allerhand lächerliche Possen gemacht hätten, i) er führt aber weiter keinen Beweis seiner Meinung an. Athenäus erzählt, daß ein gewißer Komödiant, Namens Mäson aus Megara, den Character des Koches zuerst erfunden und auf das Theater gebracht hätte, der auch nach dem Namen des Erfinders wäre Mäson genannt worden, und weil sein Character hauptsächlich in Spöttereyen bestanden, so hätte man dergleichen lustige Spottreden auch deswegen mäsonische genannt. Vielleicht hat das Kochmeßer, welches die Köche an der Seite tragen, oder auch das histrische Schwerd der alten Komödianten zu Erfindung der Hannswurstpritsche Gelegenheit gegeben. k) Napoli Signorelli giebt den Character des Hannswurstes für eine Erfindung der Italiener aus, indem er sagt, er wäre der Italiener

---

g) Herrn Plümicke Entwurf einer Theatergeschichte von Berlin S. 109.

h) Chronologie des deutschen Theaters S. 74.

i) Carpzovy Paradoxon Stoicum p. 123.

k) Athenaei Dipnosoph. Lib. XIV. C. 22.

liener Giovanni Bodino;[1] er führt aber auch weiter keinen Beweis an, und ich habe von diesem italienischen Charakter auch sonst nirgends etwas gelesen. Also wollen wir ihn unterdeßen immer als ein deutsches Produkt annehmen. Doktor Luther in seiner Schrift wider den Herzog Heinrich von Braunschweig-Wolfenbüttel, betitelt: Wider Hanswurst (Wittenberg 1541. 4.) hat seinen Character sehr treffend geschildert, wenn er schreibt: Du zorniges Geistlein (den Teufel meinend) weißest wohl, dein besessener Heinz auch, sammt euren Dichtern und Schreibern, daß dies Wort Hannsworst, nicht mein ist, noch von mir erfunden, sondern von andern Leuten gebraucht wider die groben Tölpel, so klug seyn wollen, doch ungereimt und ungeschickt zur Sache reden und thun. Also hab ichs auch oft gebraucht, sonderlich und allermeist in der Predigt".

Aus folgender Stelle „wohl meinen etliche, ihr haltet meinen gnädigen Herrn darum für Hannsworst, daß er von Gottes Gaben stark, fett und völliges Leibes ist" kann man schließen, daß man den Hannswurst gern mit einem wohlgemästeten Körper gewählt habe. Bei seiner Tölpelei also auch ein Fresser, dem es bekommt. Harlekin ist auch ein Fresser, aber dem es nicht so ansetzt, damit er schlank und geschmeidig bleibt.[m]

Merkwürdig ist es, daß die komischen Charactere von jeher und fast überall einen Beinamen von einer Lieblingsspeise des Volks erhalten haben, welche Bemerkung schon Addison im englischen Zuschauer gemacht hat, wenn er sagt: zuvörderst muß ich bemerken

[1] Napoli Signorelli Geschichte des Theaters. Th. II. S. 100.
[m] Leßings theatralischer Nachlaß. Th. 1. S. 47.

ken, daß es eine gewiße Art von Lustigmachern giebt, die der Pöbel in allen Ländern bewundert, und so sehr zu lieben scheint, daß er sie, nach dem gemeinen Sprüchwort, aufeßen möchte. Ich meine solche herumschweifende Poßenreißer, welche ein jedes Volk nach demjenigen Gerichte benennet, was ihm am liebsten ist. In Holland nennt man sie Pickelhäringe, in Frankreich Jean Potage, in Italien Maccaroni, von einer Art Nudeln, die sie sehr lieben, in England Jack Pudding. n) Und in Deutschland kann man hinzusetzen Hannswurst. Herr Plümicke glaubt auch, daß daher Junker Hanns von Stockfisch im Anfang des 17ten Jahrhunderts den Namen bekommen, der in Berlin wegen seiner Schauspielertalente berühmt gewesen, und der von dem Churfürst Johann Siegismund 220 Thaler jährliche Bestallungsgelder, nebst freier Station, und ein Deputat von zwei Eßen erhielt. Wenn er aber dabei bemerkt, daß der Pullicinella auch von einem Lieblingseßen der Italiener seinen Namen erhalten habe, so ist dieses ungegründet, wie schon oben ist gezeigt worden. o) Vermuthlich hat man durch alle diese Beinamen der lustigen Charaktere nichts anders als die Gefräßigkeit anzeigen wollen, welche bei den Schmarotzern der Griechen und Römer schon so sehr zum Lachen reitzte.

Keine ältere Erwähnung des Hannswursts, als diejenigen, welche Doktor Luther in dem erst gedachten Buche von 1541 gethan hat, ist bisher gethan worden; obgleich deutlich genug erhellet, daß das Wort lange vor ihm gebräuchlich, und auch der Charakter genug bekannt gewesen ist.

Die

n) Der Zuschauer. Th. I. Stück. 47.
o) Plümicke Theatergeschichte von Berlin. S. 34.

Die älteste Komödie, in welcher Hannswurst vorkommt, ist ein Fastnachtsspiel, vom kranken Bauern und einem Doktor, welches Peter Probst, ein Zeitgenosse und Nacheiferer Hanns Sachsens verfertiget hat. Gottsched fand es in einer Handschrift aus der Thomasiusischen Bibliothek, welches den Titel führte: Ein schön Buch von Fastnachtspielen und Maistergesängen durch Peter Probst zu Nürnberg gedicht. Anno 1553. p)

In eben diesem Jahrhundert, nämlich 1573 erschien eine gedruckte Komödie vom Fall Adams, deren Verfasser George Roll aus Brieg in Schlesien war, und die auf dem Schlosse zu Königsberg in Preussen gespielt worden, wo auf eine sehr unschickliche Weise neben Gott dem Vater, und Gott dem Sohn auch Hannswurst und Hanns Han vorkommen. q) Daraus ist erweislich, daß der Charakter des Hannswurst im 16ten Jahrhunderte schon bekannt gewesen und gebraucht worden.

Auch im 17ten Jahrhunderte findet man Spuren von demselben. Im Jahr 1692 ward in Berlin von einer kleinen Schauspielergesellschaft die Geschichte des verlohrnen Sohns vorgestellt; die Hauptperson des Stücks war Hannswurst, der sich im zweiten Akt mit einem Heiligen und zwei Teufeln wacker herumprügeln muste. Der Hof stund aber vor dem Schlusse desselben auf und verließ den Schauplatz. r)

r) Plümicke. S. 65.
p) Gottscheds Vorrath Theil I. S. 35.
q) Eben daselbst. Th. I. S. 118.

Um den Anfang des jetzigen Jahrhunderts trat zu Wien Joseph Anton Stranitzky auf, der es wagte in Wien ein deutsches Theater einzuführen, da bisher die Italiener allein die Einwohner dieser Hauptstadt unterhalten hatten. Er fing also 1708 daselbst die deutsche Komödie an. Und weil die Italiener seine Nebenbuhler waren, so wollte er sein Buffontheater ganz nationalisiren, und ward dadurch der Vater der deutschen Hannswürste, indem er den Hannswurst als die Carrikatur des italienischen Harlekins in eigner Person vorstellte. Vermuthlich rührte von ihm das Stück her, welches die Lady Montague im Jahr 1716 zu Wien gesehen hat, und also beschreibt: Es sollte die Geschichte des Amphitruo vorstellen. Es fing damit an, daß der verliebte Jupiter aus einem Gucklo­che in den Wolken fiel, und endigte sich mit der Geburt des Herkules. Das allerlustigste war der Gebrauch, welchen Jupiter mit seiner Verwandlung machte. Statt Alkmenen zuzufliehen, schickte er nach dem Schneider derselben, betrügt ihn um ein besetztes Kleid, so wie einen Bankier um einen Beutel mit Geld, und einen Juden um einen Demantring. Das Stück war nicht nur mit unanständigen Ausdrücken, sondern auch mit solchen Grobheiten gespickt, die der brittische Pöbel nicht einmal einem Marktschreier verzeihen würde. Ueberdies ließen die beiden Sosias ihre Hosen den Logen gegen über recht treuherzig nieder, und die Leute darinnen nannten es ein Meisterstück. s)

Dieser Joseph Stranitzky war ein Schlesier aus Schweidnitz gebürtig und studierte auf einem Gymnasio in Breslau. Weil er ein munterer Kopf war, such=
ten

---

s) Chronologie des deutschen Theaters. S. 43. 52.

ten ihn die Jesuiten an sich zu locken, und gaben ihm Einlaßbillette in ihre Komödien, die er gern anhörte. Da der Rector Kranz dieses merkte, brachte er ihn durch List von Breslau weg, und schickte ihn, ob er gleich noch sehr jung war, auf die Universität nach Leipzig; wo er bald ein Mitglied der wandernden Veltheimischen Gesellschaft ward. Seine Anverwandten aber drangen in ihm, daß er sie verlassen muste; darauf gieng er mit einem schlesischen Grafen nach Italien auf Reisen. Dort fand er an den lustigen Personen des Theaters großen Gefallen. Er kehrte nach Deutschland nicht in den besten Umständen zurück, kam wieder unter eine Truppe, mit derselben nach Salzburg, und so nach Wien, wo man damals eine Art von unförmlicher Schaubühne errichtet hatte, davon, wie gewöhnlich, die lustige Person des Pickelheerings das Hauptwerk war. Stranitzky wählte sich den Charakter und die Kleidung eines salzburgischen Bauern, dem er den schon vorher bekannten Namen Hannswurst gab, und damit das Bergamaskische Goffo des Arlakin, freilich ein groß Theil plumper auszudrücken suchte. Er fand bei dieser Neuerung viel Beifall, und sie war in der That ein Schritt zur Verbesserung, weil wirklich der Charakter eines einfältigen und dabei possirlichen Bauern der Natur gemäs, und also mehreres Interesses fähig ist, als der bloße Charakter eines Narren, der Narrenstreiche macht, um sie zu machen. Dabei fanden auch die Stücke, die er angab, großen Beifall: denn er hatte aus Italien eine Menge Szenen und Entwürfe mitgebracht, aus denen er seine Stücke zusammensetzte. So plump er dabei zu Werke gieng, so blieb doch die natürliche komische Anlage der Handlung, und die Poßierlichkeit und Lebhaftigkeit des Dialogs gieng nicht ganz verlohren; zudem waren
die

die Zuhörer an nichts feineres gewöhnt. Er selbst gab einen Theil dieser seiner einzelen Scenen heraus, in einem jetzt ziemlich raren Buche, das in keiner Geschichte des deutschen Theaters angeführt ist, unerachtet es lange Zeit das Handbuch aller angehenden lustigen Personen war, die auf dem Deutschen Theater in Stranitzki's Fußstapfen traten.

Olla potrida des durchgetriebenen Fuchsmundi. Worinnen lustige Gespräche, angenehme Begebenheiten, artliche Ränke und Schwänke, kurzweilige Stichreden, politische Nasenstüber, subtile Vexierungen, spindisirte Fragen, spitzfindige Antworten, curieuse Gedanken und kurzweilige Historien, satyrische Püff, zur Lächerlichen doch honetten Zeitvertreib sich in der Menge befinden. Ans Licht gegeben von Schalk Terrá (S. T. soll Stranitzky anzeigen; vermuthlich soll Fuchsmundi wieder eine schaale Anspielung auf Schalk Terrá seyn) als des obbesagten ältesten hinterlassenen resp. Stiefbruders Vetterns Sohn. In dem Jahr da Fuchsmundi feil war. 1722. 8.

In demselben ist der italienische Ursprung der meisten dieser Scene allenthalben deutlich zu merken; und ob gleich die italienische Karrikatur von der plumpern deutschen Karrikatur noch ärger verzerrt worden ist, so findet man doch hin und wieder noch einige Spuren von ächter vis comica. (Herrn Nicolai Beschreibung einer Reise durch Deutschland und der Schweiz im Jahr 1781. vierter Band. S. 566. ff.

Ausser der von Herrn Nicolai gedachten ersten Ausgabe der Olla potrida, ist mir noch eine zweite bekannt, welche ich selbst besitze; ihr Titel ist folgender:

Der

Der kurzweilige Satyricus, welcher die Sitten der heutigen Welt auf eine lächerliche Art durch allerhand lustige Gespräche, und curieuse Gedanken in einer angenehmen Olla podrida des durchgetriebenen Fuchsmundi, zur vergnügten Gemüthsergötzlichkeit vor Augen gestellet. An das Licht gegeben von einem lebendigen Menschen. Cosmopoli auf Kosten der Societät. In dem Jahr, da Fuchsmundi feil war. Anno 1728. 8. Ohne Vorbericht und Register, 524 Seiten.

In der Vorrede wird ein zweiter Theil versprochen, wenn der erste Beifall finden sollte. Sonst besteht das Buch aus 66 Capiteln oder Gesprächen, wovon ich einige Ueberschriften anführen will, als:

Cap. 1. Fuchsmundi beklagt sich gegen seinen Herrn, wo er dienet.

Cap. 2. Fuchsmundi verkleidet sich in eine Kammerfrau, so bei einer Doktorin Dienste sucht.

Cap. 3. Fuchsmundi eine verkleidete Magd tröstet ihren Herrn wegen Absterben seiner Frau.

Cap. 4. Ein gewisser Kriegsoffizier rathet dem Fuchsmundi, er solle sich zu einem Hauptmann im Krieg machen lassen, so würde er die Jungfrau Teresel gewiß zur Ehe bekommen.

Im 11ten Capitel wird der Kaiser aus dem Mond beschrieben. (Ich besinne mich, daß ich einst den ältern Schuch auch den Kaiser in dem Mond habe vorstellen sehn)

Ausser der Olla potrida hat Stranitzky noch folgendes Buch drucken lassen, welches auch sehr selten ist, weil er es selbst verlegt hat;

Lustige

Lustige Reyß-Beschreibung, aus Salzburg in verschiedne Länder. Herausgegeben von Joseph Antoni Stranitzkhy, oder dem sogenannten Wienerischen Hannßwurst. 4. Ohne Jahrzahl und Druckort.

27 Blätter mit dem Titelblatt, nebst 13 schönen Kupfern in schwarzer Kunst, gezeichnet von Jacob Mellion und gestochen von J. v. Brugg. In diesem Buche ist eine erdichtete Reise des Stranitzkhy aus Salzburg nach Moskau, Tyrol, Finnland, Lappland, Schweden, Steiermark, Schwaben, Croatien, Holland, Westphalen, Welschland, Böhmen und in die Türkei, enthalten; weil es ihm aber nirgends gefallen, so begiebt er sich zu Wien unter die Comödianten. Auf jeder Kupfertafel ist Stranitzkhy als Hannswurst abgebildet, nebst einem Bauer von der Nation, bei der er sich befindet, und zuletzt macht er einen Comödianten auf dem Wiener Theater seine Aufwartung; als z. E. auf der ersten Kupfertafel siehet man Stranitzkhy als Hannswurst gekleidet, wie er von einem Salzburger Bauer Abschied nimmt, der ihm zum letzten Lebewohl noch ein Gläschen überreicht, mit der Unterschrift:

Nun Riepel lebe wohl, ich mag kein Kraut mehr

schneiden,

Ich will einmal mein Glück probieren bei andern

Leuten.

Da die Hannswurstsprache auf allen deutschen Theatern ausgestorben ist, und Stranitzkhy einer der berühmtesten dieser theatralischen Lustigmacher war, so scheint es mir der rechte Ort zu seyn, etwas aus seiner Reisebeschreibung anzuführen:

Hanns-

Hannswurst erreicht Welschland, hat allda bei einem Bauern wiederum einen beschwerlichen Dienst.

Da ich mich nun mittelst einer guten Wegzehrung meiner entwendten Knackwürste und Westphälischen Schinken in etwas entringert, erreichte ich allgemach das eble Welschland, und komme Anfangs gleich in ein welsches Dorf, wo mir ein Hechelmacher und Mausefallenkramer begegnete, er hatte ein Stück Käs in der Hand und sange durch das Dorf:

Gauf, Gauf, mein lieber Leuth,
Adesso, subito.
Trag ickh viel Murmelthier in Sack,
Viel Häckherle, Häckherle, Mausfall mackh,
Obschon die Teutsch mick nur auslackh;
Gauf, Gauf, mein lieber Leuth.

Dieses Stückl war kurz und doch schön, in diesem Lande mag es lustig zugehn, setzte also meinen Weg weiter fort, und kam in weniger Zeit nach Napoli; dort hab ich die schöne Pferd betracht, auch davon in einer Stund 3000 zu Wallachen gemacht; Häuser hab ich gesehen, darinn waren die Fenster so hoch und breit, meines Riepel seine Heustabl ist nicht so weit, mitten aufn Fenster giengen allerhand schöne Gespensier, stunden droben wie die Döckln, in neugewaschenen Röckln; wann unsere Dirn aufn Tanzboden kommen, thuns kein so weißen Pfaiden umbnehmen; Holla! fiel mir ein, ist Napl so schön ganz allein, wie wird erst das ganze Welschland seyn, entschlosse mich mithin ganz Italien durchzureisen; zu Napoli ging ich Morgens um 7 Uhr aus, darauf nach Mantua, Treviso

viso, Cremona, von dannen nach Genua, Florenz nnd Verona, auch hab ich durchgangen Parma, Modena und Cajetta, zu Mittag war ich schon in der Insel Creta, von Creta wär ich nach Cadix gegangen, wenn mich nicht hätt zu hungern angfangen, dahero aß ich in Bolonnien meine Jause, denn daselbst gab es köstliche Würst, und trauke umb ein Salzburger Groschen ein Maaß des besten Wein dazu, jedoch hab ich mich nicht lang aufgehalten, weilen ich meine Reyf also angetragen, daß ich auf den Abend zu Venedig war; ich kame dahin in einer kleinen Gondel, und stieg auf dem Markusplatz aus, man hatte eben damals einen Profurator erwählt, da war ein großes Festin angestellt, man ließ Wein rinnen an allen Orthen, hab mich auch hinzugemacht, aber leider nichts darvon gebracht, nachdem hat erst der Lust recht angfangen, wie alles ist in der Mascarade gegangen, auf dem Markusplatz giengs untereinander Hoßn, und trieben allerhand Poßn, da sah man Gsichter mit großmächtigen Puckleten Nasn, daß man damit das Heu könnt abgrasn, die Weibsbilder waren eben also geschmückt, eine Jegliche hat durch eine Larva ausguckt, o gedenkt ich, thun sich die Diendl also verdecken, es wird wohl dahinter viel saubres nicht stecken, vielleicht hat manche Blader-Masen, oder gar eine kupfrige Nasen, zu Salzburg braucht man dieses Plunderwerk nicht, dort schaut man den Dirnen weit besser ins Gesicht. Als nun dieses Freudenfest lange genug gewährt, wurd ich endlich des Hin- und Wiedergehn auf dem Markusplatz müth, und fragte nach einem Roßausleiher, die Wälsche sagten immer zu mir Matto, Matto! ja antwortete ich, freilich bin ich matt, dann durch ganz Italien zu laufen, trifft einen die Mattigkeit mit Haufen; sie sahen wohl, daß sie mir nichts ausrichten könnten, nahme demnach wieder

der meinen Rückweg auf den Markusplatz, da landete gleich ein Schiff mit Engländischen Pferden an, zumahlen ich mich auch, schon von Salzburg aus, auf dergleichen Thier wohl verstunde, bekahme ich Arbeit, leithete demnach etliche und vierzig Engelländer umb die Mauern der Stadt Venedig; dieses möchte einem oder dem andern wohl wunderlich vorkommen, und glauben machen, als wär ich niemalen in Venedig gewesen, allermaßen Venedig mitten im Meer lieget, wie wird man dann umb die Stadt reiten können? Diene aber zur Nachricht, daß damalen (als ich meine Engelländische Cavalcade machte) das Meer hart gefrohren ware, ob schon ein und das andre Hufeisen verlohren gangen, de minimis enim non curat Praetor, so stunde in meines Riepel seinem Schreibkalender, welchen einstens unser Präceptor unter dem Kraut eßen auf der Tafel vergeßen; solches per Parenthesin jetzt Claudatur; mein Vorhaben ware noch länger in Venedig zu bleiben, in sall nicht einige Pferd durch mich wären verunglückseliget worden; die eusriste Noth triebe mich zu einem Bauren, diesem muß ich den Esel futtern, und wann das edle Thier zu Zeiten die Ohren hienge, (um solches aufzumuntern) auf der Cythara spielen, oder einen Stupf geben mit dem zugespitzten Nagl, welcher oben auf der Cythara wohl befestigt gewesen; Nun ist Jederman wißend, daß ich von Natur kein Musikant bin, weilen aber die ganze Kunst nur in einem Federkiel und wenigen Kratzen bestunde, fahrt ich halt auf den Saiten hin und wieder, es ging hernach hoch oder nieder. Ich, mein Bauer und der Esl, führten einst etliche Lagl Oehl über das Gebürg, da erhebte sich ein kalter Wind, welchen die Italiener wenig gewohnt, ich Wurstl aber achtete nichts mehr, es kame der Wind von Schwäbing oder aus

aus dem Untersperg, der Esel wollt nicht über die Klippen, ich stieß ihn hinten und vorn in die Rippen, endlich, da nichts helfen wollte, muste ich wieder die Cythara hernehmen, und mich mit dem Bauern auf wälsch zu singen bequemen, durch die ganze Straßen folgendermaßen:

 Allegro Signor Tudesco!
 Tempo fà affai fresco
  Lafciamo far,
 Andemo all Viaggio,
 Cantemo bell' adagio,
  Presto à l'andar.

Dieses immerwährende a l'andar kam mir so oft in die Ohren, daß ich darüber alle Courasche verlohren, bin noch dazu bei Cythara schlagen halb erfroren und gänzlich erarmt, der Esel hat mir gleichfalls erbarmt; das Leben wurd mir sauer, behab dich wohl Wälschland, Esel und Bauer, ich will mich umb ein Ort weiter umbsehn, was gilts in Böhmen wirds besser zugehn." So weit Hannswurst Stranitzkhy. Warlich dergleichen fader, langweiliger und plumper Witz dürfte heut zu Tage an wenig Orten willkommen seyn. Und doch ist im Jahr 1787 eine neue Auflage dieser Reisebeschreibung unter folgendem falschen und betrüglichen Titel, ohne des Stranitzkhy mit einem Worte zu gedenken, herausgekommen:

Der Wienerische Hannswurst, oder lustige Reysebeschreibung aus Salzburg in verschiedne Länder. Herausgegeben von Prehauser. Pinzerthal. Seiten 183 in 8. Dabei befindet sich noch: Anhang oder hannswurstische Träume auf jeden

Sonat, eingetheilt von Johanne Wurſtio; gedruckt mit Buchſtaben in der typographiſchen Buchdruckerei im Kalenderjahre Eintauſend ſiebenhundert und ſo weiter." Ein höchſt elendes Product.

Gottfried Prehauſer, der unter den Wiener Hannswürſten wegen ſeiner komiſchen Talente ausgezeichnet zu werden verdient, begann im Jahr 1716 ſein theatraliſches Leben. Er war zu Wien 1699 gebohren, und der Sohn eines gräflichen Hausmeiſters. Nachdem er zu Wien in einer Vorſtadt bei einer deutſchen Truppe eines Italieners zuerſt geſpielt, auch bei einem Marionettenprincipal kurze Zeit ausgehalten hatte, durchirrte er unter den Prinzipalen Markus und Brunius Mähren und Böhmen, bis er endlich nach Salzburg kam, und ſich da zu einem ächten Hannswurſt bildete. Er übernahm im Jahr 1720 zuerſt die Pritſche, die er hernach ſo lange mit Ruhm geführet hat. Er ſtarb 1769 zu Wien im 70ſten Jahre ſeines Alters, und mit ihm erloſch die Race der Wiener Hannswürſte. Nach ſeinem Tode entſchloß ſich die daſige Schauſpielergeſellſchaft keine andere als regelmäßige Stücke aufzuführen. Der Freiherr von Bender, ein Kaufmann, übernahm hierauf das Theater allein, der ſich bemühte, die Poſſenſpiele auf immer zu verdrängen. Er trug die Aufſicht dem Herrn Heufeld auf, welcher lauter regelmäßige Stücke gab, und nur zuweilen ſeine Zuflucht zur Opera Buffa nahm. r) . Die Hannswurſtſpiele fanden bis ins erſte Jahr der vorigen Regierung zu Berlin unter Vornehmen und Geringen ihre Verehrer, bis ſie endlich Schönemann,

---

r) Eben daſelbſt. S. 50. f.

bei dem sich Eckhof der grösste Schauspieler Deutschland bildete, abschafte. Doch stellte Schönemann noch selbst in Breslau im Jahr 1749 bisweilen den Hannswurst vor, als er daselbst in dem alten Ballhause in der Neustadt spielte. u)

Unter den letzten Hannswürsten in Deutschland hat sich Franz Schuch vielen Beifall erworben. Ich habe ihn zur Zeit des siebenjährigen Kriegs in Breslau oft spielen sehen, wo er bei Hohen und Niedrigen allgemein beliebt war. Er hatte zu dieser Rolle ein nicht gemeines Talent, und war im Extemporiren mit dem sehr geschickten Schauspieler Stenzel, der gemeiniglich den Anselmo vorstellte, ein Meister. Er durfte sich nur auf dem Theater sehen lassen, so fing alles an zu lachen. Ausser der Bühne war er ein finsterer, ernsthafter Mann, der wenig sprach; er sagte oft: so bald er die Hannswurstjacke anzöge, wäre es nicht anders, als wenn der T. in ihn führe. Dieser Franz Schuch war 1716 gebohren, und hat zuerst die Ballette mit der deutschen Komödie verbunden; er starb 1764.

Wilhelm Christoph Siegmund Mylius (gebohren 1754 zu Berlin) gab 1776 heraus: Hannswurst Doktor nolens volens, eine Verdeutschung des Molierischen Medecin malgré lui, die bei Kennern vielen Beifall fand, besonders aber deswegen merkwürdig ist, weil darinn die Bahn gebrochen worden ist, die fast gänzlich verlohren gegangene Originallaune des

---

u) Unter andern führte Schönemann zu der Zeit in Breslau ein Possenspiel von der Banise auf, wo er als Hannswurst den Bedienten des Prinzen Balacin vorstellte; und als Banise geopfert werden, erschien er in einem Hemde, welches hinten mit Leim beschmiert war, und viel Gelächter erregte. So was fand damals noch Beifall.

des Hannswursts wieder auf die Bühne zu bringen. Einen gleichen Versuch machte derselbe mit dem Harlekin in einer Verdeutschung der Fourberies de Scapin, die er zu Halle 1777 durch Hülfe seines Freundes Herrn d'Arien in ein Lustspiel mit Gesängen verwandelt, heraus gab, unter dem Titel: So prellt man alte Füchse. oder Wurst wieder Wurst.

Hannswurst wäre also von der deutschen Schaubühne verbannt! Man kann billig die Frage aufwerfen, ob die deutschen Kunstrichter hierdurch etwas Gutes gestiftet haben, oder nicht. Einen altdeutschen komischen Charakter, der schon manchen Hypochondristen kurirt, so manche Runzel geglättet, so manchen Gram verscheucht, und so manchen verdorbenen Magen die verlohrne Verdauung wieder hergestellt hat, wegen einiger ausgearteten Stiefbrüder, zu vertilgen, heißt das Kind mit dem Bade ausschütten. Sind denn große Sauzoten eine nothwendige Eigenschaft des Hannswurstes? ich besinne mich nicht sie bei Franz Schuchen gehört zu haben. Warum brachte man ihn nicht vielmehr auf den alten komischen Charakter zurück, den ihm Doktor Luther beilegt; warum beschnitt man nicht an ihm die groben Auswüchse, warum verfeinerte man ihn nicht nach dem Bedürfniß der Sitten unsers Jahrhunderts, dabei konnte er immer noch seine Tölpelei beibehalten. Es kommt mir bei dieser Verbannung des Hannswursts immer so vor, als wenn man ein ganzes Geschlecht von Raubvögeln oder Insekten ausrotten wollte, und dabei den Schaden nicht in Anschlag brächte, der dadurch dem Ganzen des Naturreichs bevorstünde. Oder haben etwa die Dichter nicht Talente genug, das kunstmäßig aufzuschreiben, was Hannswurst bisher unter bloßer Leitung seines Talents extemporirt hat; oder ist der

Charakter zu schwer, daß sie sich nicht getrauen ihn zu treffen? Ich habe immer gehört, es sey viel schwerer eine gute Farce zu machen, als ein gutes Trauerspiel oder eine regelmäßige Komödie.

Unterdessen wenn etwan die Herren mich und mein Urtheil nicht als zunftmäßig wollten gelten lassen, so will ich ihnen das Urtheil zweier Männer ans Herz legen, die das Publikum längst als zunftmäßige Richter erkannt hat. Herr Wieland sagt in einem klaßischen Buche: Man tadelt an Shakespear, demjenigen unter allen Dichtern seit Homer, der die Menschen vom Könige bis zum Bettler, und von Julius Cäsar bis zum Jack Fallstaff am besten gekannt, und mit einer Art von unbegreiflicher Intuition durch und durch gesehen hat, daß seine Stücke keinen, oder doch nur einen sehr fehlerhaften und schlecht ausgesonnenen Plan haben; daß Komisches und Tragisches darinn auf die seltsamste Art durch einander geworfen ist, und oft eben dieselbe Person, die uns durch die rührende Sprache der Natur Thränen in die Augen gelockt hat, in wenigen Augenblicken darauf uns durch irgend einen seltsamen Einfall, oder barokischen Ausdruck ihrer Empfindungen, wo nicht zum Lachen macht, doch dergestalt abgekühlt, daß es uns hernach schwer wird, uns wieder in die Fassung zu setzen, worinn er uns haben möchte. — Man tadelt das, und denkt nicht daran, daß seine Stücke eben darinn natürliche Abbildungen des menschlichen Lebens sind. Das Leben der meisten Menschen, und (wenn wir es sagen dürfen) der Lebenslauf der großen Staatskörper selbst, in so fern wir sie als moralische Wesen betrachten, gleicht den Haupt- und Staatsaktionen im alten gothischen Geschmack in so viel Punkten, daß man beinahe auf den Gedanken kommen möchte, die Erfinder dieser letztern

tern wären klüger gewesen, als man gemeiniglich denkt; und hätten, wofern sie nicht die heimliche Absicht gehabt, das menschliche Leben lächerlich zu machen, wenigstens die Natur eben so getreu nachahmen wollen, als die Griechen sich angelegen seyn ließen sie zu verschönern. — Uebrigens weiß man, was für eine wichtige Person in den Tragödien, wovon wir reden, der edle Hannswurst vorstellt, der sich, vermuthlich zum ewigen Denkmal des Geschmacks unsrer Voreltern, auf dem Theater der Hauptstadt des deutschen Reichs erhalten zu wollen scheint. Wollte Gott, daß er seine Person nur allein auf dem Theater vorstellte! Aber wie viel große Aufzüge auf dem Schauplatze der Welt hat man nicht in allen Zeiten mit Hannswurst — oder, welches noch ein wenig ärger ist, durch Hannswurst — aufführen sehn. w)

Man wird mir freilich bei Anführung dieses Zeugens einwenden, dieses sey kein eigentlicher Beweis, daß Herr Wieland die Wiedereinführung des Hannswurstes auf das deutsche Theater im Ernst wünsche, sondern es wäre blos satyrische Laune, und nicht ernsthafte Vertheidigung. Es mag seyn; aber ich will noch einen andern Zeugen anführen, dessen Ausspruch noch weit wichtiger ist, da er selbst unser größter theatralischer Dichter ist, und wohl wissen muste, was dem deutschen Theater angemessen ist, oder nicht. Leßing wollte selbst Nachspiele mit Hannswurst verfertigen; denn er hielt die Geschmacksreinigung durch Vertreibung des Hannswursts vom Theater für die größte Hannswurstiade. Man fand unter seinem Nachlaß einen Heft von zwei Bogen, der gleichsam die Vorrede

---

w) Herrn Wielands Agathon. Th. II. S. 192.

rede oder Einleitung zu dieser Gattung von Schauspielen werden sollte, der auch ganz abgedruckt worden ist. x)

Unter den komischen Charakteren der deutschen Bühne befindet sich auch der Pickelhäring. Zu Veltheims Zeiten war dieses die allgemeine Benennung der lustigen Person auf dem Theater. Gottsched führt vom Jahr 1624 eine Sammlung von englischen Comödien und Tragödien an, die von Engländern in Deutschland gespielt worden, darin kommt vor ein lustig Pickelhäringsspiel von der schönen Maria und alten Hanrei, und noch ein andres lustiges Pickelhäringsspiel, darinn er mit einem Stein gar lustige Possen macht. y) Unter den Schauspielern der Veltheimin befand sich 1694 auch ein gewisser Dorfeus, der sich als Pickelhärin hervor that, und bis ans Ende bei dieser Prinzipalin aushielt. seine Kenntnisse in der Chymie brachten ihm hernach den medicinischen Doktorhut zuwege. Löwen führt ein ehmals berühmtes Schauspiel an, welches betitelt war: Prinz Pickelhäring. Wenn es wahr ist, daß die meisten komischen Charaktere ihre Benennung von einem Lieblingsgerichte der Nation erhalten haben, so scheint es, das Pickelhäring unter die grotesken Geschöpfe der Holländer gehöre. Denn nach der gemeinsten Meinung soll es so viel heißen, gebäckelter oder eingesalzener Häring, welches auch Leibnitz glaubte. z) Gundling aber wollte diese Etymologie nicht annehmen, sondern leitete das Wort Pickel theils von dem altdeutschen Worte pickeln, das ist, Poßen treiben, theils von pickiren, Picket, spie-

---

x) Leßings theatralischer Nachlaß. Th. I.
y) Gottscheds Vorrath. Th. I. S. 182.
z) Quasi halec ex muria, ob sales, qui saepe crassiusculi.

spielen, ein Spiel, theils von dem holländischen Worte Guichelaar, ein Gauckler, Possenreißer her. Das Wort Häring will er theils noch seltsamer herleiten, theils von dem alten deutschen Worte Hringi, welches den Fürnehmsten bedeutet, also wäre Pickelhäring so viel als der Fürnehmste oder Hauptnarr, theils von Hring, welches im alten Deutsch eine öffentliche Versammlung anzeigte, folglich wäre Pickelhäring so viel, als ein Spaßvogel, der eine ganze Versammlung belustigt, und endlich von dem Worte Haar, daß also Pickelhäring so viel hieße als ein mit Haaren bedeckter Lustigmacher, wodurch auf die Satyren der Griechen soll gezielt werden, weil diese rauch und zottig gewesen. a)

Die dritte Benennung der lustigen Person auf dem ehemaligen deutschen Theater war Courtisan, vermuthlich weil sie gegen die Zuschauer alle Pflichten eines Haßkavaliers hatte. So wie die Schauspieler des Italienischen und noch in neuern Zeiten des Wiener Theaters sich Theaternahmen zu wählen pflegen, so nennten sich auch ehmals die deutschen Schauspieler nach ihren Rollen, der eine hieß Courtisan, der andre Königsagent, Tyrannenagent, Pantalon, u. s. w. Solche Namen waren ihnen heilig, und sie waren stolzer darauf, als die Arkadier auf die ihrigen. Nie durften Lehrlinge sich ihrer anmaßen, gegen welche die Meister überhaupt, wie in den damaligen Zeiten alle Innungen, einen strengen Pennalismus ausübten. b) Unter Veltheims Schauspielern hat sich Schernitzky als Courtisan bekannt gemacht. Ehmals führten auch die Hannswürste der Marktschreier den Namen Courtisan.

F 5

a) Gundlingiana. Stück XXXI. S. 79.
b) Chronologie des deutschen Theaters, S. 35.

tisan. 1692. wurde Veltheims Courtisane, dem Schernitzky, zu Hamburg das Abendmahl versagt, und man behauptet, daß Veltheim in der Folge zu Leipzig habe ein Gleiches erfahren müßen. Dieses war der erste Zwist zwischen den Geistlichen und Comödianten.

Der vierte komische Charakter auf der deutschen Bühne ist der Harlekin, der aus Italien nach Deutschland verpflanzt worden ist. Unter den Schauspielern der Veltheimin war ein gewißer Bastiari, welcher den Harlekin zuerst auf das deutsche Theater brachte. Bei der Dennerschen Gesellschaft, welche 1710. entstand, spielte Denner der Sohn den Harlekin. Die Rolle des Harlekins erhielt sich in Deutschland bis ins Jahr 1737. Gottscheb, welcher um diese Zeit noch in Ansehn stand, wollte den Hannswurst und Harlekin gänzlich vom Theater verbannt wißen, da er vielmehr durch Verbesserung beider Rollen die Nation zum höhern Komischen hätte vorbereiten sollen, wozu ihm aber die Talente fehlten. Daher wurde zu Leipzig in der Bude bei Bosens Garten, wo 1737. die Neuberinn noch spielte, ein feierliches Auto da Fe über den Harlekin gehalten, welches selbst eine Harlekinade war, und die Neuberinn hatte ein eignes Vorspiel dazu verfertigt. Sein Name ward nun zwar bei der Neuberischen Gesellschaft nicht mehr gehört, allein man wollte doch deshalb nicht sogleich alle Stücke wegwerfen, worin er vorkam; die ganze Verbesserung bestand also darin, daß man ihn in Hännschen oder Peter umtaufte, und ihm ein weißes Jäckchen statt eines bunten anzog. Die Schauspirler schämten sich hernach Harlekine zu heißen, wenn sie es gleich in ihrem Spiele noch immer blieben. Einige haben behauptet, daß die Neuberinn den guten Harlekin in der Folge einmahl zu Kiel wieder

wieder erweckt hätte; aber sie erschien hier nur in Harlekinstracht um seiner zu spotten. c).

Sonst hat man in Pantominen noch hier und da die Rolle des Harlekins gebraucht; Schuch stellte bisweilen die alte italienische Pantomine vor betitelt: die Geburt des Harlekins aus einem Ei. Harlekin hat mehr als einen Vertheidiger gefunden, die sich seiner auf das Beste angenommen haben. Darunter gehört vorzüglich Herr Möser in seinem Harlekin, oder in der Vertheidigung des Groteskekomischen, (1761. 8.) welcher die Nothwendigkeit des Groteskekomischen mit ächter deutscher Laune und philosophischen Scharfsinn in dem Munde des Harlekins selbst auf die treflichste Art übernommen hat. Harlekin würde mit dieser Schutzschrift vor jedem Tribunal seine Sache gewonnen haben, aber in Deutschland hat er dem ungeachtet seine Restitution noch nicht erlangen können. Herr Möser nahm sich vor, seine Theorie auch durch ein Beispiel zu empfehlen, und verfertigte ein Lustspiel in einem Akte: die Tugend auf der Schaubühne oder Harlekins Heirath, welches noch im Manuscript herum geht, und bisher eben so wenig aufgeführt worden ist, als sein Trauerspiel Arminius. d) Mösers Schrift ist auch ins Englische und Dänische übersetzt worden. e) Ein Recensent in den Litteraturbriefen hat sich auch der Sache des Harlekins und der komischen Charaktere mit vieler Wärme angenommen, und darüber viel Gründliches gesagt. Sie haben in meinen

c) Eben daselbst, S. 62.
d) Eben daselbst. S. 215.
e) Die englische Uebersetzung ist unter dem Titel herausgekommen: Harlequin: or, a Defence of Grotesque comic performances. By Mr. Justus Moeser, translated from the German by Joach. Andr. Fr. Warneoke. LL. C. z. Nicoll.

nen vorigen Briefen gelesen, schreibt er, mit wie vieler
Ernsthaftigkeit ein Paar Schriftsteller zu Wien, wider
die lustigen Personen auf der Schaubühne, und wider
das Poßenspiel beklamirt haben. Diese Männer hatten in der That nicht Unrecht, wenn sie die Zügellosig-
keit einer Schaubühne anklagten, die sich mit lauter
unsinnigen Zoten und Niederträchtigkeiten nähret, und
einer vernünftigen Belustigung, so wie einem gesitteten
Scherze beinahe ganz den Zugang verschließt: wenn
sie aber alle lustige Personen als rasend und abge-
schmackt, und ihre Spiele als nothwendig ungezogen,
und daher verwerflich abgeschildert, so bedachten sie
gewiß nicht die Natur des menschlichen Herzens, welches unter verschiedenen Umständen, Vergnügungen
von sehr verschiedner Gattung bedarf. Sie dachten
auch gewiß nicht an die Schaubühne aller gesitteten
Völker, sonst müßte ihnen eingefallen seyn, daß auf
dem französischen Theater ein Harlekin mit dem größten Vergnügen gesehn wird, daß ein Dominique, Ghe-
rardi, Thomaßin, an statt für unvernünftige Leute
gehalten zu werden, vielmehr durch Vorstellung dieses
Charakters sich einen unsterblichen Ruhm erworben
haben. — Wäre ihnen ferner eingefallen, daß die
neuern Franzosen den Charakter des Harlekin auf so
vortrefliche Art zu bearbeiten wißen, daß er keinem
Charakter selbst des hohen Komischen weder an Wirkung noch an Anständigkeit etwas nachgiebt: (wie
sich denn zum Beispiel Arlequin sauvage für einen
Misantrope oder Glorieux gar nicht zu schämen hat)
wäre ihnen eingefallen, daß ein einsichtsvoller Goldoni
die vier Zanni keinesweges abgeschaft, sondern vielmehr z. E. einen Pantalon und Brighella zu den besten
Charakteren gemacht, und Fielding und andre Engländer sich nicht schämen, ihre sehr artigen Stücke Po-
ßen-

genspiele (a Farce) zu betiteln; so würde ihnen vielleicht auch der Name eines Possenspiels nicht so gar fürchterlich geschienen haben; — sie hätten vielleicht gewagt, einige Regeln, die sie, aus einem Collegio über die Poesie, von der Universität mitgebracht hatten, als Vorurtheile anzusehn, und anstatt die lustigen Personen, von denen das Volk einmal eingenommen ist, gänzlich zu verwerfen, hätten sie vielmehr versucht, dieselben zu verbessern, und dadurch den gesuchten Endzweck der Verbesserung der Schaubühne mit weit geringerer Mühe zu Stande gebracht. f) Mit eben so vielem Eifer und Wahrheit hat Leßing den Harlekin vertheidigt. Seitdem die Neuberinn den Harlekin öffentlich von ihrem Theater verbannte, haben alle deutsche Bühnen, denen daran gelegen war, regelmäßig zu heißen, dieser Verbannung beizutreten geschienen. Ich sage geschienen, denn im Grunde hatten sie nur das bunte Jäckchen und den Namen abgeschaft, aber den Narren behalten. Die Neuberinn selbst spielte eine Menge Stücke, in welchen Harlekin die Hauptperson war. Aber Harlekin hieß bei ihr Hänschen, und war ganz weiß, anstatt scheckigt gekleidet. Warlich ein großer Triumpf für den guten Geschmack! Auch die falschen Vertraulichkeiten haben einen Harlekin, der in der deutschen Uebersetzung zu einem Peter geworden. Die Neuberinn ist tod, Gottsched ist auch tod, ich dächte wir zögen ihm das Jäckchen wieder an. Im Ernste, wenn er unter fremden Namen zu dulden ist, warum nicht auch unter seinem? „Er ist ein ausländisch Geschöpf;" sagt man. Was thut das? Ich wollte, daß alle Narren unter uns Ausländer wären! „Er trägt sich, wie sich kein

Mensch

---

f) Litteraturbriefe. Th. XII. Brief 204. S. 329.

Mensch unter uns trägt." — So braucht er nicht erst lange zu sagen, wer er ist. „Es ist widersinnig, das nämliche Individuum alle Tage in einem andern Stücke erscheinen zu sehn." Man muß ihn als kein Individuum, sondern als eine ganze Gattung betrachten; es ist nicht Harlekin, der heute im Timon, morgen im Falken, übermorgen in den falschen Vertraulichkeiten, wie ein wahrer Hanns in allen Gassen vorkommt; sondern es sind Harlekine; die Gattung leidet tausend Varietäten; der im Timon ist nicht der im Falken; jener lebte in Griechenland, dieser in Frankreich. Nur weil ihr Character einerley Hauptzüge hat, hat man ihnen einerlei Namen gelaßen.

Warum wollen wir ekler, in unsern Vergnügungen wähliger, und gegen kahle Vernünfteleien nachgiebiger seyn, als, — ich will nicht sagen, die Franzosen und Italiener sind — sondern als selbst die Römer und Griechen waren? war ihr Parasit etwas anders als Harlekin? hatte er nicht auch seine eigene, besondre Tracht, in der er in einem Stücke über den andern vorkam? hatten die Griechen nicht ein eignes Drama, in das jederzeit Satyri eingeflochten werden mußten, sie mochten sich nun in die Geschichte des Stücks schicken oder nicht? Harlekin hat vor einigen Jahren seine Sache, vor dem Richterstuhle der wahren Kritik, mit eben so vieler Laune als Gründlichkeit, vertheidigt. Ich empfehle die Abhandlung des Herrn Möser über das Groteskekomische allen meinen Lesern, die sie noch nicht kennen; die sie kennen, deren Stimme hab ich schon. Es wird darin beyläufig von einem gewißen Schriftsteller gesagt, daß er Einsicht genug besitze, dermaleinst der Lobredner des Harlekins zu werden. Jetzt ist er es geworden! wird man denken. Aber nein, er ist es immer gewesen. Den Einwurf
den

den ihm Herr Möser wider den Harlekin in den Mund legt, kann er sich nie gemacht, ja nicht einmahl gedacht zu haben erinnern. g) Auf dem Wiener Theater sind noch einige komische Charaktere erschienen, die auch unter die groteske Art gehören, und ihm allein eigen sind.

Im Jahr 1745, wurde Joseph Karl Huber (ein Wiener von Geburt) zu Wien für die jungen Liebhaber angenommen, und machte bald in seiner Kunst einen guten Fortgang. Das extemporirte Theater hatte ihm eine Menge komischer Stücke zu danken, in denen er unter dem Namen Leopoldel einen sehr muntern und lustigen Charakter spielte.

Joseph Felix von Kurz, ein geborner Wiener, besaß viel Stärke im Niedrigkomischen, welches ihn verleitete ein Nebenbuhler von Prehausern zu werden. Als er einst in einer extemporirten Rolle als Bernardon wohl aufgenommen ward, nahm er sogleich den Theaternahmen Bernardon an, und wählte sich den Charakter der mit Spitzbüberei verbundnen Dummheit. Auf diesen Charakter arbeitete er, gleich dem Stranitzky und Prehauser, eine Menge Stücke, z. E. Bernardon der dreißigjährige, A. B. C. Schütze, die 11 kleinen Luftgeister, der Buben = und Weiberkrieg, Bernardon im Tollhause, der Feuerwedel der Venus, Bernardon der kalekutische Großmogul, und dergleichen

---

g) Leßings Dramaturgie. Th. 1. S. 138. Die Stelle des Herrn Möser, deren Leßing gedenkt, lautet also: Herr Leßing, ein Mann, der Einsicht genug besitzet, um dermaleinst mein Lobredner zu werden, würde mir vielleicht hier einwenden, daß die Uebertreibung der Gestalten ein sicheres Mittel sey, seinen Endzweck zu verfehlen, indem die Zuschauer nur dadurch verführt würden zu glauben, daß sie weit über das ausschweifende Lächerliche der Thorheit erhaben wären. Mösers Harlekin. S. 39.

chen mehr. Alle diese Stücke wurden extemporirt. Maschinen, Feuerwerke, böhmische Liedchen, Kinderpantomimen, Gaukeleien, Fratzen, Zoten, dies waren ohngefähr die Ingredienzien der Bernardoniaden, welche eine Bühne entweihten, die schon damals (1754) den Vorzug hatte, daß sie nicht wandern durfte. Dieser Unsinn fand unglaublichen Beifall in Wien, ungeachtet französische Schauspieler daselbst waren. Prehauser sah sich genöthiget mit Bernardonen gemeinschaftliche Sache zu machen, und nun durfte kein Stück auf diesem Theater erscheinen, worinn sie nicht beide glänzten. Da sahe man z. E. Bernardon die getreue Prinzeßin Pumphia, und Hannswurst der tyrannische Tartar Kulikan. h)

So hatte Gräz 1760 einen gewissen Moser, der den Lixperle zu seinem Hauptgegenstande machte. So lange noch extemporirte Stücke in Wien blühten, war auch Jackerl im Schwange, den ein gewisser Gottlieb machte, der im Niedrigkomischen Stärke hatte. Jetzt hört man daselbst in der Leopoldstadt noch den Kasperle mit großen Zulauf noch seine Rolle spielen; und selbst Herrschaften vom ersten Range besuchen ihn bisweilen. *)

Von dem Theater des Kasperle, auch die Badensche Truppe genannt, hat Herr Nikolai folgende Nachricht mitgetheilt. „Als der Hannswurst vom Wiener Theater

---

h) Von Sonnenfels Briefe über die Wiener Schaubühne. Viertes Quartal. Brief 52. — 54.

(* Erlanger Realzeitung 1786 Nr. 16. den 14 Febr. Begab sich der Kaiser mit seinen erhabenen Gästen zu dem berühmten Kasperle in der Leopoldstadt, und sah ihn im Schusterfeierabend spielen. Die höchsten Herrschaften wurden von den zahlreich versammelten Zuschauern mit dem freudigsten Zuruf empfangen.

Theater vertrieben ward, wollte ein großer Theil des Publikums die lustige Person nicht missen. Man machte also verschiedene Versuche eine lustige Person unter einem andern Namen einzuführen, wovon der Kasperl, welcher einen österreichischen Bauerjungen vorstellt, der durch seine dummen oder naiven Einfälle belustigt, den meisten Beifall erhielt. Als endlich die extemporirten Stücke, und mit ihnen alle lustige Personen vom großen Wiener Theater ganz vertrieben wurden, zogen sie in die Vorstädte, wo sie noch großen Zulauf, besonders von dem Volk, doch auch zuweilen von Leuten von höherem Stande haben. Die vornehmste Truppe dieser Art ist diejenige, welche im Bade zu Baden (sechs Meilen von Wien) während der Curzeit, im Winter aber zu Wien, auf einem besondern Theater in der Leopoldstadt spielt. Der Unternehmer nennt sich, ich weiß nicht, ob mit einem angenommenen oder Familiennamen, Marinelli, wie der Kammerherr in Emilia Galotti; und der Schauspieler, der den Kasperl spielt, heißt La Roche. Man sagt, daß er in seiner Art gut sey.

Es war, als ich in Wien war, für diese Gesellschaft auf der Leopoldstadt, nahe am Eingange der nach dem Theater führenden Allee ein schönes Schauspielhaus gebaut, das über 24000 Floren gekostet haben soll. Die Gesellschaft selbst war, wie gewöhnlich, abwesend. In Preßburg sah ich einen Kasperl, der aber ganz elend war.

Die Belustigungen des Volks, und unter diesen am meisten die Schaubühne für das gemeine Volk, sind für den Menschenfreund Gegenstände, die wohl einer ernsthaften Betrachtung werth sind. Die Schaubühne könnte wohl sehr gut gebraucht werden, gewisse Wahrheiten vor das Volk zu bringen, wenn man sich

Anal. d. Theat. 3 Heft.   G   nur

nur recht dabei nähme. Die lustige Person ist ein bequemeres Mittel dazu, als man sich insgemein vorstellt. Herr Nicolai giebt hier Vorschläge die Rolle des Kasperl zu verbessern. Er sagt: man müste den Kasperl seine Jacke lassen, aber für ihn Volksstücke schreiben, worin sein Charakter verfeinert und interessanter gemacht würde. Man könnte dies schon dadurch bewirken, wenn man ihm die Gutherzigkeit beilegte, die einem etwas einfältigen Bauer so natürlich, und die besonders dem österreichischen, so weit ich ihn kenne, eigen zu seyn scheint. Nun würde Kasperl nicht ferner ein bloßer Possenreisser seyn. Ein geistvoller Schriftsteller würde einen solchen einfältigen gutherzigen und dabei drolligten Bauer sehr leicht in dazu gemachten Stücken, in Situationen ziehen können, wo er höchst anziehend würde. Wie wenn der Kasperl über den Stolz und den Bedrückungen des Guthsherrn, über das Geschwätz und die Practiken der Mauthner, über den dummen Aberglauben, über die Widersetzlichkeit der geistlichen Herren gegen Abschaffung schädlicher Pfaffereien, über die Faulheit reicher Rentenirer, über die Ausschweifung in Wollust und Schmausen, über Spielsucht, über Schuldenmachen, über die Gemächlichkeit, Sinnlichkeit, und daher entstehende Armuth des gemeinen Mannes, und über andre Landesgebrechen sich in seinen Stücken ausbreitete, würde er nicht eine interessante Person seyn? —

Das Extemporiren, so grosse Beschwerlichkeiten und Fehler es sonst auch hat, hat doch nebenher den Vortheil, daß es in gewisser Absicht keine schlechte Schule für junge Schauspieler ist, besonders in Absicht auf die Elocution. Man sollte diese Kunst nicht ganz untergehn, oder durch den niedrigsten Pöbel der Schauspieler verderben lassen. Ein Schauspieler, der extemporirt, muß über die Situationen der Scenen einigermaßen nachdenken. Wenn er denn nicht ganz ein stumpfer Kopf ist, so wird seine Elocution natürlicher, und seine Geberden und seine körperliche Beredsamkeit ungezwungener und den Reden angemessener seyn, als wenn er von Anfang an nichts thut, als lange Rollen mechanisch auswendig lernen, die er größtentheils nicht recht versteht, und die noch dazu zum Theil in der schwerfälligen Büchersprache geschrieben sind, welche im Munde stecken bleibt. — Ich kann mich von meiner Jugend sehr wohl erinnern, daß auf der Schuchischen Schaubühne, die auswendig gelernten Scenen, oder die sogenannten Kligten (so nennen die extemporirenden Schauspieler die ganz geschriebenen Scenen und Repartien vom holländischen Worte Klugt, das Posse, Schwank, bedeutet; denn meist bestehen diese Worte aus lustigen Einfällen) in den extemporirten Stücken sehr viel natürlicher, und Schlag auf Schlag hergesagt wurden, als wenn eben dieselben Schauspieler in ganz gelernten Stücken Scenen in eben der Art zu sagen hatten." Ich muß in Ansehung des Extemporirens der Schauspieler Herrn Nicolai vollkommen beistimmen und die gänzliche Abschaffung desselben schadet dem jungen Schauspieler, für den es die beste Uebungsschule ist, theils sein Genie kennen zu lernen, theils es immer vollkommner zu machen; auch für die Zuschauer ist es nachtheilig, weil sie von geschickten Schauspielern, die das Extemporiren recht verstehn, oft weit besser unterhalten werden, als in den auswendig gelernten Stücken. Ich habe im siebenjährigen Kriege in Breslau den extemporirenden Schauspielern, besonders dem altern Schuch und Stenzeln, der erst vor wenig Jahren in Berlin gestorben ist,

ist, mit Verwunderung und Gefallen zugehört. Ihr Spiel und ihre Ausdrücke waren viel feuriger und dringender als in blos auswendig gelernten Scenen, und man sahe augenscheinliche und wahre Begeisterung an ihnen. Dieses wollte vermuthlich Schuch, der im gemeinen Leben ein ernsthafter und finsterer Mann war, dadurch ausdrücken, wenn er sagte: wenn ich schon die Hannswurst = Jacke anziehe, so ist es, als wenn der T — in mich führe.

Im Jahr 1769 wurde auf eine Vorstellung des Herrn von Sonnenfels an den Kaiser selbst, allen fremden Truppen auf dem kaiserlichen Theater zu spielen, und alles Extemporiren verbothen. Und im folgenden Jahre ließ der Hof nochmals das Extemporiren untersagen, und Herr von Sonnenfels wurde zum Theater=Censor mit uneinschränkter Gewalt bestellt. Man verfolgte ihn, man höhnte ihn auf dem Buffatheater, man stach Bernardon als ein Gegenbild zu dem Portrait desselben. i)

VIII.

Kaiser Rudolf von Habsburg, ein Trauerspiel in 5 Aufz. von A. Klein. Mannh. 1788. 2te Ausgabe.

Deutschland hat durch dieses Stück im hohen Tragischen ein Werk erhalten, welches den Beyfall des Publikums verdient. In der Kindheit unsrer Litteratur behalfen

i) Briefe deutscher Gelehrten an Klotz. Theil 1. S. 45.

halfen wir uns mit wäſſerigten, plan- und geſchmack-
loſen Originalen; oder mit läppiſchen Ueberſetzungen
aus ändiſcher Stücke; dadurch verkannten wir ihren
Werth, und unſer Geſchmack war noch eben ſo barba-
riſch, wie vorher. In neuern Zeiten ſank der Genius
der deutſchen Dichter theils ins Niedrige, theils ins
Weinerliche, theils ins Abentheuerliche herab. Unſre
Bühne iſt entweder ein Schauplatz von Fehden, Stürmen, Kämpfen; oder es treten gemeine Perſonen auf,
die uns in jämmerlichen Ausdrücken vorweinen, und
uns lange Weile verurſachen. Die deutſche komiſche
Muſe iſt in ein Höckerweib verwandelt worden. Un-
anſtändigkeiten und Plattheiten ſind daher oft ihre
Scherze; attiſches Salz, Feinheit der Einkleidung,
Schönheit des Ausdrucks werden durchaus vermißt.
Wehe uns, daß kein Quintilian mehr lebt, der dieſen
Genien zurufen könnte: Corrige, Sodes! hic &
hic! ... Die tragiſche Muſe hat den Kothurn verloren; ihre Zöglinge ſind verwahrloßte Kinder, hu-
mano capiti cervicem equinam jungunt.

Mitten durch dieſe Wildniß hat ſich Hr. Klein eine
Bahn gebrochen; indem er dem Publikum ſeinen Ru-
dolph von Habsburg gab. Ich ſtelle hier die Skizze
des Ganzen auf, um richtig darüber urtheilen zu
können.

1. Akt.

Ottokar hat mit Kaiſer Rudolfen Frieden gemacht,
und bey dem Friedensſchluſſe Gutha'n, des Kaiſers
Tochter, zur Gemahlin ſeines Sohnes Wenzesla erhalten, und ſogleich mit ſich nach Wien geführt.
Agnes, Ottokars Tochter, wurde für den jüngern Ru-
dolph beſtimmt. Auf Veranſtaltung der Königin
feyert man denn in Wien dieſen Frieden. Kunegun-
ben,

ben, die stolze Königin, kränkt es, daß ihr Gemahl auf den Knien diesen Frieden von Rudolphen hat nehmen müssen; durch beissenden Spott reizt sie Ottokarn; er entdeckt ihr seine Plane. Falsch war alles, was er dem Kaiser gelobte; nach Rudolfs Abzug will er alles wieder erobern; Gutha ist ihm das Unterpfand; und so beruhigt er Kunegunden. Die Königin muß nun Agnesen vorbereiten; sie schildert ihr also Rudolfen und dessen Sohn, Agnesens Bräutigam, mit den häßlichsten Farben, und verlangt, Agnes soll Rudolfen, ihren Geliebten vergessen. Agnes ist standhaft; ihrer Mutter Wuth beugt sie nicht. — Eine herrliche Scene! Beleidigter Stolz der Königin, Agnesens kindliche Ehrfurcht, und heiße Liebe zu Rudolfen sind vortreflich gezeichnet. Ottokar entdeckt seinem Rathe, was er wirklich schon gegen den Kaiser gethan habe, und noch thun wolle. Ueberdies kommen die Ritter, die er auf Kundschaft ausgeschickt hatte, und erzählen: Rudolf werde in wenigen Stunden vor den Thoren seyn; er komme in Zorn den Frieden zu fordern. Alle bitten Ottokarn um Frieden für das Volk; aber sein Zorn entbrennet; er ermahnt seine Krieger auf große Vorfälle bereit zu seyn. Sein Sohn Wenzesla fragt ihn, warum er sein Wort breche; Ottokar antwortet: die Uebermacht berechtige ihn, das aus Noth gegebene Wort zurückzunehmen; er entdeckt ihm seine Grundsätze, als Herrscher, und ermahnt ihn, denselben treu zu bleiben. Auch der Fürst Sawisa bringt die Nachricht, daß der Kaiser sich der Stadt nähere. Ottokar, der Ränke gewöhnt, befiehlt Sawisa'n, dem Kaiser Frieden anzubieten. Er setzt einen Preis auf Rudolfs Leben; er giebt sogar Sawisa'n einen Wink, daß Ottokar Kronen an den zu verschenken habe, der dies ausführe; und entfernt sich. Sawisa und Wenzesla

staunen

staunen über diese Bosheit. Sawisa würde Ottokarn schon lange verlassen haben, wenn Gutha ihn
nicht zurück hielte. Der Kaiser habe mit einem Blick
ihn (Sawisa'n) gleichsam zu ihrem Schutzengel bestimmt. Gutha werde vom Hofe entfernt werden —
Wenzesla und Sawisa schwören, sie zu retten.

2. Akt. (Des Kaisers Lager.)

Der Kaiser schlägt seinen Sohn zum Ritter und
sendet ihn mit Friedensvorschlägen zu Ottokarn. Als
Rudolf entfernt ist, spricht der Kaiser zu den Rittern
und Fürsten. Er sagt ihnen, alle die sollen sich entfernen, die nicht rein seyen von den Schandthaten des
Faustrechts; allein keiner weicht; und nun müssen sie
ihm schwören, mit Schonung und Menschlichkeit zu handeln. — Eine große erhabene Rede! allein der Unsterblichkeit werth! — Ein Gesandter des Königs Ladis-
laus bringt die Nachricht, daß die Ungarn Ottokars Heer
geschlagen haben, und giebt dem Kaiser einen aufge-
fangnen Brief, worinn Ottokar auf Rudolfs Kopf
seine Tochter zum Preise setzt. Sawisa kommt, um
dem Kaiser von Ottokarn Frieden anzubieten; allein
Rudolf schwört Ottokarn den Tod; Sawisa'n mehr,
als Ottokarn habe er Gutha'n anvertraut. Sawisa
verspricht durch Thaten zu beweisen, daß er kein Sklave
der Laster Ottokars sey, und geht wieder zurück. Gleich
nachher tritt ein Kreuzritter ein, der dem Kaiser eine
Bulle vom Pabste überreicht, worin er Rudolfen als
Kaiser anerkennt, und wünschet, er möge sich zu einem
Kreuzzuge entschließen; zu dem Ende übergiebt der Ritter dem Kaiser geweihte Waffen, einen Kreuzritter-
mantel und Hut; und sagt, er habe gleiche Ermah-
nungen an Ottokarn, daß er Rudolfen als deutschen
König erkenne und seinen Frieden heilige. Rudolf
damit

dankt dem Ritter, erklärt sich wegen des Kreuzzuges unbestimmt, und sagt dem Ritter, er werde bald in guter Gesellschaft zu Ottokarn kommen.

3. Akt.

Gutha ist unruhig, da Wenzesla nicht erscheint. Sie erhält einen Brief von ihm, worin er ihr schreibt, daß man sie trennen wolle; er bittet sie, den Einschluß an ihren Bruder zu besorgen. In der Bestürzung legt Gutha den Einschluß auf den Tisch und nimmt den andern Brief zu sich. Wenzesla selbst kommt, um sie zu versichern, daß er sich nie von ihr trennen werde. Plötzlich erscheint die Königin; Wenzesla muß sich entfernen. Kunegunde sagt Gutha'n, sie hasse sie; doch ein Mittel der Rettung sey übrig — Wenzesla'n zu sagen, daß sie ihn hasse. Gutha kann nicht einwilligen, der Königin Zorn flammt heftiger; sie befiehlt die Prinzessin wegzuführen. Indem erblickt sie den Brief auf dem Tische; sie lies't: „dem Kaiser lauern Meuchelmörder". Sie glaubt, Gutha habe dies erdichtet; und läßt sie in Verwahrung bringen. Kunegunde zeigt Ottokarn den Brief; dieser, um sie zu beruhigen und nicht zu verrathen, daß er die Meuchelmörder bestellt habe, sagt ihr, sie solle Rudolfen seiner Tochter Haupt durch seinen Sohn senden. Auf den Untergang des Geschlechts des Kaisers baut Ottokar seine Hofnungen. Aber Kunigunde will auch Rudolfs Schande. Sie sendet daher ihm einen erdichteten Brief, in dem Empörer ihm anbieten, die Thore der Stadt zu öffnen, seine Kinder zu retten, und ihm die Krone aufzusetzen. Dann eilt sie, an Gutha'n das Urtheil zu vollziehen. Wenzesla kommt schnell, und fleht bey Ottokarn für Gutha'n, Ottokar verläßt ihn fluchend; Wenzesla schwört sie zu retten; sie zu schützen kommt

kommt auch Agnes. Der jüngre Rudolf tritt ein; alles ist ihm unerklärbar an dem Hofe; denn alles vermeidet ihn. Er erblickt Agnesen, auch diese tritt zurück, und eingedenk des Vaterfluches, will sie entfliehen, indem sie die Arme nach dem Geliebten ausstreckt; ihr Bruder hält sie auf, und führt sie zu Rudolfen. — Ottokar und Kunegunde treffen sie so beysammen. Beyde verstellen sich, und die Liebenden werden getäuscht. Indem wird ein verhülltes Frauenzimmer über die Bühne geführt; Wenzesla befiehlt der Wache zu halten. Gutha wirft die Hülle weg und jammert um Hülfe. Rudolf fällt in seiner Schwester Arme; Agnes sinkt in Ohnmacht; Ottokar befiehlt wüthend sie wegzuführen. Alles entfernt sich in Verwirrung. Wenzesla sucht Rudolfen zu beruhigen, bis Sawisa kommt, und Rudolfen sagt, Ottokar wolle ihn sprechen und giebt ihm Nachricht, daß seine Schwester in Todesgefahr sey. Rudolf faßt sich und geht zu Ottokarn.

(Des Kaisers Zelt.) Der Bote bringt dem Kaiser den Brief Kunegundens, indem ihn Aufrührer einladen, zu kommen, seine Kinder zu retten. Rudolf wird erschüttert, allein er entläßt den Boten und sagt: Rudolf wähle zwischen Tod und Schandthat nicht: das Volk solle seinem Könige treu bleiben. Seine Feldherren nahen sich, er entdeckt ihnen, Ottokar morde seine Kinder. Zorn ergreift sie alle. Rudolf beschließt bey sich, Ottokarn selbst zu sehen. Er ertheilt dem Heere seine Befehle.

4. Akt.

Ottokar führt seinen Sohn Wenzesla in die Gruft der Könige, und da soll er ihm auf dem Grabe des Eroberers Ottokar, Rudolfs Untergang schwören; aber

Wenzesla erblickt das Bildniß seines Großvaters, gegen den Ottokar sich einst empörte, und dem er sogar jetzt flucht; bey diesem schwört Wenzesla, edel und treu zu seyn; er malt seinem Vater seinen eignen Zustand so schauerlich, schildert seine Thaten so schrecklich, daß Ottokar von Entsetzen ergriffen, der Gruft entflieht. — Dies ist eine große, wirkende Scene; sowohl in Rücksicht auf die theatralische Situation, als den Geist der darin herrscht. — Der König flieht in den Pallast, und ist noch ganz verstört, als die Gesandschaft des Papstes ankommt. Kaiser Rudolf, als Kreutzritter verkleidet, hat die Rolle des Gesandten übernommen. Der Hof versammelt sich. Ottokar, um seine Unruhe zu bergen, bittet den Kaiser, ihm die Geschichte seiner Züge zu erzählen. Rudolf erzählt die Geschichte eines Königes im Oriente; diese ist eigentlich die Geschichte Rudolfs und Ottokars. Dieser wird erschüttert; Ahndungen füllen seine Seele; diese Erzählung scheint ihm die Vorhersagung seines Schicksals. Er will mit Rudolfen allein seyn. Diese Scene ist ein Meisterstück; Rudolf nimmt Ottokarn ganz ein, nur von Frieden darf er nicht sprechen: Ottokar reicht ihm endlich die Hand und führt ihn in den großen Saal. Alles ist versammelt, Rudolf der Sohn, entledigt sich seines Auftrags und bietet Ottokarn Frieden an. Ottokar aber schwört dem Kaiser den Tod, und sagt: Rudolf erhalte zum Pfande, heute seiner Tochter Haupt. Der Prinz entsetzt sich; vergißt aber seinen Stolz nicht, und sagt, indem er abgehen will: „wir haben Schwert und Lanzen! — Ottokar, entrüstet, befiehlt ihn ins Gefängniß zu werfen. Dies bringt die Ritter auf; Wenzesla fordert sie alle auf, sich zu ihm zu schlagen, wenn sie Eidbruch verabscheuten, und alle verlassen den König, der mit dem Kaiser allein

allein steht. Dieser giebt nun Ottokarn die Bulle; Ottokar liest, und ist bestürzt, daß auch der Pabst den Frieden wünscht, und Rudolfen als Kaiser erkennt. Wenzesla bittet im rührendsten Tone um Frieden; Ottokar ist halb bewegt; Rudolf, dies bemerkend, giebt sich schnell zu erkennen, und geht mit offenen Armen auf Ottokarn zu. Ottokar zieht aber das Schwerd, und alle Ritter versammeln sich um den Kaiser. Der König schwört ihm den Untergang, und geht wüthend ab. Wenzesla befiehlt dem einen Theile der Ritter, der Kaiser dem andern, den jüngern Rudolf zu geleiten, und geht mit Sawisa'n, sein Werk zu vollenden.

5. Akt. Unterdessen harrte Gutha im Gefängnisse; allein Wenzesla, Agnes und Sawisa hatten beschlossen, sie zu retten. Sie kommen in den Kerker; Agnes und Gutha tauschen ihre Kleider, und Gutha entflieht mit Wenzesla'n und Sawisa'n. Kaum ist Gutha in Sicherheit, so kommt Kunegunde, sie ihrer Rache aufzuopfern, und findet — ihre Tochter; die ihr alles entdeckt; mütterliche Liebe und Zorn kämpfen in ihr; doch jene behält den Sieg. — Während dem ist Rudolf mit Ottokars Rittern bis an den Wald an der Burg gekommen; er hatte sich von seinem Vater getrennt, um Gutha'n zu befreyen; allein es war unmöglich. Er nimmt von den Rittern Abschied, und eilt in das Zelt des Kaisers; indem kommt der Kaiser durch den Wald, den Verlust seines Sohnes beklagend. Groß ist die Freude des Wiedersehens, und nun beschließt der Kaiser, diese Nacht Ottokarn anzugreifen. Auch Ottokar ist ausgezogen, und hat sich in derselben Gegend gelagert. Ahndungen seines künftigen Schicksals erfüllen ihn. Er läßt die Feldherren rufen. Er fragt sie, ob sie zu siegen glauben; sie bejahen es. Aber Ottokar sagt, er werde nicht siegen; unter ihnen
seyen

seyen bestochene, die in der Schlacht ihn morden würden. Er befiehlt ihnen, jezt ihn zu tödten. Einer der Feldherren sagt ihm, im Frieden mit Rudolfen sey Rettung. Ottokar fährt auf; er verlangt keine Rettung; er will sie sollen ihn jezt tödten; allein sie sagen ihr Eid sey für ihn zu sterben. Dies heitert ihn auf, und eben dann kommt die Nachricht, daß Rudolf die Vorposten angefallen habe. Alles eilt zur Schlacht. — Dies ist eine große, erschütternde Situation, und vortrefflich ausgeführt. — Wenzesla, Gutha und Sawisa kommen hinter den alten Mauern eines Schlosses hervor; das Schlachtgetös beginnt, und sie flüchten sich in die Ruinen. Ottokar unter einer Menge kämpfender, verfolgt von Rudolfen, kommt. Rudolf zückt das Schwerd, schont ihn aber. Ottokar, bestürzt über diese edle Handlung, fragt nach des Ritters Namen; der Kaiser zieht das Visir auf; er bietet Ottokarn Leben und Reich; aber Ottokar erneuert seine Flüche; seine Krieger sammeln sich wieder; der Kampf beginnt von neuem; Rudolf wird verwundet; Ottokar entflieht; alles ab. Gutha, in Angst, kommt aus dem Schlosse; Wenzesla folgt. Indem wird Ottokar von einigen Rittern gebracht, und ist tödlich verwundet. Er ist in Verzweiflung; Gutha flieht vor diesem Anblicke, und Ottokar stirbt in seines Sohnes Armen. Kaiser Rudolf und die Fürsten kommen. Die Schlacht ist entschieden. Unter Agnesens Anführung, die vermumt ist, kommen Kinder und Jungfrauen in Trauer, Rudolfen um Gnade zu bitten. Rudolf der Sohn erkennt Agnesen. Entzücken des Wiedersehens. Auch die stolze Kunegunde erscheint mit einem großen Gefolge vor dem Kaiser; sie erkennt ihr Unrecht; sie beweint ihre verlohrne Tochter, diese stürzt plötzlich ihr zu Füßen, und Kunegunde vergißt einen Theil ihres Schicksals fals. Gutha erscheint mit Wenzesla'n und Sawisa'n, und fällt in ihres Vaters Arme. Der Kaiser fragt nach Ottokarn; Wenzesla zieht den Mantel von der Leiche, die im Hintergrunde liegt. Alle sind gerührt; Rudolf geht gegen die Leiche; der Vorhang fällt. Aus dieser Zergliederung sieht man, daß das Stück reich an theatralischen Situationen ist. Die Handlung ist schön geführt; das Interesse wird erhöht. Rudolfen steht Ottokar entgegen: jener kriegt, um seinen Vaterlande Frieden zu verschaffen; diesen spornt Ruhmsucht; der Geist des Eroberers verscheucht Friedensgedanken aus seiner Seele. Kuneguude ist stolz, wie Ottokar; auch sie will Rudolfs Untergang, und doch handelt sie aus andern Gründen, als er. Agnes und Wenzesla sind edle Kinder bösartiger Eltern; Ottokar scherzt mit Eydschwüren und bricht Verträge; Wenzesla'n ist gegebenes Wort heilig; Eroberungen machen Ottokarn die Rechte der Menschlichkeit vergessen; Wenzesla'n großer Zweck ist Menschenglück. Kunegunde haßt Rudolfs Stamm aus falschem Wahne, will Gutha'n morden: Agnes ehrt Rudolfs Geschlecht, liebt dessen Sohn, und will sich selbst für Guthan aufopfern. Rudolf, der Sohn, und Gutha, verhalten sich meistens leidend, ohne überflüssig zu seyn: sie erhöhen das Interesse einzelner Situationen, und haben durchaus Einfluß auf die Haupthandlung.

Diese Mannigfaltigkeit theilt indessen das Interesse nicht; jede Handlung der einzelnen ist zweckmäßig: sie zielt auf einen Punkt; und trotz den vielfältigen Verwicklungen fehlt dem Ganzen doch das nicht, was so manchem Stücke unsrer Zeit abgeht: Deutlichkeit. Bey Beurtheilung dieses Stückes müssen wir davon ausgehen, was dessen Inhalt ist. Rudolf handelt groß gegen Ottokar'n und dessen Familie. Dies ist der Gegenstand.

In

In Wahrheit ein enges Feld! Der Dichter mußte sich eine neue Welt schaffen; nur zu Rudolfs und Ottokars Charakteren gab ihm die Geschichte den Stoff; alles übrige ist sein Werk. Freylich ist in der Geschichte dieser Helden manche interessante Scene; allein nicht jede Scene der Geschichte macht auf der Bühne Wirkung. Und doch hat Hr. Prof. Klein einige Situationen aus der Geschichte glücklich benutzt; in der Vorrede zu diesem Stücke giebt er davon Rechenschaft. Jede dargestellte Situation ist ausgemalt; jede paßt in den Charakter der aufgestellten Personen; jede liegt in der Natur, in dem Gange der Handlung. — Die Sprache ist stark, erhaben ohne Schwulst; natürlich, ohne ins Gemeine zu sinken. Daher wünschte ich einen Ausdruck aus dem Stücke verbannt zu sehen der der Würde des Ganzen nicht angemessen ist, nämlich: Wenzesla sagt:

vergiß der schönsten Feier unsres Hofes nicht,
die Heilige und Engel mit uns feiern,
wenn am Vermählung-tag der Königssohn
den Vätern schwört, ein Mann und guter Fürst zu seyn.

Sawisa
Schön muß der Schwur dir stehn: 2c. 2c.

Man sagt: es steht ihm gut; es kleidet ihn gut 2c. Eine Redensart, die ins gesellschaftliche Leben gehört, und meiner Meinung nach aus der Sprache der Helden verbannt seyn sollte. Es wäre überhaupt zu wünschen, daß man in unsrer deutschen Sprache die Sprache des Trauerspiels und die Sprache des Lustspieles, nach dem Beyspiele der Franzosen, unterschiede. Dem Französischen tragischen Dichter sind in Rücksicht auf Sprache zwar enge Grenzen gesetzt, und dem

dem Deutschen keine. Wenn also ein großer Geist dies Riesenwerk übernähme, und den wahren Mittelweg zwischen diesen beyden Extremen fände, welch ein Vortheil für die deutsche Literatur könnte das nicht seyn. Die Sprache der Franzosen ist arm, und doch erlaubt man dem Dichter nicht, alle Ausdrücke zu brauchen; der Deutsche, dessen Sprache unendlich reicher und mannigfaltiger ist, braucht jeden Ausdruck ohne Rücksicht auf die Würde seines Stoffes. — Hr. Prof. Klein ist, obigen Ausdruck ausgenommen, im Ganzen, sehr behutsam in der Wahl seiner Ausdrücke gewesen. Um davon einen Beweis zu geben, ziehe ich eine Stelle aus der 1. Scene des II Akts. Nachdem Rudolf der jüngste zu Ottokarn abgegangen ist, wendet sich der Kaiser zu den Rittern und sagt:

— — — Aber Männer, ein Gedanke
liegt schwer, sehr schwer an meiner Brust: die Engel
der Menschheit weinen. Unter euch sind Helden
die ich entbehren möchte.

(Bewegung unter den Rittern)

Wer durchstreifte
mit Räuberwuth des Landmanns Wohnung? Wer
verbrannte Saaten, Kirch' und Hütte, trieb
die Noth laut heulend an mein nächtlichs Lager?
Ich bitt' euch, ich beschwör' euch, geht, verlaßt mich.
Geht auf der Stell' und meidet meinen Zorn.
Ich will nicht wieder diesen Jammer hören, nicht
um eines Welttheils Kron'. Entweichet!

(Alle erstarrt und staunend)

Keiner geht?
Ich will euch das Erröthen sparen. Seht,
ich wende mein Gesicht von eurer Schande weg.

(er geht zur Seite, keiner rührt sich. Tiefe Stille.
Der Kaiser tritt zurück, nimmt seinen Helm ab)
Ich bin ergraut im Kriege.
(Er setzt den Helm auf.)
Und nun hört
dies Wort, o faßt es ganz in eure Seelen,
und prägt's in eurer Enkel Brust: dies Herz
verabscheut Krieg. Erstaunet nicht; ich fühle
den Werth der Menschheit, bin Soldat, den Krieg
zu tilgen. O mein Vaterland! bis jetzt
der Raubsucht traur'ges Ziel! Dir ist mein Arm
geweiht. Die Freude floh vom Erdenkreis;
die Ehrlichkeit verschließt das Grab der Väter;
mein Bruder Mensch seufzt mit dem Thier am Joche;
Gerechtigkeit hängt an dem Schwert der Mörder.
Wo säugt in Ruh ihr Kind die Mutter? Wo erfreut
am Pflug den Landmann Hofnung seines Schweises?
Wo schaudert eine Gegend um die Felsenburg
des Räubers nicht? Ha! Haimatlose Gauner
mit festen Knochen balgen sich im Ritterhelm
zu Landbeherrschern. Seht ihr: Mönchesklappen
schmückt dieses blinde Recht
(aufs Schwert deutend.)
mit Fürstenkronen.
Wer kennt der Menschheit Würde? Wie verwildert
zu feineren Gefühlen sind so ganz
die Völker meines Vaterlandes! Wo ist der Mensch?
Seht, darum ward ich Krieger; darum bin ichs!
Ich breche Schwerter, würg' den Mörder, tilge
des Stärkern Recht, das Tygerrecht der Brüder.
Und nun verlasse mich, deß Herz nicht Bürg' ihm ist,
daß seine Hand sich nie beflecke.

Niemand

Niemand wird dieser Stelle hohe Schönheit absprechen; die Rede liegt in dem Charakter des großen Kaisers, und diese Situation setzt Rudolfs Seelengröße meisterhaft ins Licht. Er will lieber mit wenigen Edeln gegen Uebermacht kämpfen; als durch Lasterhafte sein Heer vergrößern.

Noch größer erscheint Rudolf in der Scene, wo ihm der Bote Kunegundens Brief bringt; in dem man ihm anbietet, Ottokarn zu verrathen, und Rudolfen und Gutha'n zu retten.

K. Rudolf.

Du bringst vom Morde meiner Kinder Botschaft?

Der Bote.

Noch leben sie.

K. Rudolf.

Sie leben?

Der Bote.

Aber, Kaiser —

K. Rudolf.

Nur eine Frist in Todeswehen? — Rede!
Dein bleiches Antlitz dient der starren Zunge.
Dir werb' ein Fürstenthum, kannst Du sie retten.

Der Bote.

(wirft sich auf die Knie, giebt mit flehender Gebärde dem Kaiser die Schrift.)

K. Rudolf.

(öffnet sie schnell, entglüht im Lesen, faßt sich, und spricht gelassen, indem er dem Boten die Schrift zurück giebt.)

Verlaß mich! Sage: Rudolf wähle zwischen Tod und niedrer That nicht. Treu sey seinem Könige Das Volk. Dies Schwert wird kämpfen, Gott entscheiden.

Der Bote.

Und deine Kinder?

Annal. d. Theat. 3. Heft.   H   K. Ru

K. Rudolf. (für sich.)
 Weh den Lieben! Wehe mir!
O Du hier oben, strenger Prüfer! leg'
in diese Schaale keinen Gran von Leiden mehr!
O nimm mit Eile deinen Sieg; du formtest
mich nur zum Menschen. O zum Menschen! darum
ist dieses Opfer groß!

Der Bote.
 Du bist gerührt?

K. Rudolf.
Ist keine Rettung meiner Kinder?

Der Bote. (reicht die Schrift dar.)
 Kaiser!

K. Rudolf.
Bey deinem Leben!

Der Bote.
 Ein zertretnes Volk,
zu dir hoch jammernd, Gutha unterm Beile,
dein großer Sohn —

K. Rudolf. (Thränen im Auge.)
 Mann, weich, du siehst zu viel;
Geh, sage: du sahst — einen Vater weinen!

Dies ist Ausdruck der Natur, vereint mit der der
Größe eines Rudolfs angemessenen Würde. Unter den
vielen vortreflichen Scenen dieses Stückes setze ich nur
noch die 5te des 4ten Akts hieher; weil der Ottokar
und Rudolf neben einander stehen. Rudolf, ist als
Kreuzritter verkleidet.

Ottokar.
Sprich, welche Wuth treibt träges Alter, das nach Ruh
sich sehnt, an diese Schwelle, wo der Tod
mit Ungeduld dem kältsten Freunde Rudolfs harrt?

K. Ru

K. Rudolf.
(gelassen, eine seiner Locken berührend.)
Held Ottokar droht einem alten Krieger
mit Tod! vor allem, eh' ich spreche, König
begehr' ich der Gastfreyheit heil'ges Recht,
dem Ritter Ehr' und diesen grauen Haaren,
und Ehrfurcht diesem Kleid und dieser Botschaft.
(die Bulle zeigend.)
Ich nenn mich Altobald. Das End wird zeigen, ob
was ich jezt fodre mir geziemt.

Ottokar. (für sich.)
Bey Gott!
Der Zorn muß selbst dies seinem Blick gewähren.

Rudolf. (für sich.)
Sein Anblick könnte mich zu Thränen rühren;
kann so die Leidenschaft das Meisterwerk
der edleren Natur entstellen? Kann
der König so den Mann verderben! diesen Mann!

Ottokar.
Wer bist du, Mann? was suchst du bey Ottokarn?

Rudolf.
Du sagst es, König: Mann, dies ist mein Name.
Säh' Ottokar die Thaten meines Lebens;
er sagt es wieder: Mann! Sieh, sonst ist nichts an mir.
Mein Ruhm ist Tod im Schlachtfeld. Du hast Krieg:
Warum bezieht der Kaiser deine Reiche
mit Heeresmacht? Brach Rudolf deinen Frieden,
und seinen Eidschwur? O so kämpf ich dir!

Ottokar. (mit gezwungener Entschlossenheit.)
Wer du auch bist; so wisse: Rudolf that weit mehr.

Rudolf.
Er war dein Freund, und setzte Preis auf deinen Mord?

Ottokar.

Ottokar. (heftig.)
Mehr, sag' ich, mehr! (für sich) Warum bin ich allein
mit diesem fürchterlichen Mann!
                    Rudolf.
                         Er giebt zum Lohn
die Königstochter deinem Meuchelmörder?
          Ottokar. (in Schrecken und Wuth.)
Mehr, mehr!
                    Rudolf.
Nun weiß ich alles: Du hast Kinder:
nicht wahr? In diesem einz'gen Wort liegt alles:
Die Freundschaft öfnete das Vaterherz,
du gabst aus deinem Busen deine Kinder ihm,
und Otto — Rudolf mordet sie.
          Ottokar. (entfärbt, in Angst, anfangs stammelnd,
                    dann äußerst heftig.)
                         Nichts, alles nichts.
Kennst du den Sieger Ottokar? Den Namen
schrieb das Erstaunen an die Stirn der Völker;
den Namen löschet aus dem goldnen Buch
des Ruhmes, löschet am gestirnten Himmel,
wo bey Göttern Menschen glänzen, löschet weg
vom erstummten Erdkreis ein Mensch;
ein Mensch band ew'ge Schand auf meinen Nacken,
und nannt es Frieden. Fühle dies, dann komm,
und nenne mir, was Laster heißt, nenn' alles
die reine Tugend, und du bist des Königs Freund.
                    Rudolf.
Verlaßen von den Seinigen fiel Ettomor,
vermühlt im Staube starrte sein im Blute
gefärbtes Haar, die Wunden juckten fürchterlich,
ich weinte, stumm erhoben seine Kinder
dahin (gegen Himmel deutend) den Blick: Frohlocken scholl
          vom Munde des Volks.
                    Ottokar.

Ottokar. (für sich.)
Ha! wieder Bild des Grauens! Todesbangigkeit!
Was ist mir! Bin ich wirklich! Wer ist dieser?
(sieht ihn lange an.)
Würgengel Rudolfs! Bist du's nicht? Ich spreche
mit Geistern, wie mit Menschen. O du bist es!
Denn welcher Mensch um Geld erkauft, spricht so?
und achtet nicht des Todes, der meinem Wink gehorcht?
Ich sah ihn einmal nur, o! wär' aus meinem Sinn
der Tag gelöscht, wie aus meinem Leben!
Du gleichst ihm, und bist nicht er selbst, so würdevoll
ist Rudolfs Anblick nicht; und dieser Listige.—
kein Sterblicher darf wagen solche That —
Würgengel Rudofs! du verkündigst mir
das Ende; du verkündigtest es mir,
eh' ich Dich sah; dies blut'ge Schreckenbild
war hier, und hier, und hier vor deiner Rede.

Rudolf, (für sich)
Jetzt ist es Zeit; mit rührenden Gedanken
will ich sein Herz durchglühen.

Ottokar,
                    O! ruf von oben
nur neue Schrecken wider mich; vielleicht
wird Ottokar erschüttert; aber nichts
da oben, nichts hierunten, nichts um mich herum
entstimmet Ottokarn; nicht Rudolfs Sieg und Blick.

Rudolf.
Ja, König! ich bin Rudolfs Freund: nicht abgesandt,
aus eignem Triebe komme ich hieher.
Ich bin nur Mensch; allein ein höhers Wesen
begeistert mich; ich fürchte nichts; ich weiß:
mir weicht der Tod, du wirst die Hand mir reichen:
ich komm', erhabner König, einen Auftritt, den

Triumph und das entzückungsvollste Schauspiel
der Engel anzuschauen, und zu wirken,
daß der berühmteste und tapferste
der Könige, der Bändiger der Moldau,
der kriegerischen Reussen und Kumanen,
der Sikuler, Bulgarer und Tartaren,
der Herr des Meers am Pol, der hohe Held
des Orients, der Held im Nord und Süd,
daß Ottokar und jener gute Fürst, mein Freund,
zum Heil der Menschheit sich die Hände drücken.

   Ottokar (allmählig erheitert.)
Du, du nimm meine Hand. Du bist gerecht,
und weis' und edel; deiner Worte Ton
bringt meinen Geist in sanfte Harmonie.
Nur nichts von —

   Rudolf (seine Hand drückend und festhaltend.)
    O mein König! die Natur gab mehr
des Guten, als die Leidenschaft dir nehmen kann;
du hast ein Herz, ein großes Herz; vor Deinem Glück,
vor deinem Muth, vor deinen Thaten staunte,
vor deinem Blick erheitert sich ein Welttheil,
um Deine Freundschaft buhlen Könige.

   Ottokar.
Mann! Freund! willst du den Goldschatz meines Reichs?
Dir sey ein Fürstenthum für jede Sylbe.
Besitzt der König, sprich, sprich frey, kann Ottokar
erobern, was dich freute zu besitzen?

   Rudolf.
Ein Wort von diesen Lippen ist mir alles,
ist Seligkeit für mich.

   Ottokar.
    Gewährt, gewährt!
Ich sage dir, gewährt.

      Rudolph.

Rudolf.

    Dich ehret Rudolf,
und beut dir seine Freundschaft ewig.

   Ottokar (zurücktretend)
      Schweig!
  Rudolf.
Wenn Altobald — (Ottokar kommt wieder näher, Rudolf faßt
    seine Hand) der deine Hand jetzt drückt,
dein Herz erreicht, mit zwanzig Völkern Frieden,
dir rief, in deine Seele Frieden riefe,
für dich, für Kaiser Rudolf Frieden riefe —

  Ottokar (zieht die Hand weg und spricht äusserst kalt)
Du selbst, du sprichst das Urtheil: Kaiser Rudolf!
Dies Wort vergiftet mir die Schöpfung. Laß mich.
Ich habe Länder, meinen Ruhm und Namen
verloren; ein Tag nahm mir alles, alles;
Laß mir dies einzige, dies Kleinod, das mir blieb,
den Athem meines Lebens, des Bewußtseyns Trost:
den Haß des ganzen Herzens wider Rudolf.

   Rudolf (für sich)
Entsetzlich! Und auch du schufst diesen Menschen!
(laut) Und welcher Abstand —

   Ottokar.
    Ottokar und Rudolf.

  Rudolf.
Nichts trennt Natur so weit —

   Ottokar.
     Nichts? Alles! Sieh doch,
wie diese Hand nicht diese ist.

Rudolf.

Und dennoch
liegt die am Herzen, wenn die andre schwört.

Ottokar.

Genug!

Rudolf.

Ein Wort.

Ottokar.

Ich bitte, keines; (heftig) keines!
Laß uns nicht brechen, Altobald, ich liebe dich;
ein beßrer Auftritt, als du wünschest, nahet sich.

Diese Scene ist gewiß vortreflich, und muß von höchster Wirkung seyn. Beyde Helden stehen neben einander, jeder, einzeln betrachtet, unerreichbar; und doch, wie weit ragt nicht Rudolf hervor? und wie glücklich ist nicht Ottokars Charakter, mit allen Nüancen des guten Herzens, gehalten? — Diese Scene übertrift meiner Meinung nach, die erste des 4ten Akts, wo Ottokar seinen Sohn zu den Gräbern der Könige führt; obgleich diese auch schauerlich schön ist. Interessant sind alle Auftritte, in denen Kunegunde handelt; ihr Charakter ist das Ideal eines großen Weibes, das durch Mißverständniß irre ist geleitet worden. Der Raum verstattet mir nicht, mehrere Auszüge zu liefern; der denkende Leser wird die Schönheiten ohne Schwierigkeit finden.

Verschiedenes habe ich indessen noch im Ganzen auszustellen. Im dritten Akte wird Gutha in den Kerker geführt, ihr Bruder ist in Verzweiflung; Wenzesla erstarrt; Agnes sinkt in Ohnmacht; diese Scene ist ganz theatralisch. Nach dieser folgt ein Monolog Agnesens; dann kommen Rudolf und Wenzesla zurück, und sprechen über diese That; Sawisa meldet Rudolfen,

Rudolfen, Ottokar wolle ihn erstechen, und giebt ihm Nachricht von der Gefahr seiner Schwester. Diese drey Auftritte, so schön sie auch sind, scheinen nach jener feurigen Scene, nicht die bezielte Wirkung zu machen. Sie hemmen gleichsam den Gang der Handlung. Dann bricht alles dies ab, und die Bühne verwandelt sich in K. Rudolfs Zelt. Die alsdann folgende große Situation, wo der Kaiser die Gefahr seiner Kinder erfährt, füllt diese Lücke nicht aus, und ich fürchte, auf der Bühne wird dieses noch fühlbarer werden. Vielleicht wollte der Herr Verfasser hier einen Ruhepunkt haben, um nicht zwey große Situationen plötzlich aufeinander folgen zu laßen.

In der Scene, wo Ottokar stirbt, fand ich viele Aehnlichkeit mit der Sterbscene Franz Moors; der sagt auch: Ich will ja beten! — In dem ganzen Trauerspiele findet man, weder im Plane, noch im Ausdrucke auch nur die entfernteste Nachahmung oder Entlehnung; um so auffallender war es mir, daß Hrn. Klein hier dieser Ausdruck entwischt war. Kunegunde kommt, und erkennt vor dem Kaiser ihr Unrecht; das ist schön und edel; aber hier schien es mir nicht vorbereitet genug. Das Weib das ihres Feindes Tochter morden wollte, die nicht nur dessen Tod, sondern auch dessen Schande bey der Nachwelt verlangte, kann so geschwind sich nicht unterwerfen. Zwar liegt die Vorbereitung schon in Kunegundens Character, Mißverständniß, und höchster Stolz bringen sie nur dahin, wohin sie gekommen ist; allein ihre Handlungen sind mit so starken Farben geschildert, daß der denkende Zuschauer die stolze Kunegunde nicht so plötzlich demüthig glauben kann. Durch Agnesen könnte dieser Schritt der Königin sehr schön vorbereitet werden; und zwar da, wo Agnes mit den Jungfrauen erscheint, und

Rudolf der Sohn, sie erkennet. Wenzesla ist in dieser letzten Scene nur mit seiner Geliebten, mit seinem jetzigen Glücke beschäftigt, und denkt erst an seinen Vater, als der Kaiser nach Ottokarn fragt; dann geht er feyerlich ernst, und nimmt den Mantel von der Leiche. Wenzesla ist ein guter Sohn, der trotz den Lastern seines Vaters seine kindliche Pflicht nie vergaß; der Tod der Eltern erfüllt uns mit Schmerz, und dieser macht der Freude nicht so geschwind Platz, wie hier bey Wenzesla'n; denn sein Vater war erst einige Minuten vorher gestorben.

Doch diese Aussetzungen werden den Werth des Stückes nicht schmälern, und Hrn. Prof. Klein die Ehre nicht rauben, in diesem Fache, ein deutsches gutes Original geliefert zu haben.

IX.

Nachrichten vom Hamburger Theater, (Fortsetzung. S. das 2te Heft, S. 93.)

Junius 1788.

Den 2ten die Entführung aus dem Serail. O. 3 A.

Den 3ten der Revers. L. 5.

Den 5ten die Höhle des Trophonio. O. 2. Die beyden Hüte, L. 1.

Den 6ten zum erstenmale: Alberson. T. 4. Seit langer Zeit hat kein Trauerspiel so viel Wirkung gemacht, als dieses. Der Verfasser, Hr. Brandes hat
es

es nach dem Romane im zweyten Theile der Werke der Frau Riccoboni, gemacht, woselbst der Leser den Inhalt nachsuchen kann. Die Schwierigkeit, einen Roman zu dramatisiren, hat der V. glücklich überwunden, sein Dialog ist schön, die Handlung gut angelegt und durchgeführt, nur ist sie im letzten Aufzuge beynahe zu sehr gedrungen, denn Eduard kommt darin von der einige Meilen davon stehenden Armee, um Charlotten zu besuchen, geht wieder dahin zurück, und sein Bedienter kommt kurz darauf wieder, und erzählt, daß Eduard in der Schlacht geblieben sey. Hr. Brandes hat einen zweyten Theil dieses T. in der Arbeit, der wie es heißt, in kurzem auf hiesiger Bühne erscheinen soll. Graf Alberson war Hr. Schröder — Charlotte seine Tochter, Mad. Eule. Diese verdienstvolle Schauspielerin zeigte, welche würdige Schülerin des großen Schröders sie sey; sie spielte diese schwere Rolle vortreflich und verdiente ganz den Beyfall, den man ihr zollte. Eben so schön gab uns Mad. Stark die treuherzige Haushälterinn des Grafen, schade daß diese liebe Frau zuweilen etwas unverständlich wird. Admiral Kandale ist eine von denen Rollen, die Hr. Langerhanns gewiß überall mit Beyfall spielen wird. Eduard Salisbury (ein gewöhnlicher Liebhaber) Hr. Klingmann. Lord Burlington, Hr. Michaelis ꝛc. ꝛc.

Den 9ten wurde Alberson wiederholt.

Durch die Luftbälle, O. 2. welche den 10ten zuerst gegeben wurden, sind wir mit einem neuen Componisten, Hrn. Fränzel dem jüngern in Mannheim bekannt worden, welcher mit dieser Arbeit sehr schön debütirt hat. Seine Musik ist angenehm und geschmackvoll; besonders sind die Finali allerliebst und von guter Wirkung. Wir wünschen, daß uns Hr. Fränzel bald wieder

wieder mit einer ähnlichen Komposition beschenken möge. Der Text zu dieser Oper ist wie alle Brezner'sche Stücke; wer eins gesehen oder gelesen hat, kennt sie alle. Die Leute kriegen hier einander eben so beym Kanthäckchen, wünschen sich Prügelsuppen, oder wissen wo die Zäume hängen 2c. wie im Räuschchen, in der Entführung, im argwöhn'schen Liebhaber u. s. w. Welches alles in Leipzig gar schön und lieblich anzuhören seyn mag; in Hamburg aber, wo man dergleichen Saxonismen nicht kennt, unbelacht bleibt.

Den 11ten die Nebenbuhler, L. 5.

Den 13ten die unverseheneWette, L. 1. Die Luftbälle. O. 2.

Den heutigen Tag können wir mit Recht unter die unglücklichen der hiesigen Bühne rechnen, denn am diesem Tage verlor sie eine ihrer ersten Zierden, die durch ihr vortreflich musikalisches Talent so berühmte Minna Brandes, welche an den Folgen einer abzehrenden Krankheit im drey und zwanzigsten Jahre ihres Lebens verschied. Jedermann, der Gefühl für die Kunst hat, bedauert diesen zu frühen Verlust.

Den 16. wurde aufgeführt: Solimann der zweyte, oder: die drey Sultanninnen. L. 4 A. a. d. f. Herr Schröder hat uns seit seiner Entreprise noch kein Stück gegeben, in welchem sich so viel Pracht und Schönheit sowohl bei Kleidungen als Dekorationen gezeigt hätte, als in diesem; besonders bey der Krönungsceremonie der Roxolane. Ich glaube kühn behaupten zu können, daß dieses Schauspiel noch von keinem Theater in Deutschland so prächtig aufgeführt worden ist. Die Vorstellung selbst entsprach nicht völlig der Kleiderpracht. Herr Zuccarini schien nicht viel Lust zu haben, den Solimann zu spielen. Mad. Eule machte aus der Elmire wenig, und Mlle. Kalmes

mes aus der Delie nicht viel. Mad. Langerhanns hatte sich von der Rolle der Roxolane gut acquitirt, nur vergas sie zuweilen Unterschied zwischen Naivität und Dreustigkeit zu machen. Herr Langerhanns wuste nicht recht, wie er mit dem Osmin dran war.

Vom 18ten bis zu Ende dieses Monats wurden lauter Wiederholungen gegeben.

Den 7ten zum erstenmale: Betrug durch Aberglauben. O. 2. Herr von Dittersdorf ist Komponist dieser Oper, und sein Name bürgt für ihre Güte. Auch hat kein Singspiel den Apotheker und Doktor ausgenommen in kurzer Zeit so viele Repetitionen und zwar immer bei vollem Hause ausgehalten, als dieses. Baron Lindburg war Hr. Eule. Luise, seine Tochter, Mlle. Kalmes. Friederike, Mad. Langerhanns. Korbula, Mlle. Weber spielte die zanksüchtige Betschwester zu kalt und wurde dadurch langweilig. Magister Niclas wurde von Herrn Schmidt in den betrunknen Szenen entsetzlich übertrieben. Bey Herrn Normann als Baron Walldorf hab ich die nemliche Klage, die ich bey Mlle Weber äusserte. Hr. Ambrosch, als Wilhelm sang die Arie: Wer da will nach Mädchen ziehn ꝛc. vortreflich. Notarius, Hr. Petersen, ist noch zu wenig, um die Arie: Ich bin ein Advocat ꝛc. mit gutem Erfolg zu singen; sein Spiel ist hölzern. Hanns Schnak war Herr Langerhanns. Die Chöre der Schornsteinfeger sind sehr gut angebracht und von besonderer Wirkung.

Den 14ten wurde Tancred, T. 5. wieder auf die Bühne gebracht, und meisterhaft vorgestellt. Mad. Schröder, diese würdige Künstlerin, hat durch die Rolle der Amenaide ihrem Talente neuen Glanz gegeben; so wie wir nur zu den Rollen Agists und Tankreds, die

die Namen: Schröder und Zuccarini setzen dürfen, um zu zeigen, wie diese Karaktere ausgeführt wurden.

Den 28sten zum erstenmale: Die Schule für Väter. S. 5 A. a. b. F. hat nicht gefallen.

Den 1sten August: Die unversehene Wette. L. 1. Hierauf: Ariadne auf Naxos. M. 1. A. Eine gewiße Mad. Cronhelm von Wien kommend, wo sie wahrscheinlich nur Mitglied eines Nebentheaters war, unternahm es die Rolle der Ariadne zu spielen. Es ist zum Erstaunen, wie weit die Eigenliebe mancher so genannten Schauspielerin geht. Diese Frau, der es geradezu an allem fehlte, wagte es in einer Rolle aufzutreten, zu welcher ein vorzüglich gutes Subject erfordert wird, und die wir hier vortreflich gesehen haben. Stellen Sie sich einen in ein griechisches Gewand gewickelten Grenadier vor, so haben Sie die Figur dieser Ariadne. Dazu kam noch ihr österreichischer Dialect, der für unsre Ohren nichts weniger als zärtlich ist. Sie mißfiel allgemein und konnte sich Glück wünschen, daß das schon unruhig gewordene Publikum ihr sein Misvergnügen nicht noch lauter zeigte.

Den 4ten die Adelsucht. L. 2. Hierauf zum erstenmale: die Vormünder. O. 2. a. b. f. Die Musik ist von Dallayrac, Compositeur der Nina, hat aber bei weitem nicht den innern Werth der jetzt genannten Oper. Daher kam es auch wohl, daß sie vom Anfange bis zu Ende ohne Beifall gespielt wurde. Man hat sie seitdem nicht wieder aufgeführt.

Von 6ten bis 28sten wurden lauter schon aufgeführte Schau- und Singespiele gegeben.

Den 29sten zum erstenmale: Die große Toilette. L. 5. hat gefallen. Mad. Gensike, von Berlin kommend, debütirte darinnen als Frau von Hohenhaupt. Wir

Wir glauben, daß Mad. G. in dem Fache der affektirten Damen und Mütter recht gut werden wird, zumal wenn sie ihre Aussprache etwas mehr nach der hiesigen Theatersprache umformt; ihre heutige Debütrolle führte sie recht gut aus.

X.
An den Verfasser des Aufsatzes in dem 2ten Heft der Annalen des Theaters, über die Kritik des Frankfurter Theaters.

Mein Herr,

Sie haben einen Ausfall gegen meine dramaturgische Blätter gethan, und sich zur Verbreitung desselben der Annalen bedient, die nicht allein hier, wo man den Zusammenhang der Sache weiß, sondern auch anderwärts gelesen werden. Es wird mir deshalb zur Pflicht ein Wörtchen zu meiner Vertheidigung zu sagen. Ich werde die Menge Ihrer falschen Angaben und Verdrehungen nicht wiederlegen. Dazu fehlt es mir an Lust und Muße; ich werde mich nur eines kurzen Arguments gegen Sie bedienen, das hinreichend seyn kann, mich zu rechtfertigen, und Sie — in Ihrer ganzen Blöße darzustellen: Also zur Sache:

„Sie nennen meine Aufsätze, Beurtheilungen, Gedichte, ꝛc. mittelmäßig, schlecht, unbedeutend, u.s.w."

„Männer wie der Uebersetzer des Longin und der Verfasser des Ardinghello beehren sie mit ihrem Beifalle: verschiedene Aufsätze in meinen Blättern rühren von

von dem würdigen Gr. v. Sp. her. Sie kennen doch diesen Namen?"

„Wer hat nun eine geltendere Stimme in Sachen des Geschmacks? Die genannten Männer, (zu denen ich noch manche andre setzen könnte, wenn es mir die Bescheidenheit erlaubte) oder Sie, mein unbekannter Herr Kritiker?"

Finden Sie meine Logik nicht richtig?

Maynz den 25. Jenner 1789.

Der Verfaßer
der dramaturgischen Blätter.

Inhalt.

	Seite
I. Gedichte.	3
II. Die Ausbreitung der Kunst.	14
III. Das Fest der Verwaiseten, ein Prolog.	22
IV. Isabella Andreini.	28
V. Biographie der verstorbenen Sängerin und Schauspielerin Minna Brandes.	33
VI. Dramaturgische Fragmente für Königsberg in Preußen 1788.	52
VII. Vom Groteskekomischen auf dem deutschen Theater.	64
VIII. Kaiser Rudolf von Habsburg, ein Trauerspiel vom Herrn Prof. Klein in Mannheim.	100
IX. Nachrichten vom hamburger Theater.	122
X. An den Verfasser des Aufsatzes in dem 2ten Heft der Annalen des Theaters, über die Kritik des Frankfurter Theaters.	127

Annalen des Theaters.

Viertes Heft.

Berlin,
bei Friedrich Maurer. 1789.

I.
Gedichte.

1.

Rede

an dem höchsten Geburtsfeste Sr. K. H. des Kronprinzen, vor Aufführung der Klaudine von Villa Bella, gesprochen von Madame Unzelmann.

Berlin, den 3ten August 1789.

Am Tage, wo des Dichters Phantasie
   Mich werden hieß,*) wo nur erträumte Freuden
Ein Vater fühlt, den ich als Vater nie,
Als Gatten wohl geliebt;**) wo gleicherträumtes Leiden
Der Zärtlichkeit nun bald mein Auge trübt: —
O laßt mich Ihn, der, überall geliebt,
Des Landes Stolz und schönste Hofnung blühet,
Der wahre Wonne jedem Herzen giebt,
Von Sorgen unvermischt, von Argwohn ungetrübt,
Ihm, dem nun bald sein viertes Lustrum fliehet;
Laßt öffentlich mich Ihm die Wünsche weihn,
Die jeder Patriot im stillen Busen nähret;

---

*) Die Oper des Herrn von Göthe fängt sich bekanntermaaßen mit der Feyer des Geburtstages der Claudine an.
**) Alonzo, Herr von Villa Bella war Herr Unzelmann, und Claudine, Alonzo's Tochter, Madame Unzelmann.

Dem Erben eures Throns, den großer Fürsten Reih'n
Und ächte Tugenden, nicht leere Schmeichelei'n,
Verherrlichten, daß Welt und Nachwelt Ihn verehret.
    Glückseliges Volk! durch deines Königs Stamm,
Den Tapferkeit im Kampf, im Frieden Weisheit schmücket,
Jahrhunderte hindurch auch künftig noch beglücket,
Wie ein Jahrhundert schon dein Zepter keiner nahm,
Der neue Lorbeern nicht für seine Stirn gepflücket,
Nicht Ruhm bekränzt an Lethens Ufer kam! —
Glückselig's Volk! Auch Er, dein nächster Erbe,
Von edler Gluth den jungen Busen voll,
Denkt deine Wohlfahrt nur, denkt wie's ein König soll,
Daß deines Namens Ruhm stets wachse, nie ersterbe,
Daß Er einst Lorbeern Sich, und Palmen Dir erwerbe —
    Gedanke der Unsterblichkeit,
Für die ein Julius die Männerthräne weinet,
Für die, im Feld des Mars, sich Seine Wange bräunet,
Für die im Kabinet, von Helden vor'ger Zeit,
Er jeden größern Zug zum Ideal vereinet:
Sei Du Ihm Lohn, sei Ihm Ermuntrung heut! —
Gedanke eines Volks, das frei von feigen Tücken,
Voll Kraft und Muths zu großen Thaten ist,
Im Schooß der Trägheit nicht der Väter Ruhm vergißt,
Und wenn sein König winkt, den Trotz in kühnen Blicken,
Mit einer halben Welt sich mißt:
Erfülle Du Ihm heut den Busen mit Entzücken! — —
Groß fühlt Sein Herz, und ausser Ruhm und Pflicht
Läßt jedes Glück Ihn kalt; drum wer ihm Blumen bricht,
Der mag sie nicht im Thal der Wollust pflücken;
Sonst lächelt ihm Sein Auge nicht.

2.

Melpomene und Thalia.

Prolog
gehalten auf dem Hof-Theater zu Schwedt,

am

21sten August 1785.

Melpomene, — Madam Böheim.
Thalia, — Madem. Schüler.

Melpomene.

Wo bin ich? — Steh ich in des Tempels Mitte
Der dem Vergnügen und der guten Sitte
Geheiligt ist? — Wie! — Hat Melpomene, was sie
Aus Teutschland halb verschwunden
Schon glaubte, was sie oft mit Müh
Vergebens suchte, hier gefunden? —
Ja Heinrich herrschet hier, und durch ihn herrscht die Kunst,
Die große Kunst, die die Euripideße
Die Aeschylus und Sophokleße
Mit Mutterbrüsten säugte — Nicht der Dunst
Des Vorurtheils erstickt, wo Heinrichs Gunst
Der Preis ist, den Geschmack des Edeln und des Schönen.
Heil ihm — Er ist der Deutscheste
Der Deutschen Fürsten. — Sey Melpomene

Des stolz — laß immerhin
Mit Persiflage laut die Nachbarin
Jenseit des Rheins, der deutschen Bühne höhnen,
Er rettet sie. Er nährt mit teutschem Blut
Die Muse Griechenlands — Er fühlt Medeens Wuth
Er wird gerührt bei Marianens Thränen
Er neigt sein Ohr dem langen Stöhnen
Der Hülfverlassnen Rutland hin — Er kennt
(Wie wenige) die feine große Rache
Der guten Sache,
Von der Odoardo's Römergeist entbrennt
   (Thalia erscheint im Hintergrunde, und nähert sich nach und nach).
Er war's, der jüngst, als mir von allen meinen Söhnen
Der Liebling starb — Bei meines Lessings Tod
Mir Trost für meinen Schmerz in seinen Thränen bot
Ha! nie verkenn ich das. — Nein immer müde
Des Lob' und Dankes eilt die Pieride
Ihm heut mit eigner Hand
Ein Monument am Strand der Oder zu errichten
Das weder Zeit noch Frevel je zernichten. —
Ein Monument fürs künftge Vaterland
   (sie will abgehen).

Thalia.

 Wohin — woher, du meiner Schwester Beste?
Sey mir gegrüßt
An diesem Feste!
Verweile noch, nur eine kleine Pause
Thalia ist
Hier wie zu Hause
Doch wärst du's minder? — Nein
Kothurn und Sokkus haben beide

Hier gleiches Recht zur Freude
Des besten Fürsten Ihr: sich weihn
Ist unser Zweck. Sein Fest zu feiern
Laß uns den süßen Schwesterbund
Bei diesem Zweck erneuern.

Melpomene.
Gern will ich ihn erneuern
Den süßen Bund

Beide
Gern schlagen wir die Schwesterhände
In diesen Bund.

Melpomene.   Thalia.
Und schwören es   Und thun es kund

Beide
Daß nimmer unser Eifer ende!

Melpomene.   Thalia.
Durch milden Ernst   Durch frohen Scherz

Thalia.
Sein Leben stündlich zu erhalten
Und ihm dadurch sein großes liebes Herz
Ists möglich, mehr noch zu erweitern

Melpomene.
Wann dieser Dolch, gleich einem Götterblitze
Das Laster straft, die Tugend rächt

Thalia.
Wann dieser Satyrkopf mit salzigem Witze
Des Heuchlers Bosheit lachend schwächt

Melpomene.
Wenn bald zu Mitleid bald zu Schrecken
Die Tragödie die Herzen reißt

Thalia.
Indes das Lustspiel auf die Herren Gecken
So mancher Art, mit Fingern spottend weist

Melpomene.
Wenn nun auf meinen Winck, der Kreislauf der Natur
Erbebt

Thalia.
Wenn jegliche Karrikatur
Vor mir erscheint, um Thoren auszubeßern

Melpomene.
Den Werth der Gottheit und der Tugend zu vergrößern —
(aus Orchester)
Ihr Söhne Amphions

Thalia.
Ihr lieben frohen Brüder

Melpomene.
Gebt meinem Donner Kraft

Thalia.
Begleitet meine Lieder

Melpomene.
Wann sich nach Benda's Allgewalt
Die Sphären des Olympus drehen

Thalia.
Seid nie an Lust, nie an grotesker Laune alt
Helft mir so gar mit Grety's Hahne krähen

Melpomene.

O, unterstützt ein Musenpaar
Das stets mit Euch verschwistert war
Das Euere Fürsten liebt.

Thalia.

Ihn, dem ich ganz mich weihe
Damit sich Heinrich immer, immer freue —
(ans Publicum).
Freut alle euch mit Ihm, stört seine Freude nicht
Durch einen Blick, dem nicht die Freud entspricht.
Nein, jeder von Euch allen schlage
An seine Brust, und sage
Es dreimal laut mit mir

Beide

Fürst Heinrich leb', er lebe
Mit uns, für uns — und ewig leb er hier!
(aufs Herz deutend).

II.
Ueber
Johann Friedrich Reinecke,
den Schauspieler.

Quis nostrum tam animo agresti ac duro fuit, ut Roscii morte nuper non commoueretur? qui, — propter excellentem artem ac venustatem, videbatur omnino mori non debuisse.

Cicero in Orat. pro Archia Poeta.

In Reinecke waren alle körperliche Talente eines Schauspielers so vereinigt, daß ihn die Natur ausdrücklich dazu gebildet zu haben schien. Er war von etwas mehr als gewöhnlicher Manneslänge, — was man außer dem Theater weniger bemerkte, weil er sich ein wenig gebückt trug, — stark und voll, und durchaus ebenmäßig gebildet. Ein edles, einnehmendes, offenes Gesicht, eine melodische Stimme, von einer starken Brust unterstützt, alles hatte ihm die Natur verliehen, alles schien sie der Kunst vorgearbeitet zu haben. Ein Vortheil, den sie manchem andern großen Künstler versagte, und den in vielen Fällen alle Anstrengung der Kunst nicht vergessen machen kann. Man sagt von ihm, die Natur habe mehr an ihm gethan, als die Kunst. Gelehrsamkeit besaß er nun freilich wohl nicht, er hatte vielleicht den St. Albine und Riccoboni nicht gelesen. Allein so sehr ich auch sonst den Werth der Regeln erkenne, so glaube ich doch, daß gerade er die Theorien am ersten entbehren konnte, gleich einem großen Dichter, welcher Meisterwerke schafft, ohne zu wissen, warum sie es sind. Ueberdies, als er seine theatralische Laufbahn betrat, was gab es da für Schriften über die Schauspielkunst, welche verdient hätten von einem Wahrheit suchenden Manne gelesen zu werden? „Allgemeines Geschwätz darüber genug, aber nur sehr wenig specielle, von jedermann erkannte, mit Deutlichkeit und Präcision abgefaßte Regeln.'' *) Denn damals hatte noch kein Engel eine Mimik geschrieben.

Allein er besaß so ein leises, richtiges Gefühl, so viel Reizbarkeit und Empfänglichkeit, die ihn richtiger leiteten, als es Regeln hätten thun können. Garrick sagt von der Clairon: **) sie besitze alles, was die Kunst, ein guter Verstand und natürliche Einsicht mittheilen können, aber in ihrem Herzen fehle der augenblickliche warme Eindruck, die reizbare Empfindsamkeit, das elektrische Feuer, welches auf einmal aus dem Genie bricht, und durch Adern, Mark und Beine der Zuschauer schießt. Aber, fährt er fort, ich spreche das Urtheil, daß die größten Züge des Genies dem Schauspieler selbst unbekannt waren, die Wärme der Situation hat gleichsam die Mine gesprengt, zu der Zuschauer und zu seinem Erstaunen. Ich mache daher einen Unterschied zwischen einem großen Genie, und einem guten Schauspieler; jener realisirt die Empfindung seiner Rolle, und ist nicht mehr er selbst, der andere, mit vieler Kraft und Weisheit mag gefallen, aber niemals

   Pectus inaniter angit,
 Irritat, mulcet, falsis terroribus implet,
 Ut magus.
          Horat.

*) Lessings Dramaturgie, B. I. S. 393.
**) In einem Briefe an Sturz, in dessen Schriften B. I. S. 100. f.

So war es auch bei Reinecke, oder, wenn auch seine schönsten Züge prämeditirt waren, so schienen sie doch erst in dem Augenblick, da man sie sah, unwillkührlich aus seiner Lage zu entspringen.

Seine Deklamation war im Ganzen vortreflich. Ohne diese schwere Kunst grammatisch studirt zu haben, lehrte ihn seine ungemeine zarte Empfindbarkeit auch sehr schwer gesezte Reden richtig und leicht zu moduliren. Ein Meister dieser Kunst,*) den Reineke selbst sehr hoch schätzte, hat mir versichert, daß er erstaunt sey zu hören, wie sich Reineke oft durch die schwersten, holprichsten Stellen durchzubeugen gewußt habe. — Hie und da eine nicht ganz richtige Modulation, dann und wann ein falscher Akzent, den man etwa hörte, widerlegen meine Behauptung nicht. Einzelne, seltene Flecken übersieht man gern bei einem schönen Ganzen. Ueberdies kann man wohl keck sagen, daß es keinen Schauspieler geben kann, dem nicht zuweilen etwas menschliches begegne, weil es unmöglich ist, jede Rolle nach den Worten grammatisch durchzustudieren; zumal da Reinecke fast täglich die Bühne betrat, und die beschwerliche Regie allein auf ihm lag.

Der Ton seiner Stimme war äusserst gefällig, und stand ihm in Höhe und Tiefe, in Stärke und Mäßigung zu Gebote. Er war nie dem Ohre beleidigend, selbst, indem er kreischte, nicht, z. B. wenn er die Worte sprach: „Burlee und Ralee müssen sterben; oder, beim Himmel! ich will nicht leben," **) oder den Fluch in König Lear.

Sein Gebehrdenspiel war äusserst ungezwungen, natürlich und leicht; nicht wie bei manchem Schauspieler,

---

*) Und warum sollt' ich meinen vortreflichen Freund nicht öffentlich nennen? Es ist Herr M. Schocher in Leipzig.
**) Im Graf von Eßex, A. 3. A. 7.

ler, der für alle Rollen nur einerlei kennt! sondern jedem Charakter angemessen. Oft waren Arm und Hand stumm *) und dann sprach er nur mit dem Kopfe und dem Körper, aber mit welchem Ausdruck! Besonders war sein Gesicht ausserordentlich beredt. Es war für die Darstellung jeder Leidenschaft empfänglich. Wuth und Rache mahlten sich auf seiner Stirn so wahr und schön, als Würde, sanfte Ruhe und feine Laune. Ein einziger veränderter Zug gab dem Gesicht einen ganz andern Ausdruck. Und nie verzog er es, auch beim Ausdruck der Raserei oder des Abscheues bis zur Grimasse, oder zum Eckel. — Sein Anstand war allezeit ungezwungen und edel. **) In keiner Rolle vergaß er die theatralische Sittsamkeit. Er war von jener abgemessenen Steifheit, welche Leßing rüget, und der ausgelassenen Wildheit in Stimm' und Gebehrden, über die Schink spottet, ***) und die von manchem Schauspieler für Natur gehalten wird, gleich weit entfernt. Man sah ihn in keiner Situation, die ins Unanständige oder Lächerliche gefallen wäre, und er konnte Hamlets goldne Regel für die Schauspieler sagen, ohne daß seine Lehre mit seinem eignen Beispiele kontrastirte. — Er war auf dem Theater so zu Hause, daß man ihn in seinem Zimmer zu sehen glaubte. Fehler seiner Nebenschauspieler in Stellungen wußte er augenblicklich zu verbessern, und Gegenwart des Geistes verließ ihn niemals.

*) Leßings Dramaturgie, B. I. S. 26.

**) Vergl. Jfflands Fragmente über Menschendarstellung 1. St. 5. Abſch.

***) In seinen Dramaturgischen Fragmenten, an mehrern Stellen.

In seinem Spiele folgte er durchaus genau der Natur. *) Stets sah man in ihm den Menschen, nie den Schauspieler, er mochte darstellen, wen er wollte, den König, den Helden, den feinen Weltmann, den alten Offizier, den gesitteten Bürger, den Kaufmann; im Ernst, im Scherz, in jeder Abstufung der Leidenschaft, des Zorns, der Rache, der Ehre, der Eifersucht, der Verzweiflung, in jeder sanften Empfindung, in feinerer und ausbrechender Laune. — Sein richtiges Gefühl lehrte ihn die Wahrheit der Schönheit vorziehen, aber nie auf Kosten der letzten. Nie habe ich einen dramatischen Künstler gesehen, der beide so verträglich vereinigt hätte.

Er war in seinem Spiele nie Nachahmer. Er bahnte sich selbst einen Weg, suchte selbst und fand die Wahrheit. Auch hatte er, so lange bei der Bondinischen Gesellschaft stand, wenig Gelegenheit, andre nachzuahmen, denn die ersten Rollen in neuen Stücken übernahm er. Inzwischen kann und mag wohl sein Aufenthalt bei andern Bühnen, besonders in Hamburg, wo ehmals Eckhof, und in der Mitte der achten Dekade, die berühmten Schauspieler Schröder, Brockmann, Schütz, Lambrecht, die Ackermanns, die Reineke, vielleicht die erste Bühne in Deutschland ausmachten, zu seiner ersten Bildung viel beigetragen haben. Aber seine spätere Vollendung war das Werk seines Fleißes und weitern Nachdenkens. Doch besaß er die Gabe, das Treffliche in andrer Spiele sehr leicht und schnell zu fassen, was er hernach in seinen Nutzen verwandte, jedoch

---

*) Avoir l'action vrai. c'est la rendre exactement conforme à ce que feroit, ou devroit faire le personnage, dans chacune des circonstances ou l'Auteur le fait passer successivement. Le Commédien par St. Albine p. 139.

doch so, daß es immer auf seinem Boden entsproßen zu seyn schien.

Die Bondinische Gesellschaft, deren Haupt er war, verdankt ihm unendlich viel. Er war von jeher ihre schönste Zierde, auch da schon, als noch Opitz, Christ, Hempel, Spenglers, und die nun auch verstorbene Reineke, — deren aller Verlust schwerlich je völlig ersetzt werden dürfte, — und später hin andre, sehr achtenswerthe Künstler neben ihm arbeiteten. Er hat sie auf den wahren, natürlichen Ton gestimmt, der sie noch vor mancher ihrer Schwestern auszeichnet, und sein Beispiel hat unleugbar auf seine Mitschauspieler sehr merklichen Einfluß gehabt.

Was auch für gute und trefliche Künstler sich von Zeit zu Zeit neben ihm erhoben, so hatte doch keiner seine Allgemeinheit erreicht, wenn ihm auch in dieser oder jener Rolle dann und wann einer gleich kam. Denn er war nicht bloß ein treflicher komischer, oder ein treflicher tragischer Schauspieler, sondern er war in beidem gleich groß. Nie hat er, so viel ich gesehen habe, eine Rolle verdorben, und wäre das auch geschehen, warum will man gerade an den Schauspieler härtere Forderungen machen, als an jeden andern vortreflichen Künstler oder Schriftsteller, dem man gern nachsieht, wenn er zuweilen unter sich bleibt; ja diese Forderungen würden um so unbilliger seyn, da fast keiner so von zufälligen Hindernissen abhängt, als der Schauspieler, dessen Kräfte oft Krankheit, Familien-Verhältnisse und widrige Laune hemmen, und dessen Muth oft Unbilligkeit des Publikums, und, das häufigste und schlimmste! Kabalen oder Unwissenheit seiner Collegen darniederschlagen.

Sein Rollenfach waren Helden, erste Charakterrollen, edle und launigte Alte; er spielte im heroischen und

und bürgerlichen Trauerspiele, im ernsthaften Sittengemählde, im feinen und niedrigen Lustspiele mit gleichem Glücke. Bisweilen stieg er auch zur Posse herab, worin er vielleicht darum nicht durchaus gefiel, weil man ihn nur in edlern Charaktern zu sehen gewohnt war. — Oft streifte er auch in andre Fächer, aber niemals zu seinem Nachtheil. Liebhaber jedoch und schleichende Bösewichter spielte er selten. — Sein Genie wußte in jede, auch in die kleinste Rolle Interesse zu legen. Man kann auf ihn anwenden, was Leßing von Eckhof sagt: „Dieser Mann mag eine Rolle machen, welche er will, man erkennt ihn in der kleinsten noch immer für den größten Acteur, und bedauert, auch nicht zugleich alle übrige Rollen von ihm sehen zu können." — Zuweilen überließ er einen andern seine Rolle, aber selten verlohr er bei dieser Veränderung. So habe ich ihn in Schillers Kabale und Liebe drei Rollen spielen sehen. Anfangs hatte er die kleine Rolle des fürstlichen Kammerdieners, die er mit aller Würde, gekränkter Vaterliebe, dem verbissenen, zuweilen laut ausbrechenden Gram darstellte, der in diesem Charakter liegt. Opitz verließ hierauf die Bühne, und die Rolle Ferdinands von Walter war erledigt. Reineke mußte sie selbst übernehmen. Wahr ist es, daß er den feurigen Jüngling, dessen Liebe keine Gränzen kennt, nicht erreichte, wie ihn Opitz gab, aber in den Scenen, wo Eifersucht vorwaltet und überhaupt im fünften Akte kam er ihm wenigstens bei. Und wie viel ist es auch gefordert, Opitz in dieser Rolle zu erreichen, der darin des Dichters Geist so ganz gefaßt hatte. Endlich starb Hempel, und er nahm den alten Müller. So brav ihn auch jener verdienstvolle Mann gespielt hatte, so erschien er doch erst in Reinekes Händen in seiner Vollkommenheit. Er veredelte ihn mehr

als

als Hempel, und wußte diesen verzeichneten, ungleichen Charakter, der bald wie einer aus dem niedrigsten Pöbel, bald wie ein Philosoph, bald wie ein Narr spricht, dadurch, daß er klüglich gewiße, dem Genie des Dichters entlaufene Stellen wegließ, andre versteckte mehr hervorhob, und manche Züge selbst erfand, in ein wahres harmonisches Ganze umzuschaffen. Aber den Geist seiner Darstellung aufs Papier zu hauchen würd' ich vergebens versuchen. Wie er die Schluß‑ scene des zweiten, und die erste des fünften Akts dar‑ stellte, das hast du gesehen, mein Freund, und nur der kann sich's denken, der es auch sah.

Unter seinen Heldenrollen war Graf Eßex unstrei‑ tig die stärkste. Auch war er allgemein für den ersten Eßex erkannt. Es war wahre Freude zu sehen, wie in diesem Stücke, so wie im Macbeth, er mit seiner vortreflichen Gattin wetteiferte, und keines das Andere übertraf. Diese beiden Rollen, mit Othello, Guelfo, Otto von Wittelsbach, Graf Athelwold, und von Palm, waren in dieser Gattung die schönsten, die ich von ihm gesehen habe, wozu ich noch den Albrecht in Agnes Bernauerin rechne, in dem er den Liebhaber und den Helden so treflich zu vereinigen wußte. — In an‑ dern, habe ich ihn wenigstens nicht so groß gesehen, z. E. als Montalban, Coriolan, Gustav Wasa, die er auch seltner spielte. Sein Fiesko hat ihm bei drei Vor‑ stellungen, denen ich beiwohnte, nie ganz glücken wollen.

Ich mag nicht entscheiden, ob er als Held, oder als Alter größer war. Seinen Odoardo dürften außer Eckhof und Schröder, wohl höchst wenige erreicht haben. *)

Sein

*) Er spielte diesen so oft verfehlten Charakter so, wie ihn Schink entwirft, dessen Bemerkungen darüber sehr wahr sind, und ich von mehrern Künstlern habe bestätigt gese‑ hen. G. Schinks Dramat. Fragm. B. 2. S. 404. f.

Sein Constantin von Tarent scheint mir unübertreflich. Daß Schröder ihn als Lear hinter sich ließ, will ich glauben. Ob aber auch seinen Schlensheim? seinen Athelstan? — Mit seinem Hamlet, über den schon etwas aufgezeichnet worden, *) und den er Anfangs des 1787sten Jahres in Dresden vorsätzlich zum letztenmal spielte, durfte er sich mit berufenen Künstlern messen. Späterhin schien er zu fühlen, daß ihm die Jugend zu dieser Rolle mangle, er spielte sie nicht gern mehr. — Sein Beaumarchais und Beverlei allein machten ihn des Namens Schauspielers werth.

Aus dem ernsthaften Sittengemählde nenne ich nur den Oberförster Warnberger, den Oberkommissär Ahlden, den Wilmot in Stolz und Verzweiflung, den Geheimrath Steinau in Haß und Liebe, und den Baron Hartlei. In jeder von ihnen verdiente er einen Kranz.

Im Lustspiel war sein Fach größtentheils Alte; polternde oder sanfte, ernsthafte und launigte, keine Gattung konnte man der andern vorziehn. Paridom Wrantpott, **) Baron Abslut, Harwitz, der Obrist Freyhof, Maybaum, Hitzig, der alte Busch, und wiederum van der Hoeft, Billerbeck, und Ernst Florbach im Testamente glückten ihm eben so sehr als alte Offiziers, die er unnachahmlich spielte, z. B. den Gouverneur von Hardenstern in den Zufällen, wo sein unnachahmlicher Humor alle Zuschauer zur Fröhlichkeit stimmte, den Major Oakly, O Flaherty, Hauptmann Wegfort, Stornfels, Sarten, auch den Paul Werner. Seltnere Rollen von ihm waren Shylok, der seiner würdig war, Flick-

---

*) Litteratur und Theaterzeitung von 1780. B. 4. S. 664. f. 680. f.

**) Ich verweise darüber auf Schinks Dram. Fragmente, B. 4. S. 923. f.

Flickwort, den er ohne Karrikatur, und mit vieler Wahrheit spielte, und Figaro, zu dem es ihm, wie man sagt, an Gewandheit, und — an Person fehlte. — Weiter kann und will ich mich in die genauere Detaillirung seiner Rollen nicht einlaßen, da man schon über verschiedene in theatralischen Ephemeriden Nachricht findet, mit Exclamationen nichts gethan ist, und Beurtheilungen über Schauspieler nichts nützen, wenn sie nicht so geschrieben sind, wie die von Schinck über Brokmans Hamlet, und in seinen dramaturgischen Fragmenten, einem Buche, das man mit noch mehr Vergnügen lesen würde, wenn sich sein Verfasser seltner von sich selbst zu sprechen, anerkannt großen Männern Weyrauch zu streuen, und überhaupt nicht mehr Worte um eine Sache zu machen erlaubt hätte, als sie erfordert. —

Und ach! alle diese seine schönen Werke sind verschwunden mit Ihm! Traurig für Euch, Künstler und für uns. Eure Werke sind nicht wie die des Mahlers, des Tonkünstlers, des Bildhauers, leben nicht in Stein und Leinwand fort, verschwinden mit dem Momente, da ihr sie schuft, und leben nur im Gedächtniße der Zuschauer! der erste November des 1787sten Jahrs rafte ihn viel zu früh weg, ihn, der, wie Cicero von Roscius sagt, wegen seiner seltenen Vortreflichkeit in seiner Kunst, gar nicht hätte sterben sollen. — Es mag in Deutschland noch Künstler geben, die ihm gleich kommen, aber ihre Anzahl wird nur sehr geringe seyn. Wie mancher trägt einen berühmten Namen, und, wenn man ihn sieht, erstaunt man über den Kontrast seines Ruhms und seines wahren Verdiensts. Wir wußten, was wir an ihm hatten. Von seiner Vortreflichkeit zeugt der uneingeschränkte Beifall, den er ehmals, wohin er kam, und hernach in Dresden, Leipzig, Prag, drei Städten, in wel-

welchen der Geschmack sehr verschieden ist, genoß, der Beifall, die Nacheiferung der besten und achtungswerthen seiner Mitschauspieler. Er starb von Künstlern und Kennern des Schönen und Wahren geehrt und betrauert, von seinen Freunden geliebt und beweint.

Die Nation wird ihm wohl keinen Stein setzen, weil er ein Deutscher war. *) Sie wird auch ihn bald vergessen!

> Der Freundes Klageton
> Verhallet unter den Cypressen.
> Dein Volk vermißt dich nicht!
>
>   Gotter.

Aber der Platz, wo er heraus trat, wird noch lange offen stehn, und dem Weisen diese Lücke noch spät eine Thräne kosten.

Dichter und Dichterinnen haben um sein Grab gerast und gewinselt, **) nur in wenigen Gedichten ist sein Andenken nach Würden gefeyert. Unter diesen ist folgendes noch ungedrucktes von M. Heidenreich, der durch seine meisterhaften Gesänge auf Zollikofer und Geßner seine übrigen dichterischen Werke gekrönt hat.

> Traute des Herzens, goldne Saiten, seufzet!
> Euren Tönen entschwebe stille Wehmuth
> Und umschaure, wie der Abende Dunkel,
> Thränende Wangen!
>
> Saiten, wie ihr, so weckt' er die Empfindung,
> Dessen Urne Cypressen dort umsprossen.
> Weggezaubert in die Fluren der Täuschung
> Schwärmten die Herzen: —
>
>   Naht'

---

*) Wenigstens sind bis jetzt die dahin abzielenden Bemühungen vergebens gewesen.

**) Das abgeschmackteste unter allen ist das von einem gewissen Löber.

Naht' er als Rächer,
Als fluchender Vater,
Wild wie der Nordsturm
Der Wellen empört;
Da wandelten Schauder
Und Blässe des Todes
Die Reihen umher.

Naht' er mit Segen
Und freundlicher Milde,
Sanft wie ein Engel
Der Liebende schützt;
Da flatterten Freuden
Wie scherzende Weste,
Die Reihen umher.

Aechzt' er, ein Frevler,
In Quaalen des Todes,
Ein Raub der Verzweiflung
In peinlicher Glut;
Da stürmte Entsetzen
Und Ahnden der Zukunft
Dem Frevler ins Herz.

Lächelt' er muthig
Dem drohenden Tode
Froh seiner Thaten
Ein zitternder Greiß;
Da wallte vom Himmel
Begeistrung der Tugend
Dem Jüngling ins Herz.

Traute des Herzens, goldne Saiten, seufzet!
Euren Tönen entschwebe stille Wehmuth
Und umschaure, wie der Abends Dunkel,
Thränende Wangen!

Saiten, wie ihr, so weckt' er die Empfindung,
Dessen Urne Cypressen dort umsprossen,
Weggezaubert in die Fluren der Täuschung
Schwärmten die Herzen.

III.
Uebersicht des Englischen Theaters vom Jahre 1788.

Das Theater ist immer noch eine Hauptergötzlichkeit der Engländer. Auch hier ist der Luxus steigend. Die Londner besonders, gewohnt in ihren Schauspielhäusern die prächtigsten Dekorationen, die kostbarsten Theaterkleider, die künstlichsten Maschinen, und die zahlreichsten Processionen zu sehn, verlangen immer neue und mehr auffallende Gegenstände.

Die Unternehmer sind daher zu Ausspendung größerer Summen, und die Künstler zu neuen Erfindungen gezwungen. In der neuen Komödie: Die Liebe im Orient von Cobb, sahe man Bäume, wo sich rund um den Zweigen und Aesten ein schwimmendes Licht zeigte. Dies war eine täuschende Nachahmung der in Indien unter dem Namen Feuerfliegen bekannten Insecten, die des Nachts um die Bäume schwärmen. In der Stadt Newcastle war ein Schauspielhaus vollendet worden, das 7000 Pfund Sterlinge gekostet hatte. Das Gehalt der Schauspieler mußte auch immer erhöht werden, so daß die Bedingungen, unter welchen die guten Theaterkünstler auftraten, außerordentlich waren. Mrs. Billington machte mit dem Unternehmer Harris vom Theater in Coventgarden

ben einen Contract auf drei Jahre; sie erhielt für jede
Theaterjahreszeit tausend Pfund Sterlinge und eine
Benefizvorstellung. Allein die berühmte Schauspielerin Mrs. Siddons erstand noch weit größere Vortheile
von den Unternehmern des Theaters in Drury Lane.
Sie verwarf mit Künstlerstolz den wöchentlichen Gehalt, und verlangte für jede Vorstellung funfzig Pfund
Sterlinge, dabei bedung sie sich aus zu spielen, wenn, und
so viel oder so wenig sie selbst wollte. Die Unternehmer waren gezwungen dieses einzuräumen. Die Benefizkomödie dieser Schauspielerin im April, brachte ihr
vierhundert und sechzig Pfund Sterlinge ein. Der Sänger Marchesi, der erst nach dem in Italien geendigten
Carneval in London anlangte, erhielt, für die zwei folgenden Monate 1000 Guineen, und für den nächsten
Winter 1500 Pfund Sterlinge, dabei eine eigne freie
Tafel und Equipage. Ueberhaupt war das Opernschauspiel in London jetzt prächtiger als jemals, wozu die
Noverreschen Ballets, in welchen der junge Vestris
tanzte, vorzüglich beitrugen. Eines derselben, Cupido und Psyche, worin der große Tanzkünstler Noverre
die ganze Macht seiner Kunst aufgeboten hatte, machte erstaunliche Sensation. Hier war das Große, das
Erhabene, das Geschmackvolle, das Sanfte und das
Schreckliche, alles mit einander sehr glücklich vereinigt.
Das Schreckliche besonders würkte ausserordentlich auf
die Zuschauer. Die Scene stellte die Region der Hölle
vor. Die ganze Bühne stand im Feuer, und als
Psyche, von den Furien verfolgt, sich in den flammenden Schlund stürzte, wurden die an gräßliche Trauerspiele so sehr gewöhnten Britten dennoch so durch das
Schrecken überwältigt, daß ein Geschrei aus allen Theilen des Schauspielhauses ertönte. Die glänzendsten
Decorationen erhöheten den Zauber dieses Ballets.

Man sahe hier den Pallast des Cupido, den Phlegton, die Gebürge der Titanen, den Eingang zum Tartarus, und endlich den Pallast der Venus. Noverre wurde nach geendigtem Ballet herausgerufen, eine ausländische sehr gemißbrauchte Sitte, die bis jetzt noch nicht übers Meer gekommen war. Noverre erschien, und dankte für eine Ehre, die er so leicht entbehren konnte, und die er nicht hätte annehmen sollen; denn ganz London tadelte diese Komplimentir-Scene, die auf dieser Insel weder den größten dramatischen Dichtern, noch den größten Schauspielern je zu Theil worden war, und die bekannten großen Verdienste des Noverre wurden dabei herabgewürdigt.

Der Schauspieler Macklin zeigte etwas in der Theaterwelt bei keiner Nation noch Gesehenes. Er betrat diesen Frühling die Bühne in Drury Lane in seinem neunzigsten Jahre, und zwar in der Rolle des Juden Shylock, die er seit siebenzig Jahren mit großer Kunst gespielt hatte. An einigen Stellen stockte er fast unmerklich, weshalb er die Versammlung um Verzeihung bat, die ihm mit Bewunderung ertheilt wurde. Eben dies Theater verlohr einen Veteran von großen Talenten. Smith, einer der besten Englischen Schauspieler so wohl im Komischen als im Tragischen, spielte den 10. März zum letztenmal in der Rolle des Macbeth, worin er so wie in vielen andern alle in England lebende Schauspieler übertraf. Er begab sich in einem Alter von funfzig Jahren auf sein schönes Landguth bei Colchester, das er sich durch seine Kunst erworben hatte. Seine letzte Benefizkomödie brachte ihm 700 Pfund Sterlinge ein.

Das Englische Theater erhielt dies Jahr ein ausserordentliches Trauerspiel von Greathead, der sich schon durch gute poetische Schriften ausgezeichnet hatte.

Es

Es war betitelt: Der Regent, und machte ein großes Aufsehen; auch setzten es die Englischen Kunstrichter den besten an die Seite, die seit Shakespears Zeiten in ihrer Insel erschienen waren. Ein großes Interesse, rührende Scenen und auffallende Situationen, mit einer, bilderreichen Sprache verbunden, herrschten durchaus in diesem Trauerspiel. Dabei waren die Charaktere stark, aber nach der Natur gezeichnet. Der Verfasser hatte im fünften Act einen kühnen Zug angebracht, der ausserordentliche Wirkung that. Auf Befehl eines Tirannen sollte der Infant Carlos ermordet werden, und zwei Bösewichter standen mit einer aufgehobenen Axt bereit, den Streich zu vollführen. So sehr man auch auf den Englischen Bühnen an Mordthaten gewöhnt ist, so war die Axt doch mehr als die Zuschauer ertragen konnten. Männern überfiel ein Schauder, und viele Frauenzimmer wurden ohnmächtig. Indessen war der Beifall so ausserordentlich, daß, nachdem das Stück geendigt war, das Klatschen und Jauchzen länger als eine Viertelstunde fortdauerte.

Noch nie hatte man auf den Englischen Bühnen einen Franzosen anders als einen Geck geschildert gesehen. Der Engländer Cobb verließ diesen Pfad, und war der erste seiner Nation, der in seinem Stück, die Liebe im Orient, einen Französischen Edelmann mit Wahrheit gezeichnet ohne alle Carrikatur auf die Bühne brachte. Es war ein Officier voll Muth, Ehre, Galanterie und schwärmerischer Liebe für seinen König. Obgleich das Stück nicht großes Glück machte, so gefiel doch der Character allgemein. Es war auch einer vornehmen Dame, der Lady Wallace, eingefallen eine Komödie zu schreiben. Dies Stück unter dem Titel: Der gute Ton oder die Thorheiten der Mode, hatte das Unglück gleich das erstemal im Theater zu Coventgarden der Versammlung sehr zu mißfallen. Die Dame machte einige Veränderungen und Abkürzungen, und nun versuchte sie ihr Glück zum zweitenmal, allein der Lerm des Volks war so groß, daß die Schauspieler die ruhige Vollendung des Stücks als eine Gunst von den Zuschauern erbitten mußten. Lewis, ein sehr beliebter Schauspieler, erlangte diese Einwilligung, und auch die einer dritten Vorstellung zum besten derjenigen Freunde der Lady Wallace, die das Stück noch nicht gesehn hatten; sodann versprach er, sollte es nie wieder gegeben werden. Während dem Lerm warf ein besofner Matrose von der obern Gallerie eine Bouteille ins Parterre, wodurch ein Frauenzimmer verwundet wurde. Lewis trat sogleich auf, und gab Nachricht, daß er um den Thäter auszufinden Konstabels in die Gallerie gesandt habe, wobei er den Angeber dieses Frevlers zehn Pfund Sterling versprach. In wenig Augenblicken wurde nun der Bösewicht ergriffen. Bei der dritten Vorstellung des guten Tons, waren blos die Freunde der Dame zugegen, um die Exsequien dieser Komödie mit ihrer Gegenwart zu beehren, und alles ging dabei ruhig zu. Man versuchte einige Wochen nachher dies Stück in Edenburg aufzuführen, allein auch hier wollte man die erste Vorstellung nicht vollendet sehn; so daß nie ein dramatisches Stück auf dieser Insel einen vollkommenern Fall hatte. Die Ausgelassenheit des Pöbels in den Theatergallerien, und die abscheuliche Sitte entbehrliche Dinge herunter ins Parterre zu werfen, verdiente gesteuert zu werden. Harris, der Unternehmer des Theaters, trug daher selbst die Kosten der Kriminalanklage gegen den vorerwähnten Matrosen, der zu einer jährigen Zuchthausstrafe verdammt wurde. Im Opernhause entstand auch ein sonderbarer Tumult. Ein junger Geistlicher, der sich

im

im Parterre befand, wo das Legegeld eine halbe Guinee ist, und wo gewöhnlich die ersten Personen des Reichs Platz nehmen, versuchte ziemlich laut die Italienischen Arien nachzusingen. Vergebens baten ihn sehr angesehene Männer diese Unschicklichkeit einzustellen. Er wollte aber keine Vorstellung anhören, vielmehr drohete er allen denen, die seine Grille stören würden. Es entstand ein großer Lerm, den der Prediger jedoch dadurch abkürzte, daß er seinen Stock aufhob und um sich schlagen wollte. Mehr brauchte es nicht um ihn regelmäßig aus dem Hause zu werfen, wobei der Herzog von York selbst Hand anlegte.

In dem Schauspielhause in Coventgarden, das man erst fünf Jahre zuvor verschönert hatte, wurden abermals mit großen Kosten so viele Veränderungen angebracht, daß es wie neu anzusehen war. Das Parterre und die Logen wurden erweitert, und die Bühne zu bequemerer Vorstellung pompöser Scenen sehr vergrößert, dabei wurde alles mit neuen Zierrathen, Malereien und Vergoldungen versehn. In diesem Zustande ward dies Theater am 15. September zum erstenmal eröfnet. Um von dem großen Hange der Londoner zu theatralischen Belustigungen Vortheile zu ziehen, entschloß sich Palmer, einer der besten und dabei beliebtesten Schauspieler von der Gesellschaft in Drury Lane, ein neues Schauspielhaus im östlichen London anzulegen, dessen Bewohner wegen der großen Entfernung die Theater der westlichen Stadt nur selten besuchen. Palmer, obgleich Vater von zehn Kindern, hatte sich dennoch durch seine Talente und eine gute Oeconomie ein Vermögen von 12000 Pf. Sterlinge erworben. Dieses wagte er an seine Unternehmung; das übrige, welches noch weit mehr betrug, schoßen seine Freunde her, und nun ließ er in Goodsman'sfields unter dem Namen

men Royaltytheater ein prächtiges, geschmackvoll verziertes Schauspielhaus bauen, nachdem er zuvor die Erlaubnis des Gouverneurs von dem Tower in dessen District es errichtet wurde, wie auch die Einwilligung der Friedensrichter dieses Bezirks erhalten hatte. Palmer zog nun einige andre beliebte Schauspieler an sich, und eröfnete im Anfang dieses Jahres sein Theater unter einem erstaunlichen Zulauf. Die erste Vorstellung war zum Besten eines großen Hospitals, und entsprach völlig der Erwartung. Dies erregte den Neid der Theaterunternehmer von Drury Lane, Coventgarden und Haymarket, die Zusammenkünfte hielten, und den Ruin des östlichen Theaters beschloßen. Nach den Brittischen Gesetzen müßten große Schauspiele durch eine Parlamentsacte authorisirt werden, kleinere aber, zu Jahrmärkten gehörig, sind dem Gutachten der Magistratspersonen und der Friedensrichter überlaßen. Wer ohne diese Einwilligung für Geld spielt, wird als ein Landstreicher behandelt. Palmer hatte dieses vorher gesehen, und sich daher allein auf Sing- und Tanzspiele eingeschränkt. Nur das erstemal um die Ehre seines Theaters zu retten, wurde ein regelmäßiges Stück gegeben. Seine Gegner benutzten diesen Umstand, und es wurden Leute aus dem Pöbel gedungen, Palmer als Landstreicher bei einem Friedensrichter anzuklagen, der ihn jedoch sehr anständig behandelte, und ihn nicht durch den Gerichtsdiener holen, sondern zu sich bitten lies. Palmer rechtfertigte sich vollkommen durch die Quitung des Londner Hospitals für das empfangene Geld, und wurde nun als ein Wohlthäter der Armen mit Lobsprüchen überhäuft entlaßen. Einige seiner Schauspieler aber wurden den folgenden Tag vor einem andern Friedensrichter gebracht, und da diese nicht beweisen wollten noch konnten, daß sie ohne

alle

Belohnung gespielt hatten, so sollten sie ins Gefängnis geführt werden, wurden aber gegen Bürgschaft losgelaßen.

Palmer bestrebte sich nun durch auffallende Vorstellungen, die Gunst des Publicums zu erwerben. Unter andern erregte eine Pantomime betitelt: Don Juan, wegen der dabei angewandten Mechanik und Verbindung mannigfaltiger Künste das größte Aufsehen. Hier sahe man ein Schiff mit wirklich ausgespannten Segeln, die der Wind anschwoll, und wo die Matrosen das Tauwerck, eben so wie auf dem Meer handhabten. Was den Werth dieser Pantomimen noch mehr erhöhete, und ihnen den Vorzug vor allen gab, die man seit den Zeiten der Altrömischen Geberdespieler in Europa gesehn hatte, war, daß hier nicht allein sehr gebildete, sondern selbst vortrefliche Schauspieler auftraten, und durch die getreue Nachahmung der Natur in Geberden, bei den Zuschauern alle Wirkungen eines Trauerspiels erzeugten.

Mit diesen Pantomimen wurden immer noch andre beständig abwechselnde Spiele gegeben. Lee Lewes, ein mit diesem Theater verbundener talentvoller Schauspieler, erneuerte die bisher mit Stevens abgestorbene Kunst, Satyren auf alle Stände durch Worte und Geberden sinnlich zu machen, und wenn er gleich sein Urbild nicht völlig erreichte, so verschafte er doch eine so belustigende als lehrreiche Unterhaltung. Zu allen diesen mannigfaltigen Kunstscenen kam noch eine sonderbare Erscheinung, die dem Royaltytheater gleichsam die Krone aufsetzte. Mrs. Wells, die man schon als eine vortrefliche Schauspielerin kannte, besaß ein verborgenes Talent, das Palmer entdeckte, und sofort für seine Bühne benutzte, obgleich sie nicht zu seiner Gesellschaft gehörte. Dies war eine täuschende Darstellung

lung andrer Menschen durch Nachahmung. Dieses Kunsttalent zeigte Mrs. Wells in einer so großen Vollkommenheit, daß gar kein Vergleich zwischen ihr und allen je in London aufgetretenen Nachbilderern statt fand; auch machte sie eine erstaunliche Sensation. Man war bisher gewohnt in dieser Kunst nur Nachäffungen und Carricaturen zu sehn, allein jetzt sahe man etwas ganz anders; denn diese Schauspielerin verband Wahrheit mit ihren Nachahmungen, und zwar in einem solchen Grade, daß alles Eigenthümliche der Personen in Blicken, Geberden, Sprache und Bewegungen täuschend von ihr in lebendigen Portraits dargestelt wurde. Die großen Schauspielerinnen Englands, eine Abington und eine Siddons, hatten als Zuschauerinnen das sonderbare originelle Gefühl, die Macht ihrer eigenen Kunst sinnlich zu empfinden, da man ihnen eben das wiedergab, was sie gegeben hatten. Ja sollten diese große Künstlerinnen sterben, oder ihre Talente der Welt entzogen werden, so könnte man durch Mrs. Wells Nachahmungen, wenn sie anders die beiden Musen überlebte und ihr Kunsttalent nicht geschwächt würde, die richtigsten Begriffe von den Urbildern bekommen. Garrick in seinen glänzendsten Tagen erzeugte keinen größern Zulauf ins Schauspielhaus, als diese Frau; auch wurde sie fürstlich belohnt. Im Royaltytheater trat sie zuerst auf. Sie spielte aber hier nur einige Abende, wofür sie jedesmal vom Unternehmer funfzig Pfund Sterlinge erhielt. Eine daurende Besoldung von hundert Pfund Sterlinge die Woche, für ein zweimaliges Spiel, schlug sie aus Delicatesse ab. Man überhäufte sie mit Geschenken. Der Prinz von Wallis, und der Herzog von York luden sie auf eine sehr ehrenvolle Art in Queensburry Pallast zu einigen Vorstellungen ein. Sie gab hier neun Nachahmungen, worunter

unter sich die Meisterrollen von Mrs. Siddons und von Mrs. Crawford als Jane Shore und Alicia befanden.

Die Engländer haben seit mehrern Generationen solche Nachahmungen, die man in andern Ländern nicht kennt, unter ihren Belustigungen aufgenommen. Die vor dreißig Jahren berühmte Schauspielerin Pritchard, Foote, Stevens, Lee Lewes und andre hatten sich dabei sehr ausgezeichnet, allein nun kam Jedermann überein, daß bis jetzt die Gränzen dieser Kunst, oder vielmehr die Kunst selbst noch unbekannt gewesen sey, da Mrs. Wells in Ton, Sprache, Geberden, kurz in allem Eigenthümlichen die Personen nicht so wohl nachahmte, als die absolute Indentität hinzauberte.

Die Gegner Palmers ruheten indessen nicht, und zogen große Rechtsgelehrte zu Rathe. Die Gesetze wurden nun genau untersucht, da denn große Zweifel über die Befugniß der Magistratspersonen entstanden, Schauspiele irgend einer Art außer Jahrmärkten zu gestatten. Das Gutachten, das Palmers Freunde von unbefangenen gesetzkundigen Männern einholten, fiel eben so aus. Die ganze Hauptstadt war in Bewegung, da man sich eines reizenden Schauspielers beraubt sehn sollte. Palmer, der allen Künsten seiner Gegner getrotzt hatte, verlohr jedoch den Muth, da er fand, daß die Gesetze nicht auf seiner Seite waren: er sahe sich seines ganzen Vermögens, folglich aller Mittel beraubt andre Unternehmungen zu machen, um seiner zahlreichen Familie Unterhalt zu verschaffen. Es war nur auf einem Londner Theater, wo sein Talent belohnt werden konnte, und die Unternehmer von allen diesen Theatern waren seine Gegner. Da er nun keine Hoffnung hatte die Vorstellungen in seinem neuen Schauspielhause gesetzmäßig fortzusetzen, so gab er die Unternehnehmung auf, und nahm nothgedrungen seinen alten Platz unter der Gesellschaft von Drury Lane wieder ein, wozu der berühmte Sheridan, der Hauptinteressent dieses Theaters, großmüthig den Antrag that. Alles Vergangene wurde vergessen. Ein gleiches thaten auch Bannister und andre mit seiner Unternehmung verbundene Schauspieler; Lee Lewes aber, der bei seinen Gegnern kein Brod suchen wollte, ging mit seinen Talenten nach Indien. Das neu erbaute schöne Schauspielhaus sollte nun mit allem Zubehör zum Besten der Gläubiger verkauft werden, allein Palmers Freunde schlugen sich ins Mittel; das Theater wurde zwar geschlossen, allein für die Hauptstadt erhalten, so daß es Palmer im Sommer wieder eröffnen konnte. Dies geschah auch sobald die großen Wintertheater geschloßen waren, und er jetzt, obgleich nicht durch die Gesetze authorisirt, doch keine gerichtliche Verfolgung mehr zu besorgen hatte. Er unterhielt nun den östlichen Theil der Stadt mit Farcen, Pantomimen, Tanz, Gesang und andern unregelmäßigen Schauspielen. Die Wahl der Zeit und der Gattung von Ergözlichkeiten sicherte ihm Ruhe von Seiten der Unternehmer der Theater in Drury Lane, Coventgarden und Haymarket, mit denen er ohnedem sich völlig ausgesöhnt hatte.

IV. Ue-

IV.
Ueber das Dänische Theater.

Berlin den 17. August 1789.

Sie wollen von mir eine Nachricht von dem Zustande unserer Bühne, lieber B., und ich werde Ihren Wunsch erfüllen; aber freilich sind sie vorbei jene glückliche Zeiten, von denen ich Ihnen während meines vorigen Berliner-Aufenthalts sagte, daß das Kopenhagner Theater mit jedem Deutschen wetteifern konnte. Seit der Zeit, daß unser Theater unter königliche Administration kam, ist es immer rückwärts gegangen; die Hofluft war den Künsten nie zuträglich; das ewige Aprilwetter hindert das Gedeihen der edelsten Pflanzen, da es hingegen dem wilden Wuchse der alles erstickenden Parasitgewächse günstig ist. Besonders wurde unter dem Eichstedtschen Ministerium das Theater als eine Hofangelegenheit getrieben, da ganz andre Talente, als die göttlichen Gaben der Musen auf Belohnung und Aufmunterung Anspruch hatten. Nach und nach starben die wenigen alten, die Erstgebornen Melpomenens und Thaliens, noch in ihrem Tode beneidenswerth, daß sie ihre Kunst dem Singsange, und dem Buffenunsinn nicht aufgeopfert sahen. Endlich wurde das Theater aus jenen Händen erlöst, aber jetzt brach die Opernwuth noch unaufhaltsamer ein; und die Buffa, und die große Oper, diese magern Schauspiele, verschlungen jetzt bei uns, wie die magern Kühe Pharaos die besseren alle. Zwei Tage nach meiner Rückkehr von meiner vorigen Reise 1784, starb der dänische Roscius, unser treflicher Rose; das Theater feierte das Andenken seines Vaters durch einen treflichen Prolog, den einer unsrer ersten Dichter Thaarup verfertigte, und den die beiden ersten Schauspielerinnen Mesdames Rosing und Preisler hersagten, und das zahlreiche Publicum nahm die Todtenfeyer unsrer Bühne mit Todtenstille auf. Noch stehen zwar einige da, aus der großen älteren Schule, wie einsame Eichen unter dem Gesträuche ihre majestätische Häupter erheben; aber das Ensemble, die große Schule ist hin, hin auf ewig, wenn nicht eine glückliche Veränderung das Theater einem weisen Gärtner übergiebt, der die alten Stämme zu ehren, die jüngern hofnungsvollen Pflanzen zu erziehen, und besonders das zahllose Unkraut auszujäten versteht.

Die Direction unserer Bühne ist gegenwärtig dem Geheimenrath und Oberhofmarschall Comsen, dem Kammerherrn und administrirenden Theaterdirekteur von Warnstedt, dem Etatsrath Hagerich, dem Justizrath Wormskiold, dem Justizrath und Theater-Inspector Lasser, dem Oberauditeur und Censor der eingeschickten Schauspiele Rosenstand Goiske, und dem Kapellmeister Schulz übertragen. Als Lehrer der Schauspieler sind die Herren Schwartz und Rosing angestellt.

Unsere Schauspielerinnen sind: Mad. Rose für edle und komische Mütter. Mad. Knudsen ebenfalls. Mad. Hallesen bürgerliche Mütter. Dem. Voght ebenfalls. Dem. Petersen Soubretten. Mad. Rosing erste Rollen im Trauer= und Lustspiel. Mad. Gielstrup Soubretten, Coquetten. Dem. Wintser Mütter im Singspiel. Dem. Astrup Liebhaberinnen, Heldinnen, Precieuses. Mad. Preisler muntere und
leb=

lebhafte Rollen im Lust= Sing= und Trauerspiel. Mad. Plausen Liebhaberinnen, Agnesen. Dem. Möller, erste Singrollen. Mad. Schall Soubretten. Dem. Morthorst Liebhaberinnen im Lust= und Singspiel. Mad. Siersted, Dem. Krag, Schmidt, Steenberg, Fredelund, Anfängerinnen.

Unsre Schauspieler sind: Herr Musted Väter im Trauer= Lust= und Singspiel. Hr. Bech komische Rollen. Hr. Schwarts edle Väter, Humoristen, auch mit unter komische Rollen im Lust= und Singspiel. Hr. Elsberg Liebhaber, junge Männer, Könige. Hr. Thessen Raisonneurs, Väter. Hr. Arends bürgerliche Alte. Hr. Kemp Bediente, Bauern. Hr. Rosing Liebhaber, Männer vom Stande im Trauer= und Lustspiel, erste Singrollen. Hr. Gielstrup Bauren, Väter, Bediente im Lust= und Singspiel. Hr. Burk Liebhaber im Lust= und Singspiel. Hr. Preissler Liebhaber, Schleicher, alte Officiere; ist zugleich Cembalist im Singspiel. Hr. Saabye Liebhaber, Fats im Lust= und Singspiel. Hr. Knudsen Bauern, Bediente. Hr. Ibsen ebenfalls. Hr. Köhne junge Liebhaber. Hr. Frydendahl und Bue sind als Eleven angesetzt.

Unser Ballet könnte wirklich unter den Händen unsers braven Balletmeisters Galeotti, das vorzüglichste beim Theater seyn, da wir in der Mad. Biörn und der Dem. Stuart zwei Tänzerinnen besitzen, davon die erste von den Grazien zur Darstellung der Zärtlichkeit, des Muthwillens, des stillen Kummers, und jeder sanftern Empfindung geschaffen, die zweite mit allen Schrecknissen Melpomenens ausgerüstet ist, um die Gaussin und die Dumesnil des Tanzes zu seyn; die aber, so wie ein sehr talentvoller Tänzer Jansen an lauter Kleinigkeiten, oder alte ausgepeitschte Ballette ihre treflichen Talente verschwenden müssen, da das ewig verschlingende, ewig wiederkäuende Unthier die Oper nichts neben sich aufkommen läßt.

Die Vorstellungen des vorigen Theaterjahres waren: den 18. September zur Eröfnung des Theaters, das in den Sommermonathen verschlossen ist: Heinrich und Pernille von Holberg. Den 19. der Geizige von Molière. Den 22. der kurze Fräuleinstand Pernillens von Holberg. Den 23. der Barbier von Sevilla. Den 25. der betrogene Vormund von Cailhava. Den 26. die Liebe ohne Strümpfe in fünf Aufzügen, eine meisterhafte Parodie der Opern und der französischen Trauerspiele vom verstorbenen Wessel. Den 29. die Wohlgeborne von Stephanie d. j. Den 30. Ariadne, und der dankbare Sohn. Den 2. October der wohlthätige Murrkopf. Den 3. der Edelknabe und der Faßbinder. Den 6. der verwandelte Bauer von Holberg. Den 7. die buchstäbliche Auslegung, und Rose und Colas. Jenes kleine Brömelsche Lustspiel ist eins der Lieblingsstücke unsers Publicums, von einem jungen talentvollen Manne allerliebst übersetzt, und wird im Ganzen recht gut gegeben. Besonders wird aber die liebenswürdige Jenny von der Preislern mit einem so bezaubernden Muthwillen gespielt, daß sich der Dichter schwerlich etwas vollkommners denken konnte.

Den 9. die Actien, ein neues Original-Lustspiel in fünf Aufzügen, gefiel nicht. Den 10. der schwarze Mann und das redende Gemählde. Den 13. die Wochenstube von Holberg. Den 14. die Liebe unter den Handwerksleuten. Der Friseur ist eine Forcerolle vom Hrn. Preisler, ob ich gleich gestehe, daß mir Ihr Unzelmann, den ich vor sieben Jahren in Hamburg als Giro sah, in der Rolle weit lieber ist. Den 16. die Verwandlungen, ein Original-Lustspiel von Hrn.

Hei=

Heiberg nach der berühmten Köchin des Cervantes. Den 17. Jack Spleen, und Medea zum erstenmal. Wenn es Gotter's und Benda's Absicht war, daß wir Medea bemitleiden und nicht verabscheuen sollen, haben die Seilerin, und die Schrödern, die ich bereits als Medea gesehen habe, anders diese Rolle verstanden, so getrau' ich mir kühn zu behaupten, daß sie nicht meisterhafter vorgestellt werden kann, als auf dem dänischen Theater die Mad. Rosing sie darstellt. Es fiel aber gewissen Leuten ein, eine Furie in der Rolle zu suchen, was mich genöthigt hat, einen eignen Aufsaz über den Karakter der Medea zu entwerfen, für den ich mir vielleicht sehr bald bei Ihnen ein Plätzchen ausbitte. Den 20. der politische Kannengießer. Den 21. der Geist der Widersprechung von Dufresny, Medea. Den 23. der Spleen von Steph. d. j. Den 24. Arsene. Den 27. der geschäftige Müssiggänger von Holberg. Den 28. Heinrich und Pernille, und das Milchmädchen. Den 30. Heckinborn, ein neues Orginal-Drama in fünf Aufzügen von Hrn Heiberg. Dieses mit wahrem Genie geschriebene Stück ist eine Fortsetzung des Stephanischen Spleen. Heckinborns Haus ist abgebrannt, und er zu einem gewissen Dalton gezogen, einem Menschen mit vielem Kopf, nur durch verfehlte Cultur verstimmt. Dieser übernimmt es Heckinborn von seiner alten Krankheit zu heilen, und ihn empfinden zu lassen, daß Armuth ein weit grösseres Unglück sey als Reichthum. Erdichtete Nachrichten von Unglücksfällen strömen auf Heckinborn ein; anfangs freuen sie ihn; aber da sie zugleich seine theure Jenny treffen, da sein alter redlicher Blunt sich für ihn aufopfert, und im Gefängniß geworfen werden soll, weil er eine Schuld übernommen hat, lernt Heckinborn seinen Wahn einsehen, und will sich tödten; man kömmt ihm zuvor, und alles wird entdeckt. Außer Heckinborns, Blunts und Jennys Charactern, die an sich sehr interessant sind, und die durch das Meisterspiel der Hrn. Schwarz und Musted, und der Mad. Rosing sehr gehoben werden, hat der Dichter noch zwei sehr originale und theatralische Charactere angebracht: den Dalton, der, wie ihn der Verfasser selbst sehr wahr characterisirt, ein Mann von treflichem Herzen, vorzüglichem, natürlichem Genie, und großen Anlagen ist, der aber durch verfehlte Kultur verpfuscht ward, der an Plänen und Intriguen seine größte Freude findet, und neben her ein unerschöpflicher Bonmotist ist; und seine Schwester Miß. Harriet, eine wahre Tochter der Natur, mit ungebildetem aber vorzüglichem Verstande, mit dem natürlich-treflichsten Herzen. Auch diese beide Rollen wurden meisterhaft von Herrn und Mad. Preisler gegeben; es wird Sie also nicht wundern, daß in verschiednen Jahren kein dänisches Original das Glück weder gemacht, noch verdient hat. Den 31. die Philosophen, Operette. Den 3. November, der glückliche Schifbruch, von Holberg. Den 4. der Florentiner von la Fontaine; Medea. Den 6. Heckinborn. Den 7. der eingebildete Lord. Den 10. Heckinborn. Den 11. die Frascatanerin. Den 13. der Barbier von Sevilla. Den 14. die Liebe unter den Handwerksleuten. Den 17. die Hexerei oder der blinde Lerm, von Holberg. Den 18. die beiden Geizigen. Den 20. der Geizige. Den 21. der Jahrmarkt von Gotter zum erstenmal; gefiel nicht, weil die Menge, an unsinnige Buffen und spektakelvolle Opern gewöhnt, für die simple und interessante Handlung dieser Operette wenig Sinn hat; auch fand man die Bendasche Musik untheatralisch. Den 24. Bramarbas, von Holberg. Den 25. der Jahrmarkt. Den 27. die Lästerschule. Den 28.

28. die Freundschaft auf der Probe, Operette. Den 1. December, Datum in blanco, Original von Wiwet. Den 2. La Fausse Magie. Den 4. die unglückliche Gleichheit, Original von dem bekannten Dichter Brun. Den 5. die Liebe unter den Handwerksleuten. Den 7. Ein wahres National-Fest! Unser trefliche Kronprinz war von seiner Norwegischen Expedition zurückgekehrt, und wurde auf Begehren des Volks mit einem von unserm treflichen Thaarup, dem gewöhnlichen Volksredner bei solchen Gelegenheiten, verfertigten Prolog empfangen. Der Prolog schlos sich mit einem Volksliede, das von den beiden Sprechern des Prologs den Hrn. Rosing und Schwarz gesungen werden sollte; aber das ganze Publicum stimmte mit ein, und sang es mit einer Innigkeit, einem Enthusiasmus, einer Feierlichkeit, wiees der edle Befreier der Bauern, der erhabne Beschützer der Presfreiheit, und der Schutzgott seiner Nation verdiente. Darauf wurde Heckinborn gegeben, und wie der Prinz nach dem Schauspiele das Haus verlassen wollte, stimmte das Publicum ohne Abrede, ohne Auffoderung vom Theater, den Volksgesang wieder an! Ich wünsche jedem guten Fürsten in seinem Leben so einen Abend, der wahrlich etwas ganz anders war, als die Cadeaux, die sich andere Fürsten an ihrem Geburtstage selbst machen. Den 9. Rasmus Montanus von Holberg. Den 11. Oldfurens Verwandlungen, eine neue original Komödie von Prof. Tode. Ungeachtet alles des Witzes und der Laune, womit dieser launichte Dichter das Stück ausgeschmückt hatte, mißfiel es sehr, weil der Stof selbst äusserst anstößig ist. Den 12. die Oper Cora. Den 13. der eilfte Juni, von Holberg. Den 16. Aglae Operette von Sivry mit Sartischer Musik. Den 18. die Schottländerin. Den 19. Zemire und Azor. Den 22. der eifer-

eifersüchtige Liebhaber, Operette. Den 23. der Deserteur aus kindlicher Liebe. Den 29. Ulysses von Ithaca, von Holberg. Den 30. Cora. 1789 den 2. Januar der Hausfreund, Operette. Den 5. der verpfändete Bauerjunge, von Holberg. Den 6. Freundschaft auf der Probe. Den 8. die Höhle des Trophonio. Mit schwerem Herzen sah der gesunde Menschenverstand dieser Vorstellung entgegen; aber so tief waren wir doch nicht gesunken, daß dieser Unsinn wegen seiner wirklich schönen Musik Gnade finden sollte. Es wurde förmlich gepocht, und den folgenden Tag bei leerem Hause wiedergegeben. Den 12. der eilfte Junii. Den 13. Ariadne, und die vielen Freunde, Original in einem Aufzuge vom Schauspieler Beck. Den 15. der geschäftige Müssiggänger, von Holberg. Den 16. Gert Westphaler, von Holberg, und Walder Operette. Den 19. Bramarbas. Den 20. der Barbier von Sevilla. Den 22. die Irrungen von Goldsmith. Den 23. Soliman der Zweite. Den 26. die Irrungen. Den 30. Aline, Königin von Golconda, Oper von Sedaine, Musik von Schulz. Ein undramatischeres Drama kann es wohl schwerlich geben; aber Schulzens bezaubernde Musik, besonders im zweiten Aufzuge, der Gesang der angebeteten Möller, die freilich bei weitem noch keine Wiener Lange ist, und vorzüglich die schönen Aufzüge, und der hinreissende Tanz unsrer beiden treflichen Tänzerinnen haben dieses Stück zum Lieblingsstück der Menge gemacht; es ward auch den 2. 3. 5. und 6. Februar wiederholt. Den 9. der eingebildete Kranke. Den 10. Aline. Den 11. der Ring von Schröder, wird bei uns sehr gut, und mit vielem Beifall gegeben. Besonders zeichnen sich Mad. Preisler als Baronin, die mit der treflichen Jacquet in den höhern komischen Scenen wetteifert, und sie vielleicht

leicht in den rührenden übertrift, und Hr. Rosing als Kapitain Selting äußerst vortheilhaft aus. Den 13. Nanine, und Lucile. Den 16. der Ring. Den 17. L'auteur amant & valet, die beiden Geizigen. Den 19. der Ring. Den 20. die Menechmen, von Regnard. Den 23. die Unsichtbaren, von Holberg. Den 24. Aline. Den 26. die Lästerschule. Den 27. Aline. Den 2. Merz die Unsichtbaren, und Didrich Menschenschreck, von Holberg. Den 3. Aline. Den 5. die Werber. Den 6. Aline. Den 9. der Ring. Den 10. die buchstäbliche Auslegung, und der Soldat ein Zaubrer, Operette. Den 12. Minna von Barnhelm; ich möchte wohl, daß Lessing einmal seine Francisca von unsrer treflichen Gielstrup gehört hätte; auch möchte Deutschland schwerlich mehr als eine Minna haben, die mit der unsrigen wetteifern könnte. Den 13. die Frascatanerin. Den 16. der verwandelte Bauer, von Holberg. Den 17. Zemire und Azor. Den 19. der Deserteur aus kindlicher Liebe. Den 20. die Mündel, Medea. Den 23. das steinerne Gastmahl, von Moliere. Es ist sehr sonderbar, daß man dieses mit Shakspearschem Geiste geschriebene Stück noch immer in Deutschland verkennt. Den 24. Jacques Spleen, das redende Gemälde. Den 26. der Fähnrich. Den 27. der schwarze Mann, der Faßbinder. Den 31. Holger danske, von Hrn. Baggesen mit Musik von Hrn. Kunzen. Da Prof. Cramer diese Oper schon in's Deutsche übersezt hat, brauche ich nichts darüber zu sagen, so wenig als über die Streitigkeiten, die sie veranlaßt hat; auffallen wird es unterdessen immer, wenn Sie mich, dessen Neigung für Deutschland, dessen dankbare Ehrfurcht für Deutschlands Magna nomina Sie kennen, als einen fanatischen Antigermaner verschrieen finden. Den 1. und 2. April wurde Holger wiederholt.

Den 3. Der Fähnrich. Den 14. und 15. Holger danske. Den 16. der Hausvater von Diderot. Den 17. Holger. Den 20. der Hausvater. Den 21. Aline. Den 23. der Ring. Den 24. Aline. Den 27. die Werber. Den 28. Rose und Colas. Den 30. der Westindier. Den 1. May der Faßbinder. Den 4. die Liebe ohne Strümpfe. Den 5. die Philosophen. Den 11. die Wochenstube. Den 12. Eugenie. Den 14. der Weise in der That. Den 15. der Deserteur Operette. Wenn man diese Louise von der Walther gesehen, oder von der Langen gehört hat, kann man unmöglich an der Möller Behagen finden. Den 18. und 19. Figaros Heyrath; der wahre Triumph unsrer Bühne. Sechsmal hab' ich dieses Stück auf dem pariser Theater gesehn, wo es meisterhaft gegeben wird, aber unsre Vorstellung ist in meinen Augen um nichts schlechter. Die herrliche Sainval wird als Gräfin von Mad. Rosing wenigstens erreicht, und Dugazon als Bridoison von Hrn. Gielstrup, so wie La Chassaigne als Marcelline von Mad. Knudsen weit übertraffen; Auch legt Hr. Rosing in seinem Grafen eben so viel Feinheit, und weniger Affectation, weniger Captatio risus als Molé. Und wenn auch die unerreichliche Suson Contat in einigen Feinheiten über die hinreissende Preislerin den Sieg erhält, muß Daziencourt auf der andern Seite unserm Figaro Schwartz weichen; und nur mit dem Bazile werden wir völlig geschlagen. Den 22. die Irthümer einer Nacht. Den 25. der 11. Junii. Den 26. der Deserteur. Den 28. das Haus in Aufruhr von Goldoni. Den 2. und 3. Juni die eifersüchtige Ehefrau. Mit diesem Stück ward das Theater eigentlich geschlossen; auf unmittelbaren königlichen Befehl wurde aber den 5. Ariadne als Benefice für unsre verdienstvolle Mad. Preisler gegeben.

Sie

Sie werden hieraus so ziemlich den Zustand unsrer Bühne sehen können; freilich nicht ganz, da wir dieses Jahr viele magre Tage gehabt haben, da theils unsre besten Schauspieler durch zwei neue Opern zu sehr mitgenommen sind, um an Melpomenens und Thaliens Altare fleissig zu opfern; theils unser Repertoir weder so reich noch so ordentlich eingerichtet ist, als es seyn sollte. Zwei gute Dinge muß man unterdessen der jetzigen Administration nachsagen; für's erste, daß die Arbeiten unsers großen Holbergs fleissiger, daß ich zugleich sagen könnte, besser gegeben werden als ehedem; und daß wir mehr Neuigkeiten bekommen. Wenigstens wird doch alle vierzehn Tage ein neues Stück gegeben; leider bleiben aber auch viel beliebte und gut besezte, theils ältere theils neuere Stücke liegen, unterdessen daß man einige Pieces du trottoir, die niemand mehr sehen mag, bis zum Eckel durchpeitscht. Das allererste und wichtigste Bedürfniß unsrer Bühne ist ein Schröder, denn nur sein Geist könnte aus diesem Chaos Ordnung und Licht hervorbringen. So lange aber — doch Sie wollen keine pia desideria, sondern blos Nachrichten von mir, und diese wären dann hiermit geschlossen.

Ihr

Rahbek.

V.

Vom Schwedischen Theater in Stockholm.

Die Königliche Direction der Hofkapelle und Schauspiele führen der Oberkammerjunker, Hr. Baron Armfeld, und unter ihm die Hrn. Clewberg und Kexel.

Der ganze Etat der königlichen musikalischen Akademie, wohin der Director der Musick, Hr. Vogler, der sich aber jetzt nicht in Schweden aufhält, die Kapellmeister Uttini und Kraus, gehören, besteht aus 17. Akteurs, 12 Aktricen, zwei Lehrmeistern im Singen und zwei Souffleurs, wozu noch das Chor von 39 Sängern nebst 20 Eleven und 26 Sängerinnen gerechnet wird, über welchem drei Chormeister gesezt sind. Zum Tanz gehören in allen einige 80 Personen und zum Orchester 64. Außerdem gehören noch 42 Personen mit zum Etat der königl. Schauspiele. Die königl. Französische Schauspieler-Gesellschaft besteht aus 19 Personen. Seit der Errichtung des königl. Schwedischen Theaters (den 13. Jan. 1773) sind 44 dramatische Arbeiten und pantomimische Balletten aufgeführt worden. Die Französische Schauspielergesellschaft hat seit sechs Jahren 47 Tragödien und über 200 Komödien aufgeführt. Nachdem die Direction der königl. Schauspiele, die drei errichteten Schulen für Musik, Gesang und Tanz völlig in Ordnung gebracht; so hat sie auch jezt für den nöthigen Unterricht in der Deklamation gesorgt und daher ein Theater zur Uebung für Eleven der königl. Oper errichtet. Die Anzahl dieser Eleven ist 40, keine unter neun bis zehn und keine über funfzehn Jahr, und haben diese Kinder in Gegenwart des Königs schon ein und anderes Stück aufgeführt. Auch auf dem alten königlichen Theater werden seit dem April 1787 zwölf Schwedische Schauspiele aufgeführt, worunter besonders die unschuldige Betrügerei, eine Nachahmung aus dem Französischen, vielen Beifall gefunden hat. Um gute Köpfe aufzumuntern, gute Schwedische Originalstücke zu liefern, ist ihnen bei größern Stücken von drei bis fünf Handlungen, die Einnahme jeder dritten, neunten und neunzehnten Aufführung nach Abzug aller

aller Kosten, bei kleinen Stücken die Hälfte derselben zugestanden. Man sieht hieraus, in welchem Flor die Schauspielkunst in Schweden steht, und wie viel daran verwandt wird, sie immer höher empor zu bringen. Auch ist das königliche Theater so prächtig, daß ihm wohl wenige gleich kommen.

VI.
Schauspiel in China nach Grosier.

Man wird wenig Nazionen finden, bei welchen der Hang zu theatralischen Vorstellungen aller Art so allgemein herrschend wäre, als bei den Chinesern und einigen mit ihnen verbundenen Völkern. Ihre Possenspiele und Marionettenbuden sind bekannt; die berüchtigten Ombres chinoises haben davon Ursprung und Namen entlehnt: aber auch ihr eigentliches Schauspiel verdiente bekannter zu sein. Folgende Notiz kann eine leichte Idee von den Chinesischen Theaterprodukten und ihrer Aufführung geben.

Die Chineser haben eine Menge Theaterstükke, zum Theil von sehr hohem Alter. Das Verzeichniß, das die Komödianten bei Gastmälern und andern feierlichen Gelegenheiten der Versammlung überreichen, um ein Stück auszuwählen, das sie aufführen sollen, enthält gewöhnlich die Titel von funfzig bis hundert Schauspielen.

Unter diesen Theaterstücken darf man sich aber keine feine und regelmässige Kunstwerke vorstellen, die mit den dramatischen Arbeiten aufgeklärter Europäer verglichen

glichen werden könnten. Einheiten der Zeit und der Handlung, richtige Darstellungen der Empfindungen, treue Gemälde der Sitten, Lebensphilosophe, künstliche Gewebe der Leidenschaften sucht man vergebens darin. Von dramaturgischen Regeln, die einer theatralischen Handlung Regelmässigkeit und Wahrscheinlichkeit geben, und überhaupt von Illusion haben die Chineser gar keinen Begriff. Auch kennen sie keinen Unterschied zwischen Lustspiel, Trauerspiel und andern verwandten Dichtungsarten. In ihren Stücken ist nicht etwa eine Haupthandlung, sondern das ganze Leben eines Helden bearbeitet: eine Vorstellung umfaßt gemeiniglich einen Zeitraum von vierzig oder funfzig Jahren.

Jedes dramatische Stück ist in mehrere Abschnitte oder Akte vertheilt, die sie Tsche nennen. Vor dem Stücke geht eine Art von Prolog oder Einleitung voraus, welche Sie-tse heißt. Jede auftretende Person macht vor allen Dingen den Zuschauern ihr Kompliment, sagt ihren Namen und die Rolle, die sie im Stücke spielen wird. Meistens spielen die Komödianten mehrere Rollen; denn die Truppen sind klein, bestehen nur aus fünf bis sechs Personen, und in den Stücken treten oft zehn bis zwölf Personen auf.

Den chinesischen Schauspielen sind auch hin und wieder poetische Stücke als Arien eingestreut. An Stellen, wo die spielende Person von einer heftigen Leidenschaft durchdrungen sein muß, wo die Worte lebhafte Bewegungen der Seele, Zorn und Freude, Liebe und Schmerz ausdrükken, unterbricht der Schauspieler seine Deklamazion und — singt. Als besondere Beispiele nennt Grosier die Fälle, wenn die spielende Person sich gegen einen Verbrecher erzürnt, wenn sie sich zur Rache entflammt, oder — zum Tode vorbereitet.

Diese

Diese Arien werden manchmal von Instrumentalmusik begleitet. Auch vor dem Stücke und zwischen den Akten läßt sich Musik hören, die aber wohl schwerlich einem andern als chinesischen Ohre gefallen wird; denn die Instrumente dieses Orchesters bestehen in Becken von Erz oder Stahl, die einen rauhen und durchdringenden Ton geben, in Trommeln mit Büffelhaut überzogen, die bald mit den Füßen, bald mit Stecken geschlagen werden, in Flöten, Queerpfeifen und Trompeten, die eben nicht die sanfteste Harmonie hervorbringen mögen.

Die Komödianten selbst sind größtentheils junge Bursche von zwölf bis funfzehn Jahren, aus der Hefe des Pöbels. Sie führen ein herumstreichendes Leben und stehn in allgemeiner Verachtung. Die Aufführung ihrer Stücke ist meistens mit wenig Umständen verknüpft. Die Komödianten kommen zu jedem, der sie ruft, ins Haus; ein gesellschaftliches Gelag würde ohne sie unvollständig sein. An ein förmliches Theater mit Maschinerie und Dekorazionen ist in diesen Fällen nicht zu denken. Ein freier, oft ziemlich begränzter Raum im Speisesaale, zwischen der doppelten Reihe von Tischen, an welchen die Gäste sitzen, ist ihre Bühne; ein Teppich über den Boden gebreitet, ihre ganze Anstalt. Ein oder zwei anstoßende Kabinette dienen ihnen statt der Kulissen und Ankleidezimmer. Ihre Garderobe besteht in glänzendem Flitterstaat. Was aber wirklich Verwunderung erregt, ist das ausserordentliche Gedächtnis der chinesischen Komödianten; denn sobald die Gesellschaft aus der grossen Zahl ihrer Stücke eins ausgewählt hat, spielen sie es auf der Stelle, und ohne alle weitere Vorbereitung. Daß sie improvisiren oder sich eines Sufflörs bedienen sollten, finde ich nirgends: eben so wenig, daß ein besonders glück-

liches

liches Gedächtniß Nazionalvorzug der Chineser wäre. Uebung also und angestrengter Fleiß können nur die Ursachen dieser grossen Fertigkeit sein; und sollte man diese nicht, da die chinesischen Schauspieler so wenig liebenswürdige Seiten haben, manchem ihrer Kunstbrüder in Europa zur Nachahmung empfehlen dürfen?

Eigentliche Schauspieldichter hat China nicht, und überhaupt arbeiten die neuern chinesischen Gelehrten wenig fürs Theater. Auch ist wenig Ruhm für sie in diesem Felde zu erndten; denn das Schauspiel wird in China, troz der grossen Vorliebe der Nazion für diese Art der Unterhaltung, mehr geduldet, als öffentlich gebilligt. Die alten Weisen im Volke haben es immer als eine sittenverderbende Kunst verschrieen. Das erstemal, daß man in den Annalen dieses Reichs von Theaterstücken liest, ist bei der Gelegenheit, da einem Kaiser von der Dynastie Chang Lobsprüche ertheilt werden, weil er diese Gattung unnützer und gefährlicher Vergnügungen verbannt hatte; so wie man einem andern Kaiser die Ehre eines Leichenbegängnisses versagte, weil er das Theater zu sehr geliebt hatte, und zu viel mit Komödianten umgegangen war.

Da dieses Vorurtheil bei dem grössern Haufen der Nazion noch jezt allgemein herrschend ist, so wird man sich nicht wundern, daß in China die eigentlichen Schauspielsäle in gleichem Range mit den Häusern der Schande stehn, und überall in die Vorstädte verwiesen sind. Die chinesischen Zeitungen beeifern sich, den Namen des gemeinsten Soldaten, der sich durch Muth in einer Schlacht hervorthat, bekannt zu machen: sie verkündigen dem ganzen Reiche jede Handlung der kindlichen Liebe, jeden Zug der Sittsamkeit und Schamhaftigkeit eines geringen Landmädchens;

aber

aber strafen würde man den Verfasser dieser Blätter, wenn er sich erfrächte, die Nazion so sehr zu beschimpfen, daß er sie von dem Spiele und der Kunst eines Schauspielers oder von der Art des Tanzes, von der Grazie und Bildung einer Theaterprinzessin unterhielte.

Eine Probe des chinesischen Theatergeschmacks findet man in Dü Haldens Beschreibung dieses Reichs, unter dem Titel: Die Waise von Tschao. Pater Premare übersetzte dies Drama aus einer chinesischen Sammlung der hundert besten Theaterstücke, die unter der Dynastie Yuen im vierzehnten Jahrhundert verfertigt wurden. Voltaire legte dasselbe bei seiner chinesischen Waise zum Grunde.

In Vergleichung mit den guten Werken unsrer Tage ist die Waise von Tschao freilich sehr roh und unbedeutend, aber verglichen mit den Theaterprodukten der Europäer aus dem vierzehnten Jahrhunderte ist dies Stück ein Meisterwerk. Die Handlung dauert fünf und zwanzig Jahre, und besteht in einer Anhäufung unglaublicher Begebenheiten. Man meint die tausend und eine Nacht in Handlung und Szenen gebracht zu sehen: aber ohngeachtet des Unglaublichen liegt viel Interesse darin, und ohngeachtet des Schwalls von Begebenheiten herrscht im Ganzen das hellste Licht. Dies sind ohnstreitig zwei große, zu aller Zeit und bei allen Nazionen Lob verdienende Vorzüge; und diese Vorzüge fehlen so manchen neuern einheimischen und ausländischen Theaterstücken!!

X.

VII.
Plan zu einer Pensionsanstalt bei stehenden Theatern.

1. **Fond der Pensionscasse.**
   a) Jedes Mitglied der Gesellschaft läßt sich 5 Procent von derjenigen Gage einbehalten, worüber er mit der Direction einig geworden ist.
   b) Die Direction bewilligt die Einnahmen von vier Vorstellungen der besten neuen Stücke und erlaubt, daß die Bestimmung dieser Einnahmen, bei Ankündigung der Stücke bekannt gemacht werde.
   c) Fließen darzu die Strafgelder, welche nach einem besonders bestehenden Reglement von denjenigen bezahlt werden müssen, die ihre Pflichten erweißlich vernachlässiget haben; in so fern dergleichen Vernachläßigungen nicht so erheblich und anhaltend sind, daß sie die gänzliche Remotion verdienen.
   d) Alle Einnahmen der ersten 10 Jahre, werden so bald 500 Thlr. beisammen sind, auf Zinsen ausgethan und diese Zinsen kommen, so wie die von dem zu formirenden Fond selbst, der Casse zu gute.
2. **Anwendung dieses Fonds.**
   a) Wer zehn Jahre lang zur Casse beigetragen hat, und durch körperliche Zufälle unfähig wird, dem Theater zu dienen, erhält auf Lebenslang den dritten Theil seiner gehabten Gage.
   b) Nach 15 Jahren hat er ein Recht auf die Hälfte seines Gehalts.

c) Nach

c) Nach 20 Jahren steigt seine Pension auf ⅔ Thalr. und

d) Nach 30 Jahren hat er die Erlaubniß, ferner Schauspieler zu bleiben oder nicht, er behält in beiden Fällen das ganze Tractament.

3. Bedingungen.
   a) Wer es seiner Convenienz gemäßer findet, von der Gesellschaft abzugehen, ohne durch körperliche Unfähigkeit daran gehindert zu werden, ist seiner geleisteten Beiträge verlustig.
   b) Wer sich durch erweißlich schlechtes Betragen die Entlassung aus der Gesellschaft zuziehet, verlieret ebenfalls sein Recht auf die Casse.
   c) Das Verhältniß der jedesmaligen Pension reguliret sich nach der Gage, die dem zu pensionirenden Mitgliede in den letzten fünf Jahren ausgesetzt war.
   d) Die Pension selbst kann der ausgediente Schauspieler überall beziehen, wo er seinen Auffenthalt nehmen will, er muß aber wenn er abwesend ist, Beweise beibringen, daß er lebt und sich nirgends anders als Schauspieler engagiret hat.

4. Die Ausführbarkeit dieses Plans erhellt aus nachstehendem Ueberschlage
   a) der Einnahme
   angenommen die Gesellschaft bestünde aus 30 Mitgliedern, die zusammen 20000 Thaler jährlich an Gage erhielten, so beträgt dies jährlich
   a) an Procentgeldern a 5 Procent   1000 Th.
   b) Vier Vorstellungen jede zu 200 Th.   800
   c) Strafgelder.   50

   jährlich 1850 Th.
   in 10 Jahren 18500 Th.

d) Zin-

Transport 18500 Th.

d) Zinſen.
1. im 2ten J. von 1850 Th. a 4 Pr. 74 Th.
2. ‵ 3 ‵   ‵ 3775 ‵   151 ‵
3. ‵ 4 ‵   ‵ 5775 ‵   231 ‵
4. ‵ 5 ‵   ‵ 7850 ‵   314 ‵
5. ‵ 6 ‵   ‵ 10015 ‵   400 ‵
6. ‵ 7 ‵   ‵ 12265 ‵   491 ‵
7. ‵ 8 ‵   ‵ 14600 ‵   584 ‵
8. ‵ 9 ‵   ‵ 17035 ‵   682 ‵
9. ‵ 10 ‵   ‵ 19567 ‵   782 ‵
                             ─────
                             3709 ‵

Erſter Fond 22209 Th.

b) Der Ausgabe.

Wenn nach 10 Jahren drei Mitglieder, die zuſammen 2400 Thaler Gage gehabt, abgehen, und ⅓ Thaler der Penſion erhalten, ſo thut dieſes 800 Thaler.

Die Zinſen von 22000 Thalern geben a 4. Procent ſchon 880 Thaler und alſo iſt noch 80 Thaler Ueberſchuß ohne den Fond anzugreifen.

Nach 15 Jahren wird der Fond durch Aufſammlung der Zinſen ſchon auf 35000 Thaler angeſtiegen ſeyn, folglich zu 4 Procent 1400 Thaler jährliche Revenües abwerfen, und alſo wenn 600 Thaler von den Beiſteuren zu Hülfe genommen werden, ſchon fünf Mitglieder, jeden mit 400 Thaler im Durchſchnitt penſioniren können.

VIII. Be=

VIII.

Beschreibung des in diesem Jahre von Hrn. Ramberg verfertigten neuen Vorhangs im Opernhause zu Hannover.

Der Ort stellt die Gegend um eine neu gegründete Stadt vor. An einem Theater in ächt griechischem Geschmacke wird eben gebauet; es steht schon halb fertig da. Apollo, eine göttlich männliche Gestalt, in einer erhabenen Stellung, im Sonnenwagen, von vier muthigen, schönen Pferden gezogen, die ein kleiner Genius leitet, führt der Stadt die tragische und komische Muse zu. Diese sizt, halb nackt, mit ihren Attributen, schalkhaft, doch züchtig zu seinen Füßen; jene, in einer edeln, prächtigen, doch nicht phantastischen Kleidung und Stellung, nimmt an seiner Hand ihren Plaz auf den Wagen, dessen Form in antikem Geschmacke und mit Basreliefs geziert ist. Seine Ankunft verkündigt den Flor der schönen Künste und Wissenschaften. Zur Rechten sieht ein Obelisk, der vorher mit dicken Nebelwolken umgeben war, die nun durch die majestätischen Sonnenstrahlen zerstreuet werden und Minervens Büste en basrelief nebst dem Motto aus Ovidius in goldenen Buchstaben sehen lassen: — Dedicisse — Fideliter artes, emollit mores, nec sinit esse feros. Zu den Füßen des Wagens liegt die Barbarei, die sich eben aus dem Schlamme erhebt, und ihre Keule weglegt, in dem Bilde eines Mannes, aus den rohen nordischen Völkern, die einst die schönen Künste und deren Denkmale in Italien zerstörten. Bart und Haar sind blond, die Augen blau, und über seinem Haupte hängt eine Ebershaut. Die Anordnung des Ganzen, die Kunst, mit welcher alles gehoben ist, Zeichnung, Colorit, auch Ausführung verdienen, daß kein Kunstkenner durch Hannover reise, ohne sich diesen Vorhang zeigen zu lassen.

IX.
Vom Königl. National-Theater zu Berlin.*)

Vor allen Dingen verdienet hier die nunmehr geschehene gänzliche Abfindung des Herrn Döbbelin erwähnt zu werden. Des Königs Majestät sezten bekanntlich im Jahre 1787 eine eigene Direction des Nationaltheaters nieder, die mit dem 1. August desselben Jahres ihren Anfang nahm. Hr. Döbbelin ward zum Regisseur bestellt und erhielt als solcher 1200 Rthlr. jährliches Gehalt, und blieb mit dem Werke selbst dergestalt in Verbindung, daß ihm das Surplus von der Einnahme jeden Jahres zukam. Auf diesen Fuß ist das Theater bis zum 1. August 1789, also zwei Jahre fortgeführt worden. Vor Ablauf des zweiten Theaterjahres erklärten Sr. Majestät der König, daß Sie, damit das Geschäft der Verbesserung des National-Theaters einen glücklichern Fortgang gewinnen könne, dasselbe als königlich und einzig von allerhöchstdero Disposition und Befehlen abhangend wollten betrachtet wis-

---

*) Der Herausgeber hat sich wegen seiner Verbindung mit diesem Theater vorgenommen, in den Nachrichten von demselben keine Kritik mehr einfließen zu laßen, sondern nur bloß historisch dabei zu Werke zu gehn.

wissen, und befahlen daher der Generaldirection mit dem Döbbelin wegen Ablassung seiner Garderobe, Bibliothek, Musikalien ꝛc. ein Uebereinkommen zu treffen. Auch sezten Allerhöchstdieselben zugleich fest, daß der Döbelin, so lange er lebe, aus der Casse des National-Theaters eine jährliche Pension von 1200 Rthlr. ziehen solle. Sr. Majestät hatten ferner die Gnade, als Mlle. Döbbelin einige Zeit darauf um die Hälfte dieser Pension nach des Vaters Tode bat, ihr solche dergestalt zu bewilligen, daß sie, sobald der Todesfall eintritt, 600 Rthlr. als lebenslängliche Pension zu genießen anfängt, und dabei so lange sie nemlich dem Theater noch dient, ihre Gage fortempfängt. Dem Königl. Befehle gemäß trat nun die Generaldirection mit Hrn. Döbbelin in Unterhandlung, welche dahin ausfiel, daß Hr. Döbbelin für eine Summe von 14000 Rthlr. sich alles Eigenthums und aller fernern Ansprüche an das Theater begab, so daß er mit demselben seit dem 1. August d. J. nichts weiter zu thun hat, und seine Pension von 1200 Rthlr. in Ruhe genießen kann.

Bestand und Uebersicht der Vorstellungen gedachten National-Theaters.

1. Alphabetisches Verzeichniß der spielenden Mitglieder.

Demoiselle Karoline Sophie Altfilist, gebohren zu Berlin 1776, ist von Jugend auf beim Theater und spielt Kinderrollen.

Herr Jacob Heinrich Amberg geb. zu Lübeck 1756, ist von Jugend auf beim Theater und debütirte zu Berlin 1787 als Doktor Linse im Eheprokurator. Macht Bediente, Bauern und andere Rollen.

Frau Henriette Baranius, gebohrne Husen zu Danzig 1768, kam 1784 nach Berlin, und betrat hier zum erstenmal das Theater als Wilhelmine im Winterquartier in Amerika. Sie macht erste Liebhaberinnen im Schau- und Singspiel.

Herr Carl Ernst Benda, geb. zu Gotha 1766, betrat zum erstenmal in Berlin das Theater als Fritz im Hofmeister von Goldoni. Macht Rollen im Schau- und Singspiel.

Herr Christian Herrmann Benda, gebohren zu Gotha 1763, betrat daselbst 1778, zum erstenmal das Theater als Lukas im Jahrmarkt, kam 1786 nach Berlin und debütirte hier mit der nemlichen Rolle. Spielt Liebhaber in den Operetten.

Herr Johann Friedrich Bessel, gebohren zu Hardegsen im Hannov. 1755, betrat zum erstenmal in Dresden 1774 beim Herrn Döbbelin das Theater als Ernst in der Schule der Jünglinge und in eben dem Jahre zu Berlin als Feldwebel im dankbaren Sohn. Spielt kleine Rollen und figurirt im Ballet.

Frau Albertine Marie Bessel, gebohrne Natus zu Berlin 1762, ward hier 1779 zum figuriren im Ballet engagirt.

Herr Joseph Michael Böheim, gebohren zu Prag 1752, ist von Jugend auf beim Theater, kam zum erstenmal 1779 zu Herrn Döbbelin nach Berlin, wo er mit dem Grafen Waltron debütirte, ging darauf zum Markgräfl. Schwedtschen Hoftheater, dann zur Taborschen Bühne nach Frankfurth am Mayn, und kam nach Berlin 1789 zurück, wo er auf dem Königl.

Na-

National-Theater mit dem Gloster im König Lear debütirte. Spielt Karakterrollen und Alte im Schau- und Singspiel.

Frau Mariane Böheim, gebohrne Wulfen zu Hamburg 1759, betrat zum erstenmal das Theater in Lübeck 1776 als Louise in den abgedankten Officieren, debütirte in Berlin 1779 als Rosaura im Lügner, und 1789 auf dem Königl. National-Theater mit Maria Stuart. Spielt erste Rollen im Schauspiel.

Frau Elisabeth Böhm, — ehemalige Cartellieri — gebohren zu Riga 1756, betrat zum erstenmal das Theater 1783 in Breslau mit der Arsene, debütirte mit derselben Rolle in Berlin 1787, ging in demselben Jahre wieder ab, und kam 1788 wieder nach Berlin zurück, wo sie als Sophie im Walder debütirte. Macht erste Singrollen.

Herr August Wilhelm Bötticher, gebohren zu Luccau in der Niederlausnitz 1755, betrat zum erstenmal das Theater 1778 in Pirna bei Fischer als Major im Postzuge, debütirte in Berlin 1786 mit dem Major Wurmb in Nicht mehr als sechs Schüsseln. Spielt ältere und militärische Rollen.

Frau Charlotte Christine Bötticher, gebohrne Wollmar zu Dillenburg im Nassauschen 1764, betrat zum erstenmal das Theater 1782 in Bonn bei Großmann als Miß Fanny im englischen Kaper, debütirte 1786 in Berlin mit der Frau von Schmerling. Spielt Koketten, tragische und komische Mütter.

Frau Catharine Magdalene Brückner, gebohrne Klefeldern zu Königstein 1719, betrat zum erstenmal das Theater 1741 in Dresden als Vertraute im Cato; debütirte zu Berlin 1754 als Clitemnestra in der Iphigenia, 1771 kam sie mit der Kochschen Gesellschaft wieder hieher und zeigte sich in dem Lustspiel:

das Testament, als Obristin Tiefenborn zum erstenmal. Seit der Zeit war sie immer in Berlin, und spielt noch alte Frauen und affectirte Damen.

Herr Carl Czechtitzky, gebohren zu Trautenau in Böhmen 1759, betrat zum erstenmal das Theater 1777 in Linz als Graf Freuberg im Trauerspiel gleiches Namens, kam 1783 nach Berlin, debütirte mit dem Hamlet, ging 1784 nach Petersburg, kam 1787 nach Berlin zurück und trat als Philipp Brock in den Mündeln zum erstenmal auf. Spielt erste Liebhaber und Karakterrollen.

Demoiselle Caroline Maximiliane Döbbelin, gebohren zu Cölln am Rhein 1758, war von Jugend auf beim Theater, und debütirte zu Berlin 1774 mit der Liebhaberin in den feindlichen Brüdern von Young. Spielt erste Rollen im Schauspiel.

Herr Joh. Jac. Michael Engst, gebohren zu Berlin 1756, betrat 1770 zum erstenmal zu Ulm das Theater als Crispin im Prahler ohne Geld, und debütirte zu Berlin 1786 als Carl v. Büschdorf in der Lästerschule. Spielt verschiedene Rollen und tanzt.

Frau Caroline Louise Engst, gebohrne Riesen zu Berlin 1763, betrat hieselbst 1775 zum erstenmal das Theater als Luchen in der Stella, ging nachher einige Jahre zu andern Bühnen, und kam 1786 nach Berlin zurück, wo sie als Gräfin Waltron in der Subordination debütirte.

Herr Joh. Fried. Ferdinand Fleck, gebohren zu Breslau 1757, betrat 1777 zu Leipzig zuerst das Theater und zwar mit dem Baron Kreuzen in den abgedankten Officieren, und debütirte 1783 zu Berlin als Capacelli in Natur und Liebe im Streit. Macht erste zärtliche und launigte Alte, Karakterrollen.

Herr Fried. Ernst Wilh. Greibe, gebohren zu Hildesheim 1754, betrat in Eisenach 1778 zum erstenmal

mal als Fabriz im Lottchen am Hofe das Theater, und debütirte in Berlin als Matthes in Röschen und Colas. Macht Alte, Bauern und andere Rollen im Schau- und Singspiel.

Frau Maria Theresia Greibe, gebohrne Engst zu Berlin 1750, betrat in Colmar zum erstenmal das Theater 1760 als Seraphine im Einsiedler, und debütirte 1786 zu Berlin als Anne in Röschen und Colas. Macht Mütter und Frauen in der Operette und auch Rollen im Schauspiel.

Frau Franzisca Hellmuth, gebohren zu Maynz 1746 betrat zum erstenmal 1770 in München das Theater als Delia in den drei Sultaninnen, kam 1785 zum Markgräflich-Schwedtischen Theater, und debütirte daselbst mit der Regine in den drei Pächtern. In diesem Jahre engagirte sie sich mit ihrer hier gleich folgenden Tochter beim hiesigen Königl. National-Theater und debütirte mit der Kordula im Betrug durch Aberglaube. Sie spielt komische Mütter und Karrikaturrollen im Schau und Singspiel.

Demoiselle Mariane Hellmuth, gebohren zu Mainz 1772, betrat 1780 in Bonn zum erstenmal die Schaubühne als Gretchen in der Dorfgalla, debütirte 1785 auf dem Markgräflich-Schwedtischen Theater als Victorine in der Eifersucht auf der Probe, und betrat in diesem Jahre mit der Rosine im Zauberspiegel das hiesige Königl. National-Theater. Macht erste Singrollen, und tritt auch im Schauspiel auf.

Herr Herdt, gebohren zu Mainz 1755, betrat in Schleswig 1782 zum erstenmal das Theater als Obrister in der Henriette, und debütirte zu Berlin 1786 als Odoardo in Emilia Galotti. Macht komische und ernsthafte Alte im Schauspiel.

Frau Charlotte Dorothea Herdt, gebohrne Rademacher zu Berlin 1764, betrat hieselbst zum erstenmal das Theater 1781 als Charlotte im Strich durch die Rechnung. Macht Liebhaberinnen im Schauspiel.

Herr Gottf. Christ. Günther Kaselitz, gebohren zu Sondershausen 1759, betrat zum erstenmal 1781 bei Stöffler zu Stralsund das Theater als Fritz im Gewürzkrämer, und debütirte in Berlin 1787 als Obrister in der Henriette. Spielt Alte, Bediente und Karakterrollen im Schau- und Singspiel.

Frau Charlotte Henriette Kaselitz, gebohrne Böhm zu Dresden 1760 betrat zum erstenmal in Budissin bei Schlager 1784 das Theater mit der Henriette in den drei Töchtern.

Herr Abraham Labes, gebohren zu Stettin 1730, betrat zum erstenmal in Hamburg 1748 das Theater als Heinrich in Holbergs Heinrich und Pernille, und debütirte zu Berlin 1757 bei Schuch als Weitwel in Miß Sara Sampson, 1778 bei Döbbelin als Vater in den Drillingen.

Frau Anna Maria Labes, gebohrne Fick 1734, betrat zum erstenmal in Altona 1751 das Theater als Pyrrha in Deucalion und Pyrrha, debütirte zu Berlin 1757 bei Schuch als Haushälterin in der Pamela, 1778 bei Döbbelin als Frau von Westringen im Geburtsfest. Beide sind anjetzt beim Königl. National-Theater pensionirt und werden nur noch zuweilen gebraucht.

Monsieur Karl Adolph Lanz, gebohren zu Hamburg 1773, betrat 1778 zum erstenmal in Berlin als Kind in der Medea die Schaubühne. Spielt jugendliche Rollen.

Herr

Herr Friedrich Carl Lippert, gebohren zu Neuburg an der Donau in der Oberpfalz 1758, betrat zum erstenmal das Theater 1783 zu Frankfurt am Mayn als Belmonte in der Entführung aus dem Serail, und debütirte 1788 auf dem hiesigen Königl. National-Theater als Richard im Deserteur. Spielt erste Singrollen und tritt auch im Schauspiele auf.

Herr Franz Mattausch, gebohren zu Prag 1767, betrat zum erstenmal in Bareuth 1784 das Theater mit dem Carl im deutschen Hausvater, und kam 1789 nach Berlin, wo er als Don Carlos auf dem National-Theater debütirte. Spielt erste Liebhaber im Trauer- und Lustspiel.

Herr Johann David Reinwald, gebohren zu Berlin 1749, betrat zum erstenmal die Schaubühne 1771 bei der Barzantischen Gesellschaft in Cüstrin als George Barnewell im Kaufmann von London, und debütirte in Berlin 1774 als Tripp in den Kriegesgefangenen.

Herr Herrmann Friedrich Rüthling, gebohren zu Wittstock 1753, betrat zum erstenmal in Berlin 1781 das Theater mit dem Bedienten der Lady Rusport im Westindier. Spielt Bedienten, Bauern und Juden.

Herr Friedrich Simoni, gebohren zu Dresden 1754, ist in der Tanzschule zu München zum Tänzer gebildet worden, hat zum erstenmal agirt 1770 bei Brunian in Prag als Johann im Furchtsamen, und ist mit seiner Frau 1788 beim Königl. National-Theater eigentlich zum Ballet engagirt worden, spielt aber auch Bauern, Wirthe und andere Rollen im Schauspiel.

Frau Mariane Simoni, gebohrne Hufnagel zu München 1758, ist daselbst zur Tänzerin erzogen worden.

Herr

Herr Carl Wilhelm Unzelmann, gebohren zu Braunschweig 1753, ging 1782 zum Theater, kam 1774 zu Herrn Döbbelin, ging einige Jahre nachher zum Hamburger Theater, kam darauf auf eine kurze Zeit zu Herrn Döbbelin nach Berlin zurück, erhielt alsdann Engagement beim Großmann, heurathete hier seine Frau und kam mit selbiger 1788 zu dem Königl. National-Theater, wo er als junger Rußberg im Bewußtseyn debütirte. Macht Karakterrollen im Schau- und Singspiele.

Frau Friederike Auguste Conradine Unzelmann gebohrne Flittner, genannt Großmann, zu Gotha 1769, ist von Kindheit auf beim Theater und kam 1788 nach Berlin, wo sie mit der Nina in der Operette gleichen Namens debütirte.

Demoiselle Caroline Werner, gebohren zu Berlin 1775, debütirte auf dem Königl. National-Theater 1788 als Jack im Thomas Morus. Spielt junge Mädchen im Schau- und Singspiel.

Herr Michael Wiedemann, gebohren zu Dirssen in Bayern 1757, betrat die Schaubühne zum erstenmal in Frankfurt am Mayn 1782 als Parmenon in der Samnitischen Vermählung und debütirte auf dem hiesigen Königl. National-Theater 1788 als Sturmwald im Apotheker und Doktor. Macht Bauern und Alte im Singspiel.

Herr Carl Zimmerle, gebohren zu Wien 1755, betrat auch daselbst zum erstenmal das Theater 1776 als Alexis im Deserteur, debütirte in Berlin 1787 als Alzindor in der schönen Arsene, und 1788 auf dem Königl. National-Theater als Walder. Macht Rollen im Singspiel.

Herr Walter (dessen Frau kürzlich beim Ballet der Königl. großen Oper engagirt worden) Herr und Demoimoiselle Cordemann, Herr Leist, Demoiselle Gerard, und Demoiselle Weichleben, werden zum Tanzen, kleinen Rollen und Gefolge gebraucht und müssen in den Balletten der Königl. großen Oper mittanzen.

Eben da dieses Verzeichniß abgedruckt werden sollte, mußten wir noch ein sehr verdienstvolles Mitglied darin ausstreichen, durch dessen Tod das Singspiel des Königl. National-Theaters einen großen Verlust erlitten hat. Herr Franz Frankenberg starb nach einem dreiwöchentlichen Krankenlager den 9. September an einem Faulfieber. Er war zu Mattighofen im Oesterreichischen Bayern 1759 gebohren, betrat in Wien zum erstenmal das Theater 1779 mit dem Tobys im Jahrmarkt und debütirte zu Berlin 1788 als Stößel im Apotheker und Doktor. Er wird als Doktor Bartholo im Barbier von Sevilla, als Baron Lindburg in Betrug durch Aberglaube, als Doryl im Baum der Diana und als Osmin in Belmonte und Constanze noch lange bei dem Berlinschen Publiko im Andenken bleiben. Er verdiente wegen seiner reinen Intonation, seines guten Tons und seines geschmackvollen Vortrages zu den vorzüglichsten Sängern der deutschen Bühnen gerechnet zu werden. Sanft ruhe seine Asche!

2. Aufgeführte Stücke vom Januar bis Ende Juli's 1789.*)

Januar.

Den 1. der Apotheker und Doktor, Op. Den 2. der Vetter in Lissabon, L. Den 3. das Räuschchen, L.

Den

---

*) Die mit Schwabacher Schrift gedruckten Stücke sind auf dem Königl. National-Theater an dem Tage zum erstenmal gegeben worden.

Den 4. der argwöhnische Liebhaber, L. Den 6. König Lear, T. Den 7. König Lear, T. Den 8. der Bürgermeister, L. Den 10. die Fraskatanerin, Op. Den 11. König Lear, T. Den 13. die große Toilette, L. Den 14. Jack Spleen, L. Der Zauberspiegel, Op. Den 15. der Barbier von Sevilla, Op. Den 17. Betrug durch Aberglaube, Op. mit Musik von Ditters. Den 18. Ebendieselbe. Den 20. Otto von Wittelsbach, T. Den 21. Betrug durch Aberglaube, Op. Den 22. die Abentheuer einer Nacht, L. in 3. A. Nina oder Wahnsinn aus Liebe, O. Den 24. die Abentheuer einer Nacht, L. Die beiden Billets, L. Den 25. Betrug durch Aberglaube, Op. Den 27. Betrug durch Aberglaube, Op. Den 28. die Geschwister, Sch. Gaßner der zweite, L. Den 29. Verbrechen aus Ehrsucht, Sch. Den 31. Betrug durch Aberglaube, Op.

Februar.

Den 1. Lilla, Op. Den 3. Jack Spleen, L. Die Abentheuer einer Nacht, L. Den 4. Betrug durch Aberglaube, Op. Den 5. der Zauberspiegel, Op. Der Stammbaum, L. Den 7. die Abentheuer einer Nacht, L. Röschen und Colas, Op. Den 8. Don Carlos, T. Den 10. Betrug durch Aberglaube, Op. Den 11. Makbeth, T. Den 12. Die Erbschleicher, L. in 5 A. von Hrn. Gotter. Den 14. Lilla, Op. Den 15. die Erbschleicher, L. Den 16. die Verschwörung des Fiesko zu Genua, T. Den 17. Betrug durch Aberglaube, Op. Den 18. die Mündel, Sch. Den 19. der Barbier von Sevilla, Op. Den 21. die große Toilette, L. Den 22. der Zauberspiegel, Op. Die beiden Billets, L. Den 23. der Bürgermeister, L. Den 24. der Baum der Diana, Op.

in 2 A. mit Musik von Martin. Den 25. der Baum der Diana, Op. Den 26. die Erbschleicher, L. Den 27. der Revers, L. Den 28. Ethelwolf, Sch. in 5 A. a. d. E. von Beaumont und Fletcher.

März.

Den 1. Ethelwolf, Sch. Den 2. der Baum der Diana, Op. Den 3. die Erbschleicher, L. Den 4. der Kaufmann von Venedig, Sch. Den 5. Betrug durch Aberglaube, Op. Den 6. die Abentheuer einer Nacht, L. Die Heurath durch ein Wochenblatt, L. Den 7. König Lear, T. Den 8. der Baum der Diana, Op. Den 9. die Mündel, Sch. Den 10 Betrug durch Aberglaube, Op. Den 11. die Erbschleicher, L. Den 13. die Abentheuer einer Nacht, L. Der Liebhaber als Automat, Op. Den 14. das Räuschchen, L. Den 15. die Erbschleicher, L. Den 16. die Glücksritter, L. Den 17. die Erbschleicher, L. Den 18. der Apotheker und Doktor, Op. Den 19. Maaß für Maaß, Sch. in 5 A. nach Schakespear. Den 20. Ebendasselbe. Den 21. die Erbschleicher, L. Den 22. der Apotheker und Doktor, Op. Den 23. Kaspar der Thorringer, T. Den 24. der Jurist und der Bauer, L. Der Liebhaber als Automat, Op. Den 25. der Deserteur, Op. Den 26. die Räuber, T. Den 27. Erziehung macht den Menschen, L. Den 28. Jack Spleen, L. Die offne Fehde, L. Den 29. die beiden Billets, L. Der Liebhaber als Automat, Op. Der Stammbaum, L. Den 30. der Revers, L. Den 31. Alexis und Justine, Op. in 2 A. mit Musik von Desaide. Der schwarze Mann, L.

April.

Den 1, Alexis und Justine, Op. Der taube Liebhaber, L. Den 2. die beiden Hüthe, L. Gaßner der zweite, L. Den 3. der Jurist und der Bauer, L. Röschen und Colas, Op. Den 4. das Räuschchen, L. Den 5. Alexis und Justine, Op. Die Heurath durch ein Wochenblatt, L. Den 6. die Eifersüchtigen, oder: Keiner hat Recht, L. in 4 A. a. d. E. Die beiden Billets, L. Den 7. die Eifersüchtigen, L. Der Stammbaum, L. Den 8. Belmonte und Constanze, Op. Den 9. die offne Fehde, L. Die Heurath durch ein Wochenblatt, L. Den 11. die Erbschleicher, L. Den 12. die Eifersüchtigen, L. Das Milchmädchen, Op. Den 13. Belmonte und Konstanze, Op. Den 14. die glückliche Jagd, L. Die Abentheuer einer Nacht, L. Den 15. Maaß für Maaß, Sch. Den 16. die Eifersüchtigen, L. Das Milchmädchen, Op. Den 20. die Jäger, L. Den 21. Oda, T. Den 22. die Mündel, Sch. Den 23. der Westindier, L. Den 25. die glückliche Jagd, L. Der schwarze Mann, L. Den 26. der Westindier, L. Den 27. Oda, T. Den 28. die Fee Urgele, oder: was den Damen gefällt, Op. in 4 A. mit Musick vom Kapellmeister Schulze. Den 29. Ebendieselbe. Den 30. die Eifersüchtigen, L. Jack Spleen, L.

May.

Den 2. die Fee Urgele, Op. Den 3. Marie Stuart, T. Den 4. der Westindier, L. Den 5. Makbeth, T. Den 7. Belmonte und Constanze, Op. Den 8. Medea, Mel. Die Abentheuer einer Nacht, L. Den 9. der Revers, L. Den 10. die Fee Urgele, Op. Den 11. Oronoko, T. in 5 A. a. d. E. Den 12. die Eifersüchtigen, L. Die Heurath durch ein Wochenblatt, L. Den 13. die große Toilette, L. Den 14. die Fee Urgele, Op. Den 16. die glückliche Jagd, L. Die eingebildeten Philosophen Op. Den

Den 17. die eingebildeten Philosophen, Op. Die gute Ehe, L. Den 18. Marie Stuart, T. Den 19. Belmonte und Constanze, Op. Den 20. Kaspar der Thorringer, T. Den 21. die eingebildeten Philosophen, Op. Das Milchmädchen, Op. Den 22. die Jäger, L. Den 23. das Mädchen im Eichthale, L. Den 24. das Mädchen im Eichthale, L. Den 25. die Fee Urgele, Op. Den 26. Oda, T. Den 27. Henriette, von Großmann, L. Den 28. Belmonte und Constanze, Op. Den 30. der Deserteur, Op. Den 31. Marie Stuart, T.

Juny.

Den 1. das Mädchen im Eichthale, L. Den 2. die eingebildeten Philosophen, Op. Die beiden Billets, L. Den 3. Menschenhaß und Reue, Sch. in 5 A. von Hrn. von Kotzebue. Den 4. Ebendasselbe. Den 6. Don Carlos, T. Den 7. Menschenhaß und Reue, Sch. Den 8. König Lear, T. Den 9. Menschenhaß und Reue, Sch. Den 10. die Eifersucht auf der Probe, Op. Den 11. Menschenhaß und Reue, Sch. Den 13. die Jäger, L. Den 14. Nina, Op. Die glückliche Jagd, L. Den 15. die Fee Urgele, Op. Den 16. Menschenhaß und Reue, Sch. Den 17. die Erbschleicher, L. Den 18. Otto von Wittelsbach, T. Den 20. Nina, Op. Die offne Fehde, L. Den 21. die Eifersucht auf der Probe, Op. Den 22. Emilia Galotti, T. Den 23. die Erbschleicher, L. Den 24. Nina, Op. Die offne Fehde, L. Den 25. die eingebildeten Philosophen, Op. Der Stammbaum, L.

Den 26. ging die Gesellschaft nach Potsdam, wo wegen der Anwesenheit der Frau Erbstatthalterinn von Holland Königl. Hoheit, auf dem neuen Schloße, Otto von Wittelsbach, Don Carlos, Menschenhaß und Reue aufgeführt wurden. Den 1. Juli kamen die Schauspieler wieder nach Berlin zurück.

Juli.

Den 2. Menschenhaß und Reue, Sch. Den 3. die Fee Urgele, Op. Den 5. Don Carlos, T. Den 6. der Vetter in Lissabon, L. Das Milchmädchen, Op. Den 7. Betrug durch Aberglauben, Op. Den 8. die große Toilette, L. Den 9. Menschenhaß und Reue, Sch. Den 11. die Geschwister, Sch. Der Zauberspiegel, Op. Den 12. Thomas More, T. Den 14. der Barbier von Sevilla, Op. Den 15. Marie Stuart, T. Den 16. Menschenhaß und Reue, Sch. Den 17. die glückliche Jagd, L. Röschen und Colas, Op. Den 19. der Schmuck, L. Die beiden Billets, L. Den 20. das Mädchen im Eichthal, L. Den 21. der Schmuck, L. Die beiden Hüthe, L. Den 23. Die eingebildeten Philosophen, Op. Der Stammbaum, L. Den 24. Oda, T. Den 26. der Barbier von Sevilla, Op. Den 28. die Eifersüchtigen, L. Zwei Onkels für einen, L. Den 30. das Räuschchen, L.

Den 22. 25. 29. und 31. dieses Monats wurden auch auf dem Schloßtheater zu Charlottenburg in Gegenwart der Frau Erbstatthalterinn von Holland K. H. Emilia Galotti, der Doktor und Apotheker, Claudine von Villa Bella, Nina und die offne Fehde, von den Königl. National-Schauspielern aufgeführt.

X.
Beschluß der Nachrichten vom Hamburger Theater aus dem Jahre 1788.

(Siehe das 3te Heft, S. 122—127.)

Den 1. Sept. Im Trüben ist gut fischen. O. 3 A.
Den 2. Die Lästerschule. L. 5 A. Wer Schröder's Baron Ostburg, und die Baronesse von Mad. Schröder gesehen hat, wird sich nicht wundern, daß dieses Lustspiel immer in gleichem Werthe bleibt.
Den 3. Die große Toilette L. 5 A. Die beiden Hüte. L. 1. A.
Den 4. Die Heirath durch Irrthum. L. 1 A. Die Eifersucht auf der Probe. Op. 2 A.
Den 5. Wissenschaft geht vor Schönheit. L. 3. A. Mad. Gensike spielte die Laurette zu ihrer anderweitigen Debütrolle; entsprach aber nicht gänzlich der Erwartung des Publikums. Statt des zärtlichen, gefühlvollen Mädchens, machte sie die affektirte Pedantin, ihr Ton und Geberdenspiel war gekünstelt, auch ist sie schon ziemlich über die Jahre hinaus, in denen ein Mädchen, seinen Liebhaber zu gefallen, in Dienste geht.
Den 8. König Theodor. Op. 2.
Den 9. Wissenschaft geht vor Schönheit. L. 3 A. Der Faßbinder. Op. 1.
Den 10. Die neueste Frauenschule. L. 5 A.
Den 11. Betrug durch Aberglauben. Op. 2 A.
Den 12. Die Schule für Väter. L. 5 A. Hierauf zum erstenmale: Die eheliche Probe. L. 1 A. a. b. f.

u. f. ein recht niedliches Nachspiel, welches durch das gute Spiel des Hrn Löhrs als Treumund noch mehr Werth erhielt. Hr. Klingmann als Lindhelm war mit seiner Rolle nicht auf dem vertrautesten Fuße.

Den 16. Elfride. T. 3 A. Mad. Gensike machte als Elfride wenig Glück; theils, weil wir uns in Elfriden ein junges, reizendes Mädchen vorstellen, theils, weil Schröder bei seiner Bühne einmal natürlichen Ton und natürliches Spiel eingeführt hat, welches beides bei Mad. Gensikens Elfride der Fall nicht war. Ein gewisser Burgheim, den ein böser Geist den Gedanken eingegeben haben muß, Schauspieler zu werden, spielte den Stallmeister Edwin zur Proberolle. Seine Worte gleichen einen Kessel mit kochendem Wasser und seine Stellungen waren jener Maschine nicht unähnlich, worauf man das Holz entzwei zu sägen pflegt. Er ward nicht angenommen. — Hr. Zuccarini hielt uns als Adelwolt für alle Leiden dieses Abends schadlos; sein Spiel war ganz seiner würdig.

Den 19. Lilla, oder: Schönheit und Tugend. Op. 2 A.

Den 22. Zum erstenmale: Der gleichgültige Ehemann, Op. 2 A. Die Musik ist von Schuster und gut, ob sie gleich seine übrigen Arbeiten nicht erreichet. Das Singspiel hat überhaupt wenig Aufsehen gemacht; man fand die Handlung zu langweilig, und besonders die Entwickelung gar zu kahl. Marchese Tranquillo war Hr. Eule. Mathilde, dessen Gemahlin, Mad. Langerhanns. Fulgentio, Hr. Schmidt. Leutnant, Hr. Ambrosch. Graf Belfospiri, Hr. Normann. Lucine, Mlle. Kalmes. Reginelle, Mad. Ambrosch. Bei Erwähnung des letztern Namens können wir nicht umhin, zu wünschen, daß Mad. A. so wenig als möglich

lich auf der Bühne erscheinen möge, denn ihre Stimme ist unangenehm, und ihr Spiel erbärmlich.

Den 23. Die väterliche Rache, L. 4 A. Die eheliche Probe, L. 1 A.

Den 24. Der Eßighändler. L. 3 A. Medea. M. 1 A. Mad. Schröder, die vortrefliche Schülerin ihres großen Mannes hat sich durch die Rolle der Medea einen neuen Kranz errungen; sie übertraf darinnen alle ihre hiesigen Vorgängerinnen; nur Schade, daß ihre Brust diesem so heftig angreifenden Karakter nicht ganz bis an's Ende Gnüge leisten konnte. Ihr Spiel war meisterhaft schön.

Den 25. Der gleichgültige Ehemann.

Den 26. Stille Wasser sind tief, L. 4 A. Hierauf zum erstenmale: Die Uebereilung, L. 1 A. Ein recht artiges Nachspiel, welches um so mehr gefallen haben würde, wenn Mad. Stark die Rolle des Fräuleins von Hanberg überkommen hätte; denn weil diese Person die Intrigue des Stücks macht, so war Mad. Michaelis keinesweges im Stande, sie mit Glück zu spielen. Hr. Reineke hatte sich von der Rolle des Kleefeld recht gut acquitirt.

Den 30. Zum erstenmale; Mis Sara Salisbury, Sch, 3 A. Eine Fortsetzung des Trauerspiels Alberson, von Brandes, entsprach keinesweges der Hofnung, die wir uns in Rücksicht des ersten Theils davon gemacht hatten. Eine Menge Episoden und keine Handlung, auch dabei von unausstehlicher Länge — Graf Burlington, der seit dem erstern Stücke funfzehn Jahre älter geworden (damals war er schon in seinen vogtbaren Jahren, denn er wollte Charlotten heurathen) macht auf die Tugend der Sara, Charlottens hinterlaßner Tochter, Jagd, und um dieses desto besser zu bewerkstelligen, besticht er einen gewissen Wirth Pal-

mer, sich als Priester auszukleiden, und eine falsche
Kopulation zu machen. Mistriß Hammon, die Sar‑
chen nach ihrer Mutter Tode zu sich genommen, ent‑
deckt durch ihren Vetter, einen alten Landpriester, der
deswegen vom Himmel fallen muß, daß der Graf schon
mit der Herzogin von Rotland vermählt ist, der Graf
bekennt und wird beschämt. — Hier haben Sie die
ganze Handlung! Sie werden sagen; das alles haben
wir schon in Eugenie gesehn, und ich antworte: Sie
haben recht. Denn es ist Zug für Zug das nemliche.
Das ganze Schauspiel hat mißfallen und ist nicht
wieder aufgeführt worden.

October.

Den 1. Der glückliche Ehemann. Op. 2 A. Den
2. Don Carlos, Infant von Spanien. T. 5 A. Den
3. Im Trüben ist gut fischen. Op. 3 A. Den 6.
Betrug durch Aberglauben. Op. 2. Den 7. zum er‑
stenmale: Die Glücksritter, L. 5 A. ist unter dem Na‑
men: Die Stutzerlist, schon bekannt und hat nicht miß‑
fallen, nur der Karakter Carls revoltirte, statt zu be‑
lustigen. Den 10. Elfride. T. 3 A. Die drei Päch‑
ter, O. 2. A. In letzrer Piece trat eine angehende
Sängerin, Mlle. Grooß, von hier gebürtig, als Dor‑
chen zum erstenmal mit vielem Glücke auf. Sie ver‑
bindet mit einem artigen Figürchen, eine angenehme
Stimme und gut musikalisches Talent, und gab bei die‑
ser Probenrolle die beste Hoffnung, dereinst ein sehr
brauchbares Subject für die Singspiele zu werden.

Den 13. Der seltne Freyer. L. 3. A. Hierauf
folgte zum erstenmale: Töffel und Dorchen, O. 2. A.
Eine Fortsetzung der drei Pächter, die sehr brav ist.
Die Personen sind beinahe die nehmlichen, ausgenom‑
men statt des Pächters Peter ist hier Buchner, Töffels
Va‑

Vater. Hr. von Esten war Hr. Zuccarini. Georg Weyher, Hr. Langerhanns. Jacob Weiher, Hr. Eule. Regine dessen Frau, Mlle. Weber. Dorchen dessen Tochter, Mlle. Kalmes. Buchner. Hr. Schmidt. Töffel, dessen Sohn, Mad. Langerhanns. Ein paar unbedeutende Personen, blos um Eifersucht zwischen Töffel und Dorchen zu erregen, sind Niklas und Lisette, und wurden von Hrn. Nätsch und Mlle. Grooß gespielt. Michel und Lieschen, welche nicht mehr auf diesem Guthe wohnen, kommen ganz zu Ende mit einem kleinen Ehesegen zum Vorscheine, um des Grosvaters Geburtstag feiern zu helfen. Die Musik ist von Desaides und ganz dem Stücke angemessen.

Den 14. Der Vetter in Lissabon. Sch. 3 A. Töffel und Dorchen wiederholt.

Den 15. Der Ring. L. 5 A. Den 16. Der Kaufmann von Venedig. L. 4 A. und die Uebereilung. L. 1 A. Den 17. Keiner hat Recht, oder: die Eifersüchtigen. L. 4. Die drei Pächter. Op. 2 A. Den 20. Die Liebe unter den Handwerkern, Op. 3 A. Den 21. Die heimliche Heirath, L. 5 A. Die Uebereilung. L. 1 A. Den 22. König Lear, T. 5 A. Den 23. Betrug durch Aberglauben. O. 2 A. Den 24. Die große Toilette. L. 5 A. Die beiden Billets, L. 1 A. Den 27. Zum erstenmale: Das Herz behält seine Rechte, Sch. 5 A. Ein langweiliges Produkt, bei welchem wir trotz aller Bemühungen der Schauspieler uns des Gähnens nicht enthalten konnten; es misfiel. Den 28. Der Apothecker und der Docktor. Op. 2 A. Den 29. Lanassa, T. 4 A. Der Bettler. L. 1 A. Den 30. Der weibliche Betrüger, L. 4 A. Die beiden Hüte, L. 1 A. Den 31. Das Herz behält seine Rechte, Sch. 5 A. Die Einwilligung wider Willen, L. 1 A.

November.

Den 3. Die eiferſüchtige Ehefrau. L. 5 A. wird hier vortreflich aufgeführt; beſonders iſt Mad. Oakly eine Forcerolle von Mad. Schröder.

Den 4. Die Glücksritter, L. 5 A. Den 5. der poetiſche Dorfjunker, L. 3 A. Der Richter, Sch. 2 A. Den 6. Das Blatt hat ſich gewendet, L. 5 A. Die eheliche Probe, L. 1. Den 7. Lanaſſa, T. 4 A. Der Bettler. L. 1 A.

Den 10. Zum erſtenmale: Der Baum der Diana. Op. 2 A. mit Muſick von Martin, hat nicht allgemein gefallen, ob man ſchon der Compoſition dieſes Meiſters alle Gerechtigkeit wiederfahren läßt. Eines Theils iſt wohl die Ueberſetzung ſchuld, denn die iſt langweilig, ermüdend, und wegen des, ſehr oft zur Unzeit eingewebten Witzes des Ueberſetzers, unpaſſend. Anderntheils war man mit der Vorſtellung auch nicht zufrieden. Mad. Langerhanns als Amor, und Hr. Eule als Doriſto, ſpielten zwar ihre Rollen ſehr brav, und waren auch die einzige Urſache, daß dieſe Oper noch ſo gut ausfiel; (beſonders muß ich des Duetts aus A dur im erſten Aufzuge erwähnen: Ha, Schmeichler voll Tücke ꝛc. welches Beide mit allgemeinem Beifalle executirten) allein ſind wohl zwei Perſonen im Stande, das Ganze zu halten, wenn die Uebrigen mit ihnen nicht Schritt vor Schritt vorwärts gehn? Diana iſt nicht für Mlle. Kalmes; meiner Idee nach muß dieſe Göttin von einer guten Schauſpielerin vorgeſtellt werden, die zugleich anſehnlich und von guter Bruſt und Stimme iſt. Wer konnte aber wohl bei dem eiskalten Spiele und dem phlegmatiſchen Benehmen der Mlle. K. überzeugt werden, daß ſie im Stande ſey, Jemand zu verwandeln? Von den drei

drei Nymphen schweige ich, denn da sang und spielte immer eine erbärmlicher als die andre.

Den 11. wurde der Baum der Diana wiederholt. Den 12. Die unglückliche Heyrath, T. 3 A. Der Schulgelehrte, L. 2 A. Den 13. Der Kaufmann von Venedig, L. 4 A. Der vernünftige Narr, L. 1 A. Den 14. der Baum der Diana, Op. 2 A. Den 17. Betrug durch Aberglauben, Op. 2 A. Den 18. Die unmögliche Sache, L. 4 A. Durch das alles belebende Spiel des Hrn. Schröder als Williams, wurde dieses Lustspiel, wie neu und allgemein gefallend aufgenommen, da es vor einigen Jahren nur mittelmäßig gefiel. Den Beschluß machte die Heirath durch ein Wochenblatt, L. 1 A. Den 19. Der Baum der Diana, Op. 2 A. Den 20. Das Herz behält seine Rechte, Sch. 5 A. Hierauf folgte: Herzog Michel, L. 1 A. in welchem die kleine Familie des Herrn Kloos sich zeigte. Von Kindern ist nicht viel zu verlangen —

Den 21. Lilla, oder: Schönheit und Tugend, Op. 2 A. Den 24. Der Barbier von Sevilla, L. 4 A. Hr. Kloos, der seitdem er mit seiner Gesellschaft umgeworfen, sich wieder hieher gewendet hat, trat darinnen als Basilius auf. Er hat sich seit seiner Abwesenheit nicht verändert. Den 25. Im Trüben ist gut fischen, Op. 3 A. Den 26. Der Spleen, L. 2 A. Die unmögliche Sache, L. 4 A. Den 27. Die Einwilligung wider Willen, L. 1 A. Die Eifersucht auf der Probe, O. 2 A. Den 28. Agnes Bernauerin, T. 5 A. Die beiden Billets.

December.

Den 1. Der Fähnrich, L. 3 A. (Mad. Schröder hat die Rolle der Sophie abgegeben welche durch Mad. Eule wieder besetzt worden.) Der schwarze Mann,

Mann, L. 2 A. Den 2. Betrug durch Aberglauben, Op. 2 A. Den 3. der Ring, L. 5. Den 4. Zum erstenmale: Die unglückliche Ehe aus Delikatesse, L. 4 A. von Schröder. Eine vortrefliche Fortsetzung des Ringes, und ohnstreitig Schröders Meisterstück. Eine gut durchgeführte Handlung und nebenbey die witzigsten Bonmots und Einfälle machen dieses Lustspiel zu einem der angenehmsten und unterhaltendsten. Der ungetheilte Beifall, und die große Menge der Zuschauer bei jedesmaliger Wiederholung zeigen hinlänglich von seinem Werthe. Hier haben Sie den Inhalt, so wie ich mir ihn ohngefähr gemerkt habe: Der Hauptmann Selting, der nunmehro Major geworden, ist zu delikat, um seiner Gemahlin, der ehemaligen Baronin Schönhelm in Rücksicht ihres Reichthums etwas verdanken zu wollen, sondern er behilft sich lieber mit den Einkünften seiner Charge; dies zeigt sich gleich anfangs, da er seine Schwester zu sich genommen, zu deren Reise er 100 Dukaten von ihr geborgt hat, die er ihr mit kalter Höflichkeit wieder bezahlt. Die dadurch verursachte Kränkung sucht seine Gattin durch Spiel und Gesellschaften zu verscheuchen; und das bringt den Major auf die Gedanken, an der Tugend seiner Gattin zu zweifeln. Beide Eheleute entfernen sich deswegen immer mehr von einander, bis sie sich endlich durch Klingsbergs Vermittelung gegen einander erklären — Eine Szene voll vortreflichen Ausdrucks und von unbeschreiblicher Wirkung, und die auf hiesiger Bühne meisterhaft gespielt wurde. — Graf Klingsberg ist immer noch der Alte; Leichtsinn und Eitelkeit machen die Hauptzüge seines Karakters aus. Er ist mit seiner Frau, der vormaligen Henriette von Darring, nach ihrer Mutter Tode, nach Spaa gereißt, wo sie in eine tödliche Krankheit fällt. Während dessen hört der Graf, daß in

Lon-

London einer Parlamentswahl wegen, ein Tumult entstanden, sogleich übergiebt er Henrietten der Fürsorge ihres Arztes und reißt nach London, weil er, wie er sagt, schon deutsche, französische, italienische, aber noch keine englische Tumulte gesehn habe. Henriette nutzt seine Abwesenheit, um seine Liebe auf die Probe zu stellen; sie begiebt sich zur Majorin Selting und läßt durch jenen Arzt ihren Mann benachrichtigen, daß sie gestorben wäre. Klingsberg empfängt die Nachricht ihres Todes und — reißt nach Berlin, um einen Luftball aufsteigen zu sehn. Zu Ende des ersten Akts kommt er von da zurück und bringt zugleich einen kleinen Luftball mit, den er in Gegenwart der Gesellschaft, um ihr einen Begriff zu machen, auffliegen läßt. Henriette nimmt nun mit der Majorin Abrede, seine Eitelkeit zu bestrafen, und schreibt ihm zu dem Endzwecke unter dem Namen einer Unbekannten, mehrere Billets, worinnen sie ihm ein Rendez vous vorschlägt. Klingsberg prahlt damit gegen den Major, und dieser geräth dadurch auf die Vermuthung, daß wohl gar seine Gemahlin die unbekannte Briefstellerin sey. (Abermals eine unvergleichliche Szene) Endlich wird Kl. mit verbundenen Augen aus des Majors Hause geholt, eine lange Zeit in der Stadt herum gefahren, und endlich daselbst wieder abgesetzt. Henriette empfängt ihn mit verstellter Stimme, und nachdem sie ihn eine geraume Zeit, vexirt hat, giebt sie sich zu erkennen — Verzeihen Sie, wenn meine Beschreibung nur matt und kaum Skizze ist; aber jede Beschreibung würde hier verlieren: man muß das Stück sehen, um seine Schönheiten zu empfinden. Auch beeiferten sich sämtliche Schauspieler, um dem Ganzen noch mehr Glanz zu geben. Wie Hr. Schröder den Klingsberg gespielt habe? bedarf wohl keiner Frage. Eben so vortreflich ward die Majorin Selting,

durch

durch Mad. Schröder dargestellt. Hiernächst verdienen Hr. Zuccarini als Major und Mad. Eule als Gräfin Klingsberg unsern wärmsten Dank. Ersterer hatte in seiner feinen und äusserst schweren Rolle, Gelegenheit zu zeigen, daß er wirklich der verdienstvolle Künstler ist, für den man ihn bereits anerkannt hat. Unter die minder wichtigen Rollen gehört Baron Birk, (Hr. Langerhanns) ein Aventurieur, der den Grafen Kl. mit einem Ringe von dessen vermeinten todten Frau zu prellen glaubt, von letzterm aber mit gleicher Münze bezahlt wird. Ferner der alte Holm (Hr. Löhrs) welcher sich mit einem schmähsüchtigen Weibe (Mad. Gensike) verheirathet hat. Des Majors Schwester (Mlle. Pauly) und die Comtesse von Wildheim (Mad. Langerhanns) in welche beide Kl. sich verliebt stellt. Mariane, Kammermädchen, (Mlle. Schwarzfeld) und Feu oder Feuerbinder) (Hr. Michaut) des Grafen Bedienter ꝛc.

Den 5. wurde die unglückliche Ehe aus Delikatesse wiederholt. Den 8. zum erstenmale: Orpheus der zweite, Op. 3 A. Nach einer Musik von Dittersdorf, hat nicht gefallen, ohngeachtet Hr. Schröder viele und sehr prächtige Dekorationen dazu verfertigen laßen: das hiesige Publikum macht sich nichts aus neuen Dekorationen. Der Text enthält eine Satire auf Geisterseher und Geisterbeschwörer, die hat man hier nicht und kennt sie auch nicht. Man wollte auch zu den vorkommenden Geistern hiesige Originale auffinden, dadurch ward der Miskredit vollkommen. Von den musikalischen Sachen ist besonders ein achtstimmiges Canon aus Cdur bemerkenswerth, welches sehr schön ist, und im zweiten Aufzuge eine Baßarie aus D dur, von Hr. Eule als Herkules gesungen und von Hr. Hönicke komponirt, welche ihrem Verfasser viele Ehre macht. Den 9. Or

9. Orpheus wiederholt. Den 10. Irrthum auf allen Ecken, L. 5 A. Eine Viertelstunde vor Tische, L. 1 A. Den 11. Orpheus der Zweite. Den 12. Die unglückliche Ehe aus Delikatesse. Den 15. Die unmögliche Sache, L. 4 A. Der Faßbinder, Op. 1 A. Den 16. Der Geizige, L. 5 A. Die eheliche Probe, L. 1 A. Den 17. Die unglückliche Ehe aus Delikatesse. Den 18. Irrthum auf allen Ecken, L. 5 A. Eine Viertelstunde ꝛc. Den 19. zum erstenmale: Offenheit und Rückhalt, oder: die Schlinge des Selbstverraths, T. 5 A. mißfiel sehr. Ein Hauptmann hat seinen Fürsten erschossen, und wird von einem andern wieder erhascht um hingerichtet zu werden. Diese Handlung, welche blos im erzählen besteht, wird durch fünf Akte geschleppt. Der Dialog geht auf Stelzen und ist so verwirrt, daß man nicht vier Zeilen nach einander verstehen kann. Wegen einfallender Ferien blieb die Bühne bis den 29. geschlossen, an welchem Tage: Im Trüben ist gut fischen, und den 30. Der Barbier von Sevilla aufgeführt wurde.

XI.

Verzeichniß der spielenden Mitglieder des (nunmehr eingegangnen) Markgräflich-Schwedtschen Hoftheaters, mit Bemerkung der monatlichen Gagen.

Herr Heinrich Ferdinand Möller, gebohren zu Oibersdorf in Schlesien 1744, betrat 1765 zu Zabern im

*) Dies war der Zustand dieses Theaters im Monat December 1788, also beim erfolgten Ableben, des Höchstseelige Herrn

im Elsaß, bei der Bernerschen Gesellschaft als Rhynsold in Rhynsold und Saphira zuerst das Theater, ward 1780 Direktor des Schwedtschen Hoftheaters, und debütirte auf selbigem als Obrister Freihoff in Großmann's Henriette. Spielt erste Karakterrollen, komische und ernsthafte Väter. Hat monatlich — 75 Rthlr.

Herr Joseph Alexi, gebohren zu Prag 1747, betrat daselbst bei Brunian 1772 als Philint in der Rache des Weisen zuerst das Theater, kam 1781 nach Schwedt, wo er als Berthold im Irrwisch debütirte. Er verließ darauf dieses Theater, und ging 1786 wieder dahin zurück. Spielt ernsthafte und komische Karakterrollen. Erhält monatlich mit Frau und Kindern — — 75 Rthlr.

Frau Caroline Alexi, gebohrne Hönhold zu Berlin 1760, kam 1778 als Figurantin zum Döbbelinschen Theater, und debütirte in Schwedt 1781 als Rosine im Jurist und Bauer. Spielt Nebenrollen und tanzt.

Demoiselle Berwald, gebohren zu Schleswig 1765, betrat in Schwedt zum erstenmal das Theater, und zwar als Cephalide in der Sammnitschen Vermählung. Spielt Liebhaberinnen im Singspiel und ist zugleich Cammersängerinn. Hat monatlich 45 Rt. 20 gr.

Demoiselle la Combe, gebohren zu Metz in Lothringen 1754, kam 1764 als Tänzerinn und Figurantin zum Casselschen Theater, und 1786 als Figurantinn nach Schwedt. Erhält monatlich 16 Rt. 16 gr.

Herr Friedrich Eunicke, gebohren zu Sachshausen bei Oranienburg 1764, betrat in Schwedt zum ersten

Herrn Markgrafen Friedrich Heinrich K. H. Es ist nur noch anzumerken, daß die mehresten dieser Schauspieler auch noch freies Quartier und ein gewisses Quantum an freiem Holze hatten.

stenmal das Theater als Attaliba in der Cora. Spielt Liebhaber im Singspiel, und ist zugleich Kammersänger. Hat mit seiner Frau monatlich — 50 Rthlr.

Frau Henriette Eunicke, gebohrne Schüler zu Döbeln in Chursachsen 1772, ist von Jugend auf beim Theater; sie debütirte 1785 auf dem Hoftheater in Schwedt als la Feuquiere in Adelheit von Veltheim, und spielt Liebhaberinnen, Mädchen und verkleidete Rollen im Schau- und Singspiel.

Herr Carl Fourneau, gebohren zu Berlin 1765, betrat in Berlin bei der Französischen Truppe 1774 zuerst das Theater, und debütirte in Schwedt 1785 als Lindner im Adjutant. Spielt Bediente im Schau- und Singspiel, figurirt auch im Ballet und hat mit seiner Frau monatlich — 40 Rt. 14 gr.

Frau Magdalena Fourneau, gebohrne Neubauer zu München 1766, betrat in Wien 1778 zuerst das Theater, und debütirte in Schwedt 1784. Sie spielt zweite Soubretten im Schau- und Singspiel, figurirt auch im Ballet.

Frau Franziska Hellmuth, gebohren zu Maynz 1746, betrat zum erstenmal 1770 in München das Theater als Delia in den drei Sultaninnen, kam 1785 zum Markgräflich-Schwedtschen Theater und debütirte daselbst mit der Regine in den drei Pächtern. Spielt komische Mütter im Schau- und Singspiel, und hat monatlich mit ihren vier Kindern 41 Rt. 16 gr. worunter mitbegriffen ist

Demoiselle Mariane Hellmuth, gebohren zu Maynz 1772, betrat 1780 in Bonn zum erstenmal die Schaubühne als Gretchen in der Dorfgalla, debütirte 1785 auf dem Markgräflichen Theater als Victorine in der Eifersucht auf der Probe. Spielt erste Rollen im Singspiel, angehende Liebhaberinnen im Schauspiel, und ist zugleich Kammersängerinn.

Demoiselle Ernestine Hoffmann, gebohren zu Schleusingen in der Grafschaft Henneberg 1768, kam 1788 als Figurantinn beim Ballet zum Schwedtschen Hoftheater.

Herr Hurka, gebohren zu Merklln in Böhmen 1762, betrat in Leipzig bei Bondini 1784 als Gärtner Blum in der Jeannette zum erstenmal das Theater, und kam 1788 nach Schwedt, wo er als Bellmont in Bellmonte und Constanze debütirte. Spielt Liebhaber im Singspiel und ist zugleich Kammersänger. Hat monatlich 58 Rt. 8 gr.

Herr Joseph Jobst, gebohren zu Stuttgard 1756, hat daselbst das Tanzen gelernt und kam 1781 als Pas de deux Tänzer zum Schwedtschen Hoftheater. Hat mit seiner Schwester monatlich 50 Rthlr.

Demoiselle Rosina Jobst, gebohren zu Stuttgard 1768, genoß daselbst ihren Unterricht in der Tanzkunst, und kam 1787 als Solo- und Pas de deux Tänzerin im Seriösen und Komischen nach Schwedt.

Herr Franz Labes, gebohren zu Danzig 1766, ist von Jugend auf beim Theater, und debütirte in Schwedt 1786 als Richard im Deserteur. Macht Rollen im Schau- und Singspiel, figurirt auch im Ballet, und hat monatlich — 21 Rthlr.

Herr G. F. Lanipe, gebohren zu Wolfenbüttel 1744, betrat in Hamburg 1779 als Lucas in Jahrmarkt zum erstenmal das Theater, und kam kurz vor dem Ableben des Höchstseligen Herrn Markgrafen nach Schwedt. Macht Väter im Sing- und Schauspiel, auch Karakterrollen. Hat monatlich 25 Rthlr.

Herr Xaver Lehmeier, gebohren zu Grätz in Steyermark 1758, ist von Jugend auf beim Theater, und

und kam 1784 als Balletmeister nach Schwedt. Tanzt komische und Demi-Karaktere. Empfängt monatlich 33 Rthlr. 8 gr.

Herr **Martin Michl**, gebohren zu Neumark in der Pfalz, betrat in München bei Kurz 1770 zum erstenmal das Theater, und debütirte 1777 in Schwedt als General in Sydney und Sylly. Spielt komische und zärtliche Väter im Schau- und Singspiel.

Demoiselle **Sophie Niclas**, gebohren zu Tettnang in Schwaben 1761, betrat zum erstenmal in Berlin bei Döbbelin 1778 das Theater als Delia in den drei Sultaninnen, ging 1784 nach Schwedt, wo sie mit der Armide in der Oper dieses Namens debütirte. Ist erste Kammersängerinn und spielt erste Liebhaberinnen im Schau- und Singspiel. Hat mit ihrer Mutter, der Mad. **Semler**, monatlich 90 Rthlr. 10 gr.

Herr **Joseph Schlansowski**, gebohren zu Prag in Böhmen 1754, tanzte zuerst in Wien 1774, und kam 1786 als komischer Pas de deux Tänzer nach Schwedt. Hat mit seiner Frau monatlich 37 Rt. 12 gr.

Frau **Anna Schlansowski**, gebohren in Wien 1762, betrat 1775 als Figurantinn das Wiener-Theater, und kam 1786 in gleicher Qualität nach Schwedt.

Herr **Joseph Schuber**, gebohren in Manheim 1758, widmete sich daselbst 1772 zuerst dem Theater als serieuser Tänzer, und kam 1786 als Balletmeister nach Schwedt. Er tanzt grand serieuse und Demi-Karaktere. Hat mit seiner Frau monatlich 88 Rt. 16 gr.

Frau **Katharina Schuber**, gebohrne Neubauer zu München 1761, hat zu Siena in Italien 1778 zum erstenmal auf dem Theater getanzt, und kam 1783 nach Schwedt. Sie tanzt grand serieuse und demi-Karaktere.

führers schläft das Mädchen mit Hülfe eines Schlaftrunks ein. Er benutzt diese Zeit, um es prächtig ankleiden zu lassen, in Hofnung es durch die Eitelkeit zu gewinnen; allein er verfehlt seinen Zweck; die Eltern kommen, um ihre Tochter zurückzufordern; die meisten Antworten derselben sind Zeugen ihrer Unschuld, und der Herr, der nun in sich geht, willigt in die Heurath der beiden Liebenden. — Das so schöne italienische Stück: l'Infante de Zamora, das mit so vielem Beifall auf verschiedenen Theatern aufgeführt worden, und ihn so sehr verdient, ist bei der ersten Vorstellung, die man davon auf dem Théâtre de monsieur gegeben, gar nicht gut aufgenommen worden. Man schreibt es aber allein der Aufführung zu.

La Fausse Auberge ist ein neues Lustspiel, das den 16. Juni d. J. zum erstenmal auf dem italienischen Theater aufgeführt wurde. Es schien wenig Interesse zu haben, da die Hauptintrigue auf zwei Bedienten beruhet, welche von ihrem Herrn wegen Schelmenstreiche weggejagt worden, und sich nun dadurch rächen, daß sie den künftigen Tochtermann in das Schloß desselben weisen, als ob es ein Wirthshaus wäre, und ihm die niedrigste Beschreibung von dem Wirthe machen, den dann der junge Herr ziemlich obenherab behandelt, sich mit ihm entzweit aber bald aussöhnt.

Das kleine Lustspiel, les deux petits savoyards, hat vieles Vergnügen gemacht. Kürzlich ist die Partitur davon gestochen worden. Sie kostet bei le Duc, 18 livres.

Bei Laval l'Ecuyer ist die Partitur von Guerre ouverte, ou ruse contre ruse, erschienen. Es ist ein Lustspiel mit Arien in 3 Akten und in Prosa, der Königin dediciret, von Herrn Jadin, Sohn. Der Preis ist 32 Livres.

Frau **Semler**, gebohren zu Tettnang in Schwaben 1741, betrat in Berlin bei Döbbelin 1778 zuerst das Theater, und debütirte in Schwedt 1784 als Fee in der schönen Arsene. Spielt Mütterrollen im Schau- und Singspiele.

Demoiselle **Margaretha Spozzi**, gebohren zu München 1760, tanzte zuerst in Wien 1774, und kam 1784 nach Schwedt. Sie tanzt grand serieuse und Demi- Karaktere. Hat monatlich 35 Rt. 10 gr.

Herr **Gottlieb Striegler**, gebohren zu Marbach in Chursachsen 1753, betrat in Gotha 1777 zuerst das Theater als Lucas im Dorfjahrmarkt, und debütirte 1782 auf dem Hoftheater in Schwedt als Christel in der Jagd. Spielt komische Bediente im Schau- und Singspiel, und hat mit seiner Frau und Schwägerinn (oben gedachte Demoiselle Hofmann) monatlich 50 Rthlr.

Frau **Philippine Striegler**, gebohrne Hofmann zu Schleusingen in der Grafschaft Henneberg 1761, betrat in Gotha 1778 als Rosine im Jurist und Bauer zuerst das Theater, und debütirte 1782 in Schwedt als Hannchen in der Jagd. Spielt muntere Liebhaberinnen und Soubretten im Schau- und Singspiel.

Es ist noch anzumerken, daß Dilettanten im Jahre 1772 den Grund zu diesem Hoftheater legten, und einige davon auch noch immer bis zum erfolgten Schluß desselben mitgespielt haben, die aber in diesem Verzeichniß nicht mit aufgeführt worden sind.

XII.
Etwas vom deutschen Theater in Holland.

(Aus dem Schreiben eines deutschen Schauspielers, von Gröningen den 4. May d. J.)

— — Hier in Holland hört und sieht man nichts vom deutschen Theater. Ich wäre auch nicht hier, wenn ich nicht von Amsterdammer Kaufleuten zu einem stehenden deutschen Theater wäre verschrieben worden. Aber, es war zum Todtlachen, kaum hatten wir die erste Vorstellung gegeben, so ward das Spielen auf immer, von den Amsterdammer präsidirenden Bürgermeister untersagt, weil die Herren Kaufleute, ihn nicht vorher um Erlaubniß gefragt hatten, und wir, ja wir Schauspieler musten, wie es denn gewöhnlich zu gehen pflegt, statt uns unsern jährlichen Contract zu erfüllen, mit einer Gage von zwölf Wochen vorlieb nehmen, und unser Brod, das wir auf Zeitlebens zu haben glaubten anderswo suchen. Zum Glück blickte ein Strahl der Hoffnung, aus der Hauptstadt der Provinz Gröningen, wo die ansehnlichsten deutschen Kaufleute, die Gesellschaft so wie sie war, in Schuz nahmen, und einen Doktor der Rechte, zum Direktor über uns sezte. Die Gesellschaft giebt Trauer- Lust- Singspiel und Ballette, reiset auch bisweilen nach den besten Städten in Holland, als: Rotterdam, Harlem, Leiden, Utrecht u. s. w. hält übrigens auf Ordnung und Sittlichkeit, und giebt richtige Gage. Allein so schön es hier auch zu Lande ist; so prächtig die Städte und an einigen Orten die Schaubühnen gebauet sind; so viel Geld hier ist; so viel Gleißnerey ist auch hier. Die Geistlichkeit hat hier zu viel die Oberhand, und mit dem grösten Theil der Einwohner ist nicht viel zu reden. Alles ist hier Kaufmann, und sie bestimmen den Werth eines Menschen gemeiniglich nach den Tausenden oder Millionen, die er besitzt. Und siehst Du, lieber alter Freund, das ist nun grade meine Sache nicht. Ungeachtet ich nur ein unbedeutender Erdensohn bin, halte ich mich doch gern bei meinen Deutschen Brüdern auf, und will den Holländern gern ihre unermeßlichen Schätze gönnen, wenn ich nur irgend ein Plätzchen bei einer deutschen Bühne in Deutschland finden kann.

XIII.

Nachrichten von den Theatern in Paris.

Auf dem Theater der großen Oper, oder Académie royale de musique sind von Ostern 1788 bis Ostern 1789 folgende Stücke neu aufgeführt worden:

Arvire und Eveline, ein nachgelaßenes Werk des Herrn Sacchini, welches Herr Rey, Direktor des Orchesters, vollendet hat. Die Worte sind von Herrn Guillard.

Amphytrion, Musik von Hrn. Gretry, Text von Herrn Sedaine.

Demophoon, Musik von Hrn. Cherubini, Text von Herrn Marmontel.

Aspasie, Musik von Herrn Gretry, Text von Herrn Morel.

An pantomimischen Balletten sind gegeben: La Chercheuse d'esprit, La Rosière, Le Déserteur, Mirza, le pied de bœuf.

Die Unterhaltung der großen Oper kostet jährlich dem königl. Schatz einige funfzigtausend Livres, nach andern, über hunderttausend Livres. Eine Gesellschaft erbietet sich, diese Anstalt umsonst zu übernehmen.

Auf dem Theater des Monsieur, Bruder des Königs, in den Tuileries, werden italienische Original-Opern aufgeführt. Mitunter spielt man aber auch kleine französische Stücke. Man rechnet diese Schaubühne, die noch kein Jahr errichtet ist, unter die besten der Hauptstadt. Den 6. Mai gaben die Schauspieler die erste Vorstellung des Impresario in angustie. Dieses Stück gefiel ausserordentlich. Ein Streit mit den Personen, die der Schauspielunternehmer zu seinen Vorstellungen braucht, mit den Poeten, Musikern, Sängern und Sängerinnen. Es kostet ihm viele Mühe, sie untereinander auszugleichen und Vortheil aus ihnen zu ziehen. Zu diesen Verdrießlichkeiten fügt sich noch eine andere. Er liebt die erste Schauspielerinn, und hat Ursach eifersüchtig zu seyn. — Die Musik ist von Cimarosa, und sehr schön, so daß sie in allen Ländern auf den dauerhaftesten Beifall rechnen kann. Ferner ist auf diesem Theater ein in Italien sehr geschätztes Stück, La Villanella rapita, gegeben worden, wovon die Musik von den Herren Vignanoni und Mandini herrührt. Der Text ist munter, und die Musik entspricht ihm vollkommen. Beide haben großen Beifall erhalten. Hier der Inhalt dieser Oper: Ein vornehmer Herr ist in eine junge Bäurin verliebt, die seinem guten Herzen die Wohlthaten zuschreibt, die er ihr erweist. Im Augenblicke, da sie sich verheirathen soll, läßt er sie entführen. In dem Pallaste des Entfüh-

führers schläft das Mädchen mit Hülfe eines Schlaftrunks ein. Er benutzt diese Zeit, um es prächtig ankleiden zu lassen, in Hofnung es durch die Eitelkeit zu
gewinnen; allein er verfehlt seinen Zweck; die Eltern
kommen, um ihre Tochter zurückzufordern; die meisten
Antworten derselben sind Zeugen ihrer Unschuld, und der
Herr, der nun in sich geht, willigt in die Heurath der
beiden Liebenden. — Das so schöne italienische Stück:
l'Infante de Zamora, das mit so vielem Beifall auf
verschiedenen Theatern aufgeführt worden, und ihn so sehr
verdient, ist bei der ersten Vorstellung, die man davon
auf dem Théâtre de monsieur gegeben, gar nicht gut
aufgenommen worden. Man schreibt es aber allein der
Aufführung zu.

La Fausse Auberge ist ein neues Lustspiel, das
den 16. Juni d. J. zum erstenmal auf dem italienischen
Theater aufgeführt wurde. Es schien wenig Interesse
zu haben, da die Hauptintrigue auf zwei Bedienten
beruhet, welche von ihrem Herrn wegen Schelmenstreiche weggejagt worden, und sich nun dadurch rächen,
daß sie den künftigen Tochtermann in das Schloß desselben weisen, als ob es ein Wirthshaus wäre, und ihm
die niedrigste Beschreibung von dem Wirthe machen,
den dann der junge Herr ziemlich obenherab behandelt,
sich mit ihm entzweit aber bald aussöhnt.

Das kleine Lustspiel, les deux petits savoyards,
hat vieles Vergnügen gemacht. Kürzlich ist die Partitur davon gestochen worden. Sie kostet bei le Duc,
18 livres.

Bei Laval l'Ecuyer ist die Partitur von Guerre
ouverte, ou ruse contre ruse, erschienen. Es ist
ein Lustspiel mit Arien in 3 Akten und in Prosa, der
Königin dedicirt, von Herrn Jadin, Sohn. Der
Preis ist 32 Livres.

An-

Annette & Lubin, eine Operette von Favart, die fast vergessen ist, weil man die Musik davon auswendig weiß, und doch nicht die Vergessenheit verdient, ist von Herrn Martini aufs neue in Musik gesezt worden. Die Partitur dieser neuen sehr schönen Musik des Musikdirektors des Grafen von Artois ist nun gestochen und kostet 20 Livres.

XIV.
Vermischte Nachrichten.

Für das künftige Jahr hat die Kurfürstliche deutsche gelehrte Gesellschaft zu Manheim einen Preiß von 50 Dukaten auf das beste ihr einzusendende Trauerspiel ausgesezt. Die Preisstücke müssen von dem 1. des Ostermonats 1790 an den kurfürstlichen geheimen Sekretär und Professor, Anton Klein, mit verschlossenem Namen und einem Denkspruch eingeschickt seyn.

Am 26. August 1788 starb zu Prag bei den barmherzigen Brüdern, der gelehrte Avanturier, Heinrich Keller, gebürtig aus Schwaben, welcher Schauspieler, Soldat, Luftballonbaumeister, Schriftsteller, alles rhapsodisch, durcheinander in den vornehmsten Städten Deutschlands war. Es fehlte ihm nicht an Talenten, aber sein unruhiger Geist, seine brausende Hize, mit welcher er alle Fesseln des politischen Wohlstandes zerbrechen wollte, (so schrieb er z. B. zu Dresden eine Apologie für die Töchter der Freude, und zu Freyberg ein injuriöses Tableau dieser Stadt) machte ihm viel Feinde und seine Liederlichkeit immer arm und verschuldet. Zu Dresden wollte er Künstler und Gelehrte in nähere Verbindung bringen und stiftete ein sogenanntes Pantheon, wohin alle Fremde kommen, die Bekanntschaft der Künstler, Gelehrten und des Adels machen, auch Kunstsachen sehen, beurtheilen, kaufen ꝛc. konnten. Es hatten auch wirklich die meisten Gesandten, der vornehmste Adel, viel Gelehrte und Künstler subscribirt, Gemälde, Kupferstiche ꝛc. in dem schon gemietheten Saal hergegeben, das Werk scheiterte aber schon in der Ausführung, aus Mißtrauen, Kabale u. s. w. Die Idee verdiente wirklich realisirt zu werden, da Künstler außer ihrem Fache größtentheils Fremdlinge, Gelehrte aber selten Kunstkenner sind, welches viel unnützen Federkrieg unter ihnen gebiert. Seine lezte und beste Schrift, die er wahrscheinlich nicht vollendet gesehen, war das Dresdner Künstlerlexicon, das, wenn es auch nicht vollständig ist, doch seinem Fleiß Ehre macht.

Von der durch den Aldermann Boydell, zum Behuf der neuen prächtigen Ausgabe von Shakspears Schauspielen, mit ansehnlichen Kupfern, veranstalteten Gemähldesammlung, sind die Leser hinlänglich schon unterrichtet. Jezt hat man angefangen, diese Gemählde zu London in Pall-Mal, in einem eignen dazu bestimmten, und Shakspeare Gallery benannten Saale aufzustellen, und eine Unterzeichnung für diejenigen eröfnet, die auf beständig Einlaßzettel zu erhalten wünschen. Die gegenwärtige Sammlung besteht aus vier und dreißig aus den Shakspearischen Schauspielen entlehnten Scenen; und die Gemählde selbst sind von Sir Joshua Reynolds, Barry, Boydell, Dowuman, Durno, Füeßli, Hamilton, Hedges, Kirk, Miller, Northcote, Opie, Peters, Rigand, Smirk, West, Wheatley und Wright.

Jeder dieser Künstler scheint die ganze Stärke seines Genies dazu aufgeboten zu haben; und ohne Zweifel wird diese edle Unternehmung in der neuern Kunstgeschichte eine merkwürdige Epoche machen. Ganz neulich hat Hr. Boydell ein Verzeichniß der ausgestellten Gemählde drucken lassen, das vornehmlich für Ausländer interessant ist, da man sonst jedes Gemählde mit dem Namen des Künstlers und der Anzeige seines Inhalts auf dem Rahmen desselben bezeichnet hat. Es ist in diesem Verzeichniß die Stelle des Dichters ausgezogen, worauf sich das Gemählde bezieht, und zugleich der von dem Künstler gewählte Augenblick bemerkt worden.

Mrs. Bellamy, dies außerordentliche Frauenzimmer, starb im Februar 1788 im Elende; Sie, die vor dreißig Jahren durch Reitze des Körpers und des Verstandes, durch ihren aufgeweckten Geist, durch feine Sitten und ein edles Betragen ausgezeichnet, das Muster der eleganten Welt in London war; ein Mädchen, das damals die größten Schriftsteller zu ihren Freunden, und die vornehmsten Minister zu ihren Tischgenossen hatte, Parlamentsglieder wählen, und Kronämter besetzen half. Einige Jahre vor ihrem Tode schrieb sie ihre lehrreiche Lebensgeschichte, die auch ins Deutsche übersezt ist, und lebte nachher vom Ertrag derselben und von Almosen.

Der Verfasser der Satyre: Les coups de patte du frere Nicolas ou le Reformateur francois &c. Paris bei Noyez 1788, spottet unter andern auch auf eine sehr angenehme Art über die Unverschämtheit so vieler unwissender Schauspieler, die in großer Pracht und Ueberfluß leben und die armen hungrigen Schriftsteller verächtlich beurtheilen, deren Echo sie doch nur sind,

sind, und denen sie ihren Erwerb und Ehre zu verdanken haben. Es ist freilich ein empörender Mißbrauch in Frankreich, daß das Stück eines Mannes von Geist oder Genie nicht auf die Schaubühne kommen kann, ohne den Schutz und Beifall dieser Leute, deren ganzes Verdienst öfters in der Stärke ihrer Lunge besteht. — In eben dieser Schrift heißt es: Was ist ein Direkteur? Lastträger der Launen des Publikums, der Unarten und Ungezogenheiten und Unruhen und — und — und — einer Gattung Menschen, die nun einmal nicht anders werden. Staats- und Religionssysteme werden umgeformt, der Schauspieler bleibt Schauspieler, das ist: ein ewig unzufriedenes, unruhiges, neidisches, zänkisches, beißiges Geschöpf, mit allem und allem in Widerspruch, nur mit seiner Selbstelei, mit seinem Eigendünkel nicht. Noch eine niederschlagende Bemerkung ist diese: Jeder Komödiant ist größerer Komödiant außer als auf dem Theater, er ist immer verlarvt. Kaum fängt man an, einen Schauspieler zu schätzen, so sind alle seine Mitbrüder seine geschworne Feinde — desto gefährlicher, weil sie ihre Gesinnungen unter der Maske der Heuchelei verbergen. — Man bringt alle ersinnliche Kabalen in Gang, um ihn zu stürzen, oder wenigstens sein Leben zu verbittern. Es ist wohl kein Stand, der uns das Verderbniß der Menschen und die Folgen des leidigen Sündenfalls so lebhaft darstellt als der Stand der Schauspieler. In einer beständigen Hitze gegen einander, sollte man meinen, sie hätten bei Antretung ihres Berufs, gleichsam als in einer zweiten Taufe Hub und Einigkeit abgeschworen, um die erstere dadurch ungültig zu machen, in welcher sie dem Teufel entsagten. — Der weitläuftigste Staat kann nicht so viel Interesse haben als eine ganz gemeine Truppe. — Der größte Minister hat nicht mehr Mühe gegen seine

Fein-

Feinde zu kämpfen und sich in seinem Posten zu erhalten, als ein Schauspieler. — Bei einem Friedensschluß zweier Mächte, bei der Wahl eines Stadthalters der römischen Kirche, sind weniger Behutsamkeiten anzuwenden, weniger Maasregeln zu beobachten, weniger Schwierigkeiten zu überwinden als bei Austheilung eines Stücks oder Besetzung der Rollen. Die nichtsbedeutendste Kleinigkeit ist fähig die Gesellschaft und ein ganzes Antheil nehmendes, kunstrichterliches, den Reizen dieser oder jener Aktrice huldigendes, zu der Fahne dieses oder jenes Schauspielers geschwornes, auch wohl bestochnes Publikum in Krieg zu verwickeln. — Eine immerwährende Gährung scheint der Grund zu seyn, worauf das ganze Gebäude ruht — und wenn es denn nur bei der Gährung bliebe - aber es wird öfters Orcan, Donnerwetter, Erdbeben, Meeresbrausen, Sturm aus allen zwei und dreissig Wohnungen des Aeolus.

Die Anzeige von dem Tode unsers braven Sängers **Frankenbergs** in der Berliner Zeitung, wollen wir zur Ergänzung und Berichtigung der pag. 63 dieses Hefts befindlichen Nachricht von dem Absterben dieses Sängers hier folgen lassen: „Am 10. September (also nicht am 9.) Morgens nach vier Uhr starb hier an einem gallichten Nervenfieber Herr **Franz Frankenberg,** Schauspieler und Sänger am königl. National-Theater im 30. Jahr seines Alters. Jedermann, der ächtes Talent zu schätzen weiß, erkannte sein Verdienst als Künstler; und als Mensch wird er von allen bedauert, die ihn unter ihre Freunde zählten, und ihn im bürgerlichen und häußlichen Verhältnisse sahen. Sein großes Talent zur Musik machte schon vor mehrern Jahren Joseph II. aufmerksam, auf dessen höchsteignen Befehl er zu Wien, wo er sich den Wissenschaften widmen

men wollte, zuerst die Bühne betrat. — Er hinterläßt eine trostlose Wittwe (eine gebohrne von Castelli) und eine achtjährige Tochter, die hiermit ihren abwesenden Freunden und Verwandten diesen schmerzlichen Todesfall anzeigen." Auch theilen wir das Gedicht mit, das in einer andern Berliner Zeitung gestanden hat:

Bei dem Grabe des Herrn Frankenberg Sängers und Schauspielers bei dem Königl. Nationaltheater zu Berlin.

Der Vorhang fiel, der deine Lebensscene,
O Frankenberg, beendigte; und viel
Verloren wir durch dich. Der Wehmuth Thräne
Ehrt dich, dein Herz, Dein meisterhaftes Spiel.
Vor kurzem lachtest du des Todes Allgewalt
In Rugantino's trefflicher Gestalt,
Doch plötzlich rührte dich sein stärkster Gifthauch an,
Und kraftlos sank und starb der edle Mann.
Er ist dahin! Nur seiner Wittwe Schmerz,
Des Kindes Angst, zerreißt ein fühlend Herz.
Ach! ihnen, die durch ihn, jetzt alles, alles missen,
Hat dieser Schlag ihr Glück und ihre Ruh' entrissen.
O! wenn sein zaubernder Gesang
Ins Herz, nicht nur ins Ohr der Hörer drang,
So wird die Königsstadt ihm Todtenopfer weihn,
Und seiner Wittwe mehr als kalten Trost verleihn.

XV.

Anzeigen neuer Theaterprodukte.

Beim Schlusse dieses Hefts der Annalen verlassen in Berlin einige Theaterstücke die Presse, die wir wenignigstens ihrem Titel nach hier noch erwähnen und sämmtlichen deutschen Bühnen zur Aufführung und den Liebhabern dramatischer Schriften zur Lektüre empfehlen müssen:

Menschenhaß und Reue. Schauspiel in fünf Aufzügen von August von Kotzebue, Berlin, 1790 bei Himburg. (12 gr.)

Die Sensation, die dieses vortrefliche Schauspiel bei der ersten Vorstellung auf dem hiesigen Nationaltheater allgemein hervorbrachte, ist bekannt, und der Werth dieses Stücks durch die öftern Wiederholungen (vom dritten Juny bis zum 24. Sept. d. J. ward es funfzehnmal gegeben) genugsam entschieden. Auch in Hamburg und in Manheim hat man es bereits mit eben dem grossen Beifall aufgenommen und sicher wird es aller Orten gleiches Glück machen. Nur alle Jahr zwei solcher Stücke, die den guten Geschmack und die Theatercassen gleich sehr befriedigen, und wir wünschen den deutschen Bühnen Glück dazu!

2) Masaniello von Neapel. Originaltrauerspiel in fünf Aufzügen. Berlin 1789 bei Himburg. (12 gr.)

Der Verfasser ist der durch mehrere Arbeiten schon bekanntgewordene Herr Doktor Albrecht. Das Stück hat die Bondinische Gesellschaft bereits gegeben und seines Zwecks bei der Vorstellung nicht verfehlt; auch andere Schaubühnen können viel von demselben erwarten.

3) Psyche. Singespiel in zwei Aufzügen von Karl Müchler. Berlin, 1789 bei Friedrich Maurer. (7 gr.)

Der Verfasser, welcher sich schon durch die Herausgabe seiner Gedichte bekannt gemacht hat, liefert hier eine Operette, die sich sowohl in Ansehung des Inhalts als

als auch der guten Verse wegen vor den meisten der auf den deutschen Bühnen im Gange seyenden Singspiele gar sehr auszeichnet. Herr Weſſely, Muſikdirektor des hieſigen königl. National-Theaters, hat ſie in Muſik geſezt, mit welcher ſie nächſtens hier aufgeführt werden wird. Wenn die Kompoſition der Arbeit des Dichters entſpricht, woran wir keine Urſach zu zweifeln haben, ſo können Dichter und Komponiſt eines guten Erfolgs vergewiſſert ſeyn.

Inhalt.

                                                                   Seite.

I. Gedichte.   3
II. Ueber Johann Friedrich Reinecke, den Schauſpieler.   10
III. Ueberſicht des Engliſchen Theaters vom Jahre 1788.   22
IV. Ueber das Däniſche Theater.   33
V. Vom Schwediſchen Theater in Stockholm.   43
VI. Schauſpiel in China nach Gloſſet.   45
VII. Plan zu einer Penſionsanſtalt bei ſtehenden Theatern.   50
VIII. Beſchreibung des in dieſem Jahre von Hrn. Ramberg verfertigten neuen Vorhangs im Opernhauſe zu Hannover.   55
IX. Vom Königl. National Theater zu Berlin.   54
X. Beſchluß der Nachrichten vom Hamburger Theater aus dem Jahre 1788.   69
XI. Verzeichniß der ſtreitenden Mitglieder des (nunmehr eingegangnen) Markgräflich Schwediſchen Hoftheaters, mit Bemerkungen der monatlichen Gagen   79
XII. Etwas vom Deutſchen Theater in Holland.   85
XIII. Nachrichten von den Theatern zu Paris.   86
XIV. Vermiſchte Nachrichten.   89
XV. Anzeigen neuer Theaterprodukte.   94